高等职业教育系列教材

汽车电工电子技术基础

第2版

主　编　罗富坤　王　彪
副主编　万　弢
参　编　李　丽　尹　霞　罗文启

机　械　工　业　出　版　社

本书是编者在总结了近年来职业教育和教学改革经验的基础上编写的。主要内容包括：直流电路、正弦交流电路、磁路和变压器、直流电动机和步进电动机、电工测量、电子电路中常用器件、集成运算放大器、直流稳压电源及数字电路。

本书结合理实一体化的教学要求，较详尽地介绍了电工电子技术的基本知识、基本技能以及在现代汽车上的具体应用其实用面广、可操作性强、图文表并茂、技能特性鲜明，可作为高职高专院校相关专业学生的教材，也可作为汽车维修行业技术人员的培训教材或参考书。

本书配有授课电子课件，需要的教师可登录 www. cmpedu. com 免费注册，审核通过后下载，或联系编辑索取（QQ：1239258369，电话：010-88379739）。

图书在版编目（CIP）数据

汽车电工电子技术基础/罗富坤，王彪主编. —2 版. —北京：机械工业出版社，2015. 10（2021. 3 重印）

高等职业教育系列教材

ISBN 978-7-111-51679-8

Ⅰ. ①汽…　Ⅱ. ①罗…②王…　Ⅲ. ①汽车-电工技术-高等职业教育-教材②汽车-电子技术-高等职业教育-教材　Ⅳ. ①U463. 6

中国版本图书馆 CIP 数据核字（2015）第 225608 号

机械工业出版社（北京市百万庄大街 22 号　邮政编码 100037）

策划编辑：王　颖　责任编辑：王　颖　版式设计：赵颖喆

责任校对：佟瑞鑫　责任印制：常天培

涿州市般润文化传播有限公司印刷

2021 年 3 月第 2 版第 6 次印刷

184mm×260mm · 15. 5 印张 · 381 千字

10601—11600 册

标准书号：ISBN 978-7-111-51679-8

定价：49. 90 元

电话服务　　网络服务

客服电话：010-88361066　　机 工 官 网：www. cmpbook. com

010-88379833　　机 工 官 博：weibo. com/cmp1952

010-68326294　　金 书 网：www. golden-book. com

封底无防伪标均为盗版　　机工教育服务网：www. cmpedu. com

前　言

本书反映了近些年来高职高专教育教学改革的经验和成果，可供高职高专院校非电类专业学生学习使用，也可供其他职业类院校使用。

本书按照“厚基础、宽口径”的指导思想，其任务是使学生具备高素质技能型人才所必需的电工和电子基本知识和基本技能，为学生学习后续课程、适应职业岗位变化打下一定的基础。本书编写力求体现适应性、实用性、先进性、通俗性和灵活性的特点。适应性：适应职业岗位变化的需要，在知识点、能力点上以职业岗位能力为基本依据。实用性：尽量选用生产实践中实用性的内容。先进性：引入新知识、新技术、新工艺和新产品。通俗性：教学内容理论难度小、深度浅，语言精练简洁，通俗易懂，逻辑性强。灵活性：本书充分考虑高职高专学生的实际情况，科学规划，适度删减，基本满足高职高专学生的学习需要。

本书结合理实一体化的教学要求，较详尽地介绍了电工电子技术的基本知识、基本技能以及在现代汽车上的应用实例。知识和技能实用、可操作性强、图文表并茂、特性鲜明，可作为高职高专院校相关专业的教材，也可作为汽车维修行业技术人员的培训教材或参考书。

本书是机械工业出版社组织出版的“高等职业教育系列教材”之一，由河南职业技术学院罗富坤、王彪任主编，万弢任副主编，李丽、尹霞、罗文启参加编写工作。其中：罗富坤编写第1章的1.2节、1.3节、1.8节；王彪编写第3章的3.4节、3.6节，第4章，第5章，第6章的6.5~6.7节、6.13节，第7章，第8章的8.3节、8.6节、8.7节，第9章的9.7节；万弢编写第2章的2.1~2.3节、2.6~2.8节，第8章的8.1节、8.2节、8.4节、8.5节、8.8~8.10节，第9章的9.1~9.6节、9.8~9.10节；尹霞编写第1章的1.1节、1.4~1.7节、1.9~1.11节；李丽编写第3章的3.1~3.3节、3.5节、3.7节，第6章的6.1~6.4节、6.8~6.12节、6.14节；罗文启编写第2章的2.4节、2.5节。

本书在编写过程中，参考了大量的著作和文献资料，在此一并向有关作者、编者表示真诚的感谢。

由于编者水平有限，书中不妥或错误之处，敬请读者批评指正。

编　者

目　　录

前言

第 1 章　直流电路 …… 1

1.1　电路基本概念 …… 1

1.1.1　电路 …… 1

1.1.2　电路模型 …… 1

1.1.3　汽车电路的组成和特点 …… 2

1.1.4　电路的基本物理量 …… 3

1.2　电阻元件和欧姆定律 …… 6

1.2.1　电阻元件 …… 6

1.2.2　欧姆定律 …… 8

1.2.3　电阻的串并联 …… 10

1.3　电感元件和电容元件 …… 14

1.3.1　电感元件 …… 14

1.3.2　电容元件 …… 15

1.4　电压源、电流源及其等效变换 …… 19

1.4.1　电压源 …… 19

1.4.2　蓄电池 …… 20

1.4.3　电流源 …… 22

1.4.4　实际电源两种模型的等效变换 …… 23

1.5　电路的三种工作状态 …… 23

1.5.1　负载状态 …… 24

1.5.2　短路状态 …… 24

1.5.3　开路状态 …… 24

1.5.4　电气设备的额定值 …… 24

1.6　电路基本定律 …… 24

1.6.1　节点、支路、回路、网孔 …… 24

1.6.2　基尔霍夫电流定律（KCL） …… 25

1.6.3　基尔霍夫电压定律（KVL） …… 26

1.7　电路常用分析方法 …… 27

1.7.1　支路电流法 …… 27

1.7.2　节点电压法 …… 28

1.7.3　叠加定理 …… 29

1.7.4　戴维南定理 …… 30

1.8　汽车电路分析 …… 31

1.8.1　电磁式水温表工作分析 …… 31

1.8.2　汽车照明电路分析 …… 31

1.9 本章小结…… 32
1.10 实训1 基尔霍夫定律的验证 …… 33
1.11 习题 …… 35
第2章 正弦交流电路 …… 38
2.1 正弦交流电的基本概念 …… 38
2.1.1 正弦交流电的概念 …… 38
2.1.2 正弦交流电的三要素 …… 39
2.1.3 正弦交流电的表示法 …… 41
2.2 单相正弦交流电路 …… 43
2.2.1 电阻元器件的交流电路 …… 43
2.2.2 电感元器件的交流电路 …… 44
2.2.3 电容元器件的交流电路 …… 47
2.2.4 *RLC* 串联交流电路 …… 49
2.2.5 *RLC* 电路的串联谐振 …… 50
2.3 三相正弦交流电 …… 51
2.3.1 三相电源 …… 52
2.3.2 三相四线制供电 …… 52
2.3.3 三相负载的联结 …… 53
2.3.4 三相电路的功率 …… 57
2.4 安全用电常识 …… 58
2.4.1 触电危害 …… 58
2.4.2 触电形式 …… 59
2.4.3 接地与接零保护 …… 60
2.5 汽车用交流发电机 …… 61
2.5.1 汽车用交流发电机的分类 …… 61
2.5.2 汽车用交流发电机的结构 …… 62
2.5.3 汽车用交流发电机的工作原理 …… 64
2.6 本章小结…… 65
2.7 实训2 正弦交流电压和电流的测量 …… 66
2.8 习题 …… 68
第3章 磁路和变压器 …… 71
3.1 磁路的基本概念 …… 71
3.1.1 磁场的基本知识 …… 71
3.1.2 磁性材料的磁性能 …… 74
3.1.3 磁路的欧姆定律 …… 76
3.1.4 直流和交流铁心线圈电路 …… 77
3.2 变压器 …… 80
3.2.1 电路 …… 80
3.2.2 单相变压器的工作原理 …… 81
3.2.3 变压器的特性 …… 84
3.2.4 特殊变压器简介 …… 85

3.3 汽车发动机的点火系统简介 …… 87
3.3.1 点火系统分类 …… 87
3.3.2 点火系统的基本要求 …… 87
3.3.3 点火线圈 …… 88
3.3.4 传统点火系统组成、工作原理 …… 89
3.4 汽车继电器 …… 89
3.4.1 汽车继电器的基本知识 …… 89
3.4.2 汽车继电器电路分析 …… 91
3.5 本章小结 …… 96
3.6 实训 3 点火线圈的检测 …… 97
3.7 习题 …… 98
第 4 章 直流电动机和步进电动机 …… 100
4.1 直流电动机的结构和工作原理 …… 100
4.1.1 直流电动机的结构 …… 100
4.1.2 直流电动机的工作原理 …… 102
4.1.3 直流电动机的反电动势和电磁转矩 …… 103
4.1.4 直流电动机的转矩平衡 …… 103
4.1.5 直流电动机的铭牌 …… 104
4.2 直流电动机的励磁方式 …… 104
4.2.1 他励直流电动机 …… 105
4.2.2 并励直流电动机 …… 106
4.2.3 串励直流电动机 …… 107
4.2.4 复励直流电动机 …… 108
4.3 直流电动机的起动、反转和调速 …… 108
4.3.1 直流电动机的起动 …… 109
4.3.2 直流电动机的反转 …… 109
4.3.3 直流电动机的调速 …… 110
4.4 汽车中使用的直流起动机 …… 112
4.4.1 车用起动机的构造 …… 113
4.4.2 车用起动机的传动机构和电控原理 …… 114
4.5 典型汽车电动机控制电路 …… 115
4.5.1 电动刮水器 …… 115
4.5.2 风窗玻璃洗涤器 …… 117
4.5.3 电动车窗 …… 118
4.5.4 电动座椅 …… 120
4.5.5 中央控制门锁 …… 121
4.6 步进电动机 …… 123
4.6.1 步进电动机的结构 …… 123
4.6.2 步进电动机的转动原理 …… 123
4.6.3 步进电动机在发动机怠速控制中的应用 …… 124
4.7 本章小结 …… 125

4.8 实训 4 起动机的拆装与检测 …… 126
4.9 习题 …… 128
第 5 章 电工测量 …… 130
5.1 电工测量仪表 …… 130
5.1.1 电工测量仪表的分类 …… 130
5.1.2 电工测量仪表的型式 …… 131
5.1.3 电工测量仪表的使用与选择 …… 132
5.2 电流与电压的测量 …… 133
5.2.1 电流的测量 …… 133
5.2.2 电压的测量 …… 134
5.3 汽车专用万用表 …… 135
5.4 万用表 …… 136
5.4.1 机械指针式万用表 …… 136
5.4.2 数字式万用表 …… 139
5.5 本章小结 …… 140
5.6 实训 5 汽车专用万用表的使用 …… 141
5.7 习题 …… 141
第 6 章 电子电路中常用器件 …… 142
6.1 半导体的基本知识 …… 142
6.1.1 半导体材料 …… 142
6.1.2 半导体的共价键结构 …… 142
6.1.3 半导体的导电特征 …… 143
6.2 半导体二极管 …… 144
6.2.1 PN 结 …… 144
6.2.2 二极管的结构 …… 146
6.2.3 二极管的伏安特性 …… 147
6.2.4 二极管的主要参数 …… 147
6.2.5 特殊二极管 …… 148
6.3 晶体管 …… 150
6.3.1 晶体管的基本结构 …… 150
6.3.2 晶体管的电流放大作用 …… 151
6.3.3 晶体管的特性曲线 …… 152
6.3.4 晶体管的主要参数 …… 153
6.4 共发射极放大电路 …… 154
6.4.1 共发射极放大电路的组成及各部件作用 …… 154
6.4.2 共发射极放大电路的静态分析 …… 155
6.4.3 共发射极放大电路的动态分析 …… 156
6.5 静态工作点稳定的放大电路 …… 158
6.5.1 温度对静态工作点的影响 …… 158
6.5.2 分压式偏置电路 …… 158
6.6 共集电极和共基极放大电路 …… 160

6.6.1 共集电极放大电路 …… 160
6.6.2 共基极放大电路 …… 162
6.7 多级放大电路简介 …… 163
6.7.1 多级放大电路的耦合方式 …… 163
6.7.2 多级放大电路的性能分析 …… 164
6.8 放大电路中的负反馈 …… 164
6.9 基本开关电路 …… 167
6.9.1 二极管 …… 167
6.9.2 晶体管 …… 168
6.10 汽车电子点火系统简介 …… 168
6.11 本章小结 …… 171
6.12 实训6 半导体二极管和晶体管的简单测试 …… 171
6.13 实训7 单级交流放大电路 …… 173
6.14 习题 …… 174
第7章 集成运算放大器 …… 177
7.1 集成运算放大器简介 …… 177
7.1.1 集成运算放大器概述 …… 177
7.1.2 集成运算放大器的组成 …… 177
7.1.3 集成运算放大器的主要参数 …… 178
7.2 集成运算放大器基本特性及应用 …… 179
7.2.1 集成运算放大器的基本特性 …… 179
7.2.2 集成运算放大器的应用电路 …… 180
7.3 集成运算放大器在汽车中的应用 …… 190
7.3.1 集成运算放大器在压阻式进气压力测量电路中的应用 …… 190
7.3.2 集成运算放大器在蓄电池电压过低报警电路中的应用 …… 191
7.4 本章小结 …… 191
7.5 实训8 电子油量表的制作 …… 192
7.6 习题 …… 193
第8章 直流稳压电源 …… 195
8.1 单相半波整流电路 …… 195
8.1.1 单相半波整流电路的组成 …… 195
8.1.2 单相半波整流电路的工作原理 …… 195
8.2 单相桥式整流电路 …… 196
8.2.1 单相桥式整流电路的组成 …… 196
8.2.2 单相桥式整流电路的工作原理 …… 197
8.3 三相整流电路 …… 198
8.3.1 三相整流电路的组成 …… 198
8.3.2 三相整流电路的工作原理 …… 199
8.4 电容滤波电路 …… 199
8.4.1 电容滤波电路的工作原理 …… 199
8.4.2 电容滤波电路的特点 …… 200

8.5 稳压二极管稳压电路 …… 201
8.5.1 稳压二极管稳压电路的组成 …… 201
8.5.2 稳压二极管稳压电路的工作原理 …… 202
8.6 三端集成稳压器 …… 202
8.6.1 固定式三端集成稳压器 …… 202
8.6.2 可调式三端集成稳压器 …… 204
8.7 汽车电压调节电路 …… 204
8.7.1 晶体管调节器的电路组成 …… 205
8.7.2 晶体管调节器的电路实例 …… 205
8.8 本章小结 …… 206
8.9 实训9 直流稳压电源 …… 206
8.10 习题 …… 207
第9章 数字电路 …… 208
9.1 概述 …… 208
9.1.1 二进制 …… 208
9.1.2 十六进制 …… 209
9.1.3 逻辑代数及其基本运算 …… 209
9.1.4 逻辑代数的运算法则 …… 210
9.2 基本逻辑门电路 …… 211
9.2.1 基本门电路 …… 211
9.2.2 复合门电路 …… 212
9.3 组合逻辑电路 …… 214
9.3.1 编码器 …… 214
9.3.2 译码器 …… 214
9.3.3 组合逻辑电路的分析与设计 …… 219
9.4 触发器 …… 220
9.4.1 基本RS触发器 …… 220
9.4.2 可控RS触发器 …… 222
9.4.3 JK触发器 …… 223
9.4.4 D触发器 …… 225
9.5 计数器 …… 225
9.6 寄存器 …… 227
9.6.1 数码寄存器 …… 227
9.6.2 移位寄存器 …… 228
9.7 555定时器 …… 229
9.7.1 电路的组成 …… 229
9.7.2 工作原理 …… 230
9.7.3 555定时器在汽车上的应用 …… 232
9.8 本章小结 …… 233
9.9 实训10 3路表决器 …… 233
9.10 习题 …… 235
参考文献 …… 237

第1章 直流电路

【本章要点】

- 电路模型和电路基本物理量的概念
- 电路基本元件的基础知识
- 电路基本定律
- 电路常用分析方法

1.1 电路基本概念

1.1.1 电路

电路是为实现和完成人们的某种需求，由各种元器件（或电工设备）按一定方式连接起来，为电流的流通提供的路径。电路的主要作用是：能实现电能的传输、分配和转换，能实现信号的传递和处理。如灯泡在电流通过时将电能转换成光能，送话器将接收到的声音信号经过放大器处理后使得声音变大。

1.1.2 电路模型

1. 电路组成

电路的基本组成包括以下几个部分。

1）电源（供能元件）：为电路提供电能的设备和器件（如电池、发电机等）。

2）负载（耗能元件）：使用（消耗）电能的设备和器件（如灯泡、电炉等用电器）。

3）控制器件：控制电路工作状态的器件或设备（如开关等）。

4）连接导线：将电气设备和元器件按一定方式连接起来（如各种铜、铝电缆线等）。

2. 实际电路

实际电路一般由电源、负载、控制器件及连接导线4部分组成，如图1-1所示。

3. 电路模型

在电路的实际分析计算中，用一个简单的二端元件如电阻元件来代替实际元件（如白炽灯），如图1-2所示。二端元件的电和磁的性质反映了实际电路元件的电和磁的性质，称这个假定的二端元件为理想电路元件。

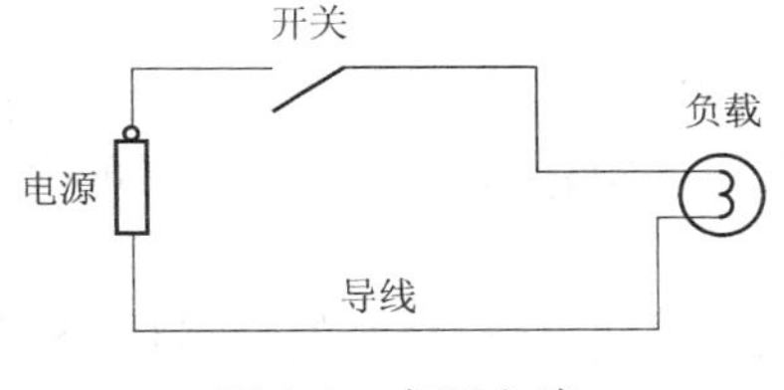

图1-1 实际电路

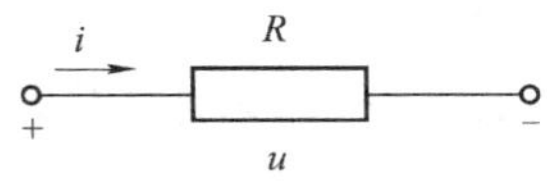

图1-2 电阻元件

由理想电路元件组成的电路称为理想电路模型，简称为电路模型，实际电路与电路模型如图 1-3 所示。图中假定实际电源的内阻忽略不计。

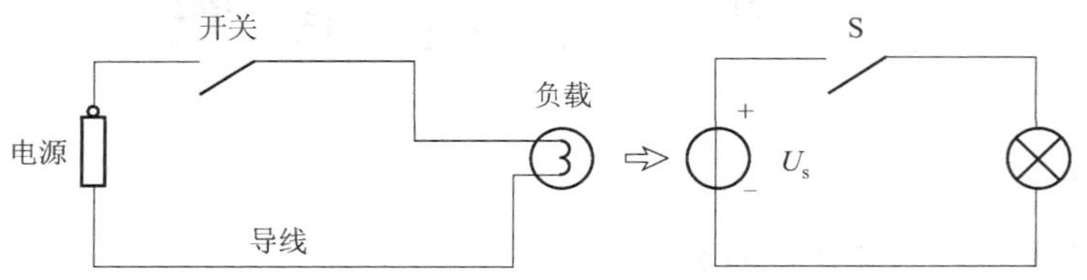

图 1-3　实际电路与电路模型

1.1.3　汽车电路的组成和特点

1. 汽车电路的基本组成

汽车电路一般由电源、负载、保护装置、控制装置和导线等组成，如图 1-4 所示。

1）电源：将其他形式的能量转化为电能，为电路提供电能的设备或器件。

例如：汽车上常用的电源是蓄电池和发电机，两个电源并联。

2）负载：消耗电能的设备或器件。作用是把电能转化成其他形式的能（如热、光、声及机械能等）。

例如：汽车上的负载有起动机、电扬声器、照明灯及各种电子控制装置等。

3）导线：用以将电路中的各种装置连接起来形成电路。导线是由电阻率很小的金属材料制成的，并且大多数都有绝缘材料作为外包装。导线一般都是铜线，可按其横截面积的不同分为多种规格。

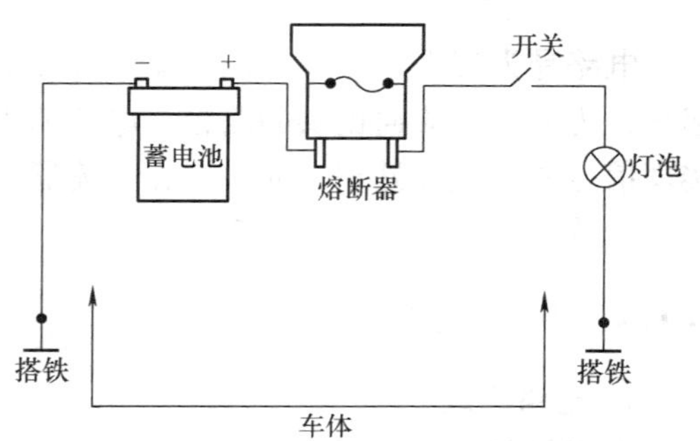

图 1-4　汽车电路的基本组成

4）保护装置：串联在各用电设备的电路中起到保护作用。当某用电设备发生过载、短路或搭铁时，电流将超过规定的电流值，保护装置将切断电路，防止烧坏电路的连接导线和用电设备，并把故障限制在最小的范围内。

例如：熔断器就是一种典型的保护装置。汽车中安装熔断器是为了防止电路或元件因为搭铁或短路，而烧坏电线束和用电设备，不同类型的汽车上安装有不同规格的熔断器。

5）控制装置：实现电路接通或断开功能的控制元件。

例如：汽车中的手动开关、压力开关、温控开关、继电器、电子模块（电子式电压调节器、点火器）及电子控制单元（发动机电控单元、自动变速器电控单元）等。

2. 汽车电路的特点

汽车电路具有以下 4 个特点。

1）低压直流供电：汽车电气设备采用低压直流（DC）供电。柴油车一般采用低压 DC 24V 供电，汽油车一般采用 DC 12V 供电。低压供电取自蓄电池或发电机，两者的电压保持一致。

2）单线制：利用汽车发动机和底盘、车身等金属机件作为各种电气设备的公用连线，俗称“搭铁”，即接地，而用电设备到电源正极只需另设一根导线。任何一个汽车电路中的电流都是从电源的正极出发，经导线流入用电设备后，经搭铁通过金属车架流回电源负极而形成回路。

3）负极搭铁：按电源搭铁的极性，可分为正极搭铁和负极搭铁。由于负极搭铁对无线电设备（汽车音响、通信系统等）干扰较小，所以大多数汽车都采用负极搭铁。

4）用电设备并联：汽车上的各种用电设备都采用并联方式与电源连接，每个用电设备都由各自串联在其支路中的专用开关控制，互不产生干扰。

1.1.4 电路的基本物理量

1. 电流

在电场力的作用下，处于电场内的电荷发生定向移动，形成了电流，电流的大小称为电流强度（简称为电流，符号为 I）。历史上，科学家早期规定正电荷移动的方向为电流的方向，之后，科学家发现电子实际带负电荷，因此，电流的方向与电子运动的方向相反。此规定沿用至今。设在 $\mathrm{d}t$ 时间内通过导体横截面积的电荷量为 $\mathrm{d}q$，则电流表示为：

$$i = \frac{\mathrm{d}q}{\mathrm{d}t} \tag{1-1}$$

电流分直流和交流两种，大小和方向都不随时间变化的电流称为直流电流，大小和方向随时间变化的电流称为交流电流。习惯用大写字母 I 表示直流电流，用小写字母 i 表示交流电流。

在国际单位制（SI）中，在 1s（秒）内通过导体横截面积的电荷量为 1C（库[仑]）时，其电流为 1A（安[培]）。安培是国际单位制中的基本单位，除了安[培]（A）外，常用的单位还有毫安（mA）、微安（μA），它们之间的换算关系为：

$$1\mathrm{A} = 10^3\mathrm{mA} = 10^6\mu\mathrm{A}$$

电流的方向可用箭头表示，也可用字母表示，如图 1-5 所示，用双下标表示时为 i_{ab}，表示电流参考方向从 a 流向 b。

2. 电压

电压用来表示电场力做功的能力。电场力把单位正电荷从电场中的 a 点移至 b 点（如图 1-6所示）所做的功称为 a、b 间的电压，用 u_{ab}（U_{ab}）表示。人们习惯上把电位降低的方向作为电压的实际方向，可用 +、- 号表示，也可用字母的双下标表示，电压的方向如图 1-6所示。

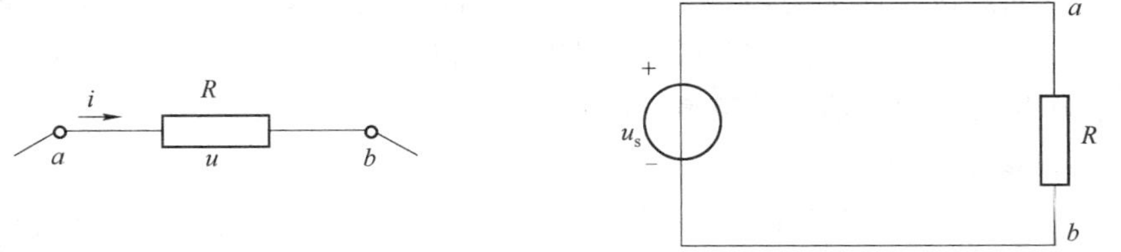

图 1-5 电流的方向　　图 1-6 电压的方向

假设正电荷 $\mathrm{d}q$ 从 a 点移动至 b 点电场力所做的功为 $\mathrm{d}w$，则 a、b 间的电压为：

$$u_{\mathrm{ab}} = \frac{\mathrm{d}w}{\mathrm{d}q} \tag{1-2}$$

当 $u_{ab}>0$ 时，表示正电荷从 a 点移至 b 点电场力做正功，即这段电路是吸收电能的。

当 $u_{ab}<0$ 时，表示正电荷从 a 点移至 b 点电场力做负功，即这段电路是释放电能的。

电压也分直流和交流两种，如果电压的大小及方向都不随时间变化，则称之为稳恒直流电压或恒定直流电压，简称为直流电压，用大写字母 U 表示。如果电压的大小及方向随时间变化，则称为交流电压。对电路分析来说，一种最为重要的交流电压是正弦交流电压（简称为交流电压），其大小及方向均随时间按正弦规律做周期性变化。交流电压的瞬时值要用小写字母 u 或 $u(t)$ 表示。

在国际单位制中，当电场力把 1C（库[仑]）的正电荷从一点移至另一点所做的功为 1J（焦[耳]）时，则这两点间的电压为 1V（伏[特]）。常用的单位还有毫伏（mV）、微伏（μV）、千伏（kV）等。它们之间的换算关系是：

$$1\text{kV}=1000\text{V}$$

$$1\text{V}=1000\text{mV}$$

$$1\text{mV}=1000\mu\text{V}$$

有时也把电路中任一点与零电位参考点之间的电压称为该点的电位，也就是说该点对零电位参考点所具有的电位能。参考点的电位为零在画图时用符号“⊥”表示，电位的单位和电压相同，都用 V（伏[特]）表示。

电路中两点间的电压也可用两点间的电位差来表示为：

$$u_{ab}=u_a-u_b \tag{1-3}$$

电路中某点的电位随零电位参考点选择的不同而不同。

3. 电动势

电动势是一个表征电源特征的物理量。电源的电动势是电源将其他形式的能量转化为电能的本领，在数值上，等于非电场力将单位正电荷从电源的负极通过电源内部移送到正极时所做的功。常用符号 E 表示，单位是伏[特]（V）。

假设在电源内部非电场力把正电荷 $\mathrm{d}q$ 从低电位移至高电位所做的功为 $\mathrm{d}W$，则电源的电动势为：

$$E=\frac{\mathrm{d}W}{\mathrm{d}q} \tag{1-4}$$

4. 电流、电压的参考方向

在电路的分析计算中，当涉及某个元器件或部分电路的电流或电压时，有必要指定电流或电压的参考方向。这是因为电流或电压的实际方向可能是未知的，也可能是随时间变动的。这时可以任意假定一个电流方向或电压方向，当假定的电流方向或电压方向与实际方向一致时取正，相反时取负。假定的电流、电压方向称为电流、电压的参考方向。

（1）电流的参考方向

图 1-7a 中的电流方向与实际方向一致，$i>0$。图 1-7b 中电流的参考方向与实际方向相反，$i<0$。

实际方向用虚线表示，参考方向用实线表示。

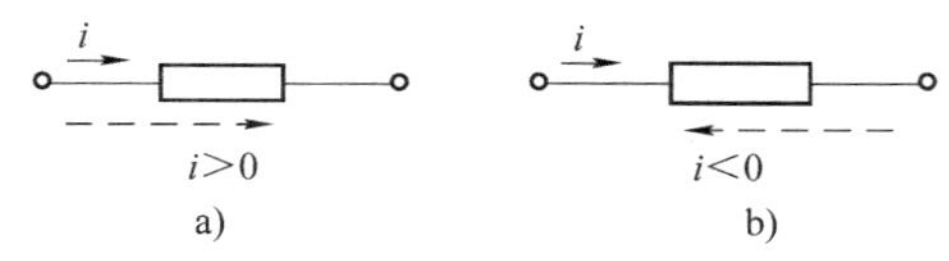

图 1-7　电流的参考方向

a）电流的参考方向与实际方向一致

b）电流的参考方向与实际方向相反

（2）电压的参考方向

在图 1-8a 中，电压参考方向与实际方向一致取正，$u>0$。在图 1-8b 中，电压参考方向与实际方向相反取负，$u<0$。

可见电流、电压都是代数量。当电流的方向与电压的方向选取一致时，称为关联参考方向，如图 1-9 所示。

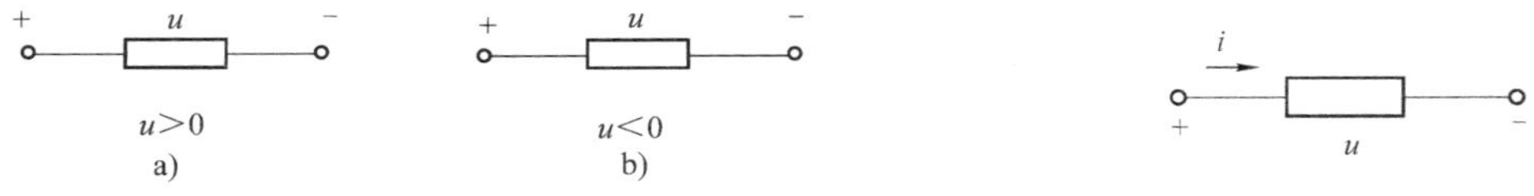

图 1-8　电压的参考方向

a）电压的参考方向与实际方向一致

b）电压的参考方向与实际方向相反

图 1-9　关联方向

5. 功率

在电路的分析计算中，能量和功率的计算是十分重要的。这是因为电路在工作状况下总是伴随有电能和其他形式能量的相互转换；另一方面，电气设备和电路部件本身都有功率的限制，在日常使用时要注意其电流值或电压值是否超过额定值，过载会使电气设备或者部件损坏或是不能正常使用。

电能量对时间的变化率，称为功率，也就是电场力在单位时间内所做的功。设电场力在 $\mathrm{d}t$ 时间内所做的功为 $\mathrm{d}W$，则功率表示为：

$$p(t)=\frac{\mathrm{d}W}{\mathrm{d}t} \tag{1-5}$$

在国际单位制中，功率的单位是瓦［特］，符号为 W。

电功率与电压和电流有着密切的关系，例如电阻两端的电压是 U，流过的电流是 I，电压与电流为关联参考方向电功率如图 1-10 所示，则电阻吸收的功率为 $P=UI$。

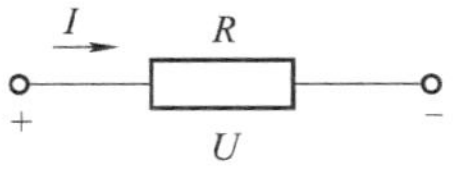

图 1-10　电功率

电阻在 t 时间内所消耗的电能为 $W=Pt$。

平时人们所说的消耗 1 度电就是：功率为 1kW 的用电设备在 1h 内消耗的电能即 1kW·h。

元器件两端电压和流过的电流在关联参考方向下时，关联参考方向的电功率如图 1-11 所示。

$P=UI>0$，元器件吸收功率；$P=UI<0$，元器件发出功率。

如果元器件两端的电压和流过的电流在非关联参考方向下时，非关联参考方向的电功率如图 1-12 所示。

图 1-11　关联参考方向的电功率　　　图 1-12　非关联参考方向的电功率

$P=UI>0$，元器件发出功率；$P=UI<0$，元器件吸收功率。

对任一个电路元器件，当流经元器件的电流实际方向与元器件两端电压的实际方向一致时，元器件吸收功率；电流与电压实际方向相反时，元器件发出功率。

【例 1-1】 试判断图 1-13 中的电阻元器件是发出功率还是吸收功率。

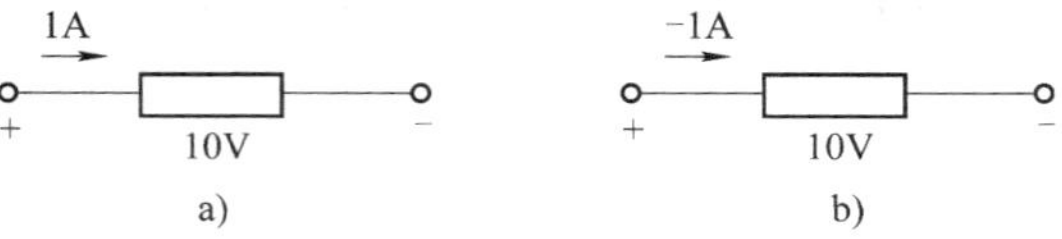

图 1-13　例 1-1 图

解：在图 1-13a 中，电压、电流是关联参考方向，且 $P=UI=10\mathrm{W}>0$，元器件吸收功率。

在图 1-13b 中，电压、电流是关联参考方向，且 $P=UI=-10\mathrm{W}<0$，元器件发出功率。

1.2　电阻元件和欧姆定律

1.2.1　电阻元件

电阻元件是构成各类电路最常用的元件之一。物体对电流的阻碍作用，被称为该物体的电阻，用 R 来表示，其单位为欧姆（Ω）。

1. 电阻率和电阻温度系数

实验证明，当温度一定时，金属导体的电阻（R）与导体的长度（l）成正比，与横截面积（S）成反比，还与材料的导电性能有关，如下式所示。

$$R=\rho\frac{l}{S} \tag{1-6}$$

其中，R 的单位为 Ω，l 的单位为 m，S 的单位为 $\mathrm{mm^2}$，ρ 的单位为 $\Omega\cdot\mathrm{mm^2/m}$。

电阻的倒数称为电导（G），单位为西门子（S）。

$$G=\frac{1}{R} \tag{1-7}$$

导体的电阻还与温度的变化有关，一般可分为 3 种情况。第一类导体电阻随温度的升高而增加，如银、铝、铜、铁和钨等金属。第二类导体电阻随温度升高而减小，如电解液、碳素和半导体材料，第三类导体的电阻几乎不随温度改变而变化，如康铜、锰钢及镍铬合金等。因此用电阻温度系数（α）可反映材料电阻受温变影响的程度。

通常金属导体的电阻随温度的升高而增加，它们的关系是：

$$R_2=R_1[1+\alpha(t_2-t_1)] \tag{1-8}$$

式中　t_1——参考温度（通常为 20℃）；

t_2——导体实际温度（℃）；

R_1、R_2——t_1、t_2 时的电阻值（Ω）；

α——电阻温度系数（1/℃）。

表 1-1 所示为常见材料的电阻率和电阻温度系数。

表 1-1　常见材料的电阻率和电阻温度系数

材料名称	电阻率(ρ)/($\Omega \cdot mm^2/m$)20℃时	电阻温度系数(α)/(1/℃)0℃～100℃
银	0.0159	0.0038
铜	0.0169	0.0040
铝	0.0265	0.00423
钢	0.13～0.25	0.006
锰铜	0.42	0.000006
康铜	0.4～0.51	0.000005
镍铬合金	1.1	0.00015
铁铬铝合金	1.4	0.00028

从表1-1中可知，银、铜、铝的电阻率很小，表示其对电流的阻碍小，导电能力强。因此，常用铜或铝来制造导线和电气设备的线圈。银因价格昂贵，只在特殊要求的场合使用，如电器触头等。镍铬、铁铬铝合金的电阻率很大，而且耐高温，常用来制造发热器件的电阻丝。工程上，通常用电阻温度系数（α）极小的康铜、锰铜制造标准电阻、电阻箱以及电工仪表中的分流电阻和附加电阻等。

物质的电阻率随其本身温度变化而变化的现象称为热电阻效应。根据热电阻效应制成的传感器称为热电阻式传感器，汽车中很多温度传感器都是用热电阻作检测元件。热电阻按材料特性不同可分为热敏电阻和金属热电阻。热敏电阻常用半导体材料制成。金属热电阻的电阻随温度变化的特性可用于温度的测量。目前常用的金属热电阻有铂电阻和铜电阻等。铂是一种较理想的热电阻材料，在氧化性介质中，甚至在高温下，铂的物理性质和化学性质都很稳定，并且在很宽的温度范围内都可以保持良好的特性。

2. 特殊电阻在汽车传感器中的应用

（1）热敏电阻

热敏电阻是一种用陶瓷半导体制成的温度系数很大的电阻体，在工作温度范围内，按陶瓷半导体的电阻与温度的特性关系，热敏电阻可分为以下3种类型。

① 负温度系数（NTC）热敏电阻。在工作范围内，NTC热敏电阻的电阻值随温度升高而减小，如图1-14中曲线1和曲线2所示。这种电阻是由镍、铜、钴、锰等金属氧化物按适当比例混合后，高温烧结而成的，现广泛用于汽车发动机冷却水温度传感器、进气温度传感器、机油温度传感器和空调温度传感器中。

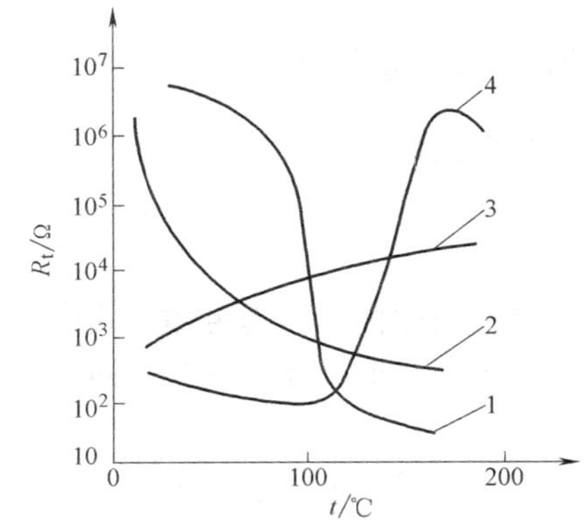

图1-14　热敏电阻的温度特性

1—突变型NTC　2—负指数型NTC　3—指数型PTC　4—突变型PTC

② 正温度系数（PTC）热敏电阻。在工作范围内，PTC热敏电阻的电阻值随温度升高而增加，如图1-14中曲线3和曲线4所示。这种电阻在汽车发动机、仪器及仪表等测温部件中被广泛应用。

③ 临界温度系数（CTR）热敏电阻。CTR热敏电阻的电阻值在某一温度时发生突变，因特性变化陡峭则更适用于组成温控开关电路，热敏电阻的温度特

性如图 1-14 中曲线 1 和曲线 4 所示。

热敏电阻式温度传感器，具有体积小、灵敏度高、安装简单及价格低廉的特点，因此，在汽车电子控制系统中被广泛应用。

（2）光敏电阻

光敏电阻是利用半导体光电效应制成的一种特殊电阻，对光线十分敏感，它的电阻值能随着外界光照强弱（明暗）变化而变化。它在无光照射时，呈高阻状态；当有光照射时，其电阻值迅速减小，即光敏电阻具有光照强度引起电阻值变化的特性。

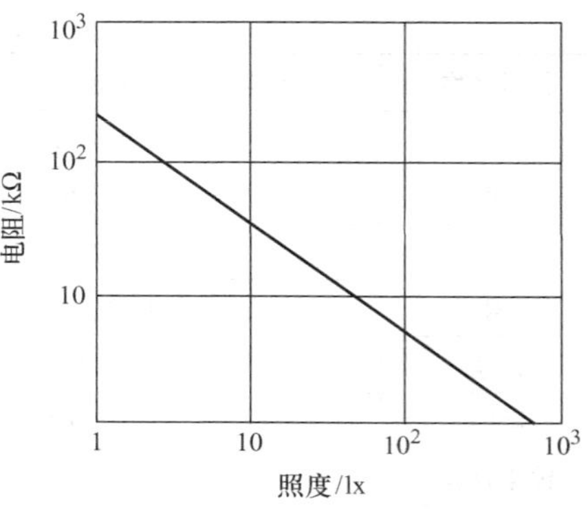

图 1-15　光电元件硫化镉的特性

汽车中的光电式光量传感器就采用了光敏电阻——硫化镉（CdS）光电元件。当光线照射硫化镉（CdS）时，若周围环境的光线暗时，则电阻值大；若周围环境的光线亮时，则电阻值变小。光量传感器通过硫化镉（CdS）光电元件，将周围光照的变化转换为电阻值的变化，并以电信号的形式输入给控制器。光电元件硫化镉的特性如图 1-15 所示，在汽车上可用于各种灯具亮、灭的自动控制。

光电式光量传感器在汽车灯光控制器上的应用如图 1-16 所示。灯光控制器安装在仪表板的上方，到傍晚时，它控制尾灯点亮；当天色更晚时，控制前照灯点亮。

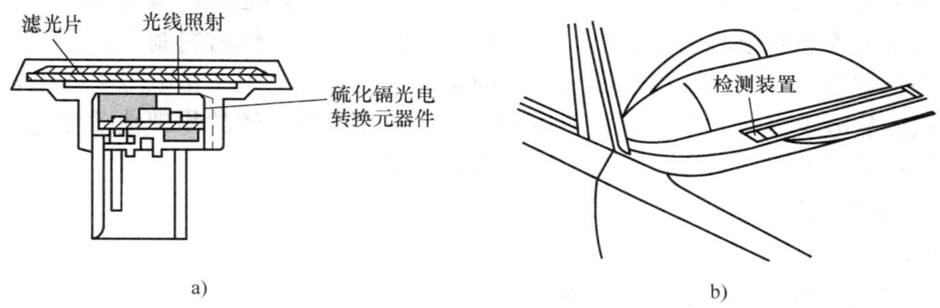

图 1-16　光电式光量传感器在汽车灯光控制器上的应用

a）光电式光量传感器　b）安装位置

1.2.2　欧姆定律

电阻元件流经电流就要消耗电能，沿电流流动方向会出现电压降。若电压和电流为关联方向，则电阻的电压和电流关系如下：

$$U = IR \tag{1-9}$$

这一规律称为欧姆定律。式中，R 为元件的电阻。

若电压和电流为非关联方向，则欧姆定律可写为：

$$U = -IR \tag{1-10}$$

式（1-9）和式（1-10）反映了电阻元件对其电压与电流的约束关系。

在任何时刻，两端的电压与流过的电流的关系都服从欧姆定律的电阻元件为线性电阻元件，其电阻值一定，线性电阻元件的伏安特性如图 1-17 所示，线性电阻元件的伏安特性是通过坐标原点的一条直线，其斜率对应电阻数值。

而非线性电阻元件的伏安特性不再是一条通过原点的直线，而是一条曲线。其电阻值是个变量。今后本书中，若未加说明，电阻都是指线性电阻。

严格来说，所有电阻器、电灯及电炉等实际电路元件的电阻都或多或少是非线性的。但是，对于金属膜电阻、碳膜电阻及线绕电阻等实际元件，在一定范围内，它们的阻值基本不变，若当作线性电阻来处理，可以得出满足实际需要的结果。

在电压和电流的关联方向下，任何时刻线性电阻元件吸收的功率为：

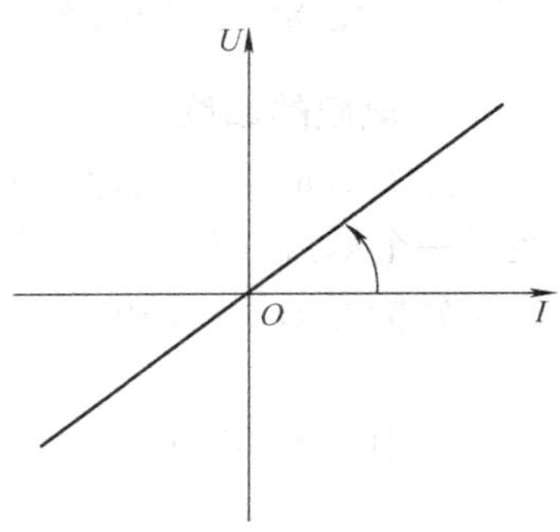

图 1-17　线性电阻元件的伏安特性

$$P = UI = I^2R = \frac{U^2}{R} \tag{1-11}$$

同样，在电压和电流非关联方向下，任何时刻线性电阻元件吸收的功率为：

$$P = -UI = I^2R = \frac{U^2}{R} \tag{1-12}$$

上述两式可见，功率恒为非负值。这说明，任何时刻电阻元件不会发出电能，而是从电路中吸收电能，所以电阻元件是耗能元件。

【例 1-2】 已知一电阻 $R = 10\Omega$，电阻上电压电流为关联方向，流经电流 $I = 2\text{A}$。试求：电阻电压（U）和功率（P）。

解： 电压、电流为关联方向，故：

$$U = IR = (2\text{A}) \times 10\Omega = 20\text{V}$$

$$P = I^2R = (2\text{A})^2 \times 10\Omega = 40(\text{W}) > 0(\text{吸收功率})$$

【例 1-3】 如图 1-18 所示，已知电压源电压 $U_s = 5\text{V}$，电流源电流 $I_s = 2\text{A}$，电流源的端电压 $U' = 15\text{V}$，电阻 $R = 5\Omega$。试求：（1）电阻的电压（U_R）；（2）电阻、电压源、电流源的功率，并说明是吸收还是发出功率。

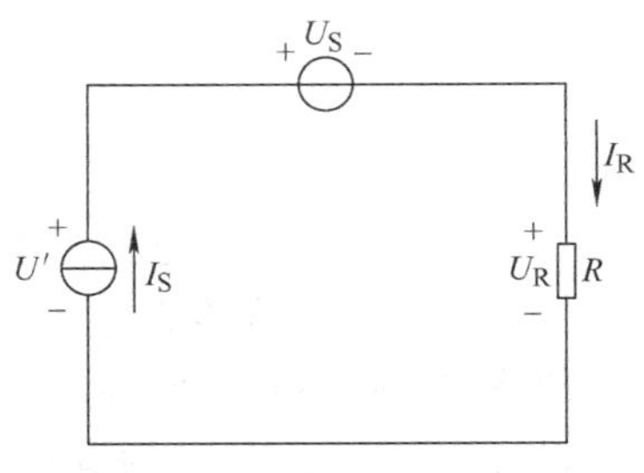

图 1-18　例 1-3 电路图

解：（1）首先在图中标出电阻的电压、电流参考方向。

单回路中电流唯一，电阻电流和电流源的电流方向相同，所以：$I_R = I_s = 2\text{A}$

电阻的电压、电流参考方向关联，所以：

$$U_R = I_R R = 2\text{A} \times 5\Omega = 10\text{V}$$

（2）$P_R = I^2R =$（$2\text{A})^2 \times 5\Omega = 20\text{W} > 0$（吸收功率）。

电压源的电压（U_s）与流经的电流（I_s）参考方向关联，所以：

$$P_{U_S} = U_S I_S = 5\text{V} \times 2\text{A} = 10\text{W} > 0(\text{吸收功率})$$

电流源的电流（I_s）与两端电压（U'）参考方向非关联，所以：

$$P_{I_S} = -U'I_S = -15\text{V} \times 2\text{A} = -30\text{W} < 0(\text{发出功率})$$

由计算可知：

$$P_{I_S} + P_{U_S} + P_R = 0$$

电路的功率平衡。

1.2.3 电阻的串并联

1. 电阻的串联

图 1-19a 所示电路中两个电阻依次首尾相连接，称为电阻串联。串联电路中各电阻上流经同一个电流（I）。当多个电阻串联时，可用一个等效电阻来等值代替，如图 1-19b 所示。根据分析可知，串联电阻的等效电阻（或称为总电阻）（R）等于各电阻之和，即：

$$U = U_1 + U_2 = (R_1 + R_2)I = RI$$

式中，$R = R_1 + R_2$。

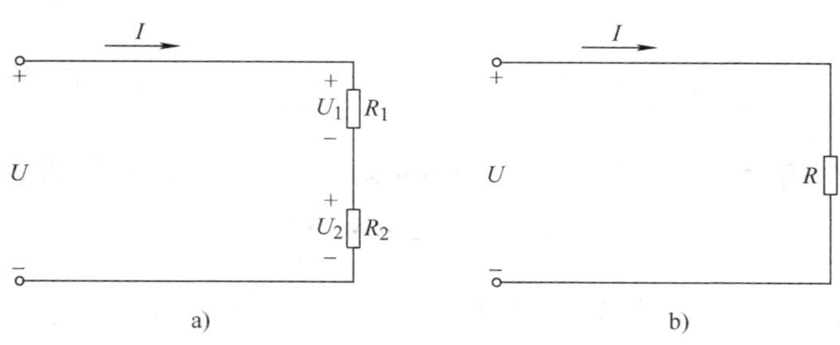

图 1-19 电阻串联

a）电阻的串联 b）等效电阻

写成一般形式（n 个电阻串联）：

$$R = R_1 + R_2 + \cdots + R_n \tag{1-13}$$

在电路分析中，常用到两个电阻的分压公式：

$$U_1 = \frac{R_1}{R_1 + R_2} \times U$$

$$U_2 = \frac{R_2}{R_1 + R_2} \times U \tag{1-14}$$

由此可见，串联电阻上电压与电阻成正比，电阻串联具有分压特性。

汽车的温度传感器电路常利用电阻串联分压特性来间接测量温度变化。图 1-20 所示为冷却液温度传感器与电控单元（ECU）的连接电路。水温传感器内随温度变化阻值的热敏电阻（R'）与 ECU 内的电阻（R）串联并分压，将冷却液温度的变化转换为电信号输送到 ECU 电路。图 1-21 所示为水温传感器电阻串联分压等效电路，电压（U_o）为传感器输出的

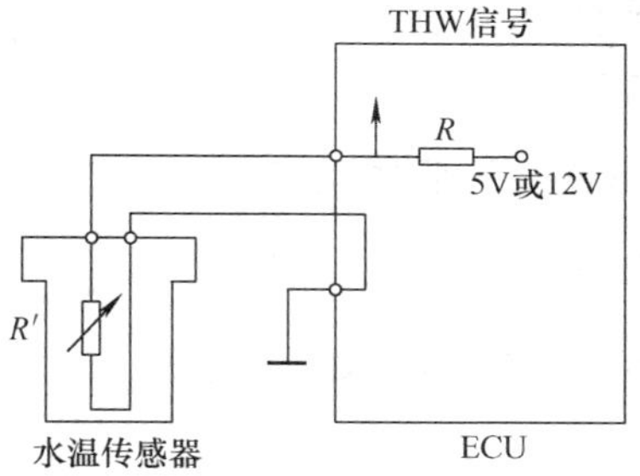

图 1-20 冷却液温度传感器与电控单元（ECU）的连接电路

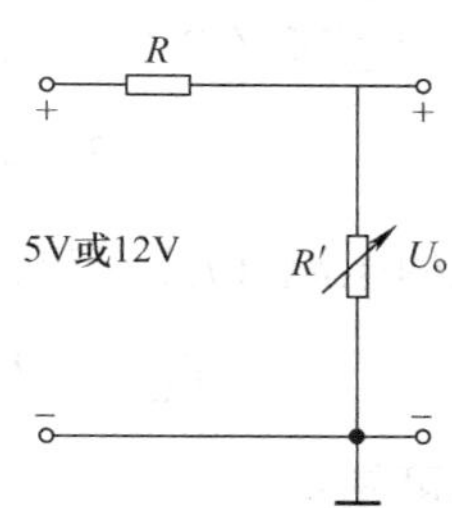

图 1-21 水温传感器电阻串联分压等效电路

电压信号。它的大小间接反映水温的高低变化。

工程上还常常利用电阻串联分压这一特性扩展电压表的量程。

2. 电阻的并联

如图 1-22a 所示，电路中电阻的首尾分别连接在一起，称为电阻并联。并联电阻两端的电压相同，当多个电阻并联时，可用一个等效电阻来等值代替，如图 1-22b 所示。根据分析可知，并联电阻的等效电阻（或称为总电阻）（R）的倒数等于各电阻倒数之和。

$$\frac{I}{U}=\frac{I_1+I_2}{U}=\frac{I_1}{U}+\frac{I_2}{U}$$

n 个电阻并联时，可用等效电阻来代替，等效电阻的倒数，等于各并联电阻倒数之和，即经变化得：

$$\frac{1}{R}=\frac{1}{R_1}+\frac{1}{R_2}$$

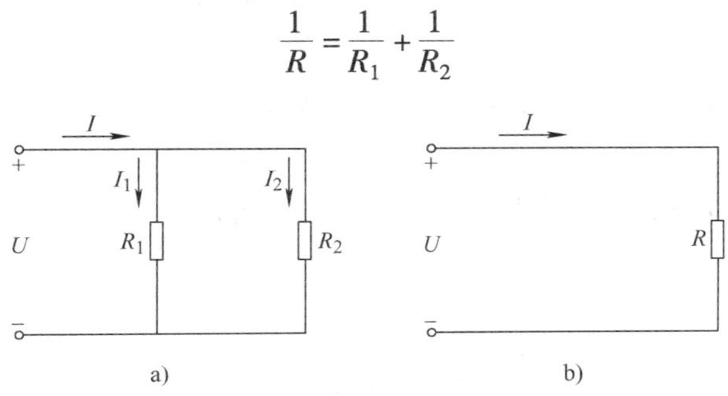

图 1-22　电阻并联

a）电阻的并联　b）等效电阻

写成一般形式（n 个电阻并联）：

$$\frac{1}{R}=\frac{1}{R_1}+\frac{1}{R_2}+\cdots+\frac{1}{R_n}$$

或

$$G=G_1+G_2+\cdots+G_n \tag{1-15}$$

根据公式可知，等效电阻小于电路中最小的电阻，并联电阻越多，等效电阻值越小。

在电路分析中，常用到两个电阻并联时的分流公式：

$$I_1=\frac{U}{R_1}=\frac{R_2}{R_1+R_2}\times I$$

$$I_2=\frac{U}{R_2}=\frac{R_1}{R_1+R_2}\times I \tag{1-16}$$

由此可见，并联电阻上电流的大小与电阻成反比，电阻并联具有分流特性。工程上常常利用这一特性扩展电流表的量程。

汽车中并联电阻的电路很多，图 1-23a 所示的汽车后窗除霜装置，它由蓄电池、点火开关、熔断器、除霜器开关及指示灯、除霜器（电热丝）组成，其中除霜器由若干条电热丝并联连接，若将每条电热丝当作一个电阻，则除霜器就可以等效成若干个电阻的并联，其等效的简化电路如图 1-23b 所示。

图 1-24 所示为由多个电阻组成的电路，电阻之间既有串联关系，又有并联关系，称为

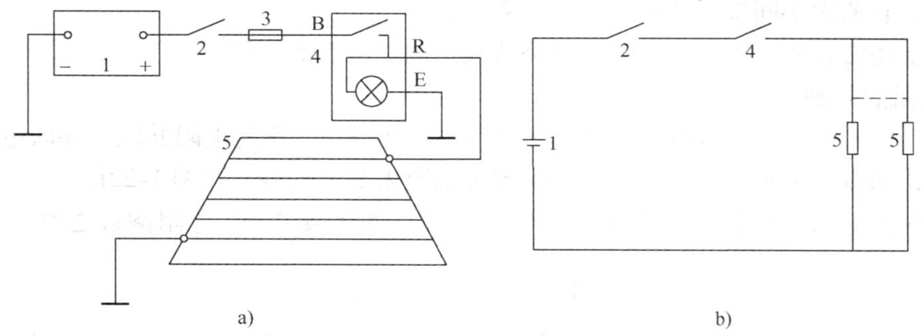

图 1-23　汽车后窗除霜装置图

1—蓄电池　2—点火开关　3—熔断器　4—除霜器开关及指示灯　5—除霜器（电热丝）

电阻混联电路。

下面通过实例说明电阻的等效和各物理量的求解。

【例 1-4】 电阻电路如图 1-24 所示，已知 $R_1 = 60\Omega$，$R_2 = 40\Omega$，$R_3 = 40\Omega$，$U = 80\text{V}$。求电路总电阻 R，电流 I、I_2、I_3，电压 U_1、U_2。

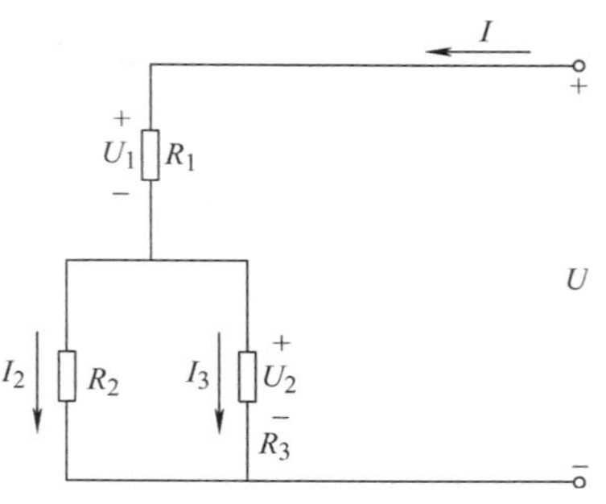

图 1-24　电阻混联电路

解：等效电阻：

$$R = R_1 + \frac{R_2 R_3}{R_2 + R_3} = 60\Omega + \frac{40\Omega \times 40\Omega}{40\Omega + 40\Omega} = 60\Omega + 20\Omega = 80\Omega$$

总电流：

$$I = \frac{U}{R} = \frac{80\text{V}}{80\Omega} = 1\text{A}$$

用分流公式可求出 I_2、I_3。

$$I_2 = \frac{R_3}{R_2 + R_3} \times I = \frac{40\Omega \times 40\Omega}{40\Omega + 40\Omega} \times 1\text{A} = 0.5\text{A}$$

用分压公式可求出 U_1、U_2。

$$U_1 = \frac{R_1}{R} \times U = \frac{60\Omega}{80\Omega} \times 80\text{V} = 60\text{V}$$

$$U_2 = \frac{R_{23}}{R} \times U = \frac{20\Omega}{80\Omega} \times 80\text{V} = 20\text{V}$$

式中，$R_{23} = \frac{R_2 R_3}{R_2 + R_3} = 60\Omega + \frac{40\Omega \times 40\Omega}{40\Omega + 40\Omega} = 20\Omega$。

【例 1-5】 图 1-25a 所示为汽车前照双丝灯电路，S 为近光灯、远光灯转换开关，当打到 1 档，接通左右两个近光灯，当打到 2 档，接通左右两个远光灯。两个近光灯灯丝 R_1、R_3 为 12V25W，远光灯灯丝 R_2、R_4 为 12V55W，试求：

1）近光灯、远光灯电阻值。

2）正常工作时，近光灯、远光灯流经的电流。

3）若左前照灯搭铁处 D 点断开，当接通远光灯开关时，有什么现象发生？试说明原因。

解：图 1-25a 所示为电路的习惯画法，在图中未出现电压源的图形符号，只是在电路用

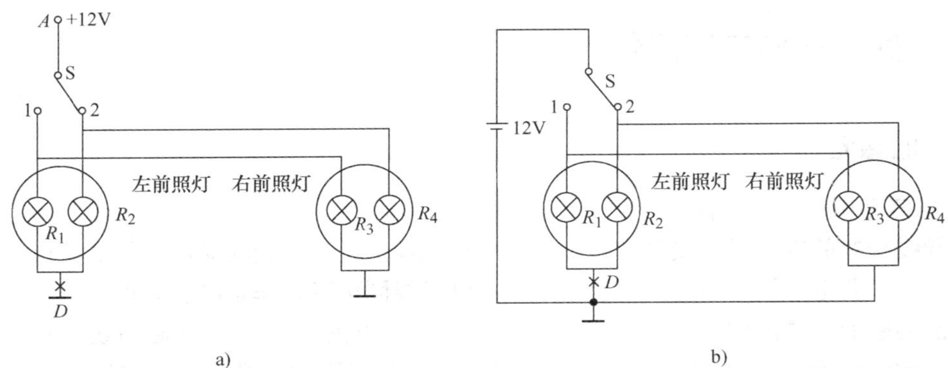

图 1-25 汽车前照双丝灯电路

a）电路简化画法 b）完整电路

A 点的电位来表示电源电压的数值。*A* 点的电位为 +12V，表明 *A* 点和电路接地参考点之间有一个电压源，其电源正极接 *A* 点，电源负极接参考点；若画出电压源图形符号，完整电路如图 1-25b 所示。

1）近光灯电阻。

$$R_{近}=\frac{U^2}{P}=\frac{12^2}{25}\Omega=5.76\Omega$$

远光灯电阻：

$$R_{远}=\frac{U^2}{P}=\frac{12^2}{55}\Omega=2.62\Omega$$

2）正常工作，近光灯电流为：

$$I_1=\frac{P}{U}=\frac{25}{12}\text{A}=2.08\text{A}$$

正常工作，远光灯电流为：

$$I_2=\frac{P}{U}=\frac{55}{12}\text{A}=4.58\text{A}$$

3）左前照灯搭铁处 *D* 点断开，当接通远光灯开关时，电路发生故障，4 只灯全部点亮。其中只有右前照灯的远光灯 R_4 正常工作，左前照灯的远光灯 R_2 照度明显不够，其余两只近光灯 R_1、R_3 也点亮。

通过分析可知，由于电路在 *D* 点处断开，故左前照灯的远光灯 R_2 一端接 12V 电源正极，另一段不能正常搭铁接地。从图 1-25b 可知，远光灯 R_2 通过 R_1、R_3 搭铁，形成新的回路。电流路径为 +12V→R_2→R_3→搭铁。从而接通了 3 只灯。3 个电阻呈现串联关系，电阻电压分别为：

$$U_{\text{R}_2}=\left(\frac{2.62}{5.76+5.76+2.62}\times12\right)\text{V}=2.2\text{V}$$

$$U_{\text{R}_1}=U_{\text{R}_3}=\left(\frac{5.76}{5.76+5.76+2.62}\times12\right)\text{V}=4.9\text{V}$$

由于串联分压，因此每个电阻上的电压都小于额定值，所以左前照灯的远光灯较暗，其余两只近光灯也有电流流过，由于两端电压较低，所以灯光都较暗。

1.3 电感元件和电容元件

1.3.1 电感元件

1. 电感元件的基本特性

用导线绕制的空心线圈或具有铁心的线圈在工程上具有广泛的应用，如电动机绕组、继电器线圈等。若电感线圈中的损耗忽略不计，电感线圈可以看作是电感元件。

线圈的磁通和磁链如图 1-26 所示。电感线圈通过电流（i_L），产生磁力线，并与线圈本身交链，此时的磁通称为自感磁通，用 Φ_L表示。如果线圈的匝数为 N，穿过一匝线圈磁通是 Φ_L，则总磁通（Ψ_L）为

$$\Psi_L = N\Phi_L \tag{1-17}$$

式中，Ψ_L又称为自感磁链，其单位是韦伯（韦），用字母 Wb 表示。

在自感磁通（Φ_L）与电流（i_L）满足右手螺旋关系时，自感磁链（Ψ_L）与电流（i_L）的比就是电感线圈的自感系数（L），简称为电感，即：

$$L = \frac{\Psi_L}{i_L} \tag{1-18}$$

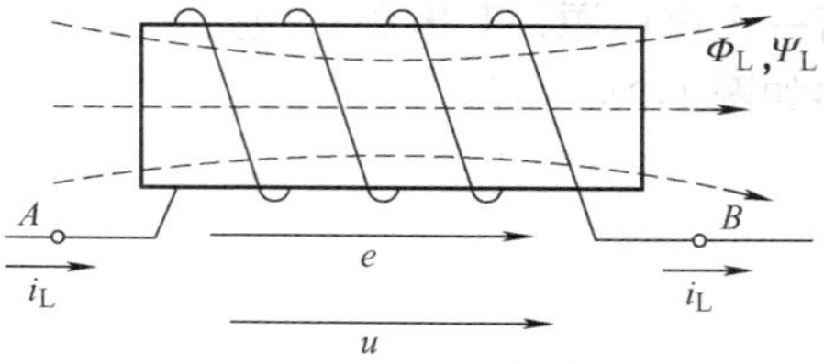

图 1-26 线圈的磁通和磁链

在国际单位制中，电感的单位是亨利（亨），用符号 H 表示。实际应用中还有微亨（μH）和毫亨（mH）作为电感的单位。电感既代表自感系数，也代表电感线圈。

若自感系数（L）为常数，即磁链与电流的大小成正比的电感线圈称为线性电感，否则称为非线性电感。对于铁心线圈来说，电感（L）不为常数，故称为非线性电感。而空心线圈的电感为常数，因此是线性电感。

2. 电感元件的电压和电流关系

1831 年，英国物理学家法拉第发现：当穿过导电回路的磁通发生变化时，就会在该导电回路中产生感应电动势和感应电流。感应电动势的大小，正比于回路内磁通对时间的变化率。这称为法拉定律。

1833 年，科学家楞次又对法拉第电磁感应定律进行补充，总结出变化的磁通与感应电动势（或感应电流）在方向上的关系：在电磁感应过程中，感应电流所产生的磁通，总是力图阻止原磁通的变化，这通常称为楞次定律。

法拉第电磁感应定律和楞次定律分别从大小和方向两方面阐述了感应电动势与磁通的关系。

通常设定感应电动势（e）与磁通（Φ_L）的参考方向符合右手螺旋关系，如图 1-26 所示，对于匝数为 N 的通电线圈，感应电动势为：

$$e = -N\frac{\mathrm{d}\Phi_L}{\mathrm{d}t} = -\frac{\mathrm{d}(N\Phi_L)}{\mathrm{d}t} = -\frac{\mathrm{d}\Psi_L}{\mathrm{d}t} \tag{1-19}$$

将式（1-18）代入式（1-19），得：

$$e = -\frac{d\Psi_L}{dt} = -\frac{d(Li_L)}{dt} = -L\frac{di_L}{dt} \tag{1-20}$$

式（1-19）与式（1-20）是感应电动势的两种表达式。

习惯上选择电感元件上的电流、电压、自感电动势三者参考方向一致，如图1-27所示，则自感电压为：

$$u = -e = N\frac{d\Phi_L}{dt} = L\frac{di_L}{dt} \tag{1-21}$$

由式（1-21）可见，电感的电压与其电流的变化率成正比，只有当电流发生变化时，其两端才会有电压。电流变化越快，自感电压越大；电流变化越慢，自感电压越小。当电流不随时间变化时，自感电压为零。

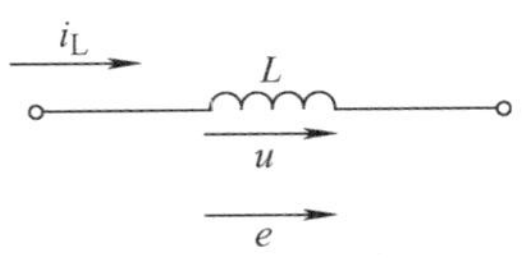

图1-27　电感元件

由于电感上电流变化率与感应电压成正比，因此在断开电感电路时就会在电感两端产生较大的感应电压，有时甚至会烧坏电感线圈或其他设备。因此在实际电路中要采取适当的安全保护电路，如在电感两端并联续流二极管等。

有电流就有磁场，磁场具有能量。电感元件流经电流，元件及其周围磁介质中就储存有磁场能。当电流由零增加到I时，储存的磁场能（W_L）为：

$$W_L = \frac{1}{2}LI^2 \tag{1-22}$$

由上式可知，电感值L一定时，电感电流越大，电感储存的能量越多。

电感线圈与灯泡串联电路如图1-28所示。电感线圈与灯泡串联后接入直流电源。当合上开关后，灯泡慢慢变亮。由日常生活经验知道，若电路中无电感线圈，合上开关后灯泡是立即变亮的。这是由于电感是一个储能元件，电感电流的增大，就是电感储存能量的过程，它不会突变，而是需要一定的时间。

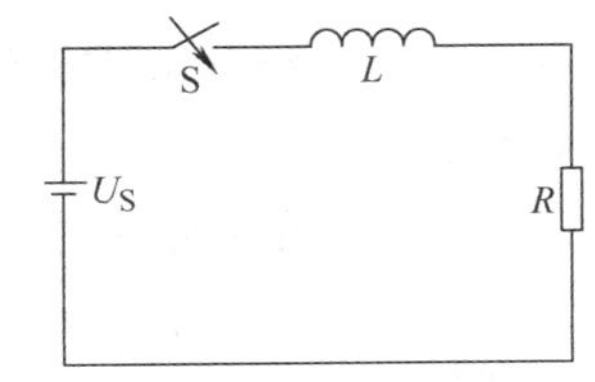

图1-28　电感线圈与灯泡串联电路

3. 电感元件在汽车传感器中的应用

汽车中溢流环位置传感器用在电子式柴油喷射装置上，用来检测溢流环的位置，从而实现对喷油泵喷油量的控制。图1-29所示为可调电感式溢流环位置传感器原理图。在传感器的线圈内部有铁心，铁心与被检测位置的部件一起动作，当铁心上下移动时，线圈的电感发生变化，输出的信号也变化。

线圈的电感数值大小与磁介质的磁导率成正比，由于铁磁性物质的磁导率μ远大于非铁磁性物质的磁导率μ_0。因此与空心线圈相比，铁心线圈的电感较大。如图1-29a所示，当被检测件置的部件移动量小，靠近线圈下部，则电感量$L_A < L_B$，输出信号较大；如图1-29b所示，当部件移动量大，靠近线圈上部，则电感量$L_A > L_B$，输出信号较小。因此根据输出信号的大小，即可检测出被测部件的位置。

1.3.2　电容元件

1. 电容元件的基本特性

电容元件是用来存储电荷的装置，通常由两个中间隔以绝缘材料的金属导体组成。金属

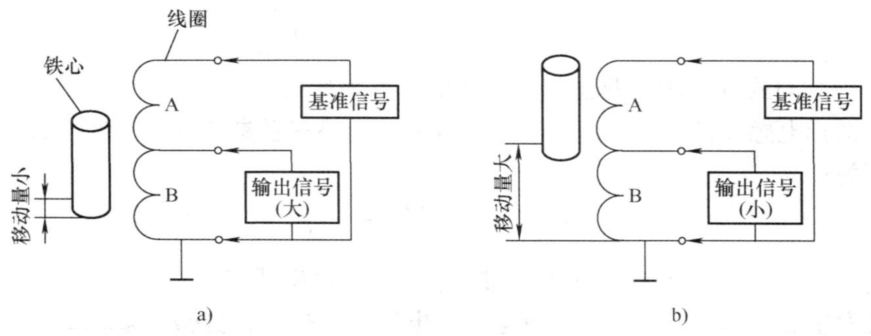

图 1-29　可调电感式溢流环位置传感器原理图

a）电感量 $L_A < L_B$　b）电感量 $L_A > L_B$

导体称为极板，中间的绝缘材料称为介质，两个电极从极板引出。

在一个未充过电的电容元件的两个电极上加上电压，电源将对电容元件充电，使两极板带上电量相等而极性相反的电荷，电容元件存储电荷如图 1-30 所示。实验证明，极板上所带的电荷量（Q）与电容元件两端的电压（U）成正比，即：

$$Q = CU$$

上式还可以写成：

$$C = \frac{Q}{U} \tag{1-23}$$

式中，C 为衡量电容元件存储电荷能力大小的物理量，称为电容量，简称为电容。

电容是电容元件固有的参数，它与极板上所带的电荷量（Q）以及电容元件两端的电压（U）无关。电容与极板面积成正比，与极板间距离成反比，还与极板间的介质有关。例如，有一极板间距离很小的平行板电容元件，电容（C）为：

$$C = \frac{\varepsilon S}{d}$$

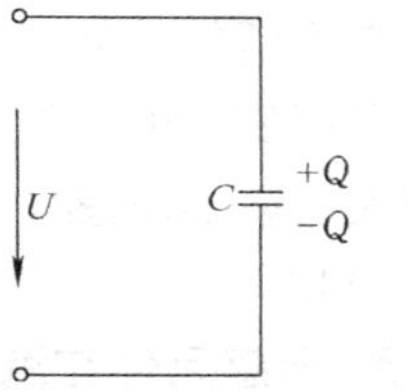

U
C
+Q
−Q

图 1-30　电容元件存储电荷

式中　S——极板面积（m^2）；

d——板间距离（m）；

ε——介电常数（F/m）。

在国际单位制中，电容的单位是法拉（法），用符号 F 表示。由于法拉的单位太大，实际应用中常用微法（μF）和皮法（pF）作为电容的单位。

$$1\mu F = 10^{-6} F$$

$$1 pF = 10^{-12} F$$

由于常将电容元件简称为电容，因此电容既代表电容量，也代表电容元件。若电容（C）为常数，则为线性电容；若电容（C）不为常数，则为非线性电容。

电容的电压、电流关系如图 1-31 所示。电容其极板上电荷量变化时，在与电容极板相连的导线中出现电流，即：

$$i=\frac{\mathrm{d}q}{\mathrm{d}t}=\frac{\mathrm{d}(Cu)}{\mathrm{d}t}=C\frac{\mathrm{d}u}{\mathrm{d}t} \tag{1-24}$$

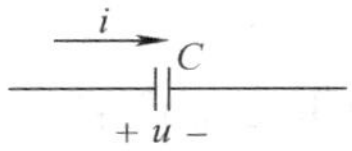

图 1-31　电容的电压、电流关系

由上式可见，电容的电流与其电压的变化率成正比，只有当电压发生变化时，电容才会有电流。电压变化越快，产生的电流越大；电压变化越慢，电流越小。当电压不随时间时，电流为零。

2. 电容元件的串联和并联

(1) 电容元件的串联

电容元件串联电路如图 1-32a 所示，等效电容如图 1-32b 所示。

该电容串联具有以下特点。

① 等效电容的倒数等于各电容倒数之和。

因为：

$$Q_1=Q_2=Q$$
$$U=U_1+U_2$$

所以：

$$\frac{U}{Q}=\frac{U_1+U_2}{Q}=\frac{U_1}{Q}+\frac{U_2}{Q}$$

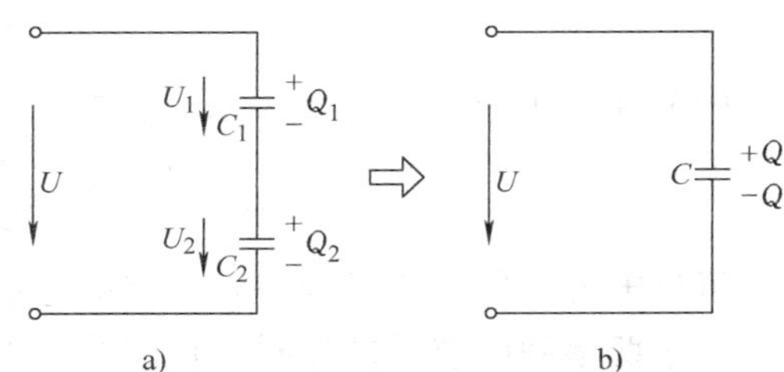

图 1-32　电容元件的串联

经变换得：

$$\frac{1}{C}=\frac{1}{C_1}+\frac{1}{C_2} \tag{1-25}$$

② 每个电容元件分得的电压与其电容量成反比。

由每个电容元件上的电压 $U=\frac{Q}{C}$ 可以推出：

$$U_1:U_2=\frac{1}{C_1}:\frac{1}{C_2} \tag{1-26}$$

C_1、C_2分得的电压分别为：

$$U_1=\frac{C_2}{C_1+C_2}U;U_2=\frac{C_1}{C_1+C_2}U$$

(2) 电容元件的并联

电容元件并联电路如图 1-33a 所示，等效电容如图 1-33b 所示。电容并联具有以下特点。

① 等效电容等于各电容之和。每个电容元件两端的电压相等，总电荷等于各电容元件上电荷量之和，即：

$$U_1=U_2=U$$
$$Q=Q_1+Q_2$$

则：

$$\frac{Q}{U}=\frac{Q_1+Q_2}{U}=\frac{Q_1}{U_1}+\frac{Q_2}{U_2}$$

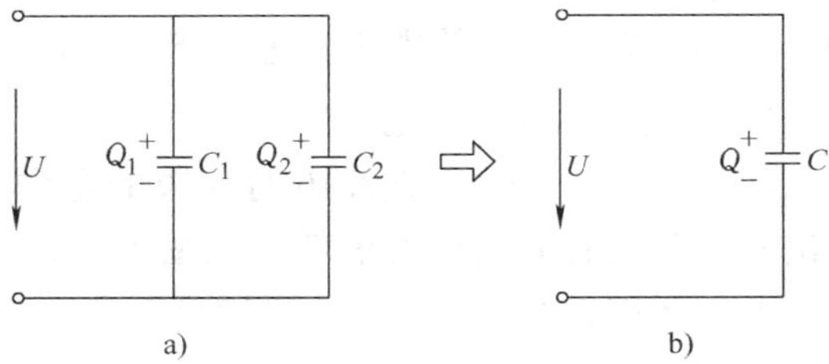

图 1-33　电容元件的并联

即：

$$C=C_1+C_2 \tag{1-27}$$

② 为了使各个电容元件都能够安全工作，工作电压（U）不得超过它们中的最低耐压

值。电容元件并联后，等效电容量增大。因此，当电路中单个电容元件的容量不够时，可以通过并联来增加电容量。

【例 1-6】 有两只相同的电解电容元件，外壳标有 470μF/25V，求并联和串联时的等效电容以及允许施加的电压。

解： 由外壳标注可知该电容元件的电容量为 470μF，耐压为 25V 。

（1）电容元件并联时的等效电容为：

$$C = C_1 + C_2 = 470\mu\text{F} + 470\mu\text{F} = 940\mu\text{F}$$

两只相同的电容元件并联，允许施加的电压应不超过其耐压值，即：

$$U \leqslant 25\text{V}$$

（2）电容元件串联时的等效电容为：

$$C = \frac{C_1 C_2}{C_1 + C_2} = \frac{470 \times 470}{470 + 470}\mu\text{F} = 235\mu\text{F}$$

可见电容元件串联时的等效电容量比单个电容量小。

由于两串联电容元件相同，它们的分压也相同，所以允许施加的电压为：

$$U \leqslant (25 + 25)\text{V} = 50\text{V}$$

3. 电容元件的充电和放电

（1）电容元件的充电

电容元件充电时，吸收电源能量，并将它转化为电场能量储存起来。在图 1-34 所示的电容元件充、放电电路中，开关 S 没有闭合之前，电容元件没有电荷存储，其电压为零，记为 u_c（0_-）= 0V，0_- 表示开关闭合前的最后一个时刻。在开关 S 合向位置 1 的瞬间（0 时刻），电源通过电阻（R_1）向电容元件充电，由于电荷量不能够突变，因此在充电起始时刻（0_+时刻），电容电压也为零，有处 u_c（0_+）= u_c（0_-）= 0V，即：电容元件在接通电源的前后，其电压保持不变。

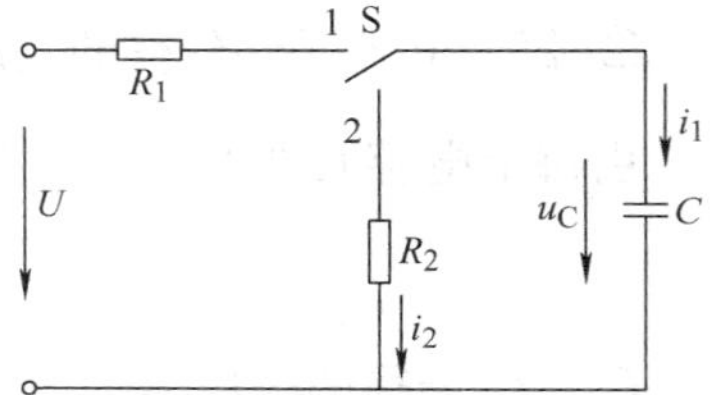

图 1-34　电容元件充、放电电路

在充电起始时刻，电容电压 u_c（0_+）= 0V ，因此充电电流最大，最大为 $i_1 = I_{10} = \frac{U}{R_1}$。随着充电的进行，电荷不断积累，$u_C$逐渐升高，$i_1$随之减小。当电容电压 $u_C = U$ 时，充电电流 $i_1 = 0$，充电过程结束，电路进入稳定状态。充电过程中，u_C和 i_1均按照指数规律变化，充电时的 u_C 和 i_1 曲线如图 1-35 所示。

（2）电容元件的放电

电容元件放电时，把充电时吸收的电源能量逐渐释放出来，并被放电电阻所消耗。在图 1 -34 所示电路中，若在电容元件充电后将开关 S 迅速合向位置 2，电容元件就会通过电阻（R_2）放电。在放电开始瞬间，电容元件两端的电压最高，因此放电电流也最大，最大为 $i_2 = I_{20} = \frac{U}{R_2}$，方向与 i_1 相反。随着放电的进行，两电极上的电荷不断减少，电容电压（u_C）逐渐下降，放电电流（i_2）

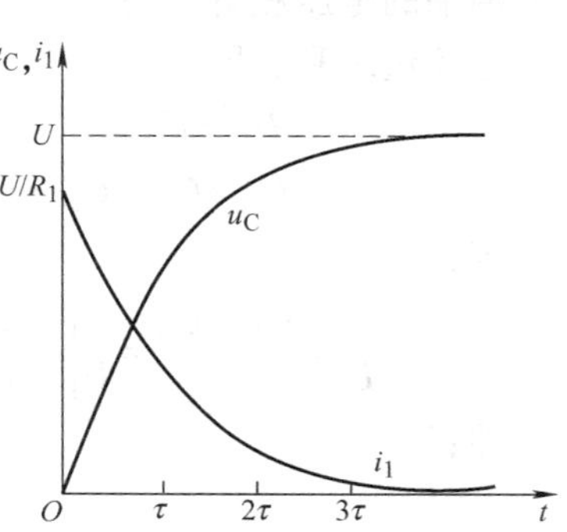

图 1-35　充电时的 u_C 和 i_1 曲线

随之减小。当电容电压 $u_C=0$ 时，放电电流 $i_2=0$，放电过程结束，电路进入稳定状态。放电过程中的 u_C 和 i_2 均按指数规律变化，放电时的 u_C 和 i_2 曲线如图 1-36 所示。

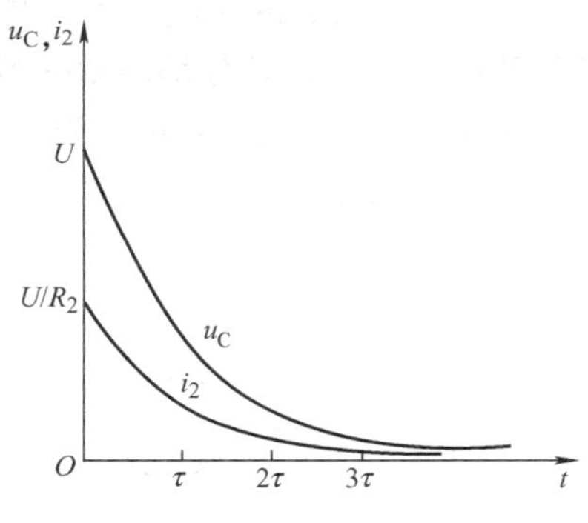

图 1-36　放电时的 u_C 和 i_2 曲线

(3) 时间常数

由图 1-35 和图 1-36 的曲线可知，电容器的充电和放电都需要一定的时间。显然，电容量越大，存储电荷越多，电容元件充、放电时间就越长；电阻越大，充、放电电流越小，充、放电时间也越长。即电容元件充、放电时间的长短取决于电路中电阻和电容的大小，把两者的乘积称为时间常数，用字母 τ 表示，即：

$$\tau = RC \tag{1-28}$$

从理论分析可知，电容元件的充、放电过程必须经过无限长时间才能结束。但当 $t=5\tau$ 时，电流已经接近于 0，因此可以认为充、放电过程基本结束。

(4) 电容元件在汽车传感器中的应用

图 1-37 所示为电容膜盒式进气歧管压力传感器。由两片用绝缘垫圈隔开的氧化铝片组成。在铝片的内表面贴有两片极薄的硅片，分别与一根引线相连。氧化铝片和绝缘垫圈构成中部有个真空腔的膜盒，形成电容。该膜盒装在与进气管相同的容器内。当进气歧管压力变化时，氧化铝片弯曲变形，使硅片间的距离发生改变，相当于改变了电容极板间距离（d），从而引起电容量的改变。通过信号处理，电子控制单元 ECU 便可测量出进气歧管压力。

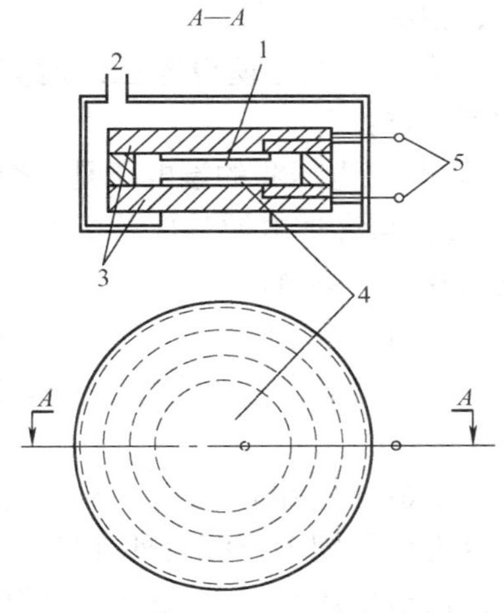

图 1-37　电容膜盒式进气歧管压力传感器

1—真空腔　2—进气歧管　3—氧气铝片　4—硅片　5—引线

此外，电容在汽车电路中应用很广泛，例如，汽车电容式闪光器电路就是利用电容元件的充、放电延时特性，使继电器的两个线圈产生的电磁吸力时而相同叠加，时而相反削减，从而使继电器产生周期性开关动作，使得转向信号灯和指示灯实现闪烁。其具体工作过程可参见第 3 章。

1.4　电压源、电流源及其等效变换

为了维持电路中的电流，电路中必须有能够提供电能的独立电源。独立电源一般可分为电压源和电流源。电压源和电流源是从实际电源抽象得到的电路模型，它们是二端有源元件，实际电源有电池、发电机及信号源等。

1.4.1　电压源

电压源是一个理想的电路元器件，其端电压 $u_s(t)$ 为确定的时间函数，与流过的电流无

关，总保持为给定的时间函数。电压源中电流的大小由外电路决定。电压源的图形符号如图1-38a、b所示，其分别表示一般电压源和直流电压源，其中直流电压源的符号长线表示正极（高电位），短线表示负极（低电位）。

直流电压源伏安特性如图1-39所示。

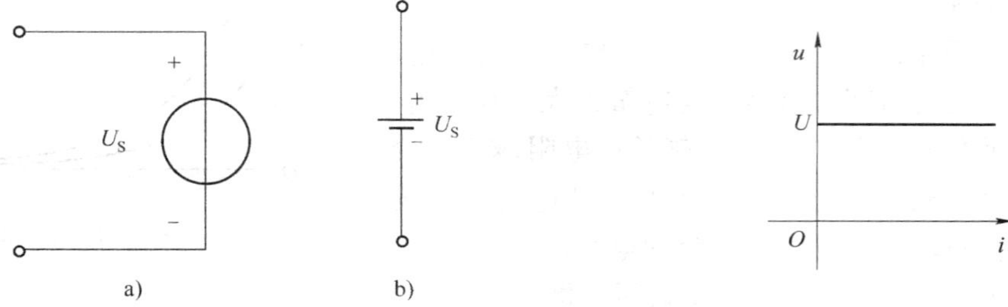

图1-38　电压源的图形符号　　图1-39　直流电压源伏安特性

电压源的端电压不随外电路的改变而改变，但流过电压源的电流则随外电路的改变而改变了，如图1-40所示。

如果电压源为理想电压源时其具有如下特点：

1）理想电压源的端电压是一个恒定值U_S，与流过电源的电流无关。当电流为0时，端电压仍为U_S。

2）电压源的电压是由电源本身决定的，但流过它的电流是由与它相连的外电路决定的。

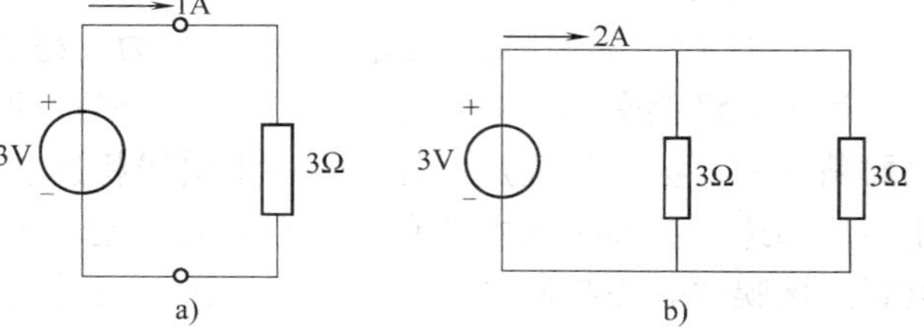

图1-40　电压源的端电压及流过电压源的电流与外电路的关系

当电流流过电压源时，从低电位流向高电位，则电压源向外提供电能。当电流流过电压源时，从高电位流向低电位，则电压源吸收电能。如汽车的蓄电池充电时是从外电路吸收能量，放电时是向外电路提供能量。在实际应用中，电池是最常见的电压源，在一定范围内可以等效为理想电压源。

1.4.2　蓄电池

汽车电路采用直流电源供电。其额定电压一般有12V、24V。汽油车普遍采用12V电源，柴油车多采用24V电源。汽车上有两个直流低压电源，一个是启动型蓄电池，另一个是发电机。发电机由发动机带动发出三相交流电，再通过整流电路将三相交流电变成汽车中使用的低压直流电。蓄电池是靠内部的化学反应来存储电能和向外供电的，在汽车上与发电机并联，图1-41所示为汽车电源电路。下面主要介绍汽车

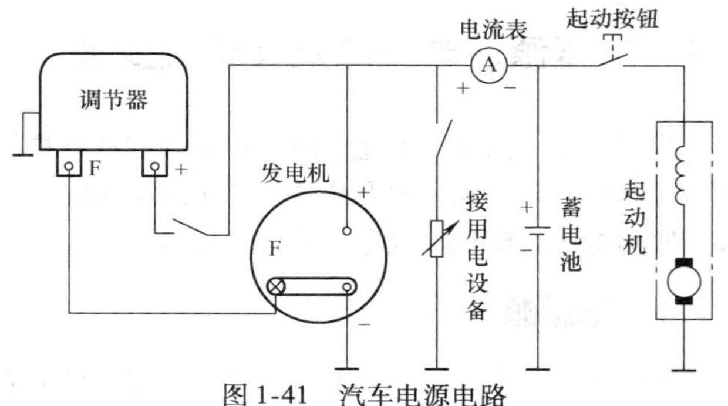

图1-41　汽车电源电路

中的蓄电池，汽车发电机在后续章节中作简要介绍。

1. 蓄电池的作用

蓄电池是汽车电气系统的心脏，它的作用主要有如下几方面。

① 在发动机未运转时，蓄电池供给用电设备所需的全部电能，同时向硅整流发电机供给励磁电流。

② 当用电设备同时接入较多，发电机超载时，蓄电池协助发电机共同向用电设备供电。

③ 当发电机的端电压高于蓄电池的电压时，蓄电池充电。

④ 吸收发电机的过电压，保护车用电子产品。

蓄电池种类较多，在汽车上广泛采用铅酸蓄电池。铅酸蓄电池内阻小，电压稳定，在短时间内能供给较大的启动电流（汽油机一般为200～600A，柴油机高达1000A），而且结构简单，价格较低。

2. 蓄电池的构造及型号

铅酸蓄电池主要由正、负极板，隔板，电解液，外壳等部件构成，如图1-42所示。

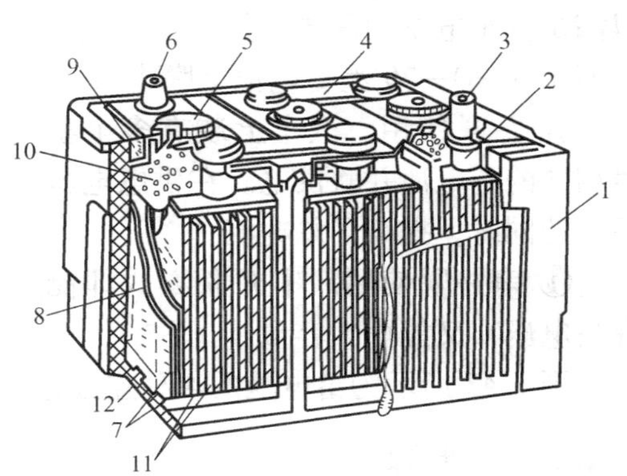

图1-42 蓄电池的构造

1—蓄电池的外壳 2—电极衬套 3—正极接线柱 4—连接条 5—加液孔螺塞 6—负极接线柱 7—负极板 8—隔板 9—封料 10—护板 11—正极板 12—联条

6V和12V启动型铅酸蓄电池一般由3个或6个单格电池串联构成。每个单格的标称电压为2V，由若干单格电池串联组成蓄电池总成，以满足汽车用电设备的需要。

在原机械工业部标准CJB 2259—85《铅酸蓄电池产品型号编制方法》中规定了铅酸蓄电池型号、名称的编制方法。产品型号由3部分组成，其排列格式及含义如下。

串联单格电池个数	—	蓄电池类型	蓄电池结构特征	—	额定容量	特殊性能
1		2			3	

① 串联单格电池个数——用数字表示一个整体蓄电池内串联的单格电池的个数。

② 蓄电池类型——根据蓄电池主要用途，用汉语拼音字母表示蓄电池类型。启动蓄电池用“Q”表示。

③ 蓄电池结构特征——用汉语拼音字母作代号，代表需要注明的蓄电池结构特征。如干荷电用A表示，湿荷电用H表示，免维护用W表示。

④ 额定容量——用阿拉伯数字表示的蓄电池的额定容量（A·h），A·h标量可以省略。

⑤ 特殊性能——用字母表示蓄电池具有的特殊性能，如Q—高启动率，S—塑料槽，D—低温启动性能好。

例如6—QA—60型蓄电池，即由6个单格电池串联，额定电压为12V，额定容量为60 A·h的干荷式启动型蓄电池。

3. 蓄电池的接线方式

铅酸蓄电池的选用必须符合汽车电气系统的额定电压，能供给起动机需要的较大启动电流的容量，保证可靠启动。启动型铅酸蓄电池对不同汽车采用的个数及接线方式也不同，一般有以下 4 种连接方式。

① 单独使用。汽车上只装一个蓄电池，如 CA141 只装一个 6—QA—100 型干荷式蓄电池。

② 串联使用。汽车上装有多个型号完全相同的蓄电池，串联起来供电，以满足汽车电系的需要。如 NJ230 汽车装两个 3—Q—75 型蓄电池串联成 12V。

③ 并联使用。汽车上装有多个型号相同的蓄电池并联供电。在供电电压不变的同时，提高了总电流。

④ 串并联使用。串并联方式即能提高电压，又能增大容量。

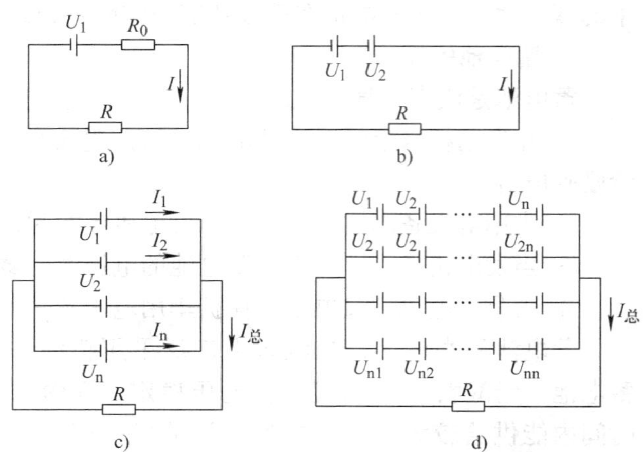

图 1-43　蓄电池的 4 种连接方式

a）单独使用　b）串联使用　c）并联使用　d）串并联使用

图 1-43 所示为蓄电池的 4 种连接方式。

1.4.3　电流源

电流源也是一个理想的电路元器件，如图 1-44 所示。电流 I_s 为给定的时间函数，与电流源两端的电压无关。在直流源的情况下，输出的电流是恒值 $I_s = I$。电流源伏安特性如图 1-45所示。

图 1-44　电流源　　　　图 1-45　电流源伏安特性

电流源输出的电流不随外电路的改变而改变，但电流源两端的电压则随外电路的改变而改变了，如图 1-46 所示。

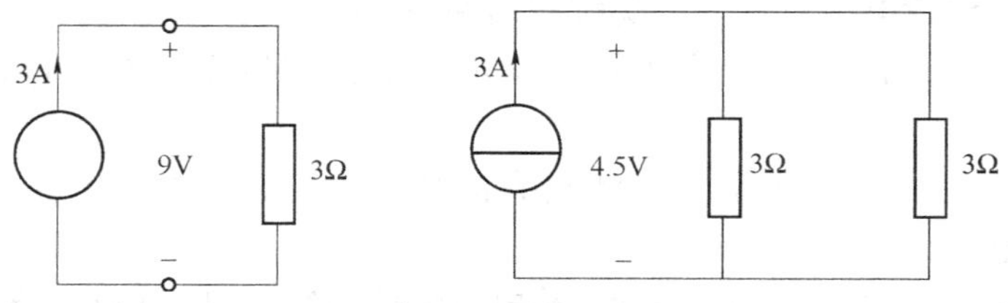

图 1-46　电流源输出电流及其两端电压与外电路的关系

电流源的电流和电压取非关联参考方向时，如图 1-47 所示。如果 $p > 0$，则表示电流源输出功率；$p < 0$，则表示电流源吸收功率。

如果电流源为理想电流源时，其具有如下特点：

1）理想电流源发出的电流是一个恒定值 I_s，与电流源两端的电压无关。当电压为 0 时，仍发出电流 I_s。

2）电流源的电流是由电流源本身决定的，但是电流源两端的电压是由与之相连的外电路决定的。

在实际的应用中，电流源是不存在的，但光电池等实际电源在一定的电压范围内可以近似地看成电流源。

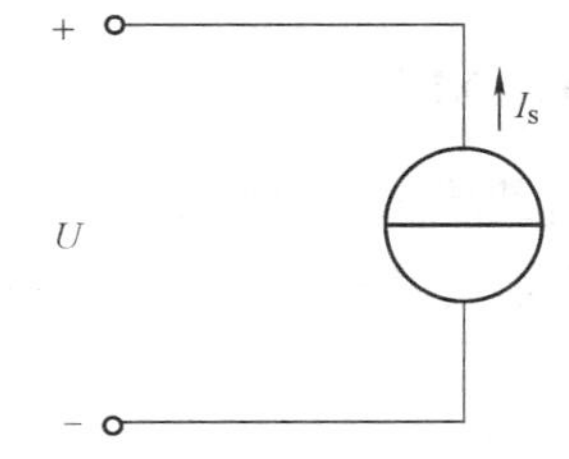

图 1-47　电流源的非关联参考方向

1.4.4　实际电源两种模型的等效变换

实际电源可用两种电路模型来表示，一种为电压源和电阻（内电阻 R_0）的串联模型，还有一种为电流源和电阻（内阻 R_0）的并联模型，如图 1-48所示。实际电源的这两种电路模型，对外电路是相互等效的，具体分析如下：

图 1-27a 中的电压源的外特性方程为：

$$U = U_S - R_0 I$$

$$I = \frac{U_S - U}{R_0} \qquad (1\text{-}29)$$

图 1-27b 中的电流源的外特性方程为：

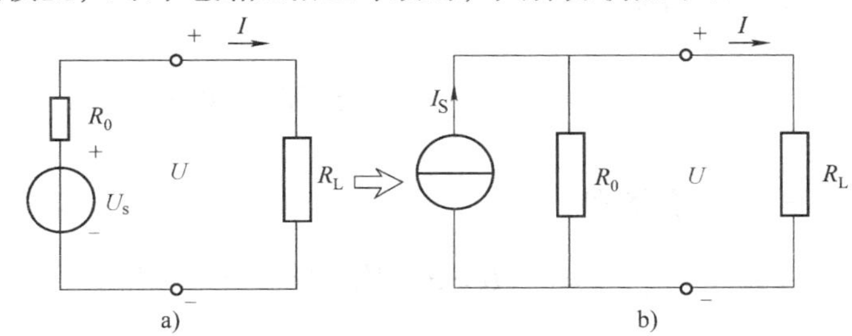

图 1-48　实际电源的模型
a）电压源的模型　b）电流源的模型

$$I = I_S - \frac{U}{R_0}$$

$$U = I_S R_0 - I R_0 \qquad (1\text{-}30)$$

从式（1-29）和式（1-30）可以看出，两个模型的内电阻相同，只要满足 $I_S = \frac{U_S}{R_0}$，如图 1-48所示的电流源和电压源的外特性完全相同，即两个电源可以互换。

电流源和电压源在作等效变换时应该注意以下几点：

1）电压源和电流源的参考方向在变换前后应保持对外电路等效。

2）电源的等效变换只是对外电路成立，而对电源内部并不成立。

3）理想电压源与理想电流源之间不能互换。

值得注意的一点是：两个数值不同的理想电流源不能串联；两个数值不同的理想电压源不能并联。

1.5　电路的三种工作状态

当电源与负载相连接时，根据所连接负载的情况，电路通常会出现带负载、短路及开路 3 种工作状态，具体分析如下：

1.5.1 负载状态

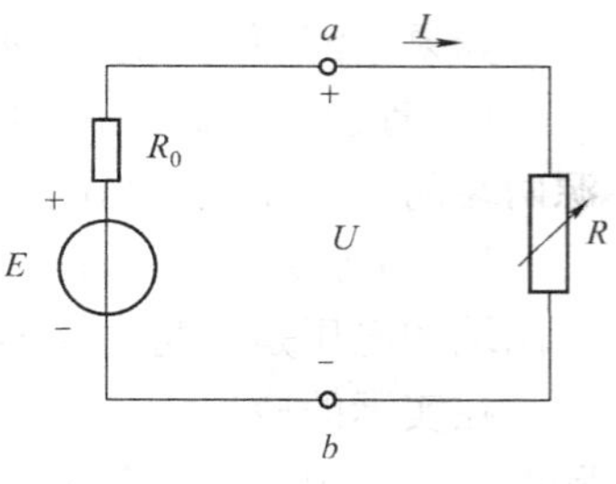

图 1-49 电源与负载相连

负载状态即电源的带载状态，或者称为一般的有载工作状态，电源与负载相连如图 1-49 所示。电路中的电流为：

$$I = \frac{E}{R + R_0} \tag{1-31}$$

由式（1-31）可见，当电源的电动势 E 和内阻 R_0 一定时，电路中电流的大小取决于负载的大小。电源的端电压为：

$$U = E - IR_0 \tag{1-32}$$

电源的端电压小于电动势。如果忽略线路上的压降，那么负载的端电压与电源的端电压相等。

1.5.2 短路状态

当 $R=0$ 时，$U=0$，$I=\frac{E}{R_0}$，称电路 ab 间短路。

1.5.3 开路状态

当 $R=\infty$ 时，$I=0$，$U=E$，称电路 ab 间开路。

1.5.4 电气设备的额定值

通常负载是并联运行的（比如汽车上的用电设备），当负载增加时，负载所取用的总电流和总功率都会增加，电源输出的功率和电流也会增加，由此可见电源的输出功率和电流取决于负载的大小。如果负载的功率和电流过大，就会造成事故。因此为了使电气设备能安全可靠，经济运行，引入了电气设备额定值，就是电气设备在电路的正常运行状态下，能承受的电压和允许通过的电流以及它们吸收和产生功率的限额，如额定电压 U_N、额定电流 I_N、额定功率 P_N。如果一个白炽灯上标明 220V、60W，这说明额定电压 220V，在此额定电压下消耗功率 60W。

当通过电气设备的电流等于额定电流时，称为满载工作状态。电流小于额定电流时，称为轻载工作状态，超过额定电流时，称为过载工作状态。

1.6 电路基本定律

1.6.1 节点、支路、回路、网孔

1. 节点

电路中 3 条或 3 条以上电路的连接点称为节点。图 1-50 中有两个节点 a、b。

2. 支路

连接在两个节点之间的电路。图 1-50 中有 3 条支路：R_1 和 U_{S1} 的支路、R_2 和 U_{S2} 的支路、R_3 支路。其中两条含电源的支路称为有源支路。不含电源的支路称为无源支路。

3. 回路

电路中任一闭合路径称为回路。图 1-50 中有 3 个回路：回路 ABEFA、回路 CBEDC、回路 ABCDEFA。

4. 网孔

不含交叉支路的回路称为网孔，在图 1-50 中，回路有 3 个，网孔只有两个如：网孔 ABEFA、网孔 CBEDC。值得注意的是：网孔和回路是有区别的，网孔一定是回路，但回路不一定是网孔。

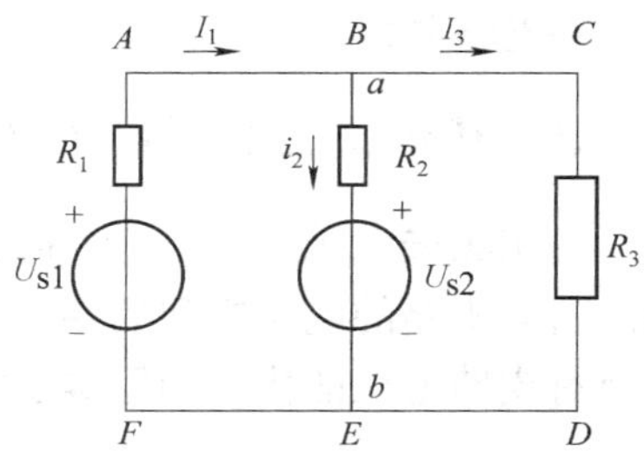

图 1-50　节点、支路、回路和网孔

1.6.2　基尔霍夫电流定律（KCL）

基尔霍夫电流定律也称为节点电流定律，它是反映电路中对任一节点相关联的所有支路电流之间的相互约束关系。其表述为：在电路中，任何时刻，对任一节点所有支路电流的代数和等于零，即在电路中对任一节点，在任一时刻流进该节点的电流等于流出该节点的电流，节点电流电路如图 1-51 所示。

$$\sum I=0 \tag{1-33}$$

在图 1-51 中，假定流入 a 节点电流取负，流出 a 节点电流取正，有：

$$-I_1+I_2-I_3=0$$

在图 1-50 中，对节点 a 有：

$$-I_1+I_2+I_3=0 \tag{1-34}$$

在图 1-50 中，对节点 b 有：

$$-I_3-I_2+I_1=0 \tag{1-35}$$

将式（1-35）两边乘以（-1），所得方程与式（1-34）完全相同，故在图 1-50 中只对其中一个节点列电流方程。此节点称为独立节点，当有 n 个节点时，$n-1$ 个节点是独立的。

在图 1-52 中，对节点 a 有：

$$-I_1-I_{ca}+I_{ab}=0$$

在图 1-52 中，对节点 b 有：

$$-I_2-I_{ab}+I_{bc}=0$$

在图 1-52 中，对节点 c 有：

$$-I_3-I_{bc}+I_{ca}=0$$

把上面 3 个方程式相加，得：

$$I_1+I_2+I_3=0$$

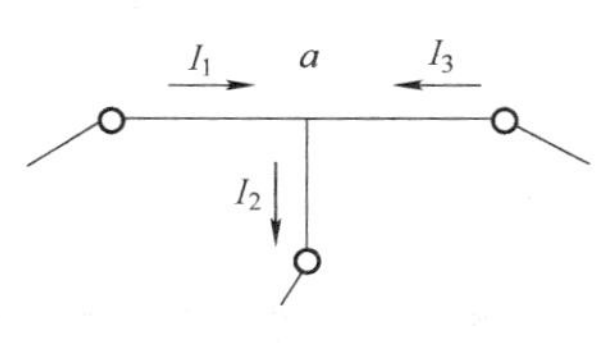

图 1-51　节点电流电路

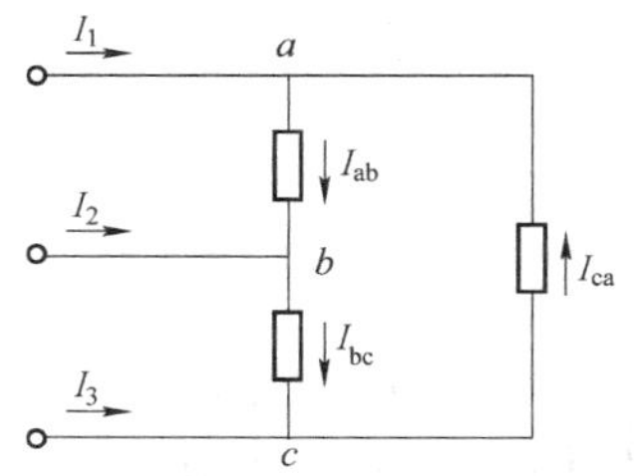

图 1-52　基尔霍夫电流电路

在电路中对任一闭合面，电流的代数和为零，即流进闭合面的电流等于流出闭合面的电流。

1.6.3 基尔霍夫电压定律（KVL）

基尔霍夫电压定律也称为回路电压定律，如图 1-53 所示。是反映电路中对组成任一回路的所有支路的电压之间的相互约束关系。其表述为：在电路中任何时刻，沿任一闭合回路的所有支路电压的代数和恒等于零。

$$\sum U=0 \tag{1-36}$$

在图 1-53 中，假定回路绕行方向为顺时针，元器件上的电压方向与绕行方向一致时取正，相反时取负。有：

$$U_{R1}+U_{R2}+U_{R3}+U_{s2}-U_{s1}=0 \tag{1-37}$$

把欧姆定律公式代入式（1-26）有：

$$R_1I+R_2I+R_3I+U_{s2}-U_{s1}=0$$

$$R_1I+R_2I+R_3I=U_{s1}-U_{s2}$$

$$\sum R_kI=\sum U_{sk} \tag{1-38}$$

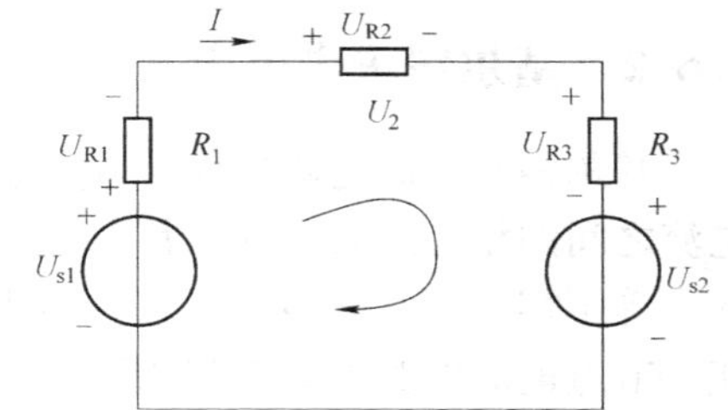

图 1-53 基尔霍夫电压定律

式（1-38）中流过电阻的电流与绕行方向一致，R_kI 前取正，否则取负。电压源电压方向与绕行方向一致（从“+”极性向“−”极性）u_{sk} 前取正，否则取负。

注意：一般对独立回路列电压方程，网孔一般是独立回路。在电路中，设有 b 条支路，n 个节点，独立回路数为 $b-(n-1)$。

【例 1-7】 求图 1-54 电路中的开路电压 U_{ab}。

解： 先将图 1-54 改画成图 1-55，求电流 I。

在回路 1 中，有：

$$3I=6-3$$

$$I=1\text{A}$$

根据基尔霍夫电压定律，在回路 2 中，得：

$$U_{ac}+U_{cb}-U_{ab}=0$$

$$-2+6-2\times1-U_{ab}=0$$

$$U_{ab}=2\text{V}$$

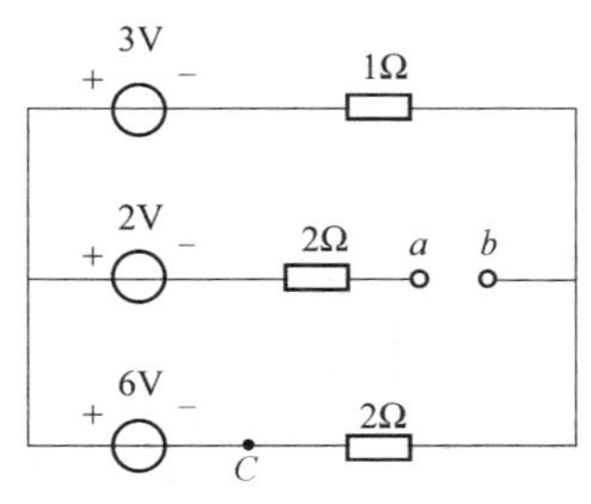

图 1-54 例 1-7 电路

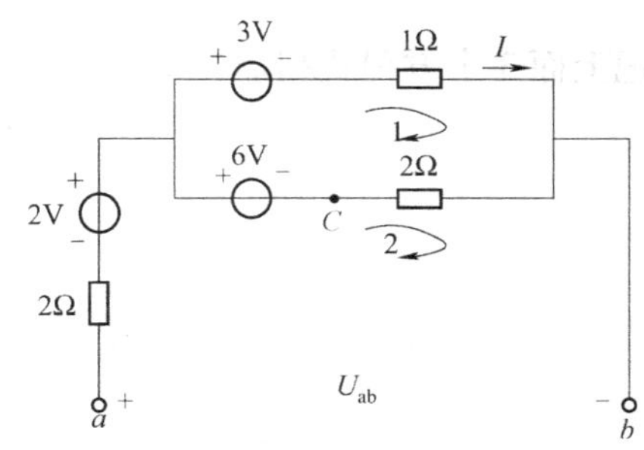

图 1-55 例 1-7 等效电路

从上面的【例 1-7】中可以看出，基尔霍夫电压定律不但适用闭合回路，也适用于不闭合回路，但需在开路处假设电压（例中 U_{ab}）。在列电压方程时，要注意开路处电压方向。

1.7 电路常用分析方法

1.7.1 支路电流法

支路电流法是分析电路的常用方法，如图 1-56 所示。也是简便易行的方法，其是以电路中每条支路的电流为未知量，对独立节点、独立回路（网孔）分别应采用基尔霍夫电流定律、电压定律列出相应的方程，从而解得支路电流。具体分析方法如下：

在图 1-56 中，设定每条支路电流 I_1，I_2，I_3 的参考方向，网孔为顺时针绕行方向。

在图中有两个节点，独立节点只有一个，故只要对其中一个节点列电流方程。独立回路有两个，故只要对网孔列电压方程即可。

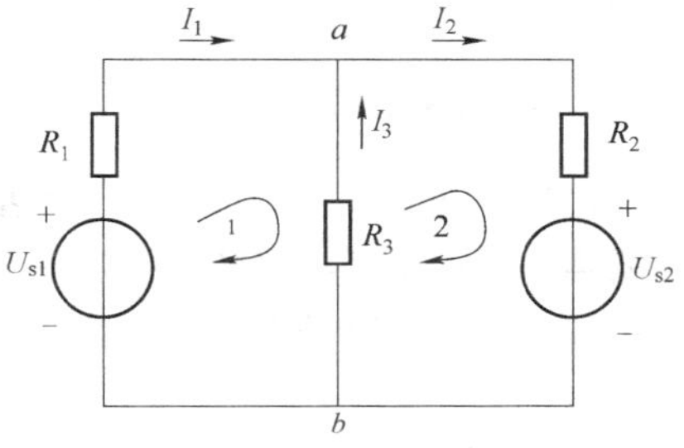

对 a 节点有：$-I_1+I_2-I_3=0$

对回路 1：$R_1I_1-R_3I_3=U_{S1}$

对回路 2：$R_2I_2+R_3I_3=-U_{S3}$

得方程组：
$$\begin{cases}-I_1-I_2+I_3=0\\R_1I_1-R_2I_2=U_{S1}\\R_2I_2+R_3I_3=-U_{S3}\end{cases}$$

解得支路电流 I_1、I_2、I_3。

图 1-56 支路电流法

通过以上分析，可总结出应用支路电流法求解电路的步骤为：

1）假定各支路电流的参考方向及网孔绕行方向。

2）根据基尔霍夫电流定律，对独立节点列电流方程（如有 n 个节点，则 $n-1$ 个节点是独立的）。

3）根据基尔霍夫电压定律，对独立回路列电压方程（一般选取网孔，网孔是独立回路）。

4）通过列出的方程解出支路电流。

【例 1-8】 已知电路如图 1-39 所示，用支路电流法求各支路电流。

解：在图 1-57 中，设支路电流 I_1，I_2，I_3 的参考方向，根据电流源的性质，得 $I_3=3\text{A}$。设网孔绕行方向为顺时针方向。

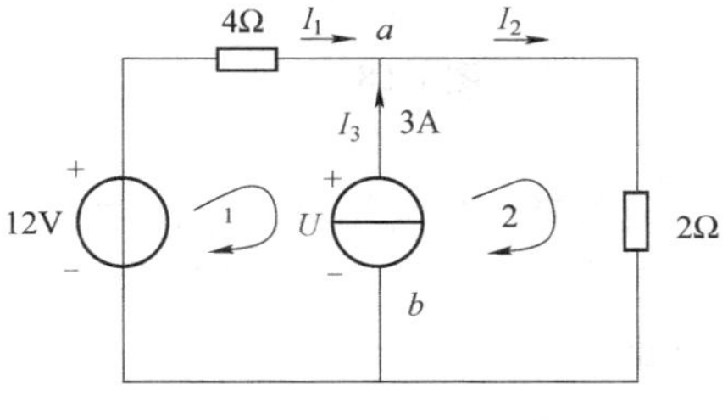

对节点 a：$-I_1+I_2-I_3=0$

假定电流源两端电压 u 参考方向如图 1-57 所示。

对回路 1：
$$4I_1+U=12$$

对回路 2：
$$-U+2I_2=0$$

得方程组：
$$\begin{cases}-I_1+I_2=3\\4I_1+U=12\\2I_2=U\end{cases}$$

解得：$I_1=1\text{A}$，$I_2=4\text{A}$，$I_3=3\text{A}$，$U=8\text{V}$。

图 1-57 例 1-8 电路

注意：对电流源在列回路电压方程时，要假设电流源两端的电压方向。

【例 1-9】 已知电路如图 1-58 所示，是电桥的原理图。R_1、R_2、R_3 和 R_4 是电桥的 4 个桥臂，a、b 间接有检流计 G，求当检流计指示为零时，也就是电桥平衡时，桥臂 R_1，R_2，

R_3，R_4 之间的关系。

解：当检流计指示为零时，则该支路电流为零，可将该支路断开即开路。得：

$$I_1 = I_4 \qquad I_2 = I_3$$

a、b 两点等电位，得：

$$R_1 I_1 = R_2 I_2, \quad R_3 I_3 = R_4 I_4$$

则桥臂 R_1，R_2，R_3，R_4 之间的关系为：

$$\frac{R_1}{R_4} = \frac{R_2}{R_3} \qquad R_1 R_3 = R_2 R_4$$

以上结果为电桥平衡的条件。

由于 a、b 两点等电位，此题也可通过把 a、b 两点间短路来分析，可得同样的结果。

1.7.2 节点电压法

在电路的分析计算中，经常会遇到节点较少而网孔较多的电路，如果用支路电流法求解，所需方程数较多，对这类电路一般采用节点电压法来分析计算。任选电路中某一节点为零电位参考点，其他各节点对参考点的电压称为节点电压。节点电压的参考方向从节点指向参考点。

下面以图 1-59 所示为节点电压法电路为例，讨论如何建立节点电压方程。

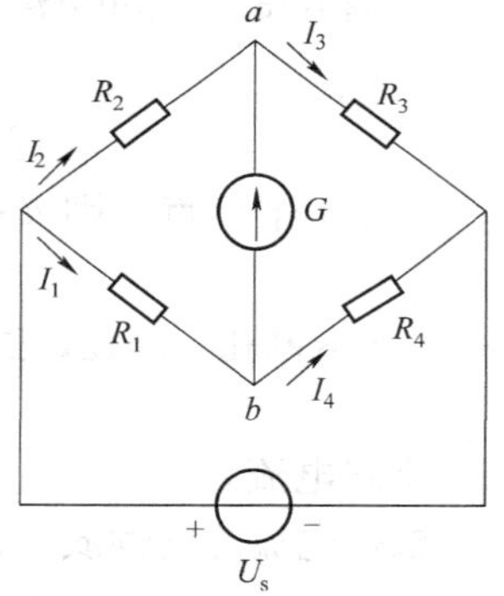

图 1-58　例 1-9 电路

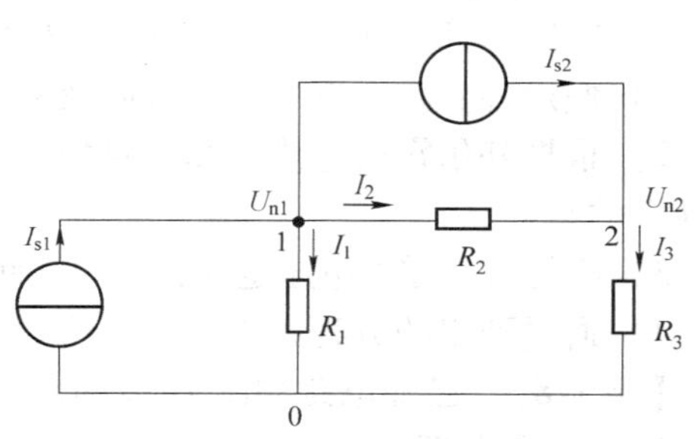

图 1-59　节点电压法电路

设参考点 0 为零电位点，对独立节点设节点电压为 U_{n1}、U_{n2} 电压方向指向参考点。设支路电流 I_1、I_2、I_3 的参考方向如图 1-59 所示。假定流进节点的电流取负，流出节点的电流取正。

对节点 1：

$$-I_{S1} + I_1 + I_2 + I_{S2} = 0$$

$$-I_{S1} + \frac{U_{n1}}{R_1} + \frac{U_{n1} - U_{n2}}{R_2} + I_{S2} = 0$$

整理为：

$$\left(\frac{1}{R_1} + \frac{1}{R_2}\right) U_{n1} - \frac{1}{R_2} U_{n2} = I_{S1} - I_{S2}$$

可写为：

$$(G_1 + G_2) U_{n1} - G_2 U_{n2} = I_{S1} - I_{S2}$$

在上式中：等号左边第一项中，$\frac{1}{R_1}$、$\frac{1}{R_2}$是连接节点 1 的电阻倒数，所以 G_1，G_2 称为自导。等号左边第二项中，$\frac{1}{R_2}$是连接节点 1 和节点 2 之间的电阻倒数，故 G_2 称为互导。

对节点 2：

$$-I_{S2}-I_2+I_3=0$$

$$-I_{S2}-\frac{U_{n1}-U_{n2}}{R_2}+\frac{U_{n2}}{R_3}=0$$

整理为：

$$-\frac{U_{n1}}{R_2}+\left(\frac{1}{R_2}+\frac{1}{R_3}\right)U_{n2}=I_{S2}$$

可写为：

$$-G_2U_{n1}+(G_1+G_2)U_{n2}=I_{S2}$$

得到如下方程组：

$$\begin{cases}(G_1+G_2)U_{n1}-G_2U_{n2}=I_{S1}-I_{S2}\\-G_2U_{n1}+(G_2+G_3)U_{n2}=I_{S2}\end{cases}$$

求出节点电压，再求支路电流。

通过以上分析，可总结出应用节点电压法求解电路的步骤为：

1）设参考零电位点，对独立节点设节点电压，节点电压的方向指向参考点。

2）用节点电压来表示相应支路的电流，依据基尔霍夫定律对节点列写电流方程。

3）通过列出的方程求出节点电压、支路电流。

1.7.3 叠加定理

叠加定理叙述为：在任何含有多个独立源的线性电路中，每一条支路的电流或电压，都可看成是各个独立电源单独作用时在该支路上产生的电流或电压的代数和。

当某独立电源单独作用于电路时，其他独立电源应该除去，称为“除源”。即对电压源来说，令其电源电压 U_s 为零，相当于“短路”；对电流源来说，令其电源电流 I_s 为零，相当于“开路”，叠加定理示意图如图 1-60 所示。

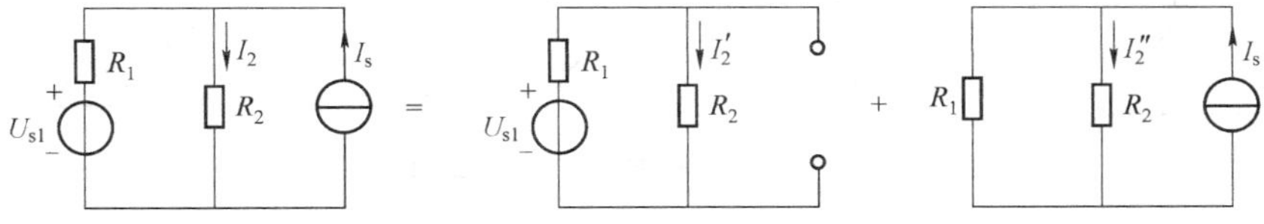

图 1-60　叠加定理示意图

在图 1-60 中，用叠加定理求流过 R_2 的电流 I_2，等于电压源、电流源单独对 R_2 支路作用产生电流的叠加。

注意：不作用的电压源短接，不作用的电流源断开，电阻仍保留在电路中。功率不能叠加。

【例 1-10】　用叠加定理求图 1-61 所示电路中流过 4Ω 电阻的电流。

解： 画出叠加定理求解电路如图 1-62 所示。

$$I'=\left(\frac{12}{12}\right)\text{A}=1\text{A}$$

$$I''=\left(\frac{8}{12}\times3\right)\text{A}=2\text{A}$$

$$I=I'+I''=(1+2)\text{A}=3\text{A}$$

图 1-61　例 1-10 电路

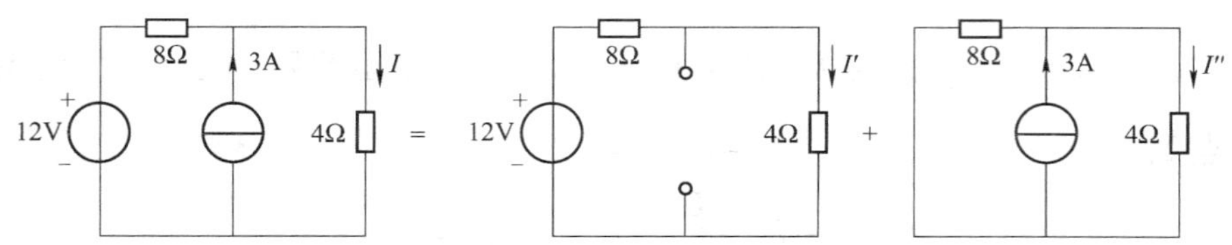

图 1-62　例 1-10 叠加定理求解电路

1.7.4　戴维南定理

在电路分析中，经常会遇到这样的情况，对于一个复杂的电路，只需要计算电路中某一条支路的电流或电压。如果用列写方程的方法来求解，会无形中多求许多不必要的电流或电压。为了简便计算可以作以下考虑：将含有电源的二端网络等效成一个电压源和电阻的串联形式，从而使电路的计算简化。

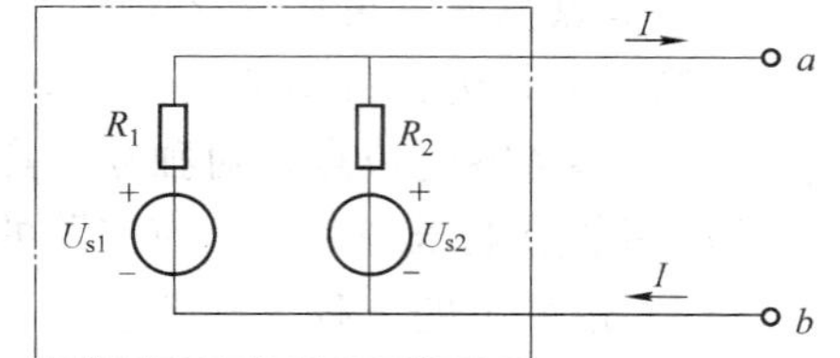

图 1-63　有源二端线性网络

所谓二端网络是指具有两个出线端的部分电路，可分为有源和无源。含有电源的二端线性网络称为有源二端线性网络，如图 1-63 所示；不含电源的二端线性网络，称为无源二端线性网络。

戴维南定理叙述为：任何有源二端线性网络，都可以用一条含源支路即电压源和电阻的串联组合来等效替代，其中电阻等于二端网络变化成无源网络（电压源短接，电流源断开）后从两个端看进去的电阻，电压源的电压等于二端网络两个端之间的开路电压，戴维南定理示意图如图 1-64所示。

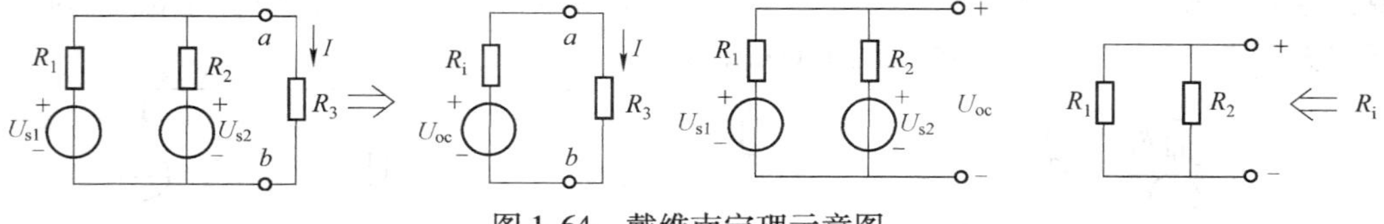

图 1-64　戴维南定理示意图

【例 1-11】　用戴维南定理，求图 1-65 中流过 4Ω 电阻的电流 I。

解：求入端电阻 R_i（电压源短接，电流源断开，从 a、b 二端看进去的电阻），如图 1-66所示。

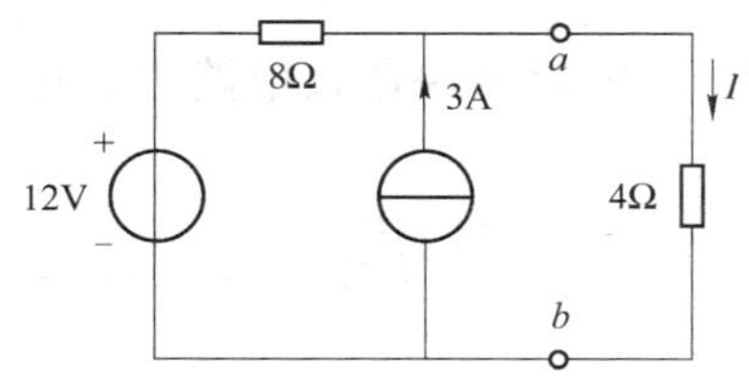

图 1-65　例 1-11 电路

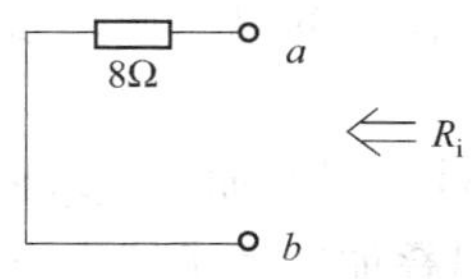

图 1-66　例 1-11 等效电阻电路

$$R_i = 8\Omega$$

求开路电压（a、b 二端之间断开时的电压）U_{oc}，如图 1-67 所示。

$$U_{oc} = (3 \times 8 + 12)\text{V} = 36\text{V}$$

求电流 I，如图 1-68 所示。

$$I = \left(\frac{36}{12}\right)\text{A} = 3\text{A}$$

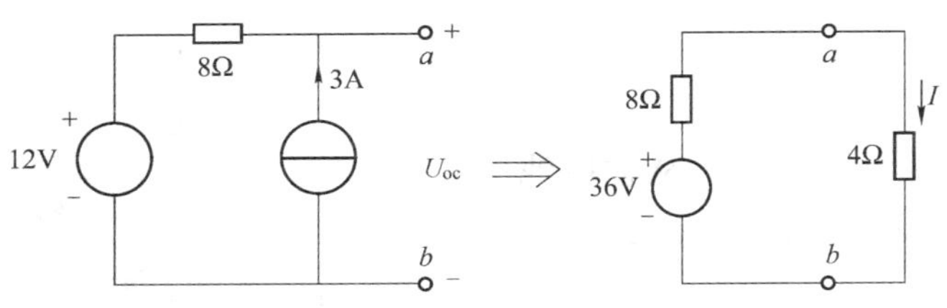

图 1-67　例 1-11 电压源电路

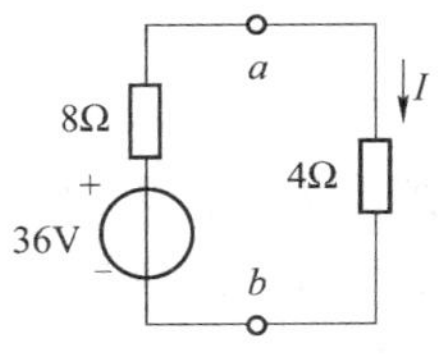

图 1-68　例 1-11 等效电路

1.8　汽车电路分析

1.8.1　电磁式水温表工作分析

图 1-69 所示为电磁式水温表工作原理图。温度传感器用负温度系数热敏电阻制成，其阻值随温度的升高而减小。在水温表内，有两个线圈——L_1 和 L_2（内阻分别为 R_1、R_2，阻值较小），L_1 与热敏电阻并联，再与 L_2 串联。两个线圈中间装着带有指针的衔铁 4，线圈 L_2 放在指针表 0℃ 刻度处附近，线圈 L_1 放在指针表满偏刻度处附近。电阻 R 为电路限流电阻。

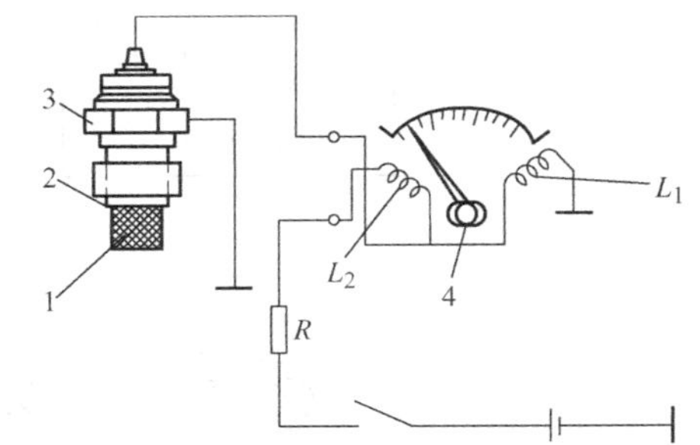

图 1-69　电磁式水温表工作原理图

1—热敏电阻　2—弹簧　3—传感器壳体　4—衔铁

电磁式水温表等效电路如图 1-70 所示。根据温度的变化，电路中热敏电阻阻值变化，从而引起两个线圈中电流变化，继而在两个线圈中产生不同的电磁力，引起衔铁和指针动作。根据 KCL 可知，总电流 $I_2 = I_{敏} + I_1$。当水温低时，热敏电阻阻值大，根据电阻并联分流原理，$I_{敏}$ 较小，$I_1 \approx I_2$，但由于 L_1 匝数多，产生磁场力较强，吸引衔铁使指针偏向 0℃。当水温增高时，热敏电阻阻值减小，分流作用增强，$I_{敏}$ 变大，相对于流经线圈 L_2 的总电流 I_2，流经 L_1 的电流 I_1 减小，其磁场力减弱，衔铁被线圈 L_2 吸引，使指针向右偏转指向较高温度。

1.8.2　汽车照明电路分析

图 1-71 所示为汽车常用照明系统电路，在图中根据不同的控制要求，许多照明灯并联在一起。示宽灯、尾灯和牌照灯等并联；远光灯、前照灯（远光）和远光指示灯并联，前照灯（近光）并联。照明灯由灯光开关（9）控制，灯光开关（9）有 3 个档位——0 档、1 档和 2 档。灯光开关在 0 档关断；1 档为示宽灯、尾灯和牌照灯等小灯亮；2 档配合变光开

关控制前照灯、远光灯亮灭，同时示宽灯、尾灯及牌照灯等小灯亮。

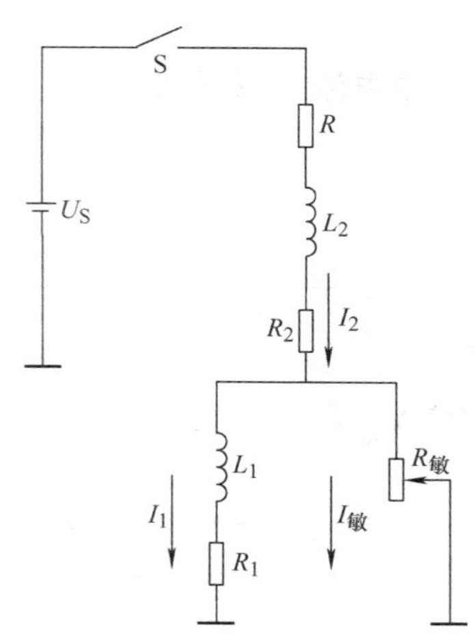

图 1-70　电磁式水温表等效电路

【例 1-12】　如图 1-71 所示电路中，蓄电池电压为 12V，前照双丝灯中近光灯丝为 12V、25W。试分析前照灯（近光）电流路径，并计算前照灯近光正常工作时的总电流（I）。

解：（1）电路分析：

由图 1-71 可知，前照灯（近光）电流路径：从蓄电池（+）→前照灯易熔线→灯光开关 9→变光开关 10（近光）→左右前照灯 12→搭铁→蓄电池（-）。

（2）近光时，接通 12V、25W 灯泡，该灯泡在额定电压下工作，正常发光，消耗电功率应为 25W 左右前照灯通过总电流为：

$$I=\frac{P}{U}\times 2=\frac{25\text{W}}{12\text{V}}\times 2\approx 4.16\text{A}$$

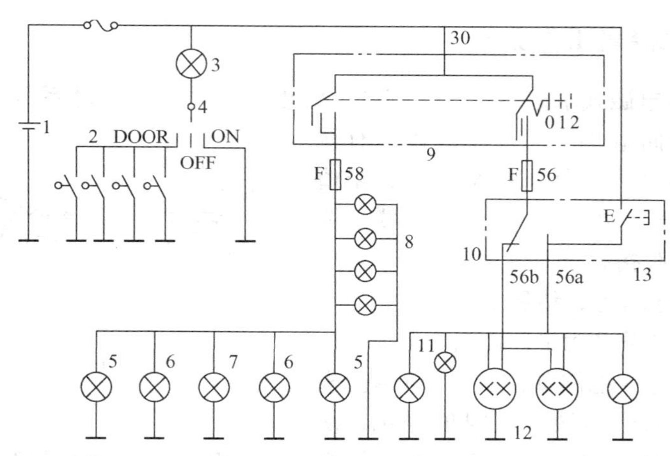

图 1-71　汽车常用照明系统电路

1—蓄电池　2—门控开关　3—室内灯　4—室内灯控开关　5—示宽灯　6—尾灯　7—牌照灯　8—仪表灯　9—灯光开关　10—变光开关　11—远光指示灯　12—前照灯（4 灯亮远光、2 灯亮近光）　13—超车灯开关

1.9　本章小结

本章重点内容如下：

1. 电压、电流的参考方向

参考方向是假定的一个方向，在电路的分析中，引入参考方向后，电压、电流是个代数量。电压、电流大于零表示电压、电流的参考方向与实际方向一致；当电压、电流小于零时，表示电压、电流的参考方向与实际方向相反。

2. 电阻的串联和并联

电阻串联时，流经每个电阻的电流相同；电阻并联时，并联电阻两端电压相同。

在两个电阻并联时，电流的分配公式为：

$$i_1 = \frac{R_2}{R_1 + R_2} i \qquad i_2 = \frac{R_1}{R_1 + R_2} i$$

3. 基尔霍夫定律

基尔霍夫电流定律是反映电路中，对任一节点相关联的所有支路电流之间的相互约束关系；基尔霍夫电压定律是反映电路中，对组成任一回路的所有支路电压之间的相互约束关系；欧姆定律主要是讨论电阻元器件两端电压与通过电流的关系。

4. 理想电路元器件电压与电流的关系

元器件：电压与电流的关系（关联参考方向）

电阻元器件：$u_R = Ri_R$

电感元器件：$u_L = L\dfrac{di_L}{dt}$

电容元器件：$i_c = C\dfrac{du_c}{dt}$

直流电压源：电压源两端电压 U 不变，通过的电流可以改变。

直流电流源：电流源流出的电流 I 不变，电流源两端电压可以改变。

5. 支路电流分析方法

1）先要假定每条支路电流的参考方向。

2）对独立节点列电流方程，独立回路列电压方程，特别要注意，在列回路方程时，回路中若含电流源，需在电流源两端先假设电压后，再列回路电压方程。

3）解方程组，求出支路电流。

6. 戴维南定理

1）求入端电阻时，二端网络内部含有的所有电压源短路，电流源断开，电阻保留。

2）求开路电压时，注意开路电压的方向。

1.10 实训 1 基尔霍夫定律的验证

1. 实训目的和要求

（1）通过实训验证基尔霍夫电流定律和电压定律

（2）加深理解“节点电流代数和”及“回路电压代数和”的概念

（3）加深对参考方向概念的理解

（4）按技术操作规程实训，注意人身及设备安全

（5）记录实训数据，写出实训报告

2. 实训设备、工具和材料

（1）0~30V 可调直流稳压电源

（2）电阻

（3）直流电压电流表

(4) 实验电路板

(5) 短接桥

(6) 导线

3. 实训内容及步骤

(1) 原理

基尔霍夫节点电流定律:

$$\sum I = 0$$

基尔霍夫回路电压定律:

$$\sum U = 0$$

参考方向:

当电路中的电流(或电压)的实际方向与参考方向相同时取正值,其实际方向与参考方向相反时取负值。

(2) 验证基尔霍夫电流定律(KCL)

在图 1-72 所示为 KCL 电路中,可假定流入节点 B 的电流为正(反之也可),并将电流表负极接在该点接口上,电流表正极接到支路接口上进行测量,将电流测量结果填入表 1-2中。

表 1-2 电流测量结果

	计 算 值	测 量 值	误 差 值
I_1/mA			
I_2/mA			
I_3/mA			
$\sum I$			

(3) 验证基尔霍夫电压定律(KVL)

在图 1-73 所示为 KVL 电路中,用短接桥将 3 个接口短接,测量时可选顺时针方向为绕行方向,并注意电压表的指针偏转方向及取值的正与负,将电压测量结果填入表 1-3 中。

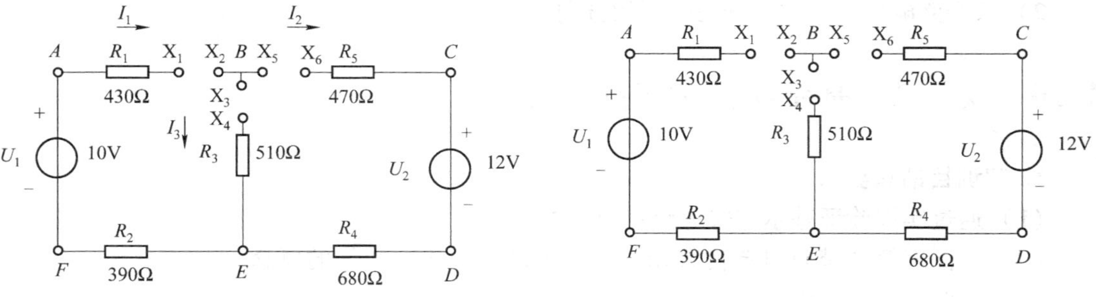

图 1-72 KCL 电路　　　　图 1-73 KVL 电路

表 1-3 电压测量结果

	U_{AB}	U_{BE}	U_{EF}	U_{FA}	回路$\sum U$	U_{BC}	U_{CD}	U_{DE}	U_{EB}	回路$\sum U$
计算值										
测量值										
误差										

1.11 习题

1. 电路如图 1-74 所示，$R=5\Omega$，求 A 点的电位。

2. 图 1-75 中，$R_1=3\Omega$，$R_2=4\Omega$，$R_3=3\Omega$，$R_4=1\Omega$，$I_3=1\text{A}$，计算 A、B、C 点的电位和电阻 R_1 上的电功率。

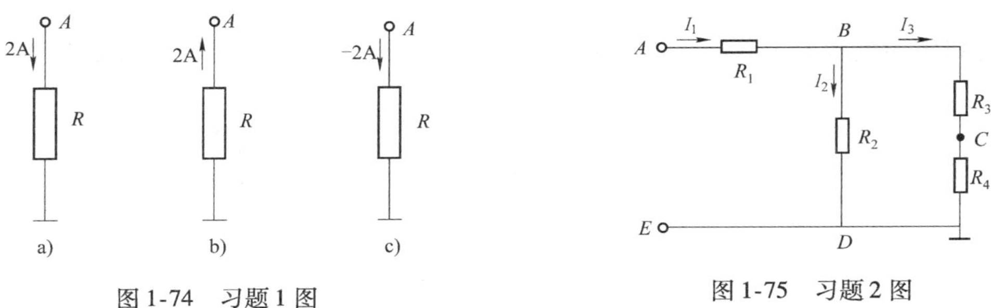

图 1-74 习题 1 图

图 1-75 习题 2 图

3. 两个额定值是 110V，40W 的灯泡能否串联后接到 220V 的电源上使用？如果两个灯泡的额定电压相同，都是 110V，而额定功率一个是 40W，另一个是 100W，问能否把这两个灯泡串联后接在 220V 电源上使用，为什么？

4. 试判断图 1-76 中 4 个电路他们是发出功率还是吸收功率。

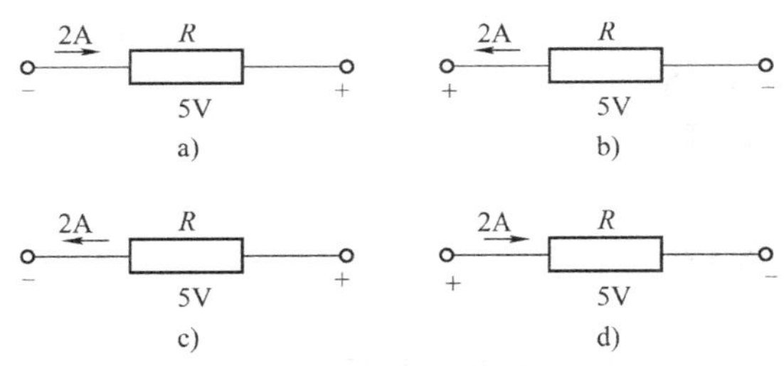

图 1-76 习题 4 图

5. 列出图 1-77 中电压源与电流源的变换条件。

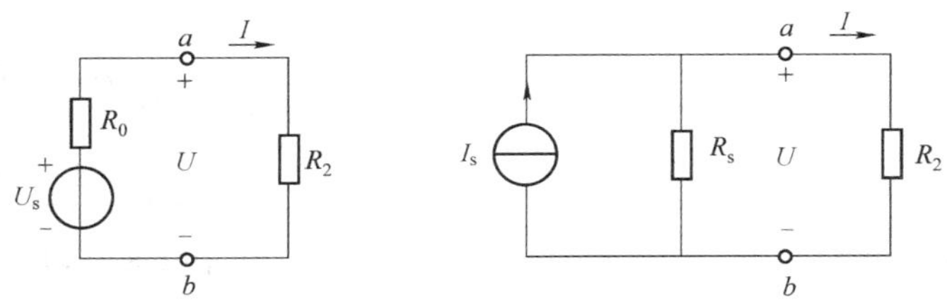

图 1-77 习题 5 图

6. 如图 1-78 所示电路，试求以下各电路的电压 U 和电流 I。

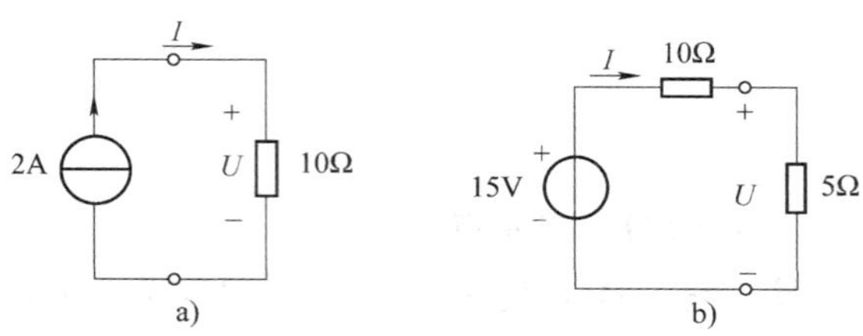

图 1-78　习题 6 图

7. 在指定的电压 U 和电流 I 参考方向下，写出图 1-79 所示各元器件的 U 和 I 的约束方程。

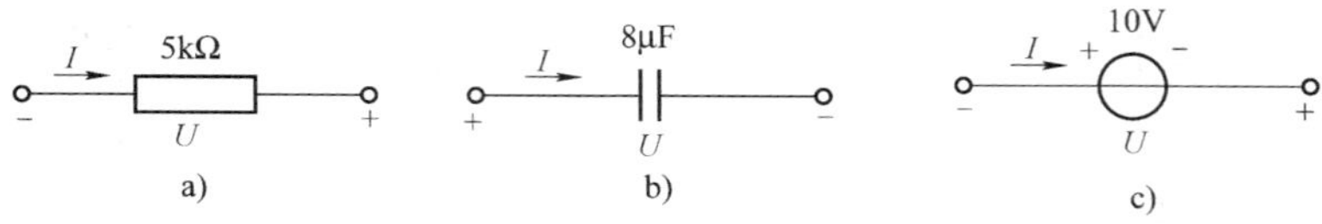

图 1-79　习题 7 图

8. 求图 1-80 所示电路中的电压 U。

9. 电路如图 1-81 所示，已知：$U_{s1}=10V$，$R_1=2\Omega$，$R_2=8\Omega$，$R_3=8\Omega$，试求电压 U_2 和电流 I_2、I_3。

图 1-80　习题 8 图

图 1-81　习题 9 图

10. 电路如图 1-82 所示，已知 $U=2V$，求 U_s。

11. 电路如图 1-83 所示，已知 $U=2V$，求电阻 R。

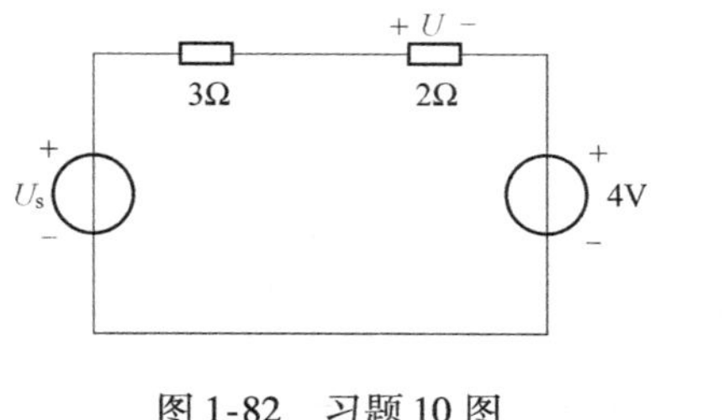

图 1-82　习题 10 图

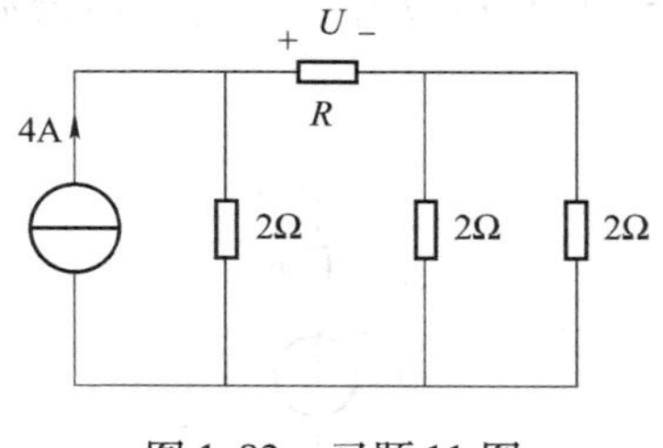

图 1-83　习题 11 图

12. 列出图 1-84 电路的支路电流方程。

13. 用节点电压法求图 1-85 电路中的电流 I。

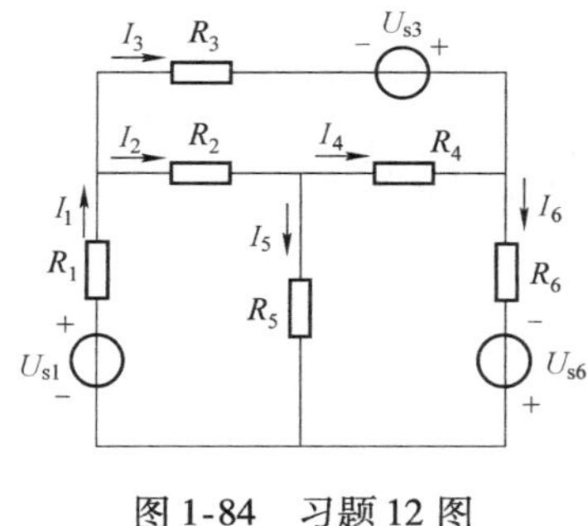

图 1-84　习题 12 图

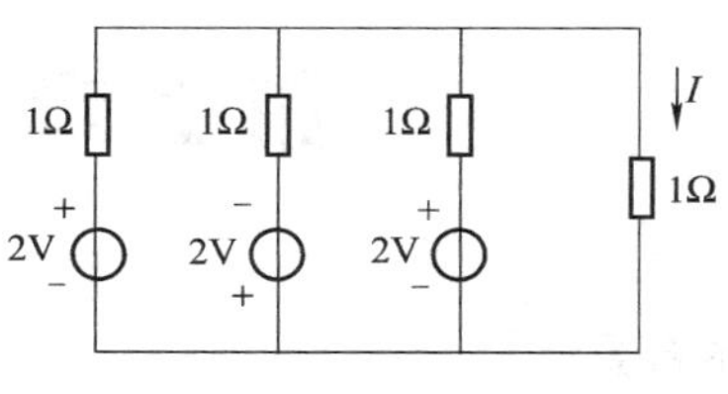

图 1-85　习题 13 图

14. 如图 1-86 所示的电路中，利用叠加原理求电流 I 及 9Ω 电阻上的功率。

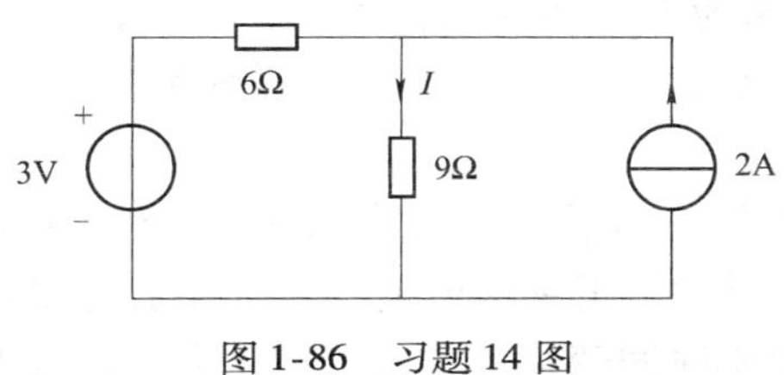

图 1-86　习题 14 图

第 2 章　正弦交流电路

【本章要点】

- 正弦交流电的三要素：最大值、角频率和初相位
- 正弦交流电的相量表示法
- 电阻电路、电感电路、电容电路以及 RLC 串联电路的特性、相量形式和相量图
- 感抗、容抗、复阻抗的计算方法
- 用相量法计算简单正弦电路的方法
- 三相电路中相电压、线电压、相电流、线电流的概念
- 单相和三相电路中有功功率、无功功率的计算方法

交流电也称为“交变电流”，简称为“交流”，一般指大小和方向随时间做周期性变化的电压或电流。其最基本的形式是正弦交流电。我国交流电供电的标准频率规定为 50Hz，日本等国家为 60Hz。交流电随时间变化的形式可以是多种多样的，不同变化形式的交流电其应用范围和产生的效果也是不同的，但以正弦交流电应用最为广泛。

正弦交流电是电能生产、输送、分配和使用的主要形式。正弦交流电获得广泛应用的原因是：第一，交流电易于产生、传输和转换，从而具有成本低廉的优势；第二，就用电设备看，由三相交流电源供电的三相异步电动机结构简单、价格便宜、使用维护方便，是使用最多的动力设备；第三，在需要使用直流电的地方，可以用整流设备将交流电变为直流电。因此学习和研究正弦交流电具有重要的现实意义。

2.1　正弦交流电的基本概念

2.1.1　正弦交流电的概念

在正弦交流电路中，电压和电流的大小和方向随着时间按正弦函数规律变化，对这种按正弦规律变化的电压、电流统称为正弦交流电。

在数学中学过的正弦函数的解析式为：

$$y = A\sin(\omega t + \varphi) \tag{2-1}$$

正弦交流电路中的电动势 e、电压 u 和电流 i 都按正弦规律变化，它们的三角函数表达式分别为：

$$e = E_m\sin(\omega t + \varphi_e)$$
$$u = U_m\sin(\omega t + \varphi_u)$$
$$i = I_m\sin(\omega t + \varphi_i) \tag{2-2}$$

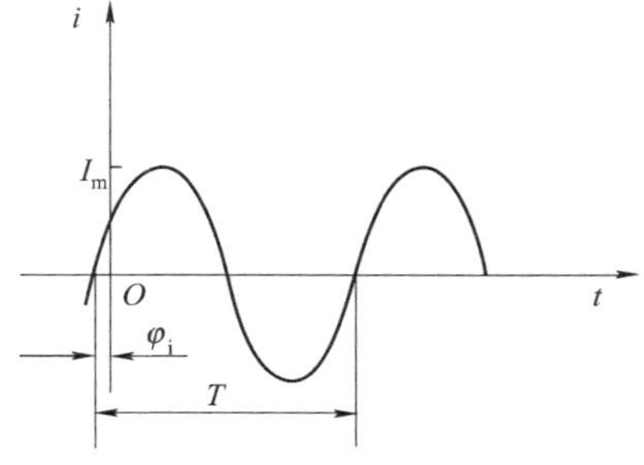

图 2-1　正弦交流电波形图

正弦交流电波形图如图 2-1 所示，电动势和电压的波形图与电流波形图相似。

2.1.2　正弦交流电的三要素

在式（2-2）电流的三角函数式中，I_m 为振幅，ω 为角频率，φ_i 为初相，正弦量的变化取决于这 3 个量，因此把振幅、角频率及初相位称为正弦量的三要素。

1. 瞬时值、振幅和有效值

（1）瞬时值

由图 2-1 可知，正弦交流电流每一时刻的大小都在发生着变化，任一时刻 t 所对应的电流值称为瞬时电流值，用小写的 i 表示。

（2）振幅

最大的瞬时值称为最大值，也称为振幅。最大值反映了正弦量变化的范围。

（3）有效值

最大值是一个瞬时值，无法用来表征正弦交流电流通过电阻做功的能力。因此，在实际工作中用有效值来计量交流电的大小。

如果某正弦交流电流通过一个电阻在一个周期内所产生的热量和某直流电流通过同一电阻在相同的时间内产生的热量相等，那么，这个直流电的电动势、电压和电流的各量值就称为对应交流电各量值的有效值。正弦交流电的电动势、电压、电流的有效值分别用大写字母 E、U、I 来表示。理论证明，正弦交流电的有效值与最大值关系为：

$$E=\frac{E_m}{\sqrt{2}}\approx 0.707E_m$$

$$U=\frac{U_m}{\sqrt{2}}\approx 0.707U_m$$

$$I=\frac{I_m}{\sqrt{2}}\approx 0.707I_m \tag{2-3}$$

在实际电工技术中，若无特殊说明，正弦交流电的大小均是指有效值。交流用电器的额定电压、额定电流都用有效值表示。一般的电流表和电压表所指示的数值都是指有效值。通常使用的交流电压 220V、380V，交流电流 5A、10A 等均指有效值。

2. 周期、频率与角频率

（1）周期

正弦量完成一次周期性变化所需的时间称为正弦量的周期，用字母 T 表示，单位是秒（s）。

（2）频率

正弦量完整变化一周所需的时间称为周期，每秒内变化的周数称为频率，用字母 f 表示，单位是赫[兹]（Hz）。我国常用 50Hz 作为标准频率，也称为工频。周期与频率的关系为：

$$f=\frac{1}{T} \tag{2-4}$$

（3）角频率

正弦量变化一周经历了 2π 弧度，如果正弦量每秒内变化 f 周，则经历 $2\pi f$ 弧度。正弦量在每秒内经历的弧度数称为角频率，用 ω 表示，单位为 rad/s（弧度每秒）。角频率、频率与周期的关系为：

$$\omega = \frac{2\pi}{T} = 2\pi f \tag{2-5}$$

3. 相位、初相位与相位差

（1）相位

由 $i = I_m \sin(\omega t + \varphi_i)$ 知道，只有 $\omega t + \varphi_i$ 一定时，才能给出正弦量在某一瞬间的状态，这个角度称为正弦量的相位角，简称为相位，单位为 rad（弧度）。相位表示正弦量随时间的变化情况。

（2）初相

对于 $\omega t + \varphi_i$，当 $t = 0$ 时，相位为 φ_i，即 φ_i 是正弦量的起始相位，称为初相位，简称为初相。初相确定了正弦量在 $t = 0$ 时的初始值。

（3）相位差

同一正弦交流电路中，电压和电流频率相同，但初相不一定相同。设电压为 $u = U_m \sin(\omega t + \varphi_u)$，电流为 $i = I_m \sin(\omega t + \varphi_i)$，此时初相分别为 φ_u 和 φ_i，两者的相位差为：

$$\varphi_{ui} = \varphi_u - \varphi_i \tag{2-6}$$

从上式可见两个同频率正弦量的相位差如图 2-2 所示，等于他们的初相之差，与时间无关。

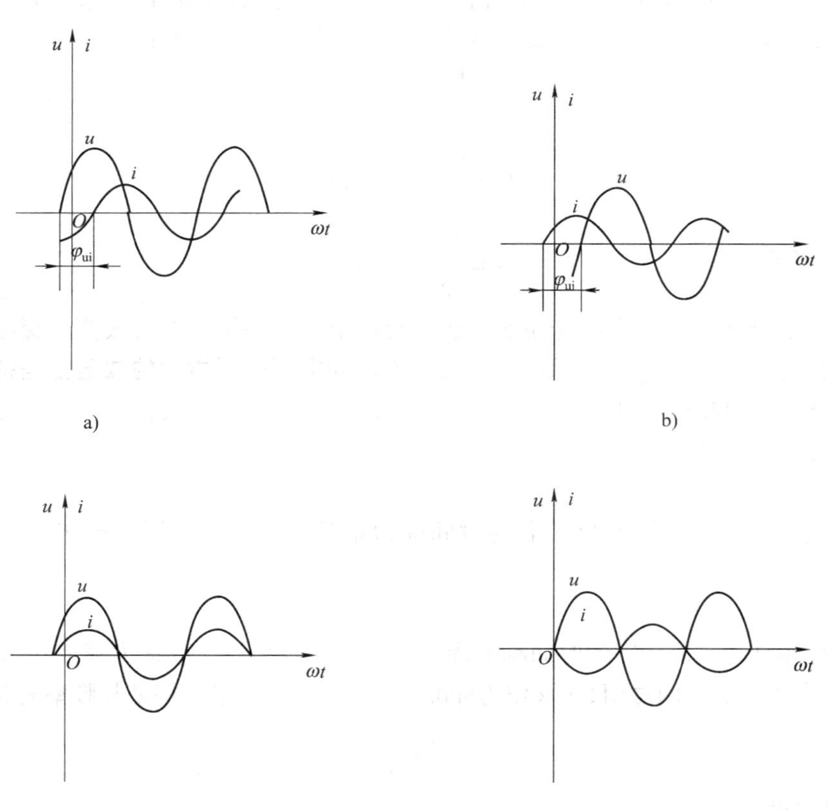

图 2-2　两个同频率正弦量的相位差

a）$0° < \varphi_{ui} < 180°$　b）$-180° < \varphi_{ui} < 0°$　c）$\varphi_{ui} = 0°$　d）$\varphi_{ui} = 180°$

当 $\varphi_{ui}>0°$时，u 比 i 先到达最大值，称在相位上 u 超前 i，如图 2-2a 所示。

当 $\varphi_{ui}<0°$时，u 比 i 后到达最大值，称在相位上 u 滞后 i，如图 2-2b 所示。

当 $\varphi_{ui}=0°$时，u 与 i 同相，如图 2-2c 所示。

当 $\varphi_{ui}=180°$时，u 与 i 反相，如图 2-2d 所示。

2.1.3 正弦交流电的表示法

用三角函数表示正弦交流电随时间变化关系的方法称为解析法。解析法和波形法是表示正弦量的基本方法，优点是把正弦量的变化幅度、快慢、趋势以及每一刻的瞬时值都清楚地表示出来了，但对正弦量的计算却十分麻烦，为此引入了表示正弦量的第 3 种方法：相量表示法。

由于相量本身就是复数，所以对复数及其运算进行简要复习。

1. 复数

一个复数是 A 可以用 4 种形式表示：

（1）代数式

$$A=a_1+\mathrm{j}a_2 \tag{2-7}$$

其中 a_1 为实部，a_2 为虚部。

（2）三角函数式

代数式和三角函数式之间转化矢量图如图 2-3 所示。令复数 A 的 $|A|$ 等于 a，φ 为复数 A 的辐角。

$$A=a\cos\varphi+\mathrm{j}a\sin\varphi \tag{2-8}$$

其中，a_1、a_2 分别为 a 在复平面横轴和纵轴上的投影，$a_1=a\cos\varphi$，$a_2=a\sin\varphi$；$a=\sqrt{a_1^2+a_2^2}$，$\varphi=\arctan\dfrac{a_2}{a_1}$。

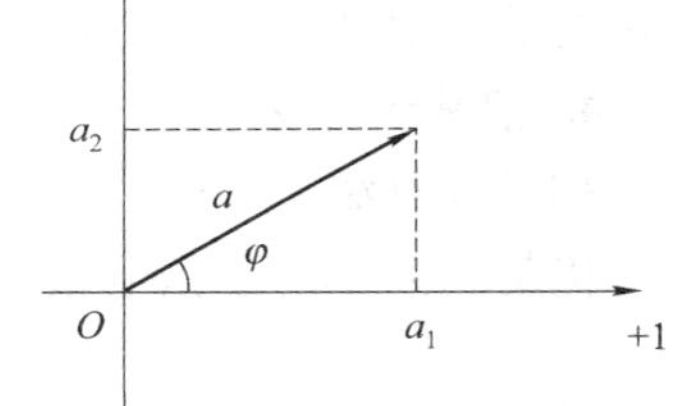

图 2-3 代数式和三角函数式之间转化矢量图

（3）指数式

根据欧拉公式 $\mathrm{e}^{\mathrm{j}\varphi}=\cos\varphi+\mathrm{j}\sin\varphi$ 可得：

$$A=a\cos\varphi+\mathrm{j}a\sin\varphi=a\mathrm{e}^{\mathrm{j}\varphi} \tag{2-9}$$

（4）极坐标式

$$A=a\angle\varphi \tag{2-10}$$

极坐标式是指数式的简写，以上的 4 种复数形式可以相互转换。

2. 复数的四则运算

设两复数为： $A=a_1+\mathrm{j}a_2=a\angle\varphi_1$ $B=b_1+\mathrm{j}b_2=b\angle\varphi_2$

相等：若 $a_1=b_1$，$a_2=b_2$，则 $A=B$

加减法： $A\pm B=(a_1\pm b_1)+\mathrm{j}(a_2\pm b_2)$

乘除法： $A\cdot B=a\mathrm{e}^{\mathrm{j}\varphi_1}\cdot b\mathrm{e}^{\mathrm{j}\varphi_2}=ab\mathrm{e}^{\mathrm{j}(\varphi_1+\varphi_2)}=ab\angle\varphi_1+\varphi_2$

$$\frac{A}{B}=\frac{a\mathrm{e}^{\mathrm{j}\varphi_1}}{b\mathrm{e}^{\mathrm{j}\varphi_2}}=\frac{a}{b}\mathrm{e}^{\mathrm{j}(\varphi_1-\varphi_2)}=\frac{a}{b}\angle\varphi_1-\varphi_2$$

把模等于 1 的复数如 $\mathrm{e}^{\mathrm{j}\varphi}$、$\mathrm{e}^{\mathrm{j}\pi}$等称为旋转因子。例如把任意复数 A 乘以 $\mathrm{j}(\mathrm{e}^{\mathrm{j}\frac{\pi}{2}}=\mathrm{j})$就等于

把复数 A 在复平面上逆时针旋转$\frac{\pi}{2}$，表示为 jA，故把 j 称为旋转因子。

3. 相量

对任意正弦量，都能找到一个和他相对应的复数，我们把这个复数称为相量。在大写字母上面加一点来表示正弦量的相量，以便与普通复数加以区别。如电流，用$\dot{I}$表示相量。

通过图 2-4 所示为用旋转矢量表示正弦量分析，图中复数 $U_{\mathrm{m}}\underline{/\varphi_{\mathrm{u}}}$，以不变的角速度 ω 旋转在纵轴上的投影为：

$$u = U_{\mathrm{m}}\sin(\omega t_1 + \varphi_{\mathrm{u}}) \tag{2-11}$$

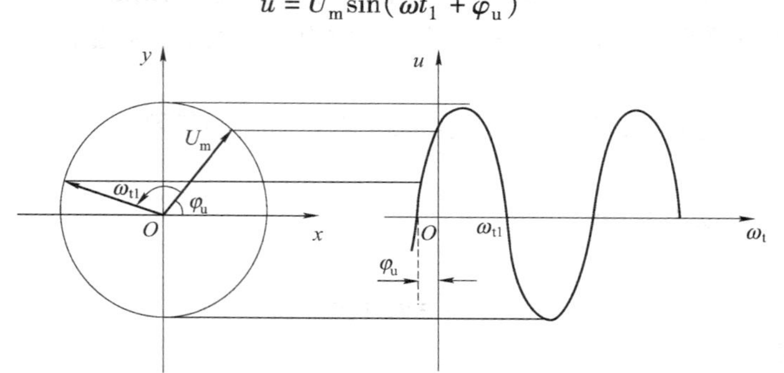

图 2-4　用旋转矢量表示正弦量

由于一个正弦量的最大值和初相能够用矢量表示，而矢量又可以用复数表示，那么，正弦量的最大值和初相也必然能够用复数表示，这就是正弦量的相量表示法。

4. 相量计算法

相量计算法是分析计算交流电路的工具。多个同频率正弦电量进行加、减运算，其运算结果仍是同频率的正弦电量。例如：

$$u = u_1 + u_2$$

根据复数的运算法则，可以将上式变换成相应的相量形式为：

$$\dot{U} = \dot{U}_1 + \dot{U}_2 \tag{2-12}$$

通过相量运算得到运算结果，在经过反变换，便能得到正弦电量的瞬时值表达式。

5. 相量图

相量在复数平面上的几何图形表示就是相量图。在同一个正弦量交流电路中，电压和电流都是同频率的量，所以只要确定有效值和初相位就能确定电压和电流了。可以用一个有向线段的大小和方向表示正弦量的有效值（或最大值）和初相，它们的加、减服从平行四边形法则。这个有向线段称为正弦量的相量图。设正弦交流电的电压和电流分别为 $u = 3\sqrt{2}\sin(\omega t + 60°)$ 和 $i = \sqrt{2}I\sin(\omega t - 45°)$，相量图如图 2-5 所示。

【例 2-1】　在一电感和电阻串联的电路中，已知正弦交流电压 $u_1 = 4\sqrt{2}\sin(314t + 60°)\mathrm{V}$，$u_2 = 3\sqrt{2}\sin(314t - 30°)\mathrm{V}$，用相量法表示 u_1 和 u_2，并求 $u = u_1 + u_2$。

解： 画出电压 u_1 和 u_2 的相量图，如图 2-6 所示。

由图根据平行四边形法则可以得到 u 的有效值 U 和初相位 φ。

已知 u_1 的有效值为 4，u_2 的有效值为 3，可得 $U = \sqrt{4^2 + 3^2} = 5$

$$\varphi = 60° - \arctan\frac{3}{4} = 23°$$

因此电压的相量由极坐标式可以表示为 $5\angle 23°\text{V}$，且频率不发生变化。u 的正弦量表达式为 $u = 5\sqrt{2}\sin(314t + 23°)\text{V}$。

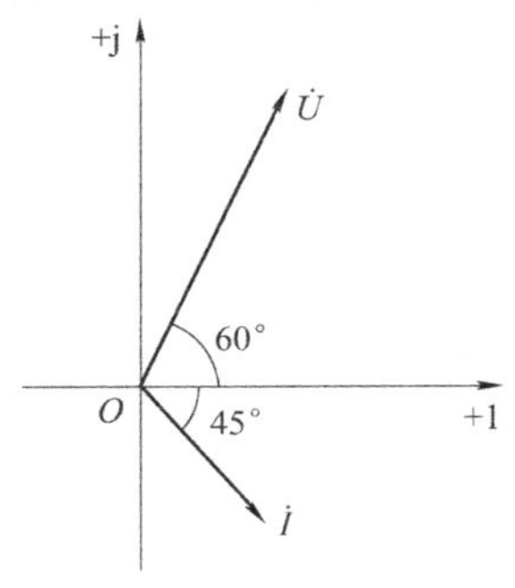

图 2-5　相量图

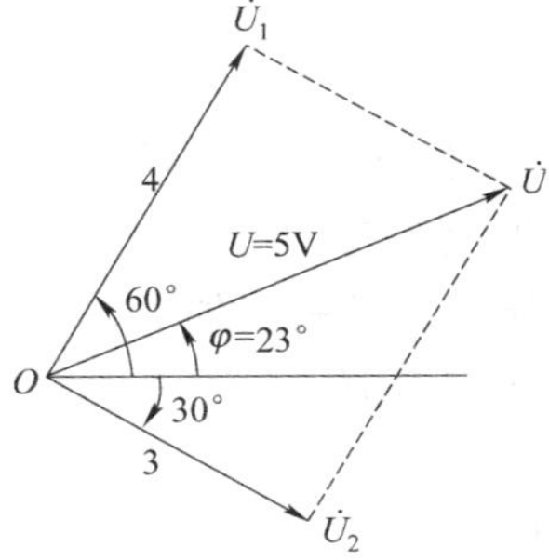

图 2-6　例 2-1 的相量图

2.2　单相正弦交流电路

2.2.1　电阻元器件的交流电路

图 2-7 所示为电阻元器件的交流电路，是由电阻元件和交流电源所组成的电路，又称为纯电阻交流电路，如图 2-7a 所示。日常生活中见到的白炽灯、电炉等都是电阻性负载，它们和交流电源一起组成了交流电阻电路。

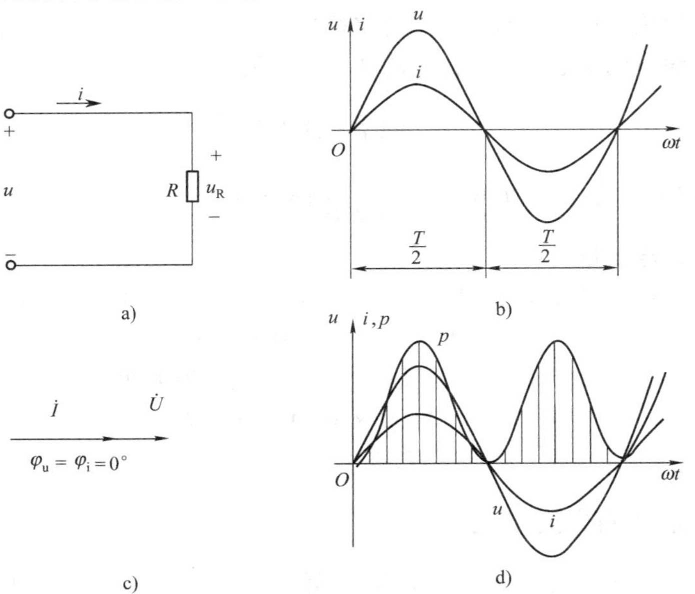

图 2-7　电阻元器件的交流电路

a）电路图　b）电压与电流波形图　c）电压与电流的相量图　d）功率波形图

1. 电流与电压的关系

设加在电阻两端的正弦电压为：

$$u = U_m \sin\omega t = \sqrt{2}U\sin\omega t \tag{2-13}$$

在图 2-7a 所示电流与电压参考方向一致的情况下，根据欧姆定律 $u = Ri$ 可得：

$$i = \frac{u}{R} = I_m \sin\omega t = \sqrt{2}I\sin\omega t \tag{2-14}$$

比较电流和电压，可以看出：

1）电阻上的电压电流频率相等。

2）电压电流的瞬时值、最大值、有效值都符合欧姆定律。

3）电压和电流的相位差为 0。

2. 功率

1）瞬时功率。

交流电路中，瞬时电压和瞬时电流的乘积为瞬时功率，用 p 表示，单位是 W（瓦［特］）。

$$p = U_m \sin\omega t \times I_m \sin\omega t = \int_0^{\pi} 2UI\sin^2 \omega t \tag{2-15}$$

从上式可以看出 $p \geqslant 0$，表示电阻从电源吸取功率，所以说电阻是耗能元件。

2）有功功率。

有功功率也称为平均功率，表示瞬时功率在一个周期内的平均值，用 P 表示。

$$P = UI = RI^2 = \frac{U^2}{R} \tag{2-16}$$

有功功率反映了元器件实际消耗电能的情况。用电设备铭牌上所标的功率为有功功率。

【例 2-2】 一只电阻炉额定电压是 220V，额定功率是 1000W。计算 1）电阻炉的电阻值和额定电流；2）每天使用 3 小时，每度电收费 0.49 元，每月（30 天）应付多少电费？

解：1）电气设备的额定功率就是平均功率，电阻炉的电阻值可据公式计算，即：

$$R = \frac{U^2}{P} = \left(\frac{220^2}{1000}\right)\Omega = 48.4\Omega$$

电阻炉的额定电流为：$$I = \frac{P}{U} = \left(\frac{1000}{220}\right)\text{A} = 4.55\text{A}$$

2）每月消耗的电能量为：

$$w = Pt = (1000 \times 30 \times 3)\text{W} \cdot \text{h} = 90 \times 10^3 \text{W} \cdot \text{h} = 90\text{kW} \cdot \text{h}$$

电能量的单位除了焦［耳］之外，还经常使用千瓦·时。1 千瓦·时电能就是功率为 1000W 的电气设备在 1 小时时间内所消耗的电能量，也称为 1 度。

$$1\text{kW} \cdot \text{h} = (1000 \times 3600)\text{J} = 3.6 \times 10^6 \text{J}$$

每月应付电费：(90×0.49)元 $= 44.1$ 元

2.2.2 电感元器件的交流电路

电感元器件是表示电流建立磁场、储存磁场能这一电磁现象的理想电路元器件。在导线中有电流通过时，就会产生磁场。为了增强磁场，满足工程实际需要，用导线绕成线圈，称为电感线圈，也称为电感器，如荧光灯电路中的镇流器。

1. 电感元器件

如果电感线圈周围的介质是非铁磁物质，那么磁通链 ψ 与电流 i 成正比，比例系数用 L 表示，他是一个常数，称为电感，即：

$$\psi = Li \tag{2-17}$$

磁通链 ψ 是指导电线圈或电流回路所成链环的磁通量，等于导电线圈匝数 N 与穿过该线圈各匝的平均磁通量 ϕ 的乘积。

2. 电感的伏安关系

根据电磁感应定律，线圈中的电流 i 发生变化，磁通也会发生变化，会在线圈种产生感应电动势，因此会在电感两端产生感应电压 u，其伏安关系为：

$$u = -e = N\frac{\mathrm{d}\psi}{\mathrm{d}t} = L\frac{\mathrm{d}i}{\mathrm{d}t} \tag{2-18}$$

上式表明电感元器件的端电压和电流成正比。如果电流不变化，那么便不会产生感应电动势。所以在直流电路中，电感元器件相当于导线。

3. 交流电路中电感元器件电压和电流的关系

电感交流电路如图 2-8a 所示，当通过电感元器件的正弦电流为 $i = I_m\sin\omega t$，则电感元器件的端电压为：

$$u = L\frac{\mathrm{d}i}{\mathrm{d}t} = \omega LI_m\sin(\omega t + 90°) = U_m\sin(\omega t + 90°)$$

$$U_m = \omega LI_m = X_LI_m$$

$$X_L = \omega L$$

$$\omega = 2\pi f$$

$$X_L = 2\pi fL \tag{2-19}$$

式中　X_L——感抗，单位是 Ω（欧［姆］）。

从上式可以看出，电感电流和电压的关系：

1）电感上的电压和电流频率相等。

2）电压电流的最大值、有效值都符合欧姆定律。

$$U_m = \omega LI_m = X_LI_m \tag{2-20}$$

$$U = \omega LI = X_LI$$

3）电感元器件电路中，电压相位超前电流 90°，如图 2-8b、c 所示。

引入感抗 X_L 这一概念后，电感元器件的端电压与电流的有效值之间具有欧姆定律的形式。当电压的有效值 U 一定，X_L 越大，电流的有效值 I 越小。可以认为，感抗 X_L 是表征电感元器件对电流阻碍作用的物理量。

感抗 X_L 与电流的频率 f 成正比。利用电感线圈在高频时感抗 X_L 大的特点，可以做成扼流线圈，阻止高频电流通过。对于直流电路，频率 $f=0$，感抗 $X_L=0$，电感元器件相当于短路。因此电感具有“通直流，阻交流；通低频，阻高频”的性质。

4. 功率

1）瞬时功率。

$$p = ui = U_m\cos\omega t \times I_m\sin\omega t = \frac{1}{2}U_mI_m\sin2\omega t = UI\sin2\omega t \tag{2-21}$$

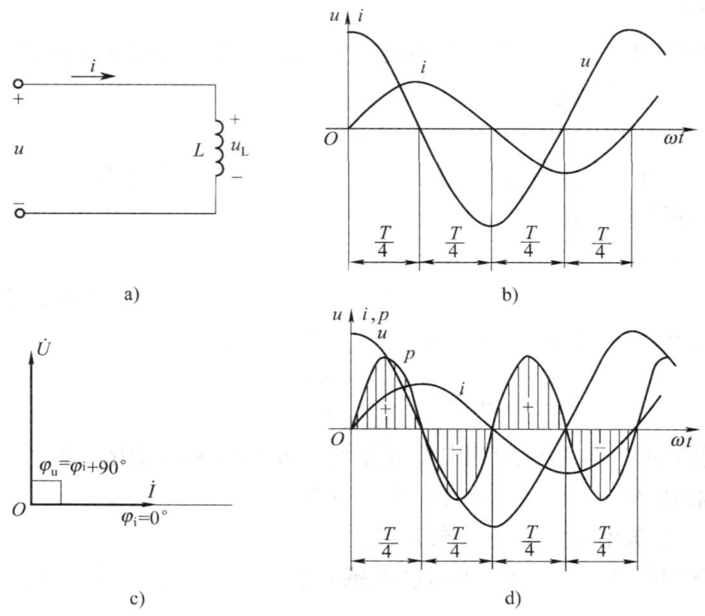

图 2-8　电感元器件的交流电路

a）电路图　b）电压与电流波形图　c）电压与电流的相量图　d）功率波形图

由上式可见，电感元器件的瞬时功率是随时间变化的正弦量，其频率为电源频率的两倍。如图 2-8d 所示，从图中可以看到，在第 1 和第 3 个$\frac{1}{4}$周期内，$P>0$，从电源吸收能量，并转化为磁能存储起来；在第 2 和第 4 个$\frac{1}{4}$周期内，$P<0$，释放能量，将磁能转化为电能并送回电源。

2）有功功率。

由 $p=UI\sin2\omega t$ 可知，瞬时功率在一个周期内的平均值为零，即电感元器件的有功功率为零，即：

$$P=0$$

这说明，电感是一个储能元器件，不是耗能元器件，他只是将电感中的磁场能和电源的电能进行能量交换。

3）无功功率。

电感与电源之间进行功率的交换，并没有消耗功率，这部分功率称为无功功率。其交换功率常用瞬时功率的最大值来衡量。无功功率用 Q 表示，单位为 var（乏）。

$$Q=UI\sin\varphi=X_LI^2=\frac{U^2}{X_L} \tag{2-22}$$

式中　φ——电压和电流之间的相位差。

【例 2-3】 电感元器件的电感 $L=19.1\text{mH}$，接在 $u=220\sqrt{2}\sin(314t+30°)\text{V}$ 的电源端。计算电感元器件的感抗 X_L、电流 i 和无功功率。

解： 电感元器件的感抗：

$$X_L = \omega L = (314 \times 19.1 \times 10^{-3})\Omega \approx 6\Omega$$

电源电压为：$\dot{U} = 220\angle 30°$

电感元器件的电流为：$\dot{I} = \frac{\dot{U}}{jX_L} = \frac{220\angle 30°}{6\angle 90°} = 36.67\angle -60°$

瞬时值表达式为：$i = 36.67\sqrt{2}\sin(314t - 60°)\text{A}$

无功功率为：$Q = UI = 220 \times 36.67\text{var} = 8067.4\text{var}$

2.2.3 电容元器件的交流电路

在电工电子技术中，电容元器件主要用来进行调谐、滤波、耦合及选频等。在电力系统中，利用它来改善系统的功率因数，以减少电能的损失和提高电气设备的利用率。

1. 电容元器件

电容元器件通常由两块金属板中间加上绝缘材料组成。电容加上电源后，两极板分别聚集了等量异号的电荷，并建立了电场，存储电场能。所以说电容是一种储能元件。

对于一给定的电容器，极板上的电荷 q 和外加电压 u 成正比，即：

$$C = \frac{q}{u} \tag{2-23}$$

式中　C——电容量，单位是 F（法［拉］）。

当 C 是一个常数时，与两端电压无关，这种电容称为线性电容。线性电容的大小只和电容器的形状、尺寸及电介质有关，即：

$$C = \varepsilon \frac{s}{d} \tag{2-24}$$

式中　s——极板面积；

d——两极板间的距离；

ε——介电常数。

2. 电容的伏安关系

当电容元器件两端电压变化时，极板上的电荷也相应变化，此时的伏安关系为：

$$i = \frac{\mathrm{d}q}{\mathrm{d}t} = C\frac{\mathrm{d}u}{\mathrm{d}t} \tag{2-25}$$

由上式可知，交流电压加到电容两端时，电容中就有电流存在。直流电压加到电容两端时，电容中没有电流，相当于开路。

3. 交流电路中电容元器件电压和电流的关系

电容交流电路如图 2-9a 所示，当电容两端电压为 $u = U_m\sin\omega t$，通过电容的电流为：

$$i = C\frac{\mathrm{d}u}{\mathrm{d}t} = \omega CU_m\cos\omega t = I_m\sin(\omega t + 90°) \tag{2-26}$$

由上式可知电容电压和电流的关系：

1）电容上的电压和电流频率相等。

2）电压电流的瞬时值、最大值、有效值都符合欧姆定律。

$$I_m = \omega CU_m$$

$$\frac{U_m}{I_m} = \frac{1}{\omega C} = \frac{1}{2\pi fC} = X_C \tag{2-27}$$

3）电容元器件电路中，电流相位超前电压90°，如图2-9b、c所示。

上式中 X_C 称为容抗，表示电容元器件对电流阻碍作用的物理量。容抗 X_C 和电源频率 f 成反比，在 C 一定的情况下，频率越高，容抗越小。如果 f 无穷大，则 $X_C=0$，电容相当于短路。如果通上直流电，此时 $f=0$，电容相当于开路，因此电容具有“通交流，隔直流；通高频，阻低频”的性质。

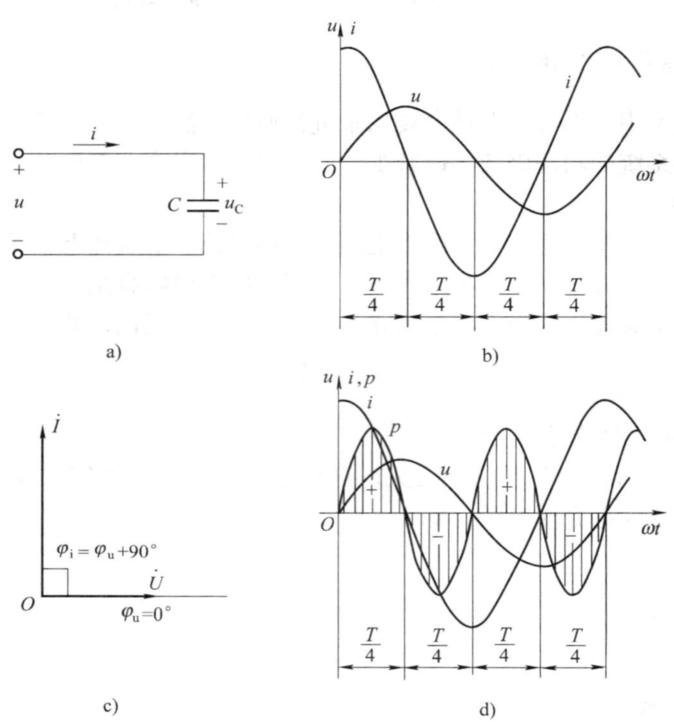

图2-9　电容元器件的交流电路

a）电路图　b）电压与电流波形图　c）电压与电流的相量图　d）功率波形图

4. 功率

1）瞬时功率。

$$p = ui = U_m\sin\omega t \times I_m\cos\omega t = \frac{1}{2}U_mI_m\sin2\omega t = UI\sin2\omega t \tag{2-28}$$

2）有功功率。

由 $p=UI\sin2\omega t$ 可知，瞬时功率在一个周期内的平均值为零，即电容元器件的有功功率为零，如图2-9d所示。

$$P = 0$$

电容也是储能元器件，储存电场能量并和电源能量进行交换。

3）无功功率。

$$Q = UI\sin\varphi = X_CI^2 = \frac{U^2}{X_C} \tag{2-29}$$

式中　φ——通过电容的电压和电流之间的相位差。

【例 2-4】 有 $C=31.8\mu F$ 的电容接到 $u=220\sqrt{2}\sin(314t+30°)V$ 的交流电源上。求 1）电容容抗 X_C。2）电路中电流的有效值和瞬时值。3）无功功率 Q。

解：1）电容容抗：$X_C=\dfrac{1}{2\pi fC}=\dfrac{1}{2\times3.14\times50\times31.8\times10^{-6}}\Omega\approx100\Omega$

2）电路中电流的有效值：

$$I=\frac{U}{X_C}=\frac{220}{100}A=2.2A$$

$$\varphi_i=\varphi_u+90°=120°$$

电流的瞬时值：

$$i=2.2\sqrt{2}\sin(314t+120°)A$$

3）无功功率：

$$Q=UI=220\times2.2=484var$$

2.2.4 *RLC* 串联交流电路

前面介绍了纯电阻、纯电感、纯电容组成的简单电路，但在实际应用当中，这 3 种元器件并不是单独存在的。下面介绍电阻、电感、电容串联电路。

RLC 串联电路如图 2-10 所示。

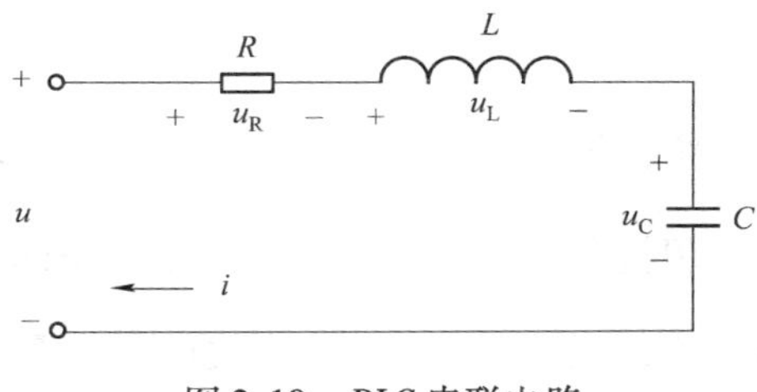

图 2-10 *RLC* 串联电路

假设电流为：$i=\sqrt{2}I\sin\omega t$

根据基尔霍夫电压定律有：$u=u_R+u_L+u_C$

于是可由 i、u_R、u_L、u_C 作相量图，并由 u_R、u_L、u_C 作出 u 的相量，如图 2-11a 所示。

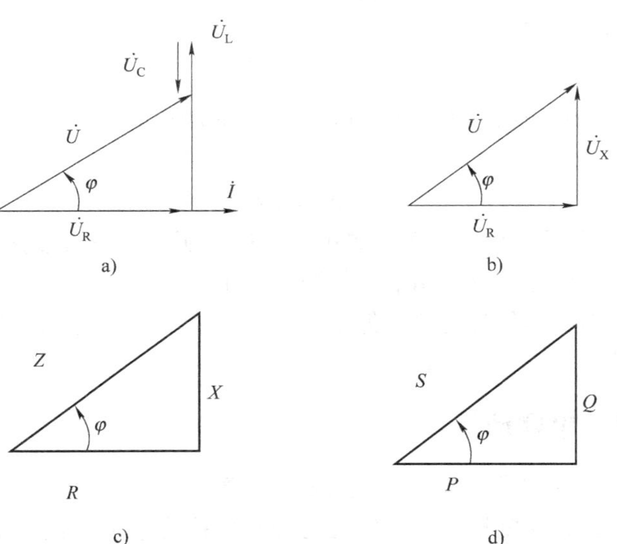

图 2-11 *RLC* 串联电路电压、阻抗、功率三角形

a）相量图 b）电压三角形 c）阻抗三角形 d）功率三角形

电压用矢量进行表示为：

$$\dot{U}=\dot{U}_R+\dot{U}_L+\dot{U}_C \tag{2-30}$$

已知 $$\dot{U}_R = R\dot{I}_R \qquad \dot{U}_L = j\omega L\dot{I}_L \qquad \dot{U}_C = \frac{\dot{I}_C}{j\omega C} \tag{2-31}$$

串联电路中，各元器件的电流 $\dot{I}$ 相同，则：

$$\dot{U} = R\dot{I} + j\omega L\dot{I} + \frac{\dot{I}}{j\omega C} = \dot{U}_R + j(\dot{U}_L - \dot{U}_C) = \dot{U}_R + j\dot{U}_X \tag{2-32}$$

总电压为： $$U = \sqrt{U_R^2 + U_X^2} = \sqrt{U_R^2 + (U_L - U_C)^2}$$

以上 U、U_R、U_X 之间的关系可以用一个直角三角形来表示，这个三角形称为电压三角形，如图 2-11b 所示。

在 RLC 串联电路中，由于串联电路的电流相等，将电压三角形各量均除以电流 I，可以得到相应的复阻抗 Z、阻抗 R、感抗 X_L 和容抗 X_C，它们之间的关系如下：

$$Z = R + j\left(\omega L - \frac{1}{\omega C}\right) = R + j(X_L - X_C) = R + jX$$

$$|Z| = \sqrt{R^2 + X^2}$$

$$\varphi = \arctan\frac{X}{R} = \arctan\frac{X_L - X_C}{R} \tag{2-33}$$

阻抗模： $$|Z| = \sqrt{R^2 + X^2}$$

阻抗角： $$\varphi = \arctan\frac{X}{R} = \arctan\frac{X_L - X_C}{R}$$

以上 R、X、$|Z|$、φ 4 个量之间的关系可以用一个与电压三角形相似的直角三角形表示，这个直角三角形称为阻抗三角形，如图 2-11c 所示。

同样，将电压三角形各量都乘以电流 I，可以得到视在功率 S，有用功率 P 和无功功率 Q，它们三者之间存在如下关系：

$$S = \sqrt{P^2 + Q^2} \tag{2-34}$$

视在功率 S 定义为：交流电路中，电压有效值和电流有效值的乘积，单位为 V · A（伏 · 安）。即：

$$S = UI \tag{2-35}$$

以上 S、P、Q 三个量之间的关系，如式（2-34）所示，也可以用与电压三角形相似的直角三角形表示，我们称为功率三角形，如图 2-11d 所示。

需要注意的是：阻抗虽然是复数，但是不能和正弦量相对应，因此不是矢量，在作阻抗三角形的时候不画箭头。

2.2.5 *RLC* 电路的串联谐振

由电阻、电感及电容构成的电路，在正弦电流激励下，当端口电压与通过电路的电流同相位时，电路呈电阻性，通常把这一特殊的物理现象称为谐振。按照电路连接方式的不同，谐振可以分为串联谐振和并联谐振。下面着重分析串联谐振发生的条件和特征。

1. 串联谐振的条件

图 2-10 中所示的 R、L、C 串联电路的复阻抗为：

$$Z = R + j\left(\omega L - \frac{1}{\omega C}\right) = R + j(X_L - X_C) \tag{2-36}$$

当虚部为零，即 $\omega L-\dfrac{1}{\omega C}=0$ 时，电路会发生谐振。

因为当 $\omega L-\dfrac{1}{\omega C}=0$ 时，$X_L-X_C=0$，即电路的感抗和容抗相等，$\tan\varphi=\dfrac{\omega L-\dfrac{1}{\omega C}}{R}=0$，即 $\varphi=0$，电压和电流同相位，电路呈现电阻性。将此时的电源的角频率用 ω_0 表示，则发生串联谐振的条件是：

$$\omega_0 L=\frac{1}{\omega_0 C} \tag{2-37}$$

串联谐振的角频率：

$$\omega_0=\frac{1}{\sqrt{LC}} \tag{2-38}$$

串联谐振频率：

$$f_0=\frac{1}{2\pi\sqrt{LC}} \tag{2-39}$$

谐振的频率只与电路的 L、C 有关，与电阻无关。

2. 串联谐振的特点

1）当电压与电流同相位时，阻抗角 $\varphi=0$，电路呈现纯电阻性。

2）当 $\omega<\omega_0$，$X_L<X_C$，电压滞后于电流，串联电路呈现电容性。

3）当 $\omega>\omega_0$，$X_L>X_C$，电压超前于电流，串联电路呈现电感性。

4）最小阻抗：　$Z=R+\mathrm{j}(X_L-X_C)=R$

5）在电源电压有效值保持不变的条件下，电流达到最大值，即：

$$I=I_0=\frac{U}{R}$$

电路谐振时的感抗 X_L、容抗 X_C 称为特性阻抗 ρ

$$\rho=\omega_0 L=\frac{1}{\omega_0 C}=\sqrt{\frac{L}{C}} \tag{2-40}$$

特性阻抗 ρ 与电阻的比值称为谐振电路的品质因数。

$$Q=\frac{\omega_0 L}{R}=\frac{1}{R\omega_0 C}=\frac{1}{R}\sqrt{\frac{L}{C}} \tag{2-41}$$

2.3 三相正弦交流电

三相交流电与单相交流电相比具有如下优点：

1）三相交流发电机比功率相同的单相交流发电机体积小、重量轻、成本低。

2）电能输送，当输送功率相等、电压相同、输电距离一样，线路损耗也相同时，用三相制输电比单相制输电可大大节省输电线有色金属的消耗量，即输电成本较低。

3）目前获得广泛应用的三相异步电动机，是以三相交流电作为电源，它与单相电动机或其他电动机相比，具有结构简单、价格低廉性能良好和使用维护方便等优点。

因此在现代电力系统中，三相交流电路获得广泛应用。

然而在汽车上，直流电应用的非常广泛。汽车上的直流电是由交流电整流而来，交流电是由三相交流发电机在发动机的带动下产生的。

2.3.1　三相电源

三相电动势是由三相交流发电机产生的。图 2-12a 为三相交流发电机原理图，主要由定子和转子构成。在定子中嵌入了 3 个绕组，各绕组的几何形状、尺寸、匝数均相同，安装时 3 个绕组彼此相隔 120°，每一个绕组为一相，合称三相绕组。三相绕组的始端分别用 A、B、C 表示，末端分别用 X、Y、Z 表示。

转子是一对磁极的电磁铁，电磁铁的设计要求使其产生的磁感应强度在转子和定子之间的空气间隙中，按正弦规律分布。当转子以匀角速度 ω 按顺时针方向旋转时，可以在三相绕组中分别感应出最大值相等、频率相同、相位互差 120°的 3 个正弦电动势，这种三相电动势称为对称三相电动势。

各绕组产生的电动势 e_A、e_B、e_C 的正弦波形图及相量图分别如图 2-12b 和图 2-12c 所示，它们的瞬时表达式分别为：

$$\begin{aligned} e_A &= E_m \sin\omega t \\ e_B &= E_m \sin(\omega t - 120°) \\ e_C &= E_m \sin(\omega t + 120°) \end{aligned} \tag{2-42}$$

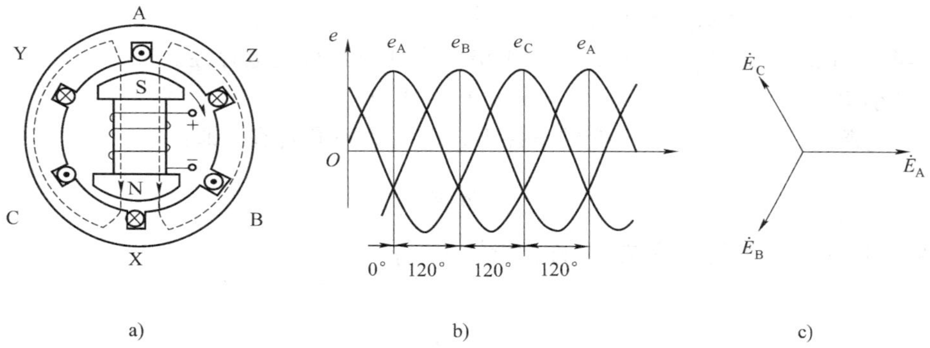

图 2-12　三相交流电

a）三相交流发电机原理图　b）三相交流电正弦波形图　c）三相交流电相量图

对称三相正弦量到达最大值的先后次序称为相序，从图 2-12b 中可知 E_A、E_B、E_C 的相序为 A-B-C。

通过对三相交流电的波形图、相量图分析可以得到，在任何瞬时对称三相电源的电动势之和为零，即：

$$\begin{aligned} e_A + e_B + e_C &= 0 \\ \dot{E}_A + \dot{E}_B + \dot{E}_C &= 0 \end{aligned} \tag{2-43}$$

2.3.2　三相四线制供电

三相电源的末端 A_2、B_2、C_2 联结成一点 N，N 称为电源的中点，也称为零点，如图 2-13 所示。从 N 点引出的输电线称为零线，用 N 表示。三相电源的始端 A_1、B_1、C_1 引出 3 根输电线与负载相连，这 3 根线称为相线或端线。电源三相绕组的这种联结方式称为星形联结，由 3 条相线、1 条中性线组成的统一供电系统称为三相 4 线制供电系统。

三相 4 线制供电系统能够提供两种电压：相电压和线电压，如图 2-13 所示。

相电压：3 条相线分别与中性线间的电压，即三相电源的 3 个相电压，$\dot{U}_A$、$\dot{U}_B$ 和 $\dot{U}_C$，电压方向由相线指向中线，即 A→N，B→N，C→N。

线电压：3 条相线之间的电压，也就是三相绕组始端到始端的电压，$\dot{U}_{AB}$、$\dot{U}_{BC}$、$\dot{U}_{CA}$，电压方向由相线指向相线，即 A→B，B→C，C→A。

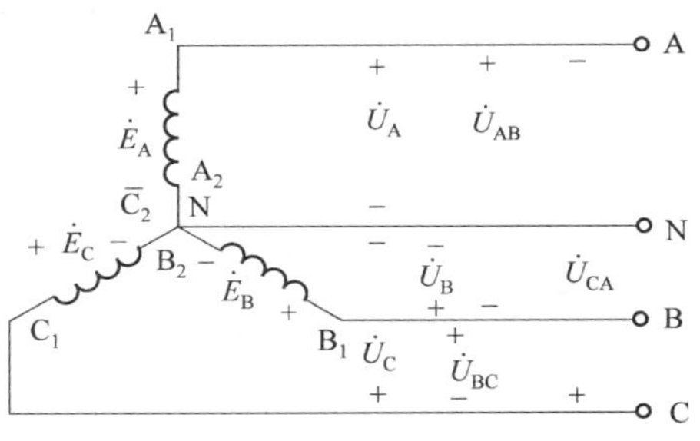

图 2-13　三相四线制电源

那么相电压和线电压之间有什么样的关系呢？按照图 2-13 中的电压方向，列出方程：

$$\begin{cases} \dot{U}_{AB} = \dot{U}_A - \dot{U}_B \\ \dot{U}_{BC} = \dot{U}_B - \dot{U}_C \\ \dot{U}_{CA} = \dot{U}_C - \dot{U}_A \end{cases} \tag{2-44}$$

由相量图可推导出相电压与线电压的关系，如图 2-14 所示。

首先画出 $\dot{U}_A$、$\dot{U}_B$ 和 $\dot{U}_C$ 相量。线电压 $\dot{U}_{AB}=\dot{U}_A-\dot{U}_B$，按照平行四边形法则得到 $\dot{U}_{AB}$的相量。按同样的方法，可以画出 $\dot{U}_{BC}$和 $\dot{U}_{CA}$的相量。

根据几何关系，可以得到 3 个线电压分别超前相电压 30°。每一相的线电压的有效值是相电压有效值的$\sqrt{3}$倍，如下式所示：

$$\begin{aligned} U_{AB} &= \sqrt{3}U_A \\ U_{BC} &= \sqrt{3}U_B \\ U_{CA} &= \sqrt{3}U_C \end{aligned} \tag{2-45}$$

通常线电压的有效值用 U_L 来表示，相电压的有效值用 U_P 来表示，即：

$$U_L = \sqrt{3}U_P \tag{2-46}$$

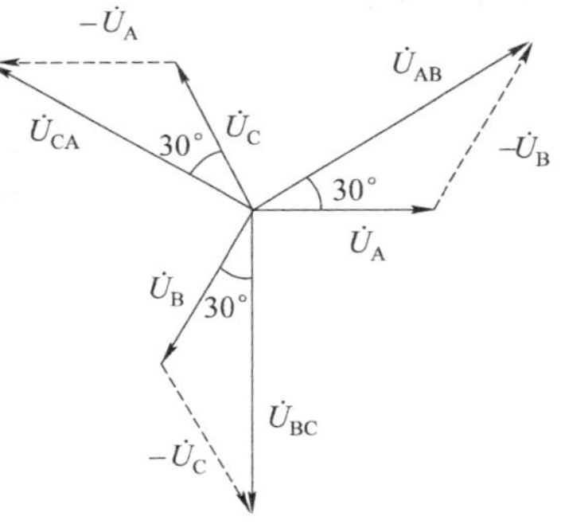

图 2-14　相、线电压相量关系

2.3.3　三相负载的联结

三相交流电路的负载按其对电源的要求可以分为单相负载和三相负载两类。

单相负载：平常使用的家用电器的额定电压为 220V，只要将负载接到相线和中性线之间就可以了。当有多个负载时，应使它们均匀分布地接在三相电源 3 条相线与中性线之间。如果遇到负载电压为 380V 时，应将负载接在两条相线之间。通常功率较小的负载均为单相负载。为了使三相电源供电均衡，这种负载大致平均分配到三相电源的三相上。这类负载的每相阻抗一般不相等，属于不对称三相负载，单相负载接入三相电源如图 2-15 所示。

三相负载：负载必须接到三相电源上才能工作，通常功率较大的负载均为三相负载。这类负载的特点是三相的负载阻抗相等，称为对称三相负载，三相负载接入三相电源如图 2-16 所示。

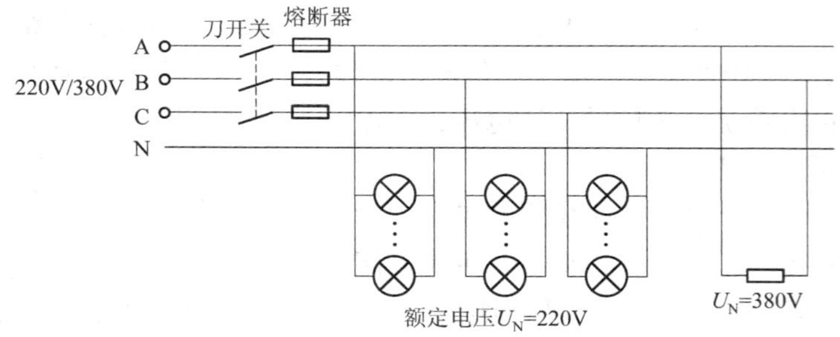

图 2-15　单相负载接入三相电源

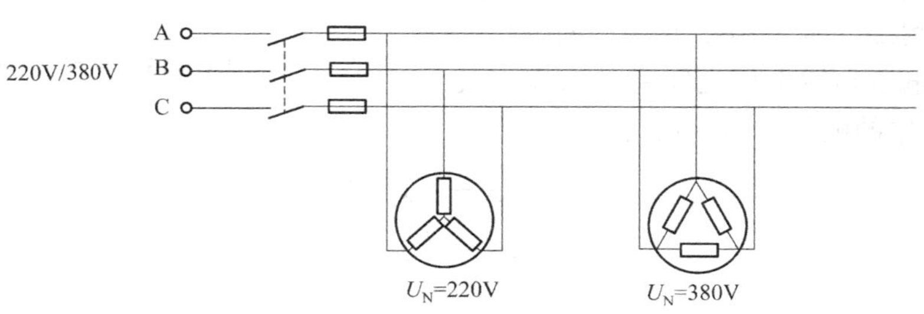

图 2-16　三相负载接入三相电源

在实际的生活当中，单相负载和三相负载的混合接在三相电源上使用是十分常见的，如图 2-17 所示。

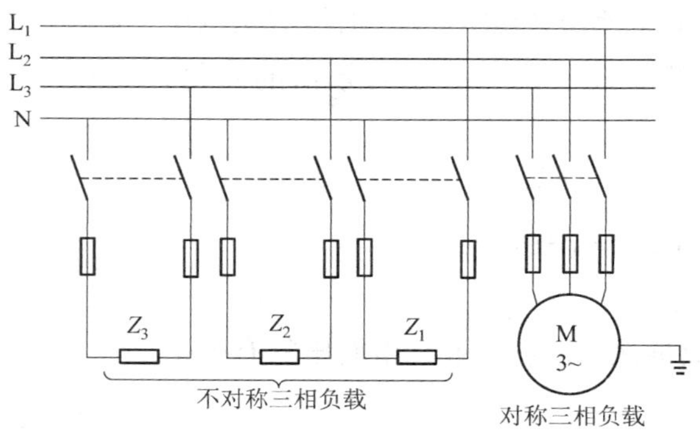

图 2-17　单相负载和三相负载混合接入三相电源

在三相电路中，三相负载联结方式通常分为星形联结和三角形联结。

1. 三相负载的星形联结

三相负载星形联结电路如图 2-18 所示，其接线原则与电源的星形联结相似，即将每相负载末端连成一点 N（中性点），首端 A、B、C 分别接到电源线上。

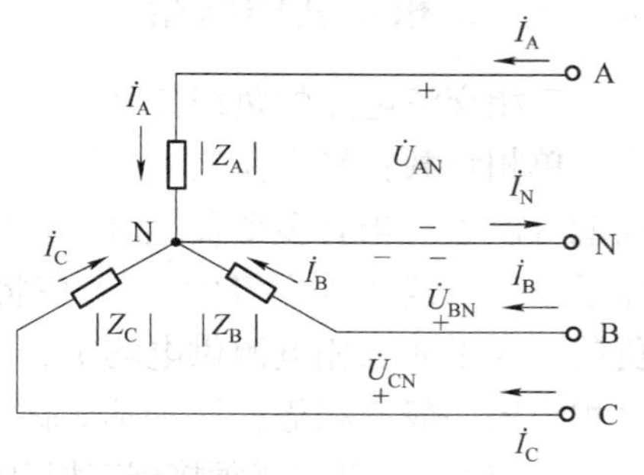

图 2-18　三相负载星形联结电路

（1）电压、电流关系

线电压：三相负载的线电压就是电源的线电压，也就是两根相线之间的电压。电压方向由相线指向相线，即 A→B，B→C，C→A。

相电压：每相负载两端的电压称为负载的相电压，在忽略输电线上的电压降时，负载的相电压就等于电源的相电压。相电压方向由相线指向中线，即 A→N，B→N，C→N。

线电流：流过每根相线上的电流称为线电流。

相电流：流过每相负载的电流称为相电流。

中线电流：流过中线的电流称为中线电流。

对于三相电路中的每一相而言，可以看成一个单相电路，所以各相电流与电压间的相位关系及数量关系都可用讨论单相电路的方法来讨论。

若三相负载对称，则在三相对称电压的作用下，流过三相对称负载中每相负载的电流应相等，即：

$$I_L = I_A = I_B = I_C = \frac{U_P}{|Z_P|} \tag{2-47}$$

而每相电流间的相位差仍为 120°。由 KCL 定律可知，中线电流为零。

若三相负载不对称，在这种情况下每相的电流是不相等的，中线电流不为 0。

电压与电流之间的关系：

1）相电流 I_P 等于线电流 I_L，即：

$$I_P = I_L \tag{2-48}$$

2）加在负载上的相电压 U_P 和线电压 U_L 之间有如下关系：

$$U_L = \sqrt{3}U_P \tag{2-49}$$

3）流过中性线 N 的电流 $\dot{I}_N$ 为：

$$\dot{I}_N = \dot{I}_A + \dot{I}_B + \dot{I}_C \tag{2-50}$$

（2）中性线的作用

1）三相对称电路。

当三相电路中的负载完全对称时，在任意一个瞬间，3 个相电流中，总有一相电流与其余两相电流之和大小相等，方向相反，正好互相抵消。所以，流过中性线的电流等于零。

因此，在三相对称电路中，当负载采用星形联结时，由于流过中性线的电流为零，故三相四线制就可以变成三相三线制供电。如三相异步电动机及三相电炉等负载，当采用星形联结时，电源对该类负载就不需接中性线。通常在高压输电时，由于三相负载都是对称的三相变压器，所以都采用三相三线制供电。

2）三相不对称电路。

如果三相负载不相等的情况下，即负载不对称，则中性电流不等于零，中性线不能断开。如果断开以后，将会导致各相负载的相电压分配不均，有时会出现很大的差异，会造成用电设备不能正常工作。故在三相 4 线制供电当中，中性线十分重要，不允许断开，严禁在中性线上安装开关，熔丝等。

2. 三相负载的三角形联结

将三相负载分别接在三相电源的每两根相线之间的接法，称为三相负载的三角形联结，如图 2-19 所示。

由于三角形联结的各相负载是接在两根相线之间，因此负载的相电压就是线电压。线电

压 $\dot{U}_{AB}$、$\dot{U}_{BC}$、$\dot{U}_{CA}$的方向分别为 A→B，B→C，C→A。

假设三相电源及负载均对称，则三相电流大小均相等，为：

$$I_P = I_{AB} = I_{BC} = I_{CA} = \frac{U_P}{|Z_P|} \quad (2\text{-}51)$$

三相电流的方向和线电压方向一致。

3 个相电流在相位上互差 120°，电流电压相量图如图 2-20 所示，并假定电压超前电流一个角度。所以，线电流分别为：

$$\begin{cases} \dot{I}_A = \dot{I}_{AB} - \dot{I}_{CA} \\ \dot{I}_B = \dot{I}_{BC} - \dot{I}_{AB} \\ \dot{I}_C = \dot{I}_{CA} - \dot{I}_{BC} \end{cases} \quad (2\text{-}52)$$

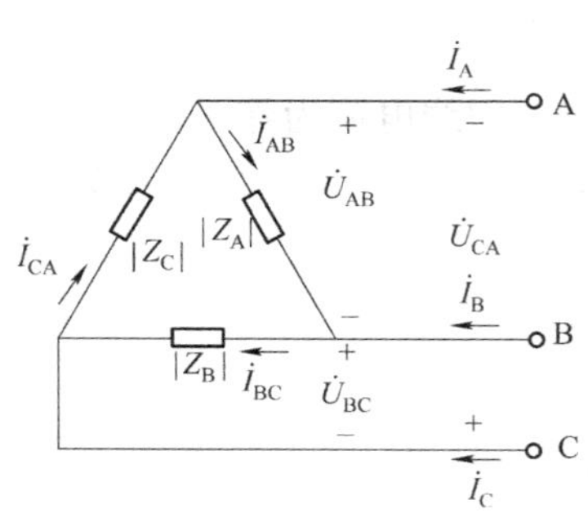

图 2-19　三相负载的三角形联结

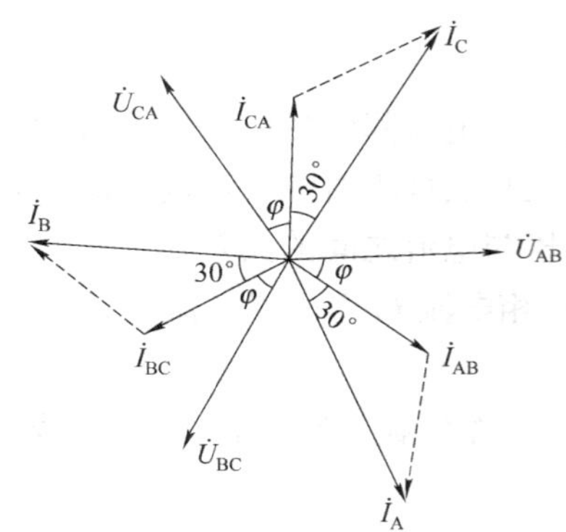

图 2-20　电流电压相量图

由图 2-20 通过几何关系不难证明 $I_L = \sqrt{3}I_P$，即当三相对称负载采用三角形联结时线电流等于相电流的$\sqrt{3}$倍。从相量图中还可看到线电流和相电流不同相，线电流滞后相应的相电流 30°。

因此三相对称负载三角形联结的电流、电压关系为：

1）线电压 U_L 与相电压 U_P 相等，即：

$$U_L = U_P \quad (2\text{-}53)$$

2）线电流 I_L 是相电流 I_P 的$\sqrt{3}$倍，即：

$$I_L = \sqrt{3}I_P \quad (2\text{-}54)$$

在三相三线制电路中，根据 KCL 定律，把整个三相负载看成一个节点，则不论负载的接法如何，以及负载是否对称，三相电路中的 3 个线电流的瞬时值之和或 3 个线电流的矢量和总是等于零，即：

$$i_A + i_B + i_C = 0 \quad (2\text{-}55)$$

【例 2-5】 有 3 个 100Ω 的电阻，将它们联结星形或三角形，分别接到线电压为 380V 的对称三相电源上，如图 2-21 所示。试求：线电压、相电压、线电流和相电流各是多少？

解： 1）负载作星形联结，如图 2-21a 所示。负载的线电压为：

$$U_L = 380\text{V}$$

负载的相电压为线电压的$\frac{1}{\sqrt{3}}$，即：

$$U_{\mathrm{P}} = \frac{U_{\mathrm{L}}}{\sqrt{3}} = \left(\frac{380}{\sqrt{3}}\right)\mathrm{V} = 220\mathrm{V}$$

负载的相电流等于线电流，即：

$$I_{\mathrm{P}} = I_{\mathrm{L}} = \frac{U_{\mathrm{P}}}{R} = \left(\frac{220}{100}\right)\mathrm{A} = 2.2\mathrm{A}$$

2）负载作三角形联结，如图2-21b所示。负载的线电压为：

$$U_{\mathrm{L}} = 380\mathrm{V}$$

负载的相电压等于线电压，即：

$$U_{\mathrm{P}} = U_{\mathrm{L}} = 380\mathrm{V}$$

负载的相电流为：

$$I_{\mathrm{P}} = \frac{U_{\mathrm{P}}}{R} = \left(\frac{380}{100}\right)\mathrm{A} = 3.8\mathrm{A}$$

负载的线电流为相电流的$\sqrt{3}$倍，即：

$$I_{\mathrm{L}} = \sqrt{3}I_{\mathrm{P}} = (\sqrt{3}\times 3.8)\mathrm{A} = 6.58\mathrm{A}$$

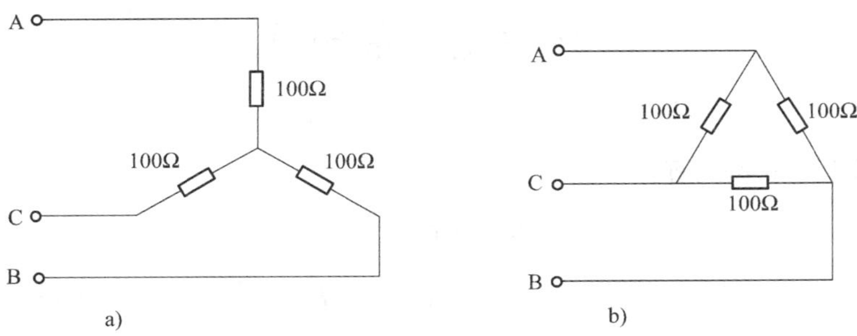

图2-21　三相负载的联结

a）星形联结　b）三角形联结

2.3.4　三相电路的功率

单相电路中有功功率的计算公式是$P=UI\cos\varphi$。三相交流电路中，三相负载消耗的总电功率为各相负载消耗功率之和，即：

$$P = P_{\mathrm{A}} + P_{\mathrm{B}} + P_{\mathrm{C}}$$

当三相电路对称时，三相交流电路的功率等于3倍的单相功率，即：

$$P = 3U_{\mathrm{P}}I_{\mathrm{P}}\cos\varphi \tag{2-56}$$

在一般情况下，相电压和相电流不容易测量。因此，通常用线电压和线电流来计算功率，即：

$$P = \sqrt{3}U_{\mathrm{L}}I_{\mathrm{L}}\cos\varphi \tag{2-57}$$

必须注意，φ仍是相电压与相电流之间的相位差，而不是线电压与线电流间的相位差。同样的道理，对称三相负载的无功功率和视在功率分别为：

$$Q = \sqrt{3}U_L I_L \sin\varphi$$

$$S = \sqrt{3}U_L I_L = \sqrt{P^2 + Q^2} \tag{2-58}$$

若三相负载不对称，则应分别计算各相功率，三相总功率等于3个单相功率之和。

【例2-6】 已知某三相对称负载接在线电压为380V的三相电源中，其中每一相负载的阻值$R_P = 6\Omega$，感抗$X_P = 8\Omega$。试分别计算该负载作星形联结和三角形联结时的相电流、线电流以及有功功率。

解： 1）负载作Y形联结时：

每一相的阻抗为：

$$Z_P = \sqrt{R_P^2 + X_P^2} = \sqrt{6^2 + 8^2}\Omega = 10\Omega$$

而负载作Y形联结时：

$$U_L = \sqrt{3}U_P$$

$$U_P = \frac{U_L}{\sqrt{3}} = \frac{380}{\sqrt{3}}V = 220V$$

$$I_L = I_P = \frac{U_P}{R_P} = \frac{220}{10}A = 22A$$

$$\cos\varphi = \frac{R_P}{Z_P} = \frac{6}{10} = 0.6$$

$$P = \sqrt{3}U_L I_L \cos\varphi = \sqrt{3} \times 380 \times 22 \times 0.6W \approx 8.7kW$$

2）而负载作△形联结时：

$$U_L = U_P = 380V$$

$$I_P = \frac{U_P}{Z_P} = \frac{380}{10}A = 38A \qquad I_L = \sqrt{3}I_P = \sqrt{3} \times 38A \approx 66A$$

$$P = \sqrt{3}U_L I_L \cos\varphi = \sqrt{3} \times 380 \times 66 \times 0.6W \approx 26kW$$

由以上计算可以知道，负载作三角形联结时的相电流、线电流及三相功率均为作星形联结时的3倍。

2.4 安全用电常识

电造福人类，又对人类造成威胁。因而在用电的过程中，必须特别注意安全。如果稍有麻痹大意，就可能造成人身伤害和设备损坏的严重后果。

2.4.1 触电危害

人体因触及带电体而承受过高的电压，以致引起死亡或局部受伤的现象称为触电。根据人体所受伤害程度的不同，触电分为电击和电伤两种类型。

1. 电击

电击是指电流流过人体时对人体内部生理机能产生的伤害，电击轻者感到麻痹、剧痛，严重的会造成死亡。

电击的伤害程度主要与通过人体的电流的大小、电流的持续时间、电流通过人体的途径及触电者的健康程度等有关。

1）通过人体的电流大小对人体的伤害程度。通过有关资料得知，1mA 电流通过人时，人就会有针刺等不舒服的感觉；10～30mA 电流通过人体时，人会产生麻痹、剧痛、痉挛、血压升高及呼吸困难等症状，人已不能自主地摆脱电源，但不会有生命危险；50mA 电流通过人体时，会引起人的心室颤动并有生命危险；100mA 电流通过人体时，足以使人致命。

通过人体的电流大小取决于加在人体上的电压和人体的电阻。人体体内电阻约为 600～800Ω，加上人的表皮电阻，人的电阻约为 2000Ω，当然人的表皮电阻是由皮肤的潮湿、破损程度决定的。考虑到人穿的衣服鞋袜，人的电阻可按几十千欧计算。

一般情况下，接触 36V 以下的电压是安全的。如果在潮湿的环境中，安全电压还要更低一些，通常是 24V 或 12V。

2）流过人体的电流时间长短对人体的伤害程度。电流通过人体的时间越长，对人体的伤害程度就越大。触电时间越长，由于人的生理反应，会紧张出汗，将减小表皮电阻，从而使触电电流增大，加大对人体的伤害。

电流对人的伤害往往将电流大小和电流持续时间综合起来考虑。

3）触电电流通过人体的途径不同会对人体产生不同的伤害。人体的不同部位触电，对人产生的伤害也不一样。通常情况下，手和脚触电的机会较多。不管触电电流是从手到手、手到脚，还是脚到脚，都会通过人体的内部器官，造成人体伤害。尤其是触电电流从左手到右脚情况下，电流会通过人的心脏，这是最危险的。

4）触电对人体产生的危害随着人的健康状态的不同而有所不同。如患有心脏病、呼吸系统疾病等的人触电时会比普通人更危险。

2. 电伤

电伤是指由于电流的热效应、化学效应和机械效应等对人体造成的局部伤害，如电弧烧伤、电烧伤等。

2.4.2 触电形式

触电形式多种多样，常见的触电基本形式有单相触电、两相触电及跨步电压触电等。

1. 单相触电

若人体的某一部分接触带电体的同时，另一部分又与大地或中性线相接，则电流从带电体流经人体到大地或中性线形成回路。在低压供电系统中，单相对地电压 220V，若触及则很危险，往往会对人体产生很大的伤害，甚至死亡。图 2-22 所示为常见的单相触电形式。

2. 两相触电

当人体同时接触两根不同的相线，或者人体同时触及电气设备的两个不同相的带电部位时，电流由一根相线经过人体到达另一根相线，形成闭合回路，这种触电形式称为两相触电，如图 2 -23 所示。对于这种情况，无论电网中性点是否接地，人体所承受的线电压是 380V ，比单相触电时高，危险性更大。

3. 跨步电压触电

当电路的一根带电相线断落至地面时，电流通过导线接地点流入大地散发到四周的土壤

图 2-22　常见的单相触电形式
a）中性点不接地的单相触电　b）中性点接地的单相触电

中，以导线触地点为中心，构成电位分布区域。越接近中心，电位越高。电位分布区域一般在半径 20m 的圆周范围内。当人进入这个区域时，由于两脚之间有电位差，形成跨步电压。在跨步电压作用下，电流从高电位的脚流进，从低电位的脚流出，从而形成跨步电压触电，如图 2-24 所示。一旦发现发生跨步电压触电时，应立即把双脚合并在一起或单脚跳出危险区。

图 2-23　两相触电

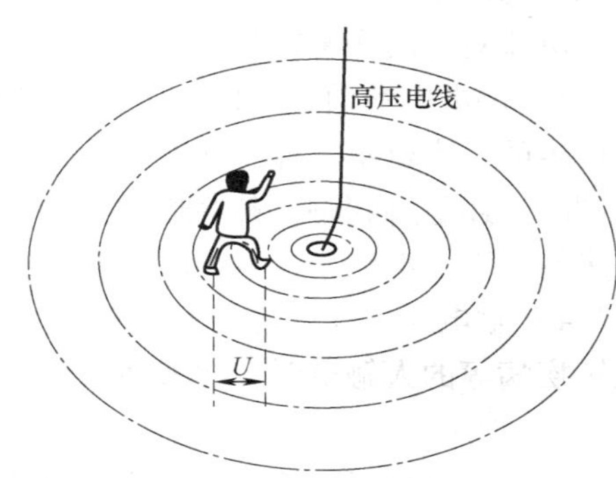

图 2-24　跨步电压触电

2.4.3　接地与接零保护

1. 工作接地

为了保证电力网在正常情况或事故情况下能可靠地工作，须将电气回路中性点与大地相连，称为工作接地。如电源（发电机或变压器）的中性点直接接地，电压互感器一次侧中性点接地等，都属于工作接地。

2. 保护接地

将电气设备在正常工作情况下不带电的金属部分或外壳与接地装置进行良好的金属性连接，这种方式称为保护接地，如图 2-25 所示。由于人体电阻 R_b 和设备对地的电阻 R_0 并联，且 R_0 很小，所以流过人体的电流 I_b 很小，从而保证了人身安全。这种方式主要用于中性点不接地的低压系统中。

3. 保护接零

将电气设备的金属外壳直接接到零线上，这种方式称为保护接零，如图 2-26 所示，主要用于中性点接地的低压系统中。

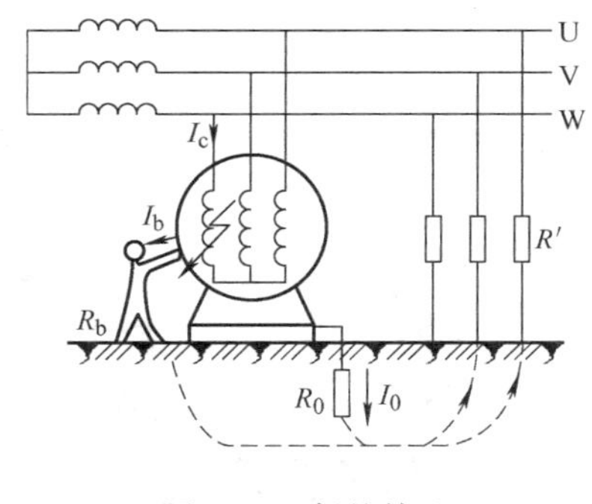

图 2-25　保护接地

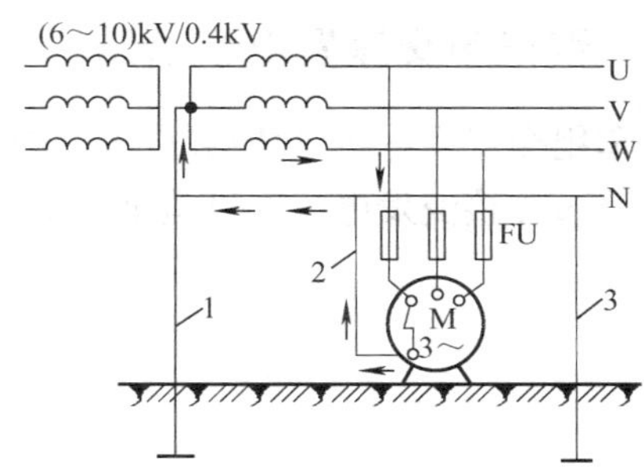

图 2-26　保护接零

2.5　汽车用交流发电机

汽车用发电机有直流发电机和硅整流发电机两大类。传统的直流发电机已不能适应现代高速发动机的要求，因此目前汽车全部使用硅整流发电机。硅整流发电机由三相同步交流发电机及硅二极管组成的整流器所组成，它利用硅二极管将发电机定子绕组中所感应的三相交流电整流为直流电。由于发电机先产生交流电，因此也称为交流发电机。硅整流发电机必须配用调节器，以便在发电机转速变化时稳定其输出电压。

车用交流发电机是给汽车电气系统提供主要电源的硅整流发电机，由汽车发动机驱动。它在正常工作时，对除起动机以外的所有用电设备供电，并向蓄电池充电以补充蓄电池在使用中所消的电能。

2.5.1　汽车用交流发电机的分类

汽车用交流发电机可按整流器结构、总体结构和搭铁形式进行分类。其中按整流器结构不同，可分为以下几种。

1. 六管发电机

六管发电机的整流器由 6 只硅整流二极管组成，如东风 EQ1090 车用的 JF132 型发动机。

2. 八管发电机

八管发电机具有两只中性点二极管，其整流器共有 8 只二极管，如天津夏利 TJ7100 轿车用 JFZ1542 型发动机。

3. 九管发电机

九管发电机具有 3 只磁场二极管，其整流器共有 9 只二极管，如北京 BJ1022 轻型货车用 JFZ141 型发电机。

4. 十一管发电机

十一管发电机具有两只中性点二极管和 3 只磁场二极管，其整流器共有 11 只二极管，如桑塔纳轿车用 JFZ18132 型发电机。图 2-27 所示为十一管交流发电机的电路图。

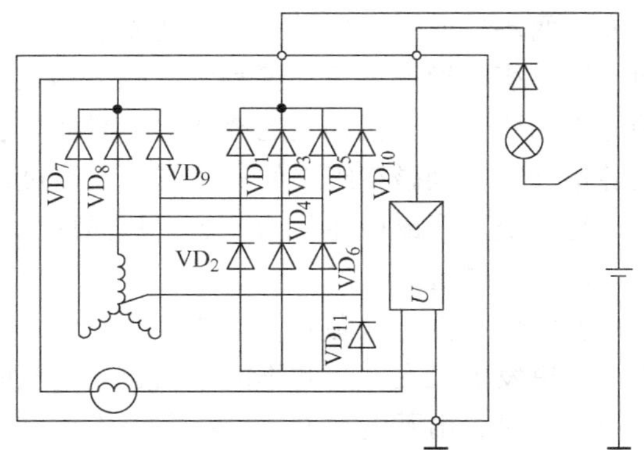

图 2-27　十一管交流发电机的电路图

2.5.2 汽车用交流发电机的结构

汽车用交流发电机主要由转子、定子、带轮、硅整流器、前后端盖、风扇及电刷等部件组成。普通硅整流发电机的结构如图2-28所示。

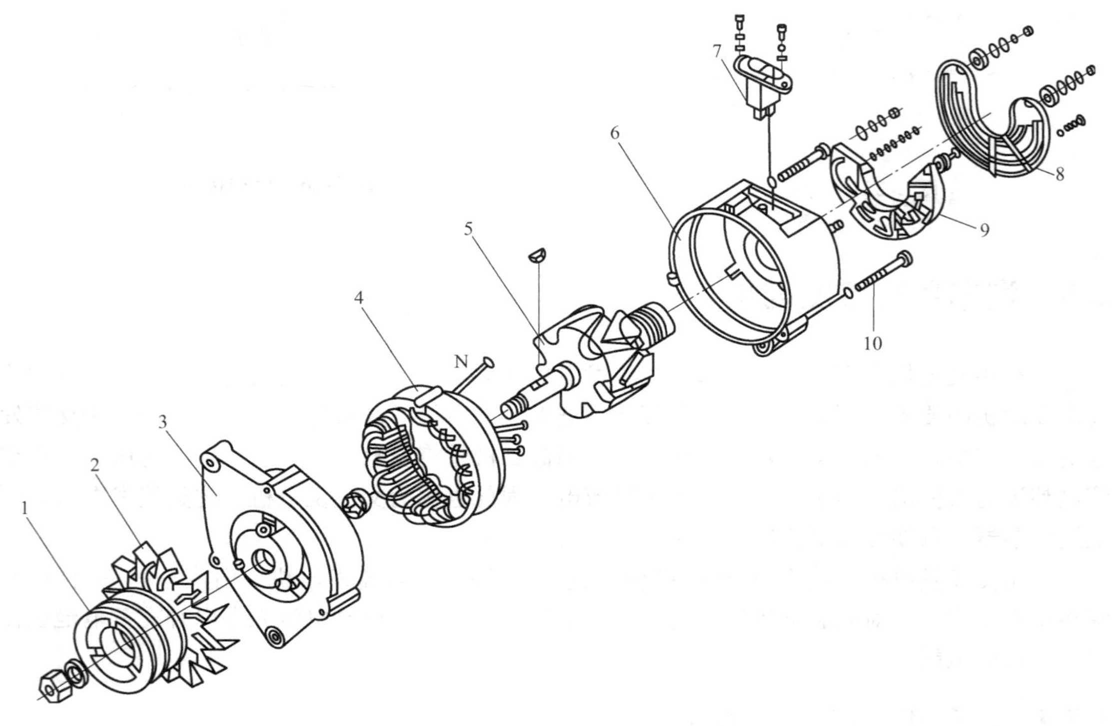

图2-28 普通硅整流发电机的结构

1—带轮 2—风扇 3—前端盖 4—定子 5—转子 6—后端盖 7—电刷及架
8—防护罩 9—整流器组件 10—前后端盖连接螺栓

1. 转子

转子是交流同步发电机的磁场部分，主要由两块爪形磁极、励磁绕组、转子轴和滑环等组成。两块爪形磁极各具有6个鸟嘴形磁极，压装在转子轴上，在爪形磁极的空腔内装有磁轭，其上绕有导磁绕组（又称为励磁绕组或转子线圈）。励磁绕组的两根引出线分别焊在与轴绝缘的两个压装在轴上的滑环上，滑环与装在后端盖上的两个电刷接触。当两电刷与直流电源接通时，励磁绕组中便有磁场电流通过，产生轴向磁通，使得一块爪形磁极被磁化为N极，另一块爪形磁极磁化为S极，从而形成了6对相互交错的磁极。

2. 励磁方法

发电机不接外电源时，也能自励发电，但前提是必须有剩磁并且发电机转速要足够高。为了解决发电机在低速时不能很快建立电压的问题，在发电机转速较低，发电机电压低于蓄电池电压时，由蓄电池通过电源开关供给磁场电流，进行他励，使电压很快上升。当发电机转速升高，发电机电压超过蓄电池电压时，进行自励，并对外输出。

图2-29所示为交流发电机装置接线图中，点火开关4是汽车电路各分支电路的控制枢纽，是汽车电路中最重要的组合式开关，它的操纵端均做成锁的形式，如图2-30所示。

点火开关主要用来接通和切断点火电路，同时还用以控制起动机、发电机励磁、收放机、空调刮水器、点烟器、仪表、信号灯、进气预热和其他电器设备电路。图 2-30a 为点火开关结构示意图。

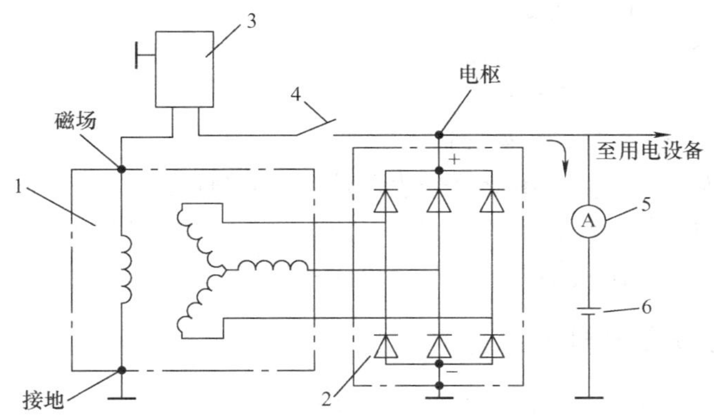

图 2-29　交流发电机装置接线图

1—交流发电机　2—整流器　3—电压调节器　4—点火开关　5—电流表　6—蓄电池

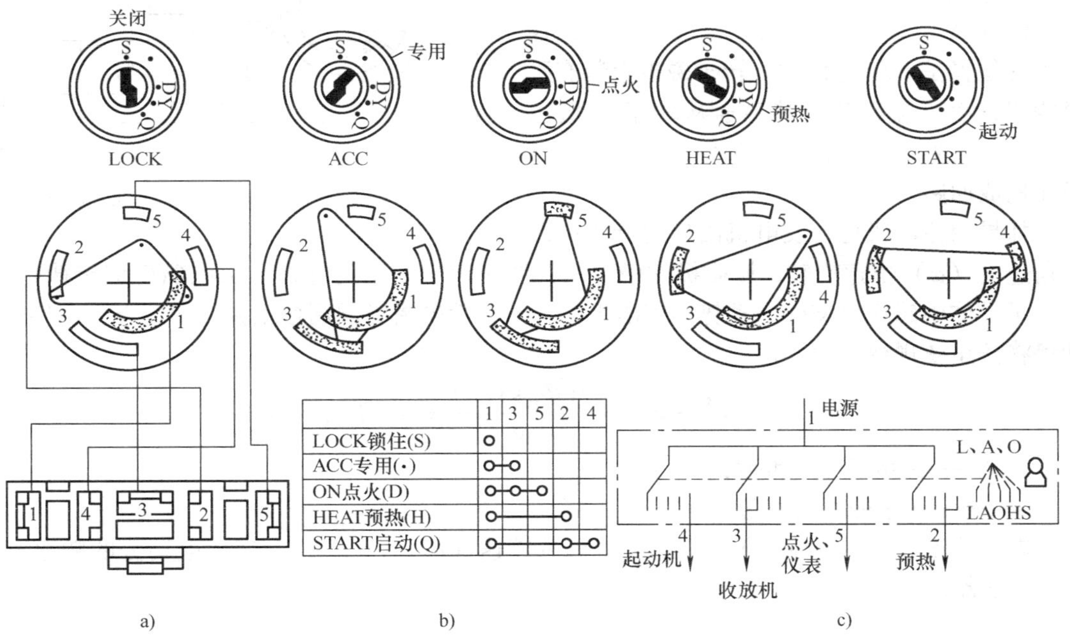

	1	3	5	2	4
LOCK锁住(S)	○				
ACC专用(·)	○	○			
ON点火(D)	○	○	○		
HEAT预热(H)	○			○	
START启动(Q)	○			○	○

a)　　b)　　c)

图 2-30　点火开关的结构及表示方法

a）结构示意图　b）表格表示法　c）图形符号表示法

① ON 档——可接通仪表、点火系统、暖风装置、刮水器及转向灯等电路。

② ACC 档——可接通收放机和点烟器电路。

③ START 档——可接通起动电路产起动发动机后自动回到 ON 位置。

④ LOCK 档——断电且转向器联锁机构锁止位置。

⑤ HEAT 档——预热档，柴油车上使用。

如图 4-30b 所示，点火开关处于不同状态下开关 5 个触点的通断关系常用表格表示法来表导通的触点间用导线连接。

① LOCK 档——触点不导通。

② ACC 档——触点 1、3 导通。

③ ON 档——触点 1、3、5 导通。

④ HEAT 档——触点 1、2 导通。

⑤ START 档——触点 1、2、4 导通。

图 2-30c 所示为点火开关的图形符号表示法，5 个触点的排列次序从左到右分别为 1—3—5—2—4，配合内部接线，5 个状态从左到右分别表示为 LOCK 档—ACC 档—ON 档—HEAT 档—START 档（分别用第 1 个大写字母表示）。

2.5.3 汽车用交流发电机的工作原理

硅整流发电机由三相交流发电机和整流电路组成。

图 2-31 所示为交流发电机的工作原理示意图。

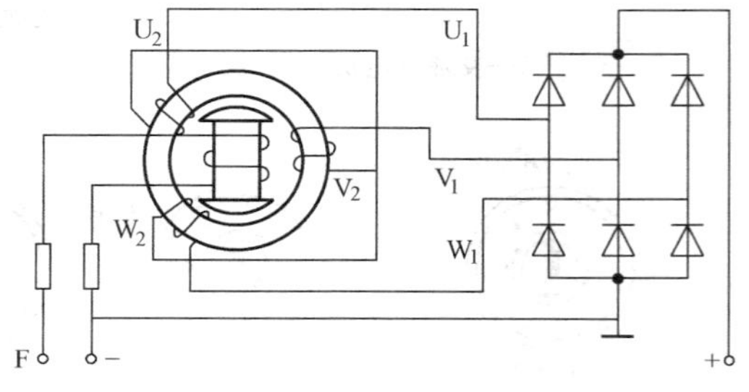

图 2-31　交流发电机的工作原理示意图

发电机由定子和转子组成，定子上有 U1U2、V1V2、W1W2 三相对称绕组，它们在空间的位置是 120°电角度。转子磁极上装有励磁绕组，由直流励磁，其磁通从转子 N 极出来，经过气隙、定子铁心及气隙，进入转子 S 极而构成回路。

如果用原动机拖动发电机沿反时针方向以电角速度（ω）恒速旋转，则磁极的磁力线将切割定子绕组的导体。由电磁感应定律可知，在定子导体中感应出交变电动势。若磁极磁场的气隙磁密沿圆周按正弦规律分布，则导体电动势将按正弦规律变化，即：

$$e = -N\frac{\mathrm{d}\Phi}{\mathrm{d}t} = -N\frac{\mathrm{d}(\Phi_m \sin\omega t)}{\mathrm{d}t} = -N\Phi_m \omega\cos\omega t \tag{2-59}$$

式中　N——一相绕组的匝数；

Φ_m——转子磁通最大值。

电角速度（ω）（rad/s）、发电机的机械转速（n）（r/min）、交变电动势的频率（f）（Hz）三者关系为：

$$\omega = 2\pi f \tag{2-60}$$

$$f = \frac{pn}{60} \tag{2-61}$$

式中　p——转子磁极对数。

考虑到 V 相、W 相两绕组在定子槽中的布置分别滞后 U 相 2π/3 和 4π/3 电角度，若 U 相绕组中的感应电动势初相为 0，则 U、V、W 三相绕组中的感应电动势可分别表示为：

$$e_U = \sqrt{2}E\sin\omega t \tag{2-62}$$

$$e_V = \sqrt{2}E\sin\left(\omega t - \frac{2\pi}{3}\right) \tag{2-63}$$

$$e_W = \sqrt{2}E\sin\left(\omega t + \frac{2\pi}{3}\right) \tag{2-64}$$

式中，有效值（E）为：

$$E = \frac{E_m}{\sqrt{2}} = \frac{2\pi N\Phi_m f}{\sqrt{2}} = 4.44N\Phi_m f \tag{2-65}$$

汽车用的蓄电池为直流电源，考虑到发动机停转时，车用的各种电器必须能正常工作，用电设备均选用直流供电方式。这就要求交流发电机最终能提供直流电势。所以交流发电机内必须配置硅整流器。

2.6 本章小结

本章重点掌握和理解的主要内容：

1. 正弦量的三要素

振幅、角频率、初相位称为正弦量的三要素。

2. 正弦量与相量之间的相互对应关系

其不是相等的关系，正弦量的运算可转化成对应的矢量代数运算。

3. 电阻、电感、电容元器件伏安关系的矢量形式

电阻、电感、电容元器件伏安关系的矢量形式如表 2-1 所示。

表 2-1　电阻、电感、电容元器件伏安关系的矢量形式

	矢量形式	复阻抗	矢量图
电阻元器件	$\dot{U}_R = R\dot{I}_R$	$Z_R = \frac{\dot{U}_R}{\dot{I}_R} = R$	$\dot{I}_R$　$\dot{U}_R$　$\varphi = 0$
电感元器件	$\dot{U}_L = j\omega L\dot{I}_L$	$Z_L = \frac{\dot{U}_L}{\dot{I}_L} = jX_L$，$X_L = \omega L$	$\dot{U}_L$　$\dot{I}_L$　$\varphi = \frac{\pi}{2}$
电容元器件	$\dot{U}_C = -j\frac{1}{\omega C}\dot{I}_C$	$Z_C = \frac{\dot{U}_C}{\dot{I}_C} = -jX_C$，$X_C = \frac{1}{\omega C}$	$\dot{I}_C$　$\dot{U}_C$　$\varphi = -\frac{\pi}{2}$
R、L、C 串联电路	$\dot{U} = \left[R + j\left(\omega L - \frac{1}{\omega L}\right)\right]\dot{I}$	$Z = R + j\left(\omega L - \frac{1}{\omega C}\right) = R + j(X_L - X_C)$	$\dot{U}$　φ　$\dot{I}$　$\varphi > 0$

4. R、L、C 串联电路谐振的条件、特征

谐振条件：谐振时复阻抗虚部为零 $\omega_0 L = \frac{1}{\omega_0 C}$

谐振频率：$$\omega_0 = \frac{1}{\sqrt{LC}},\quad f_0 = \frac{1}{2\pi\sqrt{LC}}$$

特征：谐振时电路阻抗最小，$Z=R$，如果外施电压不变，电流最大 $\dot{I}=\frac{\dot{U}}{R}$，电压电流同相位，$\varphi=0$。

5. 正弦交流电路的功率

有功功率：$P=UI\cos\varphi$ 是电路实际消耗的功率，即电路中所有电阻消耗的功率之和。

无功功率：$Q=UI\sin\varphi$。

视在功率：$S=UI$。

有功功率，无功功率、视在功率之间的关系为：

$$S^2 = P^2 + Q^2$$

6. 对称三相电路

由对称三相电源、对称三相负载及端线阻抗相等组成的三相电路称为对称的三相电路。

7. 三相四线制

由于日常生活中经常遇到三相负载不对称的情况，为了保证负载能够正常工作，在低压配电系统中，通常采用三相四线制，3 根相线，1 根中性线，共 4 根线。为了保证每相负载正常工作，中性线不能断开，所以中性线是不允许接入开关或熔丝。

8. 对称三相电源联结和三相负载联结的特点

电源星形联结：$$U_L = \sqrt{3}U_P$$

电源三角形联结：$$U_L = U_P$$

负载星形联结：$$U_L = \sqrt{3}U_P \quad I_L = I_P P = \sqrt{3}U_L I_L\cos\varphi$$

负载三角形联结：$$U_L = U_P \quad I_L = \sqrt{3}I_P$$

9. 在对称的三相电路中，三相负载的总功率

总功率为：$$P = \sqrt{3}U_L I_L\cos\varphi$$

式中　φ——相电压和相电流的相位差；

$\cos\varphi$——功率因数。

10. 常见的触电基本形式有单相触电、两相触电及跨步电压触电

11. 汽车用交流发电机主要由转子、定子、带轮、硅整流器、前后端盖、风扇、电刷等部件组成

2.7　实训 2　正弦交流电压和电流的测量

1. 实训目的和要求

（1）掌握正弦交流电压和电流的测量方法和注意事项

（2）加深理解正弦交流电的基本概念

（3）学会用电笔测量交流电的方法

（4）记录实训数据，写出实训报告

2. 实训设备、工具和材料

（1）交流电压表

（2）交流电流表
（3）万用表
（4）电笔
（5）白炽灯

3. 实训内容及步骤

（1）使用交流电压表测量交流电压

交流电压表表盘如图2-32所示，将交流电压表并联在被测电路中，无需考虑交流电压表的极性，交流电压表接线图如图2-33所示。

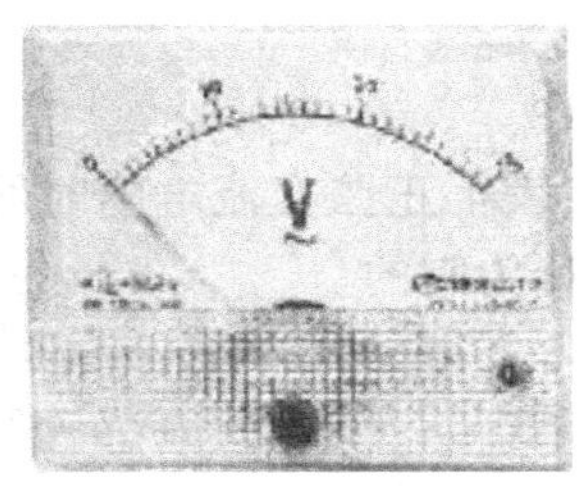

图2-32　交流电压表表盘

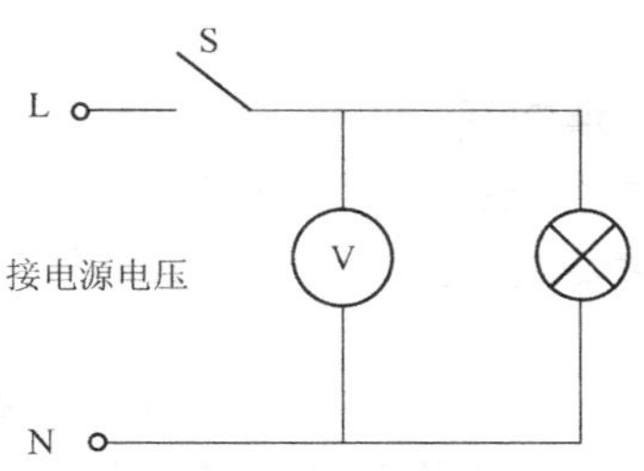

图2-33　交流电压表接线图

（2）使用交流电流表测量交流电流

交流电流表表盘如图2-34所示，将交流电流表串联在被测电路中，无需考虑交流电流表的极性，交流电流表接线图如图2-35所示。

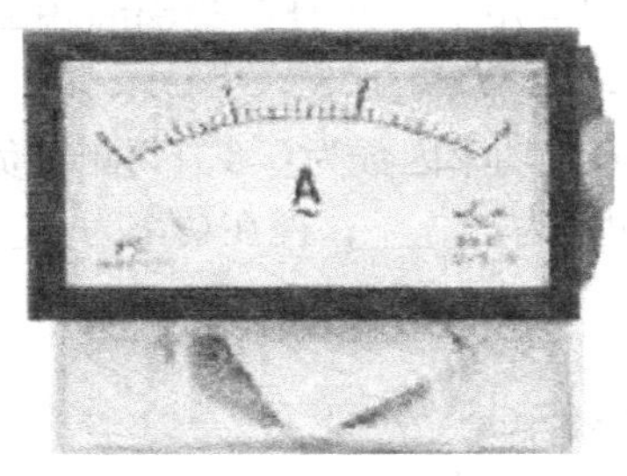

图2-34　交流电流表表盘

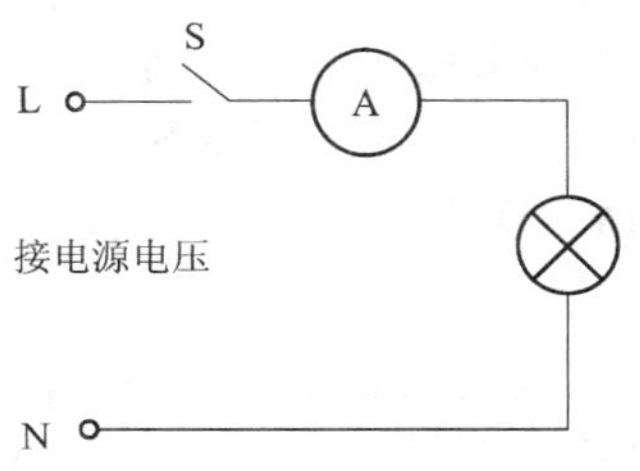

图2-35　交流电流表接线图

（3）使用万用表测量交流电压和交流电流

使用万用表测量交流电压时，首先选择合适的档位，然后将红黑表笔并联接在被测电路两端，不分极性，联结方法和使用交流电压表测量交流电压一样，如图2-33所示。

使用万用表测量交流电流时，首先选择合适的档位，然后将红黑表笔串联接在被测电路中，不分极性，联结方法和使用交流电流表测量交流电流一样，如图2-35所示。

（4）使用电笔测试交流电

电笔是用来测试导线、开关、插座等电器及其他设备是否带电的工具。常用的电笔有钢笔式和螺钉旋具式两种，如图2-36所示，其主要由氖管、电阻、弹簧和笔身等部件组成。

使用电笔时要注意右手握住笔身，食指触及笔身金属体（尾部），电笔的小窗口朝向自己眼睛，如图2-37所示。

图 2-36　电笔

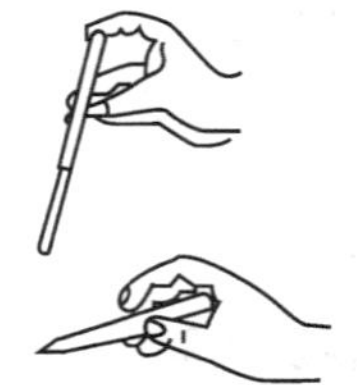

图 2-37　电笔的使用方法

2.8　习题

一、填空题

1. 表征正弦交流电振荡幅度的量是它的__________；表征正弦交流电随时间变化快慢程度的量是__________；表征正弦交流电起始位置时的量称为它的__________。三者称为正弦量的__________。

2. 电阻元件上任一瞬间的电压电流关系可表示为______________；电感元器件上任一瞬间的电压电流关系可以表示为______________；电容元器件上任一瞬间的电压电流关系可以表示为______________。由上述 3 个关系式可得，__________元器件为即时元器件；__________和__________元器件为动态元器件。

3. 在 *RLC* 串联电路中，已知电流为 5A，电阻为 30Ω，感抗为 40Ω，容抗为 80Ω，那么电路的阻抗为______，该电路为______性电路。电路中吸收的有功功率为______，吸收的无功功率又为______。

4. 对称三相负载作Y联结，接在 380V 的三相四线制电源上。此时负载端的相电压等于______倍的线电压；相电流等于______倍的线电流；中线电流等于______。

5. 有一对称三相负载成星形联结，每相阻抗均为 22Ω，功率因数为 0.8，又测出负载中的电流为 10A，那么三相电路的有功功率为______；无功功率为______；视在功率为______。

二、判断题

1. 正弦量的三要素是指最大值、角频率和相位。(　　)
2. 电感元器件的正弦交流电路中，消耗的有功功率等于零。(　　)
3. 因为正弦量可以用相量来表示，所以说相量就是正弦量。(　　)
4. 电压三角形是相量图，阻抗三角形也是相量图。(　　)
5. 正弦交流电路的视在功率等于有功功率和无功功率之和。(　　)
6. 一个实际的电感线圈，在任何情况下呈现的电特性都是感性。(　　)
7. 正弦交流电路的频率越高，阻抗越大；频率越低，阻抗越小。(　　)
8. 中线的作用就是使不对称星形联结负载的端电压保持对称。(　　)
9. 三相负载作三角形联结时，总有 $I_1=\sqrt{3}I_P$ 成立。(　　)
10. 负载作星形联结时，必有线电流等于相电流。(　　)
11. 三相不对称负载越接近对称，中线上通过的电流就越小。(　　)
12. 中线不允许断开。因此不能安装熔丝和开关。(　　)

三、选择题

1. 某正弦电压有效值为 380V，频率为 50Hz，计时始数值等于 380V，其瞬时值表达式为(　　)。

A. $u=380\sin314t$ V　　B. $u=537\sin(314t+45°)$ V　　C. $u=380\sin(314t+90°)$ V

2. 一个电热器，接在10V的直流电源上，产生的功率为P。把它改接在正弦交流电源上，使其产生的功率为$P/2$，则正弦交流电源电压的最大值为(　　)。

A. 7.07V　　B. 5V　　C. 14V　　D. 10V

3. 已知$i_1=10\sin(314t+90°)$ A，$i_2=10\sin(628t+30°)$ A，则(　　)。

A. i_1 超前 i_2 60°　　B. i_1 滞后 i_2 60°　　C. 相位差无法判断

4. 电容元器件的正弦交流电路中，电压有效值不变，频率增大时，电路中电流将(　　)。

A. 增大　　B. 减小　　C. 不变

5. 在RL串联电路中，$U_R=16$V，$U_L=12$V，则总电压为(　　)。

A. 28V　　B. 20V　　C. 2V

6. RLC串联电路在f_0时发生谐振，当频率增加到$2f_0$时，电路性质呈(　　)。

A. 电阻性　　B. 电感性　　C. 电容性

7. 正弦交流电路的视在功率是表征该电路的(　　)。

A. 电压有效值与电流有效值乘积　　B. 平均功率

C. 瞬时功率最大值

8. 三相对称电路是指(　　)。

A. 三相电源对称的电路　　B. 三相负载对称的电路

C. 三相电源和三相负载均对称的电路

9. 三相四线制供电线路，已知作星形联结的三相负载中A相为纯电阻，B相为纯电感，C相为纯电容，通过三相负载的电流均为10A，则中线电流为(　　)。

A. 30A　　B. 10A　　C. 7.32A

10. 有“220V、100W”、“220V、25W”白炽灯两盏，串联后接入220V交流电源，其亮度情况是(　　)。

A. 100W灯泡最亮　　B. 25W灯泡最亮　　C. 两只灯泡一样亮

四、计算题

1. 电路如图2-38所示，已知$u=100\sin(314t+30°)$ V，$i=22.36\sin(314t+19.7°)$ A，$i_2=10\sin(314t+83.13°)$ A，试求：i_1、Z_1、Z_2并说明Z_1、Z_2的性质，绘出电流的相量图。

2. 有一R、L、C串联的交流电路，已知$R=X_L=X_C=10\Omega$，$I=1$A，试求电压U、U_R、U_L、U_C和电路总阻抗$|Z|$。

3. 电路如图2-39所示，已知$R_1=40\Omega$，$X_L=30\Omega$，$R_2=60\Omega$，$X_C=60\Omega$，接至220V的电源上。试求各支路电流及总的有功功率。

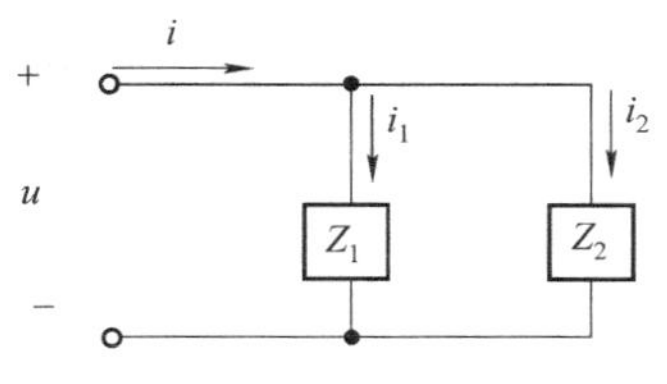

图2-38　习题计算题1图

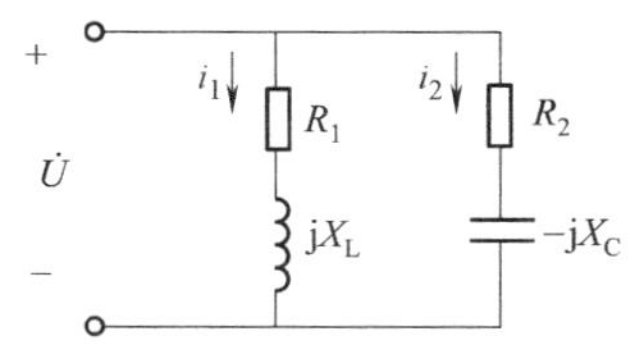

图2-39　习题计算题3图

4. 已知电路如图2-40所示。电源电压 $U_L=380V$，每相负载的阻抗为 $R=X_L=X_C=10\Omega$。

1）该三相负载能否称为对称负载？为什么？

2）计算中线电流和各相电流，画出相量图。

3）求三相总有功功率。

5. 电路如图2-41所示的三相四线制电路中，三相负载联结成星形，已知电源线电压380V，负载电阻 $R_a=11\Omega$，$R_b=R_c=22\Omega$，试求：

1）中线断开，A相又短路时的各相电流和线电流。

2）中线断开，A相断开时的各线电流和相电流。

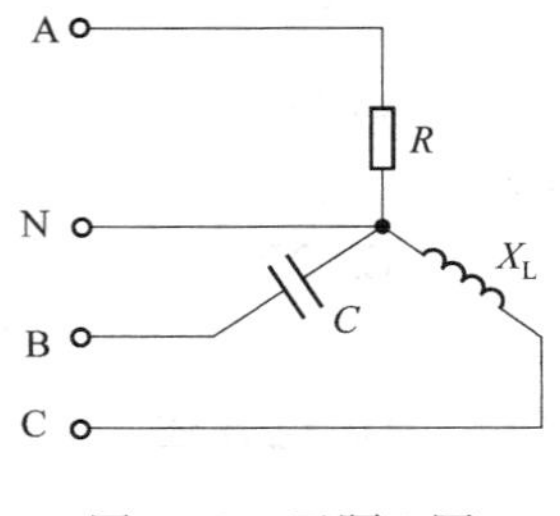

图2-40　习题4图

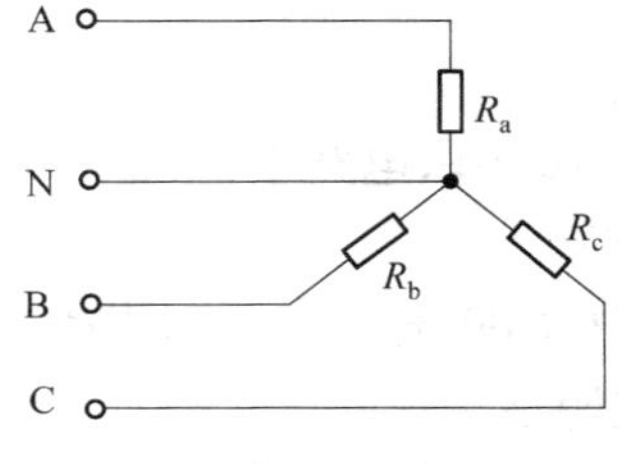

图2-41　习题5图

第 3 章　磁路和变压器

【本章要点】

- 磁路的概念、物理量和定律
- 直流、交流铁心线圈电路
- 变压器的工作原理（包括变压、变流和阻抗变换作用）
- 汽车点火系统的工作原理

工程中应用的各种电动机、很多电器、电工测量仪表、控制及保护装置等都离不开铁心线圈，铁心线圈中的线圈构成电路，铁心构成磁路，其不仅有电路的问题，同时还有磁路的问题。汽车上电磁原理的典型应用有：起动机、发电机、点火系统以及各种控制继电器等。只有同时掌握了电路和磁路的基本理论，才能对各种电工设备的工作原理作全面的分析。

3.1　磁路的基本概念

3.1.1　磁场的基本知识

物体能够吸铁、钴、镍等物质的性质称为磁性，具有磁性的物体称为磁体。磁体具有磁性与指向性。磁体上磁性最强的地方称为磁极。一个磁体有两个磁极，称为 N 极（北极）、S 极（南极）。同名磁极互相排斥，异名磁极互相吸引。磁体周围存在磁场，为形象描绘磁场的空间分布情况，通常使用磁感应线——磁力线。磁感应线的疏密表示磁性的强弱，磁感应线的箭头表示磁场的方向，指向为 N→S（由北极指向南极）。

1. 电生磁

奥斯特实验表明：电流周围存在磁场，即电流的磁效应。通电螺旋管的磁场分布与条形磁体相似。磁极的分布可用右手螺旋定则来判断，磁力线与电流之间的右螺旋关系如图 3-1 所示。

（1）磁通 Φ

通过磁路横截面的磁力线总量称为磁通，用 Φ 来表示。单位为韦[伯]，符号为 Wb。

磁通是标量。其大小反映了与磁场相垂直的某个截面上的磁场强弱情况。

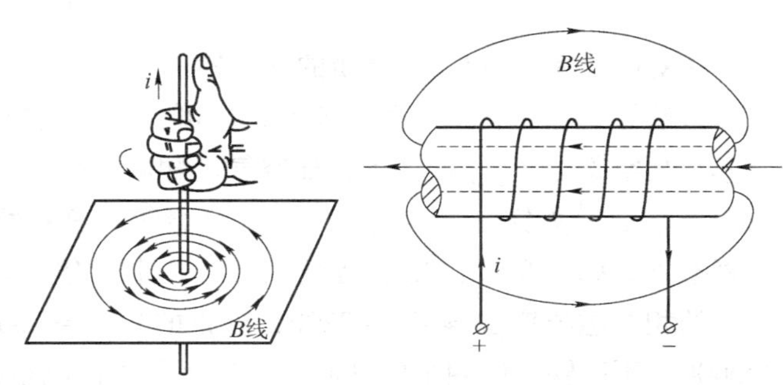

图 3-1　磁力线与电流之间的右螺旋关系

由于磁通的连续性，磁力线是闭合的空间曲线。如果用磁力线描述磁场，磁力线的密度就反映了磁场的大小。通过某一面积的磁力线总数表示通过该面积的磁通的大小。

（2）磁感应强度 **B**

磁感应强度是用来描述磁场内某点磁场强弱和方向的物理量，其是一个矢量。在均匀磁场中，**B** 的大小可用通过垂直于磁场方向的单位截面上的磁通来表示，即：

$$\boldsymbol{B} = \frac{\Phi}{S}$$

磁感应强度 **B** 表示了单位面积上的磁通，故又被称为磁通密度（简称为磁密）。在 SI 制中，**B** 的单位是特［斯拉］，符号为 T。

B 的大小也可用通电导体在磁场中某点受到的电磁力与导体中的电流和导体的有效长度的乘积的比值来表示，其数学公式为：

$$\boldsymbol{B} = \frac{F}{IL}$$

上式中，电磁力 F 的单位是牛［顿］（N）、电流 I 的单位是安［培］（A）、导体的有效长度（与磁场方向相垂直方向的长度投影）L 的单位是米（m）时，磁感应强度 B 的单位是特［斯拉］（T）。

导体运动方向可用左手定则（见图 3-2）判断，具体为：将左手平展，使大拇指与其余四指垂直，并且都跟手掌在一个平面内。把左手放入磁场中，让磁力线垂直穿入手心（手心对准 N 极，手背对准 S 极），四指指向电流方向（即正电荷运动的方向），则大拇指的方向就是导体受力方向。本定则可用于电动机及其他受电磁力的场景。

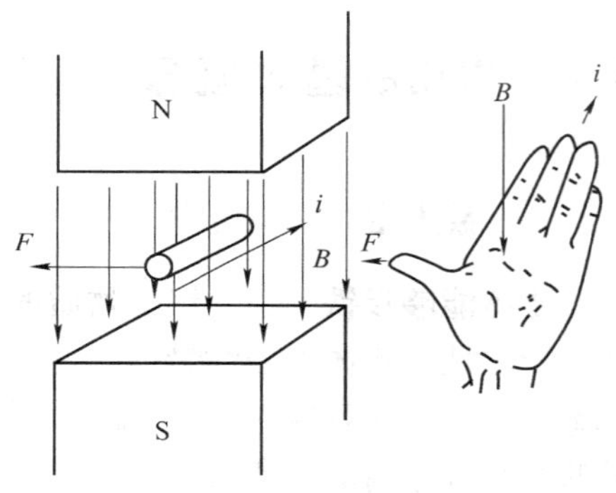

图 3-2　左手定则

（3）磁导率 μ

磁导率 μ 是表示磁场中介质导磁能力的物理量。在 SI 制中，单位是亨/米（H/m）。

实验测得，真空的磁导率是个常数，其值为 $\mu_0 = 4\pi \times 10^{-7}$ H/m。任意一种物质的磁导率 μ 和真空磁导率 μ_0 的比值，称为该物质的相对磁导率 μ_r，即：

$$\mu_r = \frac{\mu}{\mu_0}$$

相对磁导率 μ_r 越大，介质的导磁性能就越好。

自然界的物质，就导磁性能而言，可分为铁磁物质和非铁磁物质两大类。非铁磁物质磁导率与真空磁导率 μ_0 很接近，如空气、塑料、铜、铝及橡胶等；铁磁物质磁导率远大于真空磁导率 μ_0，如铁、镍、钴、钢及其合金等。这些物质的导磁能力非常强，其磁导率一般为真空磁导率的几百、几千乃至几万、几十万倍。如铸铁，其相对磁导率 $\mu_r \approx 200 \sim 400$；铸钢的相对磁导率 $\mu_r \approx 500 \sim 2200$；硅钢的为 $\mu_r \approx 7000 \sim 10000$；坡莫合金的为 $\mu_r \approx 20000 \sim 200000$。所以铁心线圈中的铁心一般选用导磁性能很好的硅钢片作为材料。

铁磁物质的磁导率不是常量，而是一个范围，会随外部条件（如励磁电流）变化而变化。

(4) 磁路

在电工设备中，为了获得较强的磁场，常常将线圈（励磁线圈）缠绕在有一定形状的铁心上，电工设备中常见的几种磁路如图 3-3 所示。当电流（励磁电流）流过线圈时，将有磁场产生，这时铁心被线圈磁场磁化产生较强的附加磁场，它叠加在线圈磁场上，使磁场大为增加。也就是说，给线圈通以较小的电流便可产生较强的磁场。铁心是一种铁磁性材料，它的导磁性能比周围空气或其他物质的导磁性能要好很多，因此能使绝大多数磁通（见图 3-3 中的虚线）经铁心形成一个闭合通路。把磁通通过的路径称作磁路。集中在一定路径上的磁通称为主磁通，见图 3-3 中的 $\boldsymbol{\Phi}_0$，主磁通经过的磁路通常由铁心和气隙组成。不通过铁心，仅通过本线圈的磁通称为漏磁通，记作 $\boldsymbol{\Phi}_\sigma$。在实际应用时，漏磁通很少，有时可忽略不计其影响。

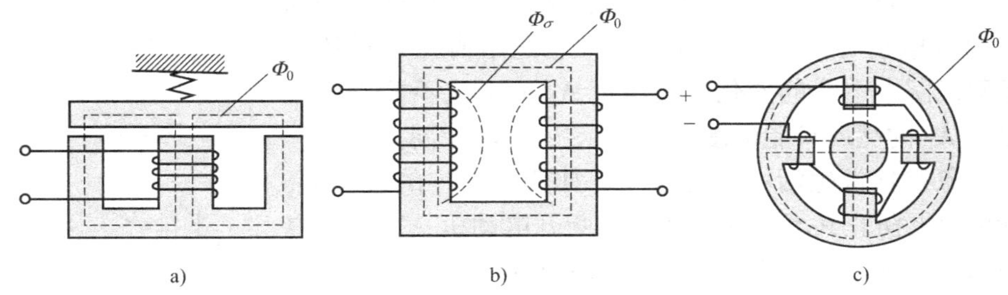

图 3-3　电工设备中常见的几种磁路

a）电磁铁的磁路　b）变压器的磁路　c）直流电动机的磁路

(5) 磁场强度 **H**

载流导体会在周围介质中产生磁场形成磁路，同样大小的电流在周围介质中所产生的磁感应强度 **B** 的大小会因为介质磁导率的不同而有很大的不同。在磁路计算中，为了计算上的方便，引入了磁场强度 **H** 这一辅助物理量。

磁场强度 **H** 是矢量。磁场内某点的磁场强度的大小等于该点磁感应强度除以该点的磁导率，即：

$$\boldsymbol{H}=\frac{\boldsymbol{B}}{\mu}$$

式中，**H** 的单位是安每米（A/m），磁场强度 **H** 的大小取决于载流导体中通过电流的大小、载流导体的形状及几何位置，而与物质的磁导率无关。拿线圈铁心来说，磁场强度 **H** 的大小与线圈中通过电流的大小有关，而与铁心物质的导磁性能无关。但磁感应强度 **B** 既与电流大小有关，又与铁心物质的导磁性能有关。

2. 磁生电

(1) 法拉第电磁感应定律

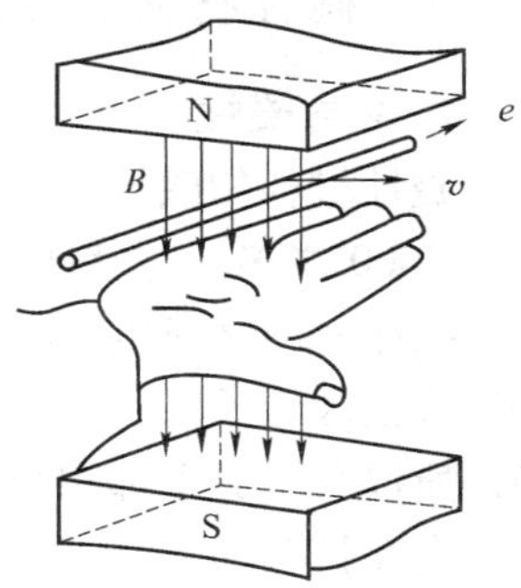

图 3-4　右手定则

当闭合电路的一部分导体在磁场中做切割磁力线运动时，导体中有感应电流产生的现象。感应电动势 $e=\boldsymbol{B}Lv$；感应电流的方向，跟导体运动方向和磁力线的方向有关，它们之间的方向关系可用右手定则判断，如图 3-4 所示。汽车发电机即是通过导体切割磁力线而产生感应电动势发电的。

(2) 自感

当一个线圈中的电流发生变化时，其所激发的磁场穿过线圈自身的磁通量发生变化，从而在线圈本身产生感应电动势，这种现象称为自感现象。自感现象中产生的感应电动势称为自感电动势。

自感系数 L 是用来表示线圈的自感特性的物理量，单位为亨［利］，用符号 H 表示。

当线圈通电瞬间和断电瞬间，自感电动势都要阻碍线圈中电流的变化，使线圈中的电流不能立即增大到最大值或立即减小为零，有维护原状态的能力，这种特性称为电磁惯性，线圈的自感系数越大，电磁惯性越大。

在图 3-5 所示为自感现象中，闭合开关 S 瞬间，灯 A_2 立刻正常发光，A_1 却比 A_2 迟一段时间才正常发光。原因即是：由于线圈 L 自身的磁通量增加而产生了感应电动势，这个感应电动势总是阻碍磁通量的变化，即阻碍线圈中电流的变化，故通过 A_1 的电流不能立即增大，所以灯 A_1 的亮度只能慢慢增加，最终与 A_2 相同。

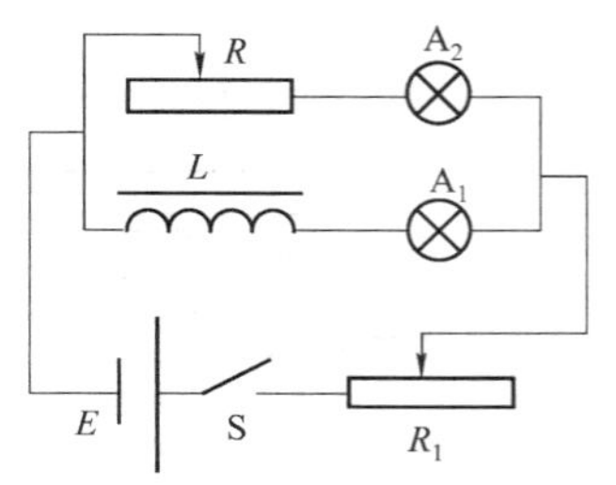

图 3-5　自感现象

自感现象在日常生活中常有应用，如荧光灯中的镇流器。但在实际中也要防止其不利的一面，如断开电动机、变压器电路时，会因自感现象而产生高电压。在某些汽车雨刮电路中，为了防止雨刮电动机断电产生的自感电动势损坏电动机，特意做了相关电路来快速消除自感电动势，以达到保护电动机的目的。

(3) 互感

当线圈 1 中的电流变化时，所激发的磁场会在其邻近的另一个线圈 2 中产生感应电动势，这种现象称为互感现象。由互感现象产生的感应电动势叫作互感电动势。互感现象不仅发生于绕在同一铁心上的两个线圈之间，而且可以发生于任何相互靠近的电路之间。

互感系数，与线圈形状、大小、匝数、相对位置以及周围介质的磁导率有关。

通过互感线圈能够使能量或信号由一个线圈方便地传递到另一个线圈。电工、无线电技术中使用的各种变压器都是互感器件。常见的有电力变压器、输入输出变压器、电压互感器和电流互感器等。汽车点火系统中的点火线圈也是利用互感原理工作的。在实际应用中，有时需要防止互感现象以免影响电路正常工作。

3.1.2　磁性材料的磁性能

1. 高导磁性

磁性材料的磁导率很高，铁磁物质的磁导率比非磁物质要高很多，如硅钢的相对磁导率可达 7000 之多。这就使它们具有被强烈磁化（呈现磁性）的特性。

铁磁材料之所以具有高导磁性，是因为在其内部具有一种特殊的物质结构——磁畴。磁畴形成是因为铁磁材料分子中电子的绕核运动和自转会形成分子电流，分子电流会产生磁场，所以每个分子都相当于一个小磁铁。由于磁性物质分子的相互作用，使分子电流在局部形成有序排列而显示出磁性，这些小区域称为磁畴。磁性物质没有外场时，各磁畴是混乱排列的，磁场互相抵消，对外不显示磁性。当在外磁场作用下，磁畴就逐渐转到与外场一致的方向上，即产生了一个与外场方向一致的磁化磁场，从而磁性物质内的磁感应强度大大增加——物质被强烈的磁化了，如图 3-6 所示。

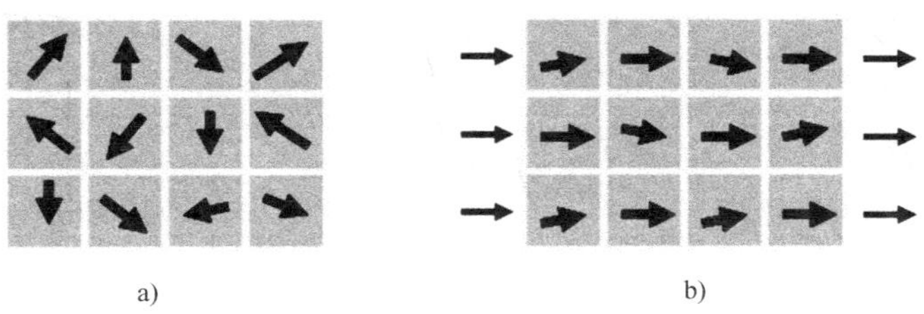

图 3-6　磁性物质的磁化示意图

a）无外场，磁畴排列杂乱无章　b）在外场作用下，磁畴排列逐渐进入有序化

非磁性材料没有磁畴的结构，所以不具有磁化特性。

2. 磁饱和性

磁性物质由于磁化所产生的磁化磁场不会随着外磁场的增强而无限的增强。当外磁场（或励磁电流）增大到一定值时，全部磁畴的磁场方向都转向与外磁场的方向一致。这时磁化磁场的磁感应强度 $\boldsymbol{B}$ 即达饱和值 $\boldsymbol{B}_{\mathrm{m}}$，如图 3-7 所示。

3. 磁滞性

铁心线圈中通过交变电流时，$\boldsymbol{H}$ 的大小和方向都会改变，铁心在交变磁场中反复磁化，在反复磁化的过程中，$\boldsymbol{B}$ 的变化总是滞后于 $\boldsymbol{H}$ 的变化，这种磁感应强度滞后于磁场强度变化的性质称为磁性物质的磁滞性，由此画出的 $\boldsymbol{B}$-$\boldsymbol{H}$ 曲线称为磁滞回线，如图 3-7 所示。

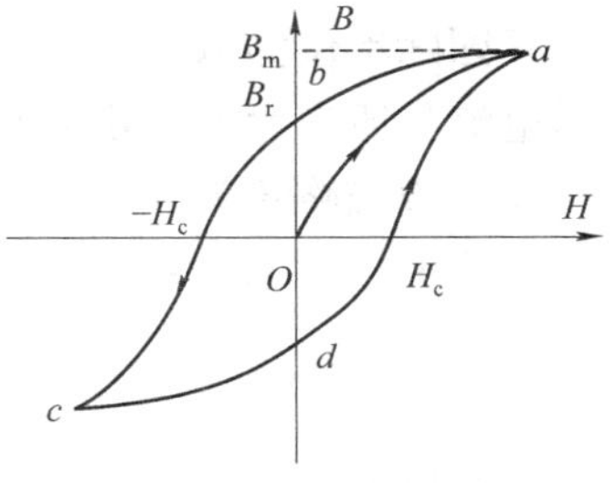

图 3-7　磁滞回线

当 $\boldsymbol{H}$ 减少为零时，$\boldsymbol{B}$ 并未回到零值，出现剩磁 $\boldsymbol{B}_{\mathrm{r}}$。如果要使铁心的剩磁消失，通常改变线圈中励磁电流的方向，也就是改变磁场强度 $\boldsymbol{H}$ 的方向来进行反向磁化。使 $\boldsymbol{B}=0$ 的 $\boldsymbol{H}$ 值称为矫顽磁力 $\boldsymbol{H}_{\mathrm{C}}$（也称为矫顽力）。

由实验可知，不同的铁磁性材料，其磁滞回线都不一样。铁磁材料反复磁化时，内部磁畴的极性取向随着外磁场的交变来回翻转，在翻转的过程中，由于磁畴间相互摩擦而引起的能量损耗称为磁滞损耗。其是导致铁磁性材料发热的原因之一，对电动机、变压器等电气设备的运行不利。因此，常采用磁滞损耗小的铁磁性材料作它们的铁心。

按磁化特性的不同，铁磁性材料可以分成 3 种类型：

1）软磁材料：磁导率高，磁滞特性不明显，矫顽力和剩磁都小，磁滞回线较窄，磁滞损耗小，见图 3-8a。一般用来制造电动机、电器及变压器等的铁心。常用的有铸铁、硅钢、坡莫合金及铁氧体等。

2）硬磁材料：剩磁和矫顽力均较大，磁滞性明显，磁滞回线较宽，见图 3-8b。一般用来制造永久磁铁。常用的有碳钢、钴钢及铁镍铝钴合金等。

3）矩磁材料：只要受较小的外磁场作用就能磁化到饱和，当外磁场去掉，磁性仍保持，磁滞回线几乎成矩形，见图 3-8c。在计算机和控制系统中可用作记忆元器件、开关元器件和逻辑元器件。

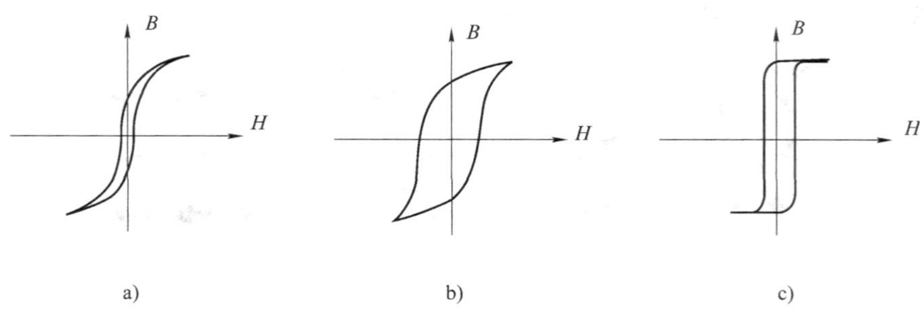

图 3-8　磁性材料分类

a）软磁材料　b）硬磁材料　c）矩磁材料

3.1.3　磁路的欧姆定律

励磁线圈通过电流会产生磁通，通过实验发现，磁通大小与励磁电流 I 和线圈匝数 N 成正比，即励磁电流 I 越大，产生的磁通越多；线圈匝数 N 越多，产生的磁通也越多。把励磁电流 I 和线圈匝数 N 的乘积 NI 看成是磁路中产生磁通的源泉，称为磁动势，其也等于磁场强度和磁路长度之乘积，公式为：

$$F = NI = Hl$$

其国际单位为 A（安［培］）。此公式也称为安培环路定律（全电流定律）公式，这是表示电流与所产生的磁场之间关系的公式。

设一段磁路长为 l、磁路面积为 S 的环形线圈，磁力线均匀分布于横截面上，这时 $\boldsymbol{B}$、$\boldsymbol{H}$ 与 μ 之间的关系为：

$$\boldsymbol{H} = \frac{\boldsymbol{B}}{\mu} \qquad \boldsymbol{B} = \frac{\boldsymbol{\Phi}}{S}$$

由此可得：

$$\boldsymbol{H}l = \frac{\boldsymbol{B}}{\mu}l = \frac{\boldsymbol{\Phi}}{\mu S}l$$

或

$$\boldsymbol{\Phi} = \frac{\boldsymbol{H}l}{\dfrac{l}{\mu S}} = \frac{F}{R_{\mathrm{m}}}$$

上式中，$R_{\mathrm{m}} = \frac{l}{\mu S}$称为磁路的磁阻，是表示磁路对磁通具有阻碍作用的物理量，其与磁路的几何尺寸、磁介质的磁导率有关，单位为 H^{-1}。

$$\boldsymbol{\Phi} = \frac{F}{R_{\mathrm{m}}} \tag{3-1}$$

上式与电路欧姆定律在形式上相似，所以称为磁路的欧姆定律。这是对磁路进行分析与计算时所要遵循的基本定律。

因为铁磁材料的磁导率 μ 不是常数，随励磁电流而变，铁磁材料的磁阻是非线性的，数值很小；空气隙的磁导率 μ_0 很小，而且是常数，所以空气隙中的磁阻是线性的，数值很大。由于铁磁材料的磁阻是非线性的，因此，不能直接用式（3-1）进行定量分析，而只能进行定性分析。

磁路和电路有很多相似之处，磁路和电路的对比关系见表 3-1。

表 3-1　磁路和电路的对比关系

项　　目	电　　路	磁　　路
典型图		
基本物理量	电动势 E 电流 I 电阻 R 电导率 γ 导线截面积 S 导线长度 l	磁动势 F 磁通 Φ 磁阻 R_m 磁导率 μ 磁路截面积 S 磁路长度 l
基本关系	电阻： $R=\frac{l}{\gamma S}$ 电路的欧姆定律： $I=\frac{E}{R}$	磁阻： $R_m=\frac{l}{\mu S}$ 磁路的欧姆定律： $\Phi=\frac{F}{R_m}$

但电路与磁路还是不同的，不同点如下：

1）电路中有电流就有功率损耗。磁路中恒定磁通下没有功率损耗。

2）电流全部在导体中流动，而在磁路中没有绝对的磁绝缘体，除在铁心的磁通外，空气中也有漏磁通。

3）电阻为常数，磁阻为变量。

4）对于线性电路可应用叠加原理，而当磁路饱和时为非线性不能应用叠加原理。

5）磁路与电路仅是数学形式上的类似，本质是不同的。

3.1.4　直流和交流铁心线圈电路

1. 直流铁心线圈电路

直流铁心线圈电路（见图 3-9），铁心中的磁通恒定，没有感应电动势产生，因而线圈的励磁电流由电源电压和线圈内阻决定。如果电源电压和线圈内阻不变，则励磁电流不变，所以磁动势 NI 也不变。因此直流电磁铁具有以下特点：

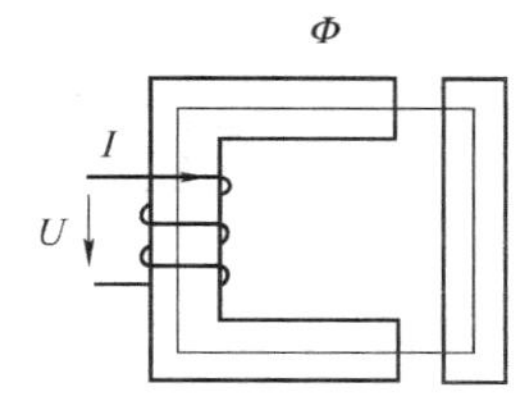

图 3-9　直流铁心线圈电路

1）线圈中的直流励磁电流只取决于电源电压和线圈电阻，

是不变的。

2）直流电磁铁在衔铁吸合过程中气隙是逐渐变小的，磁路中磁阻也逐渐变小。

根据磁路欧姆定律（$\Phi = NI/R_m$）可知，励磁电流不变时，磁通与磁阻成反比，在衔铁吸合过程中磁通逐渐变大，由此说明直流电磁铁的吸力 F 的大小与衔铁所处空间位置有关，电磁铁在起动（开始吸合）时的吸力，要比工作时（吸合后）的吸力小很多。

吸拉力大小为：

$$F = 4B^2 S \times 10^5 N$$

式中 B——磁感应强度；

S——铁心截面积；

N——线圈匝数。

图 3-10 为一个通过继电器来控制甲、乙灯泡亮灭的简单电路，该继电器有一个常闭触点，一个常开触点。正常不通电情况下，常闭触点闭合，灯泡甲亮。当开关 S 闭合时，继电器中的线圈通电，吸合继电器的常开触点，使之闭合，从而灯泡乙亮。当打开开关 S 时，继电器失去电磁力，在回位弹簧作用下，衔铁复位，常闭触点闭合，灯泡甲亮。

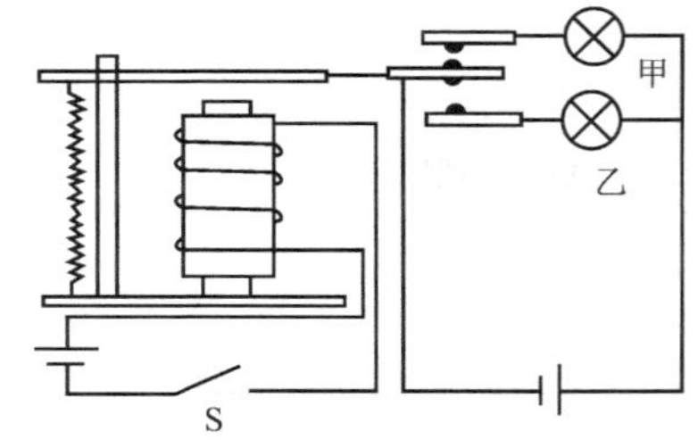

图 3-10 继电器电路

利用电磁继电器可以实现用低电压、弱电流来控制高电压、强电流的工作；也可以实现远距离操纵和自动控制。汽车电路中常利用继电器达到用小电流来控制大电流的目的，如卸荷继电器、雾灯继电器，起动机继电器及扬声器继电器等。汽车电扬声器则是利用直流电磁铁的通断引发振动产生声音的。常见汽车继电器外形与内部原理如图 3-11 所示。

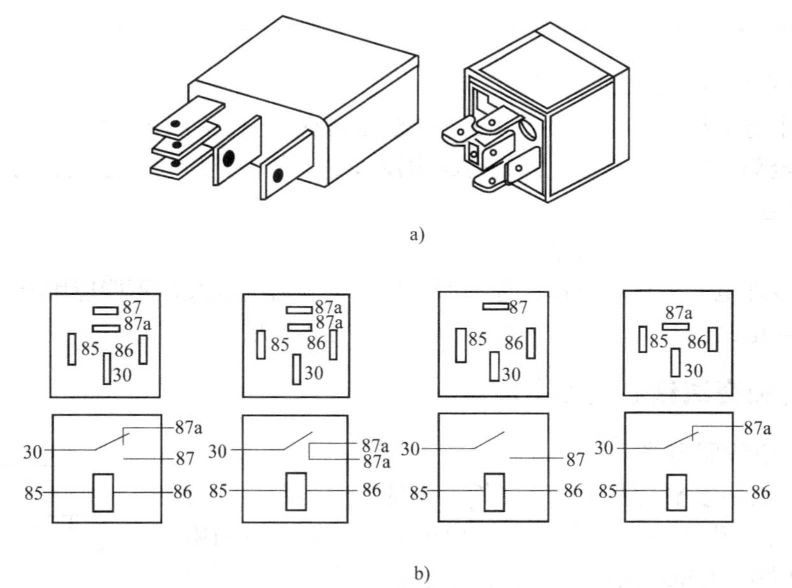

图 3-11 常见汽车继电器外形与内部原理

a）外形 b）内部原理

2. 交流铁心线圈电路

（1）电磁关系

线圈两端加上交流电压 u，将产生交变电流 i 和交变磁动势 Ni，并产生通过磁路形成闭合路径的交变主磁通 $\boldsymbol{\Phi}$ 和通过空气形成闭合路径的交变漏磁通 $\boldsymbol{\Phi}_\sigma$。根据电磁感应定律，它们分别在线圈中产生主磁感应电动势 e 和漏磁感应电动势 e_σ，交流铁心线圈电路如图 3-12 所示。

通常由于线圈的电阻和漏磁通都很小，可以忽略不计，在这种情况下，理论上可推导出：

$$U \approx E = 4.44fN\boldsymbol{\Phi}_\mathrm{m} = 4.44fN\boldsymbol{B}_\mathrm{m}S$$

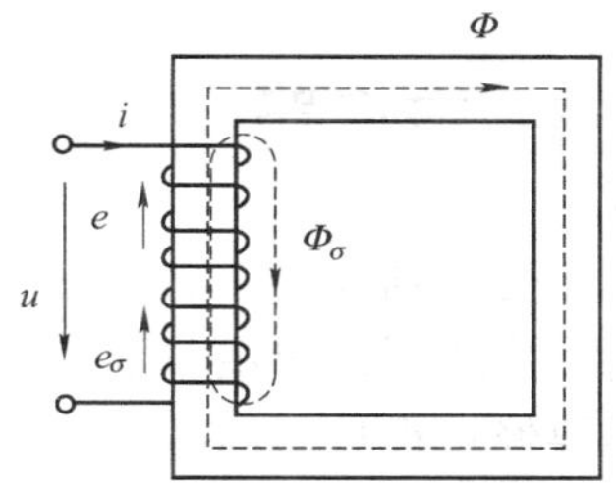

图 3-12　交流铁心线圈电路

式中　U——外加电源电压；
E——感应电动势；
f——正弦交流电频率；
N——线圈匝数；
$\boldsymbol{\Phi}_\mathrm{m}$——铁心中交变主磁通的最大值；
$\boldsymbol{B}_\mathrm{m}$——铁心中磁感应强度的最大值；
S——铁心截面积。

上式常被称为恒磁通公式。上式说明：在交流铁心线圈电路中，当频率 f、匝数 N 一定时，主磁通 $\boldsymbol{\Phi}_\mathrm{m}$ 的大小正比于电源电压 U，当电源电压 U 一定时，主磁通 $\boldsymbol{\Phi}_\mathrm{m}$ 基本保持恒定。

在交流铁心线圈电路中，主磁通 $\boldsymbol{\Phi}_\mathrm{m}$ 的大小与磁路无关。根据磁路欧姆定律，磁通 $\boldsymbol{\Phi}_\mathrm{m}$ 不变，磁路的变化（如气隙大小）直接影响的是励磁电流的大小。

（2）功率损耗

在交流铁心线圈中有两部分功率损耗，即线圈电阻上的铜损耗 p_Cu 和铁心中的铁损耗 p_Fe。

铜损耗 $p_\mathrm{Cu} = I^2R$，铁损耗包含两部分损耗——磁滞损耗 p_h 和涡流损耗 p_e。

① 磁滞损耗 p_h。

磁滞损耗 p_h 是由于铁磁性材料反复磁化而引起的损耗，磁滞损耗 p_h 大小与频率 f、磁感应强度幅值 B_m 有关。铁磁性材料磁滞回线所包含的面积的大小也可以直观地反映磁滞损耗大小，面积越大，损耗越大。

磁滞损耗要引起铁心发热。为了减小磁滞损耗，应选用磁滞回线狭小的磁性材料制造铁心。硅钢就是变压器和电动机中常用的铁心材料，其磁滞损耗较小。

② 涡流损耗 p_e。

在许多电工设备中都存在有大块导体（如发电机和变压器的铁心和端盖等）。当这些大块导体处在变化的磁场中时，其内部都会感应出电流。这些电流的特点是：在大块导体内部自成闭合回路，呈旋涡状流动。因此，称之为涡旋电流，简称为涡流。例如，含有圆柱导体铁心的螺管线圈中通有交变电流时，圆柱导体铁心中会出现感应电流或涡流，如图 3-13 所示。

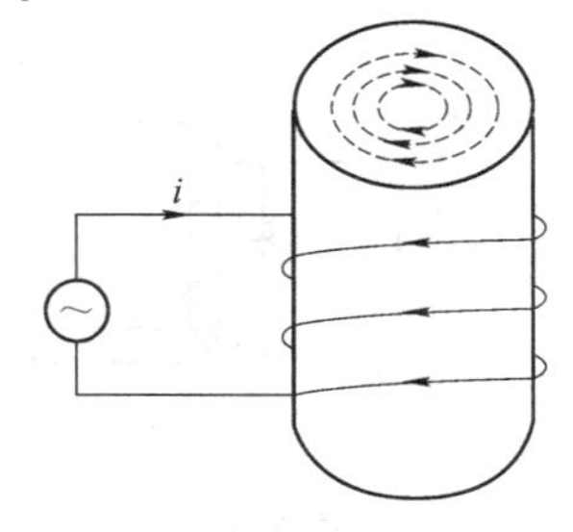

图 3-13　铁心中的涡流

涡流损耗不仅会造成电能的浪费，设备本身也容易遭受到损坏。因此变压器等电气设备为减小损耗，其铁心通常不用整块的铁心，而采用厚度薄、电阻率较大、涂有绝缘漆的硅钢片来叠装铁心。这样做可以将涡流限制在狭窄的薄片之内，而且由于硅钢材料具有较大的电阻率，故回路电阻很大，可使涡流大为减弱。

在设计电动机、变压器等设备时，都希望尽量减小涡流损耗，提高效率。但从另一方面讲，我们也可以充分利用涡流使铁心发热的这一特性。例如汽车上安装在汽车驱动桥与变速箱之间的电涡流缓速器就是利用涡流使高速行进中汽车的动能转化为由于中涡流而产生的热能，从而达到使车辆减速的目的。其是一种汽车辅助制动装置，主要应用于大型客车、城市公交车辆及重型卡车。

3.2 变压器

变压器是将一种等级的交流电压变换成频率相同的另一种等级交流电压的静止电气设备。变压器的应用非常广泛，在电力系统中将一定的交流电功率从发电厂输送到用户，通常需要经过很长的输电线，只有采用高压输电，才能减小输电线路中电流；而发电机受绝缘等条件的限制，输出的电压不可能很高，因此需要用变压器将电压升高到输电电压后再输送，以降低输电过程中的功率损耗和节约输电线路有色金属的消耗。当电能输送到用户时，考虑到安全用电、降低电器的绝缘等级及成本，再用降压变压器将电压降到配电电压，供各种动力和照明等设备使用。

除电力系统外，在电子设备中也常常用到变压器，例如汽车上使用的点火线圈，点火线圈及其工作回路可将低压电变换成近 20kV 的高压电。此外，变压器在通信、广播、冶金、焊接、电子实验、电气测量以及自动控制等方面，均有广泛的应用。

根据变压器的用途和结构上的不同，可分为电力变压器、自耦变压器、仪用互感器以及电焊变压器等多种。

3.2.1 电路

变压器基本组成部分为闭合铁心和线圈，如图 3-14 所示。

1. 铁心

铁心构成变压器的磁路，为了减少铁损，提高磁路的导磁性能，一般由 0.35 ~ 0.55mm 厚的表面绝缘的硅钢片交错叠压而成。根据铁心的结构不同，变压器可分为心式（小功率）和壳式（容量较大）两种，见图 3-15。

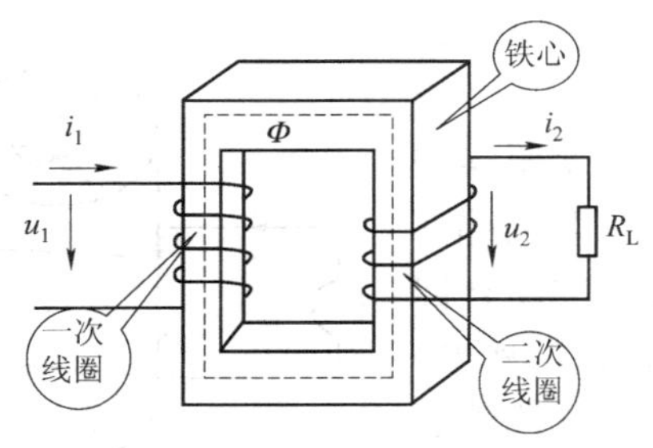

图 3-14 变压器基本组成部分为闭合铁心和线圈

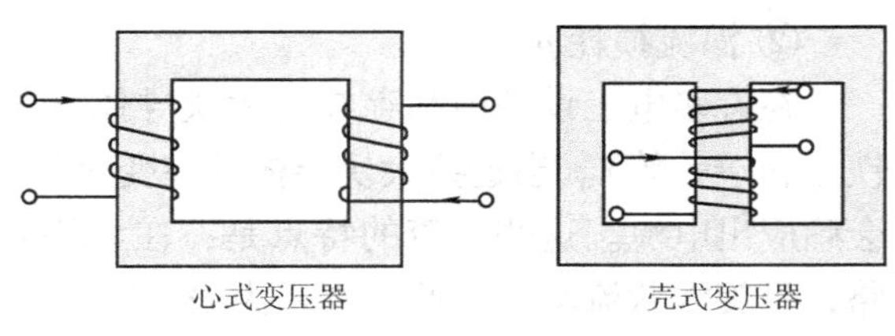

图 3-15 变压器的铁心类型

2. 线圈

线圈是变压器的电路部分，用绝缘导线绕制而成，有一次线圈、二次线圈之分。与电源相连接的称为一次线圈，与负载相连接的称为二次线圈。

3. 冷却系统

由于铁心损耗而使铁心发热，变压器要有冷却系统。小容量变压器采用自冷式，即靠空气的自然对流和辐射将热量散发掉。中大容量的变压器多采用油冷式，即将变压器浸入变压器油（变压器油具有良好的绝缘性能）内，使其产生的热量通过变压器油的热循环传给外壳而散发出去。

3.2.2 单相变压器的工作原理

虽然变压器的种类很多，但其工作原理是相同的，都是通过电磁感应来传递能量或信号的。下面主要介绍单相变压器的有关原理。

在一次线圈上接入交流电压 u_1 时，一次线圈中便有电流 i_1 通过。一次线圈的磁动势 i_1N_1 产生的磁通绝大部分通过铁心而闭合，从而在二次线圈中感应出电动势。如果二次线圈接有负载，那么二次线圈中就有电流 i_2 通过。二次线圈的磁动势 i_2N_2 也产生磁通，其绝大部分也通过铁心而闭合。因此，铁心中的磁通是一个由一次线圈、二次线圈的磁动势共同产生的合成磁通，其称为主磁通，用 $\boldsymbol{\Phi}$ 表示。主磁通穿过一次线圈和二次线圈而在其中感应出的电动势分别为 e_1、e_2。此外，一次线圈、二次线圈的磁动势还分别产生漏磁通 $\boldsymbol{\Phi}_{\sigma1}$ 和 $\boldsymbol{\Phi}_{\sigma2}$，从而在各自的线圈中分别产生漏磁动势 $e_{\sigma1}$ 和 $e_{\sigma2}$，如图 3-16a 所示。

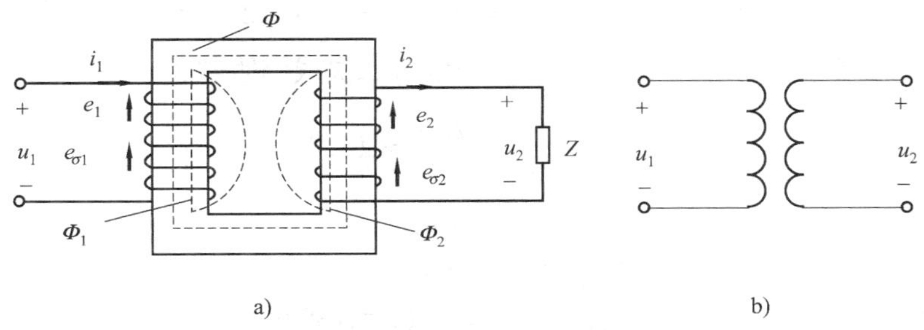

图 3-16 变压器工作原理图

a）变压器的工作原理图 b）变压器的符号

1. 电压变换

由于一次线圈的电阻 R_1 和感抗 X_1（或漏磁通 $\boldsymbol{\Phi}_{\sigma1}$）较小，因而它们两端的电压降也较小，与主磁电动势 E_1 比较起来，可以忽略不计，于是得：

$$U_1 = E_1 = 4.44fN_1\boldsymbol{\Phi}_m$$

同理可得，二次电路的电压与电动势的有效值为：

$$U_2 = E_2 = 4.44fN_2\boldsymbol{\Phi}_m$$

变压器空载时，有：

$$I_2 = 0 \qquad U_{20} = E_2$$

式中 U_{20} 是空载时二次线圈的端电压。

上述公式说明，由于一次线圈、二次线圈的匝数 N_1、N_2 不相等，故 E_1 和 E_2 的大小也不等，因而输入电压 U_1（电源电压）和输出电压 U_2（负载电压）的大小也是不等的。

一次线圈、二次线圈的电压之比为：

$$\frac{U_1}{U_2} = \frac{E_1}{E_2} = \frac{4.44fN_1\Phi_m}{4.44fN_2\Phi_m} = \frac{N_1}{N_2} = K$$

式中 K 称为变压器的变比，即一次线圈、二次线圈的匝数比。可见，当电源电压 U_1 一定时，只要改变匝数比，就可得出不同的输出电压 U_2。

若 $N_1 > N_2$，则 $K > 1$，为降压变压器；若 $N_1 < N_2$，则 $K < 1$，为升压变压器。

变比在变压器的铭牌上有注明，其通常以“6000/400V”的形式表示一次线圈、二次线圈的额定电压之比，数字表明这台变压器的一次线圈的额定电压 $U_{1N} = 6000\text{V}$ 时，二次线圈的额定电压 $U_{2N} = 400\text{V}$。

所谓二次线圈的额定电压是指一次线圈加上额定电压时二次线圈的空载电压。由于变压器有内阻抗压降，所以二次线圈的空载电压一般应较满载时的电压高5%～10%。

【例3-1】 有一台小型单相变压器，电源电压 $U_1 = 220\text{V}$，频率 $f = 50\text{Hz}$，铁心中的最大主磁通 $\Phi_m = 11.72 \times 10^{-4}\text{Wb}$。试求：

1）空载电压 $U_{20} = 12\text{V}$ 时，一次线圈、二次线圈各为多少匝？

2）空载电压 $U_{20} = 24\text{V}$ 时，一次线圈、二次线圈又各为多少匝？

解： 变压器一次线圈的匝数取决于电源电压的大小，由 $E_1 = 4.44fN_1\Phi_m$ 可得：

$$N_1 = \frac{E_1}{4.44f\Phi_m} \approx \frac{U_1}{4.44f\Phi_m} = \frac{220}{4.44 \times 50 \times 11.72 \times 10^{-4}} \approx 846 \text{匝}$$

1）当二次线圈空载电压 $U_{20} = 12\text{V}$ 时，变压器二次线圈匝数为：

$$K = \frac{U_1}{U_{20}} = \frac{220}{12} \approx 18.33$$

$$N_2 = \frac{N_1}{K} = \frac{846}{18.33} \approx 46 \text{匝}$$

2）当二次线圈空载电压 $U_{20} = 24\text{V}$ 时，变压器二次线圈匝数为：

$$K' = \frac{U_1}{U_{20}} = \frac{220}{24} \approx 9.2$$

$$N_2 = \frac{N_1}{K'} = \frac{846}{9.2} \approx 92\text{匝}$$

2. 电流变换

由 $U_1 = E_1 = 4.44fN_1\Phi_m$ 可见，当频率 f、匝数 N 一定时，主磁通 Φ_m 的大小正比于电源电压 U，当电源电压 U 一定时，主磁通 Φ_m 基本保持恒定。就是说，铁心中主磁通的最大值 Φ_m 与负载大小无关，即在变压器空载或有负载时差不多是恒定的。因此有负载时产生主磁通的一次线圈、二次线圈的合成磁动势（$i_1N_1 + i_2N_2$）应该和空载时产生主磁通的一次线圈的磁动势 i_0N_1 差不多相等，即：

$$i_1N_1 + i_2N_2 \approx i_0N_1$$

变压器的空载电流 i_0 是励磁用的。由于铁心的磁导率高，空载电流是很小的。其有效

值 I_0 在一次线圈额定电流 I_{1N}的 10% 以内，因此 I_0N_1 与 I_1N_1 相比，常可忽略。于是得：

$$i_1N_1 = -i_2N_2$$

其有效值形式为：
$$I_1N_1 = I_2N_2$$

可得：

$$\frac{I_1}{I_2} = \frac{N_2}{N_1} = \frac{1}{K}$$

可见，变压器中的电流虽然由负载的大小确定，但是一次线圈、二次线圈中电流的比值是基本上不变的；因为当负载增加时，I_2 和 I_2N_2 随着增大，而 I_1 和 I_1N_1 也必须相应增大，以抵偿二次线圈的电流和磁动势对主磁通的影响，从而维持主磁通的最大值近乎于不变。

变压器的额定电流 I_{1N}和 I_{2N}是指变压器在长时连续工作运行时一次线圈、二次线圈允许通过的最大电流，它们是根据绝缘材料允许的温度确定的。三相变压器的额定电流是一次线圈、二次线圈侧的线电流。

额定容量指在额定运行状态下所能输出的最大功率，其值等于二次线圈的额定电压与额定电流的乘积。

单相变压器为：

$$S_N = U_{2N}I_{2N} = U_{1N}I_{1N}$$

三相变压器为：

$$S_N = \sqrt{3}U_{2N}I_{2N} = \sqrt{3}U_{1N}I_{1N}$$

变压器的额定容量是反映该变压器传输功率的能力，而不是变压器运行时的实际输出功率。

【例 3-2】 一容量为 5kV · A 的单相变压器，一次线圈额定电压 $U_{1N}=220V$，二次线圈额定电压 $U_{2N}=24V$，试求一次线圈、二次线圈额定电流 I_{1N}、I_{2N}。

解： 因为 $S_N = U_{2N}I_{2N}$

可得：
$$I_{2N} = \frac{S_N}{U_{2N}} = \left(\frac{5000}{24}\right)A \approx 208.3A$$

$$S_N = U_{1N}I_{1N}$$

$$I_{1N} = \frac{S_N}{U_{1N}} = \left(\frac{5000}{220}\right)A \approx 22.7A$$

3. 阻抗变换

在电子技术中为了使负载获得最大功率，常用变压器来改变阻抗，实现阻抗变换。在图 3-17 中，负载阻抗 $|Z_L|$接在变压器副边。所谓阻抗变换，就是在输入电路的电压、电流和功率不变的情况下，直接接在电源上的阻抗 $|Z'_L|$和接在变压器二侧的负载阻抗 $|Z_L|$等效。

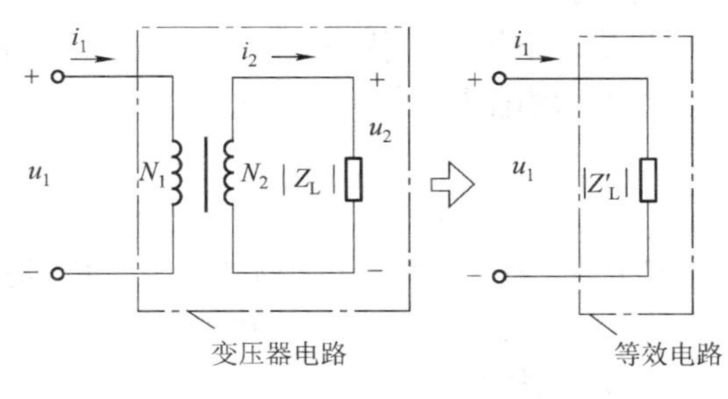

图 3-17 变压器的阻抗变换

$|Z_L|$与$|Z'_L|$的关系推导如下：

$$|Z'_L| = \frac{U_1}{I_1} = \frac{\frac{N_1}{N_2}U_2}{\frac{N_2}{N_1}I_2} = \left(\frac{N_1}{N_2}\right)^2 \frac{U_2}{I_2} = K^2 \frac{U_2}{I_2} = K^2 |Z_L|$$

即：

$$|Z'_L| = K^2 |Z_L|$$

匝数比不同，负载阻抗$|Z_L|$折算到（反映到）一侧的等效阻抗$|Z'_L|$也不同。可以采用不同的匝数比，把负载阻抗变换为所需要的、比较合适的数值，这种做法通常称为阻抗匹配。

【例3-3】 已知某收音机输出变压器的一次线圈匝数$N_1=600$匝，二次线圈匝数$N_2=30$匝，原接阻抗10Ω的扬声器，现要改接成4.9Ω的扬声器，试问二次线圈匝数该如何改变?

解：原变比：

$$K = \frac{N_1}{N_2} = \frac{600}{30} = 20$$

原阻抗：

$$|Z'_L| = K^2 |Z_L| = 20^2 \times 10\Omega = 4000\Omega$$

因为：

$$|Z'_L| = \left(\frac{N_1}{N'_2}\right)^2 |Z_L|$$

即：

$$4000 = \left(\frac{600}{N'_2}\right)^2 \times 4.9$$

$$N'_2 = 21 \text{ 匝}$$

3.2.3 变压器的特性

1. 变压器的外特性

当电源电压U_1不变时，随着二次线圈电流I_2的增加（负载增加），一次线圈、二次线圈阻抗上的电压降也增加，这将使二次线圈的端电压U_2发生变动。当电源电压U_1和二次线圈所带负载的功率因数$\cos\varphi_2$为常数时，二次线圈电压U_2随负载电流I_2变化的关系曲线$U_2=f(I_2)$称为变压器的外特性曲线。图3-18为变压器的外特性曲线图。

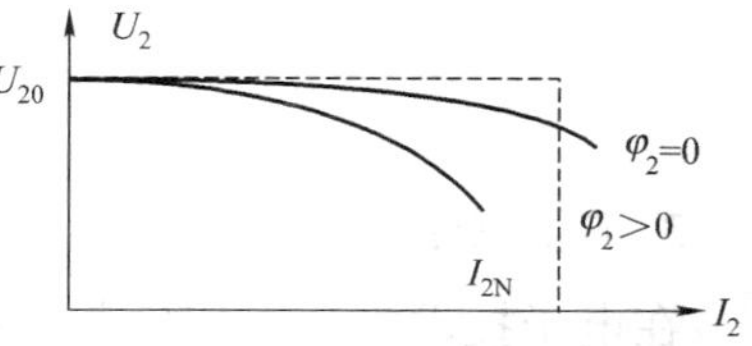

图3-18 变压器的外特性曲线图

由图可知，U_2随I_2的上升而下降。通常希望电压U_2的变动越小越好。从空载到额定负载，二次线圈电压的变化程度用电压变化率ΔU表示，即：

$$\Delta U = \frac{U_{20} - U_2}{U_{20}} \times 100\%$$

式中U_{20}为二次线圈的空载电压，也就是二次电压U_{2N}；U_2为$I_2=I_{2N}$时二次端电压。电力变压器的电压调整率为5%左右，这是变压器的一个重要技术指标。

2. 变压器的损耗与效率

变压器存在一定的功率损耗。变压器的损耗包括铁心中的铁损P_{Fe}和线圈上的铜损P_{Cu}

两部分。其中铁损的大小与铁心内磁感应强度的最大值 B_m 有关，与负载大小无关；而铜损则与负载大小（正比于电流平方）有关。

铁损即是铁心的磁滞损耗和涡流损耗；铜损是一次线圈、二次线圈电流流经一次线圈、二次线圈时，其导线电阻引起的损耗。

变压器的输出功率 P_2 与输入功率 P_1 之比的百分数称为变压器的效率，用 η 表示：

$$\eta = \frac{P_2}{P_1} = \frac{P_2}{P_2 + \Delta P_{Fe} + \Delta P_{Cu}} \times 100\%$$

其中 $P_2 = U_2 I_2 \cos\varphi$，其与变压器额定容量的概念并不相同。

这是变压器的又一重要指标，控制装置中的小型电源变压器效率在 80% 以上，而电力变压器效率一般均在 95% 以上。

【例 3-4】 某单相变压器的额定容量 $S_N = 100kV \cdot A$，额定电压为 10/0.23kV，当满载运行时，$U_2 = 220V$，求 K、I_{1N}、I_{2N}、ΔU。

解：

$$K = \frac{U_{1N}}{U_{2N}} = \frac{10 \times 10^3}{230} \approx 43.5$$

$$I_{2N} = \frac{S_N}{U_{2N}} = \left(\frac{100 \times 10^3}{230}\right)A \approx 435A$$

$$I_{1N} = \frac{S_N}{U_{1N}} = \left(\frac{100 \times 10^3}{10 \times 10^3}\right)A = 10A$$

$$\Delta U = \frac{U_{2N} - U_2}{U_{2N}} = \frac{230 - 220}{230} \times 100\% \approx 4.35\%$$

3.2.4 特殊变压器简介

1. 自耦变压器

自耦变压器的构造如图 3-19 所示。在闭合的铁心上只有一个线圈，其既是一次线圈又是二次线圈。其电压比、电流比符合以下关系：

$$\frac{U_1}{U_2} = \frac{N_1}{N_2} = K, \quad \frac{I_1}{I_2} = \frac{N_2}{N_1} = \frac{1}{K}$$

使用时，改变滑动端的位置，便可得到不同的输出电压。实验室中用的调压器就是根据此原理制作的。

注意：一次、二次千万不能对调使用，以防变压器损坏。因为 N 变小时，磁通增大，电流会迅速增加。

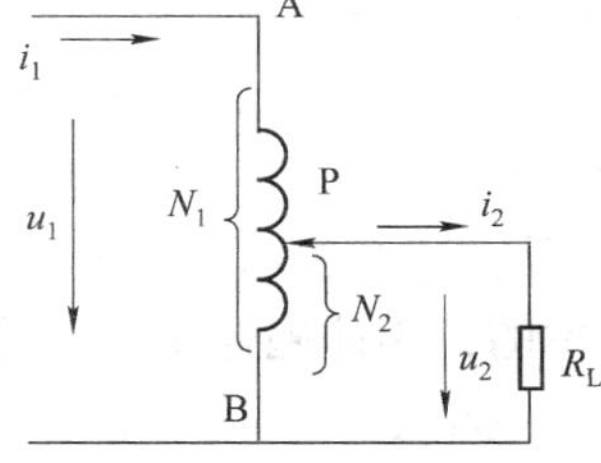

图 3-19　自耦变压器的构造

2. 互感变压器

互感变压器是专供电工测量和自动保护的装置，使用互感变压器的目的在于扩大测量表的量程。为高压电路中的控制设备及保护设备提供所需的低电压或小电流并使它们与高压电路隔离，以保证安全。

互感变压器包括电压互感器和电流互感器两种。

(1) 电压互感器

电压互感器的二次额定电压一般设计为标准值 100V，以便统一电压表的表头规格，电压互感器接线图如图 3-20 所示。电压互感器一次、二次线圈的电压比是其匝数比：

$$\frac{U_1}{U_2}=\frac{N_1}{N_2}=K$$

若电压互感器和电压表配合使用，则从电压表上可直接读出高压线路的电压值。被测电压 = 电压表读数 × N_1/N_2。

使用时，电压互感器二次不允许短路，因为短路电流很大，会烧坏线圈，为此应在高压边用熔断器作为短路保护。电压互感器的铁心、金属外壳及二次的一端都必须接地，否则万一高、低压线圈间的绝缘损坏，低压线圈和测量仪表对地将出现高电压，这对工作是非常危险的。

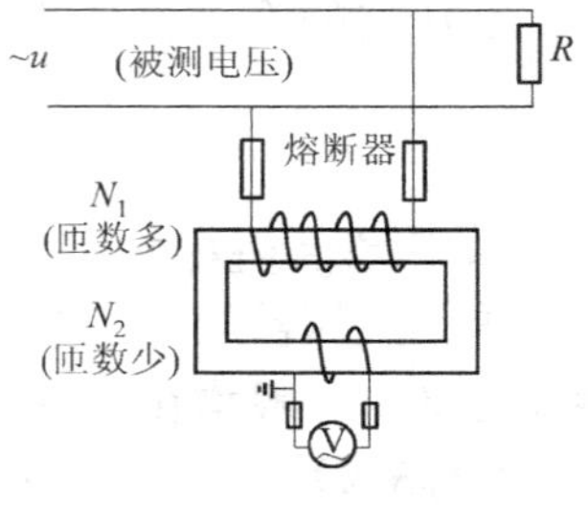

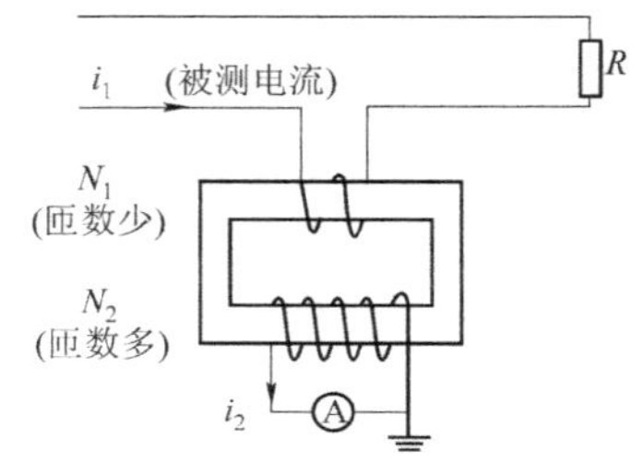

图 3-20　电压互感器接线图

（2）电流互感器

电流互感器是用来将大电流变为小电流的特殊变压器，它的二次线圈额定电流一般设计为标准值 5A，以便统一电流表的表头规格。电流互感器接线图如图 3-21 所示。电流互感器一次线圈、二次线圈的电流比是其匝数比的反比：

$$\frac{I_1}{I_2}=\frac{N_2}{N_1}=\frac{1}{K}$$

若安培表与专用的电流互感器配套使用，则安培表的刻度就可按大电流电路中的电流值标出。被测电流 = 电流表读数 × N_2/N_1。

使用时，电流互感器的二次线圈不允许开路。二次线圈电路中装拆仪表时，必须先使二次线圈短路，并在二次线圈电路中不允许安装熔丝等保护设备。电流互感二次线圈的一端以及外壳、铁心必须同时可靠接地。

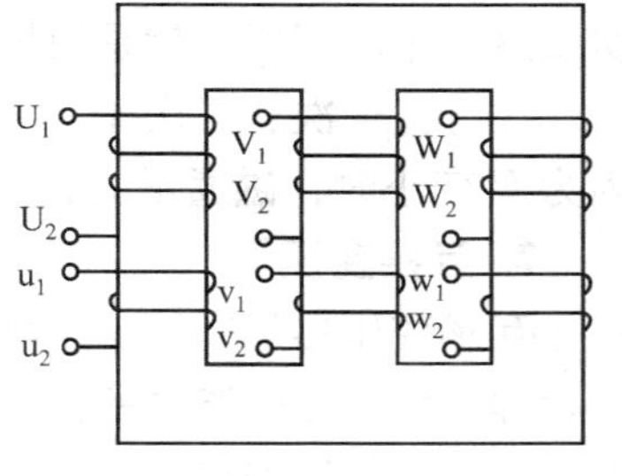

图 3-21　电流互感器接线图

3. 三相变压器

在电力系统中，用于变换三相交流电压的变压器称为三相电力变压器。三相变压器是 3 个相同容量的单相变压器的组合，其有 3 个一次线圈和 3 个二次线圈，其铁心有 3 个心柱，每相的一次线圈、二次线圈同心地装在一个心柱上。一次线圈首端用 U_1、V_1、W_1 标明，末端用 U_2、V_2、W_2 标明；二次线圈的首端用 u_1、v_1、w_1 标明，末端用 u_2、v_2、w_2 标明，三相变压器如图 3-22 所示。由于三相一次线圈所加的电压是对称的，因此磁通也是对称的，二次线圈电压也是对称的。

三相变压器的一次线圈、二次线圈可以分别接成星形（Y）或三角形（△）。工厂供电用电力变压器三相线圈常用的联结方式有 Yyn 和 Yd 两种，如图 3-23 所示。符号中的大写字母表示高压线圈的接法，小写字母表示低压线圈的接法。Yyn 表示一次线圈为星形，二次线圈为有中线引出的星形联结方法。这种接法常用于车间配电变压器，其优点在于不仅给用户提供三相电源，同时还提供单相电源。通常使用的动力与照明混合供电的三相四线制系统就是采用 Yyn 联结方式的变压器供电的。Yd 联结的变压器一次线圈接成星形，二次线圈接成三角形，主要用在变电站。三相变压器线圈的接

图 3-22　三相变压器

法通常标明在其铭牌上。

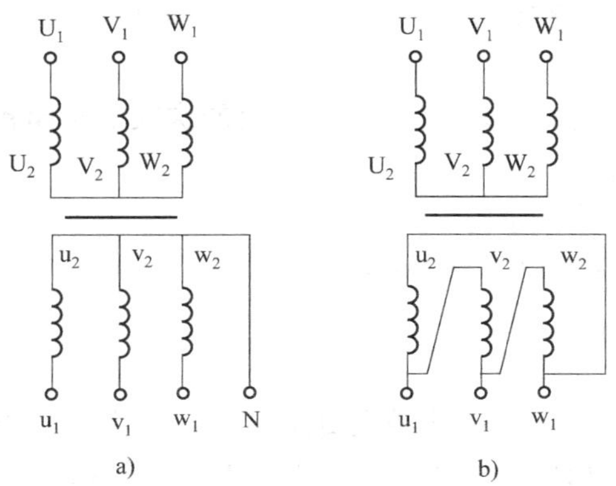

图 3-23 三相变压器的两种接法

a）Yyn 联结 b）Yd 联结

3.3 汽车发动机的点火系统简介

汽车发动机的燃烧是由火花塞点火触发的。为了点燃压缩过的可燃混合气，火花塞的瞬间点火电压必须高达 20000V 以上。然而一般汽车所使用的蓄电池电压只有 12V，所以需要点火系统将 12V 的电压变换成高电压，同时将此高压按照点火的顺序分配到每个气缸的火花塞上。

3.3.1 点火系统分类

蓄电池点火系统按是否采用电子元器件控制可分为传统点火系统和电子点火系统。

（1）传统点火系统

汽车上的蓄电池或发电机向点火系统提供电能，机械触点控制点火时刻，点火时刻的调节采用机械式自动调节机构，储能方式为电感储能。传统点火系统结构简单，成本低，是一种应用较早、较普遍的点火系统。但该点火系统工作可靠性差，点火状况受转速、触点技术状况影响较大，需要经常维修、调整。随着汽车技术的发展，传统点火系统越来越不适应现代发动机对点火的要求，已被新的电子点火系统所取代。

（2）电子点火系统

蓄电池或发电机向点火系统提供电能，晶体管控制点火时刻，点火时刻的调节采用机械式调节机构或电子调节机构，储能方式有电感储能和电容储能两种。电子点火系统按信号发生器型式可分为：磁感应系、霍尔系、光电系及电磁振荡系。电子点火系统的点火电压和点火能量高，受发动机工况和使用条件的影响小，结构简单，工作可靠，维护、调整工作量小，节约燃油，减小污染，应用日益广泛。

3.3.2 点火系统的基本要求

1）迅速产生足以击穿火花塞间隙的高电压。

火花塞电极击穿而产生火花时所需要的电压称为击穿电压。点火系统产生的次级电压必须高于击穿电压，才能使火花塞跳火。击穿电压的大小受很多因素影响，其中主要有：火花塞电极间隙和形状、气缸内混合气体的压力和温度、电极的温度和极性、发动机的工作情况等。

为了保证点火的可靠性，点火系统必须有一定的次级电压储备。但过高的次级电压，将造成绝缘困难，使成本提高。

2）电火花应具备足够高的能量。

为了保证可靠点火，高能电子点火系统一般应具有80 ~100mJ 的火花能量，起动时应产生高于 100mJ 的火花能量。

3）点火时刻应适应发动机的工况。

首先，点火系统应按发动机的工作顺序进行点火。一般六缸发动机的点火顺序为 1-5-3-6-2-4，四缸发动机的点火顺序为 1-3-4-2 或 1-2-4-3。其次，必须在最有利的时刻进行点火，点火过早或过晚都会对发动机的工作不利。

3.3.3 点火线圈

点火线圈是点火系统中实现变压的一个重要元件，其实质上是一个变压器，其上绕有一次线圈和二次线圈。点火线圈按铁心形状不同可分为开磁路系和闭磁路系。

（1）开磁路系点火线圈

传统的开磁路系点火线圈采用柱形铁心，开磁路系见图 3-24，其铁心用 0. 3 ~0. 5mm 厚的硅钢片叠成，铁心上绕有一次线圈和二次线圈。二次线圈居内，通常用直径为 0. 06 ~0. 10mm 的漆包线绕 11000 ~26000 匝；一次线圈居外，通常用 0. 5 ~ 1. 0mm 的漆包线绕 230 ~ 370 匝。线圈与外壳之间装有导磁钢套并填满沥青或变压器油，以减少漏磁、加强绝缘性并防止潮气侵入。

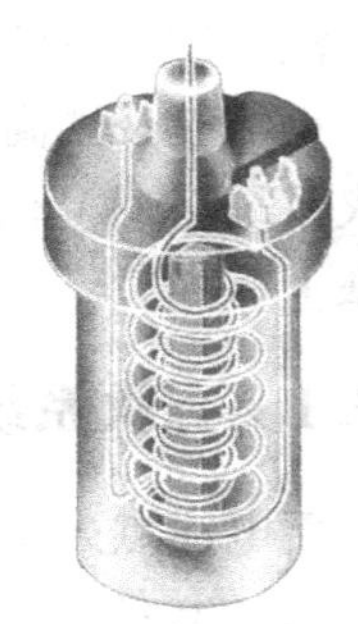

图 3-24 开磁路系点火线圈

（2）闭磁路系点火线圈

闭磁路系点火线圈的铁心是“日”字形或“口”字形，闭磁路系点火线圈见图 3-25，铁心内绕有一次线圈，在一次线圈外面绕有二次线圈，其铁心构成闭合磁路，磁路中只设有一个微小的气隙。闭磁路点火线圈漏磁少，磁阻小，能量损失小，变换效率高，可使点火线圈小型化。

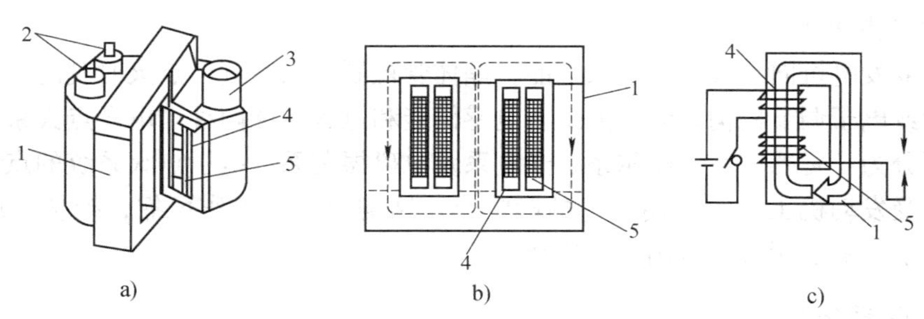

图 3-25 闭磁路系点火线圈

a）实物图 b）剖面图 c）原理图

1—“日”字形铁心 2—一次线圈接柱 3—高压接柱 4—一次线圈 5—二次线圈

3.3.4 传统点火系统组成、工作原理

传统点火系统由电源、点火开关、分电器（包括断电器、配电器、电容和点火提前调节装置）、火花塞及点火线圈等组成。

点火系统使用直流电，点火线圈的一次线圈电路由点火开关 SW 和断电器触点 K 控制通断。汽车正常行驶时，点火开关 SW 处于闭合状态，而断电器触点则随着发动机的运转而时断时闭，也即通过一次线圈的电流是断续的，是脉冲形式的直流电流。电路接通时，通过一次线圈的电流能量以产生磁场的方式储存能量；电路断开时，磁通量快速减少，变化率很大，根据互感原理，在匝数很多的二次线圈中会感应出高压脉冲电，此高压电能击穿火花塞间隙产生火花从而点燃混合气。

（1）低压回路

当触点 K 闭合时，低压回路（或一次线圈电路）如图 3-26 所示，路线为：蓄电池正极→点火开关→附加电阻→一次线圈→断电器活动触点臂→触点→分电器壳体搭铁→蓄电池负极。

（2）高压回路

当触点 K 断开时，高压回路如图 3-27 所示，路线为：二次线圈→附加电阻→蓄电池正极→蓄电池负极→搭铁→火花塞侧电极→火花塞中心电极→高压线→二次线圈。

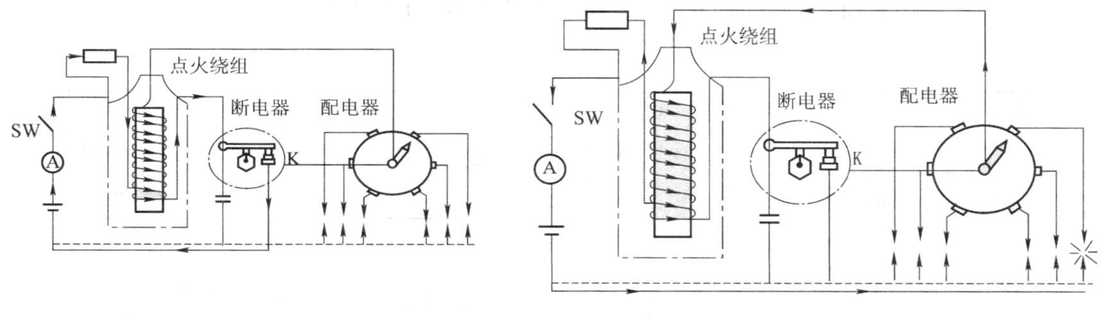

图 3-26　低压回路

图 3-27　高压回路

3.4 汽车继电器

3.4.1 汽车继电器的基本知识

继电器是自动控制电路中常用的一种元器件。它是一种传递信号的电器，用来接通和断开控制电路。它是一种可用较小的电流来控制较大电流的自动开关。继电器的输入信号可以是电压、电流等电量，也可以是热、速度及油压等非电量，而输出则都是触点动作，使输出量发生预定的变化。继电器的电磁系统和触头都较小，因此它的动作迅速，反应灵敏。在工业控制中使用的中间继电器、热继电器等体积较大，线圈通过的电流或承受的电压较大，触点允许通过的电流较大。

汽车控制电路继电器常用的有电磁式继电器和干簧式继电器，其中电磁式继电器又可分

为接柱式继电器和插接式继电器。

1. 电磁式继电器

电磁式继电器通常用来传递信号和同时控制多个电路，也可直接用它来控制电气执行元器件。它由铁心线圈（电磁铁）和可与电磁铁联动的触点组成。当继电器线圈得电后闭合的触点称为动合触点（或常开触点），当继电器线圈得电后断开的触点为动断触点（或常闭触点）。图3-28所示为常用电磁式继电器的图形符号，其中触点的位置为线圈未得电时的原始状态，如动合触点是断开状态。在选用继电器时，主要是考虑电压等级和触头（动合和动断）数量。

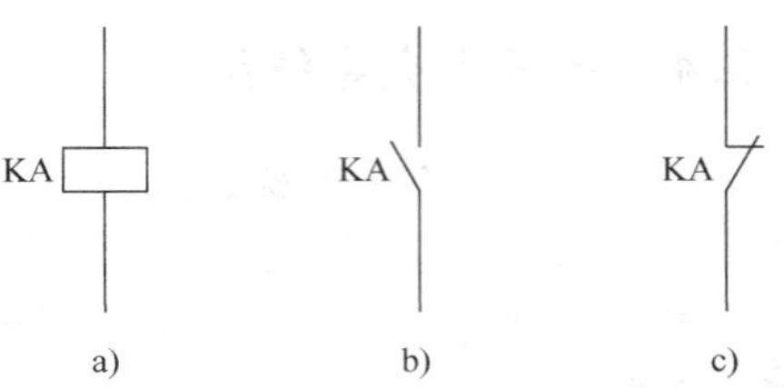

图3-28　常用电磁式继电器的图形符号

a）继电器线圈　b）动合触点　c）动断触点

接柱式继电器容量较大，在国产车的启动电路、电扬声器电路中常见，但连接繁琐。插接式继电器安装方便，体积相对较小，成本较低，便于控制电路采用。图3-29所示为几种常见插接式继电器的外形示意图，图3-30所示为几种常见插接式继电器的内部结构及插座插脚布置图。

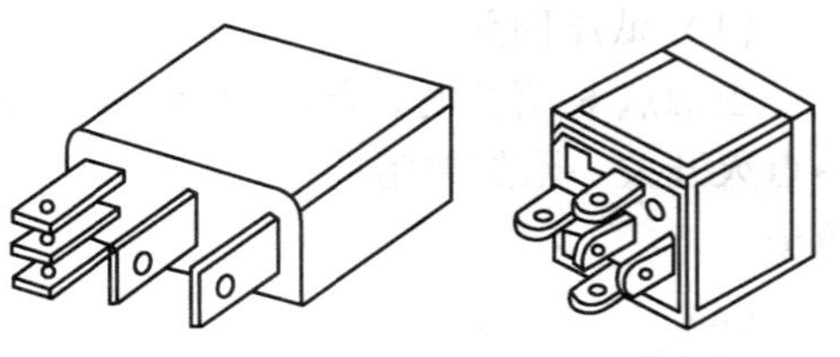

图3-29　几种常见插接式继电器的外形示意图

在图3-30c中继电器线圈得电，动合触点（87-88a）闭合，动断触点（87-87a）断开。图3-30b、d中的续流二极管和电阻都是起保护继电器作用。

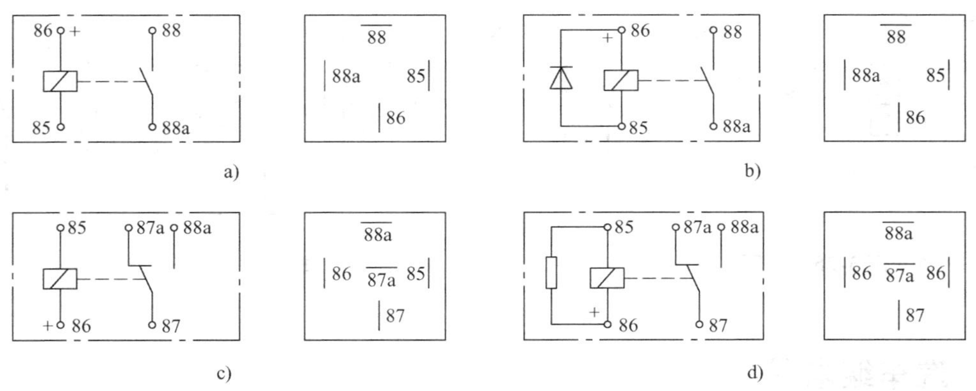

图3-30　几种常见插接继电器的内部结构及插座插脚布置图

a）动合型　b）动合型（带保护二极管）　c）混合型　d）混合型（带泄放电阻）

图3-31所示为继电器控制显示和报警电路。继电器的线圈和触点的图形符号不同，但都用同一字母表示，分别接在不同电路。若继电器线圈得电，则继电器触点就动作。从图中可知，按下按钮，左边由电源、按钮、继电器线圈构成的控制电路产生电流，继电器线圈得电。由于电磁吸力作用，使继电器触点闭合，从而接通右边报警电路，此时显示灯点亮，同时电铃报警。

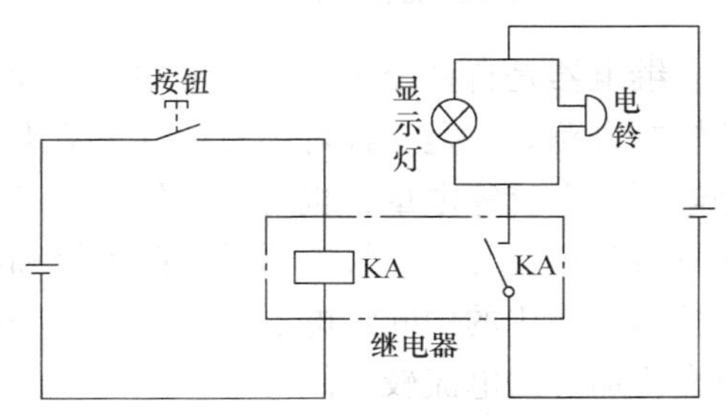

图3-31　继电器控制显示与报警电路

2. 干簧式继电器

图 3-32 所示为干簧式继电器外形、图形符号及工作原理。干簧管又称为干式舌簧管，是一种在玻璃管内封装两个或三个由既导磁又导电材料做成的簧片所组成的开关元件，玻璃管内充有惰性气体（如氮、氦等）。管内平行封装的簧片端部重叠并留有一定间隙，其重叠部位就构成干簧管的开关触点，如图 3-32a 所示。当绕在干簧管上面的线圈通电后形成磁场使簧片磁化时，或者是永磁体靠近干簧管时，簧片的触点就会感应出极性相反的 N 极和 S 极，如图 3-32c 所示。由于磁极极性相反而相互吸引，当吸引的磁力超过簧片的抗力时，分开的触点便会吸合；当磁力减小到一定值时，在簧片抗力的作用下触点又恢复到初始状态。这样起到一个开关的作用。

干簧继电器是一种小型继电元件，它具有动作速度快、工作稳定、机电寿命长以及体积小等特点，多作为信号采集使用。在自动化、运动技术测量以及通信技术等方面得到了广泛应用。

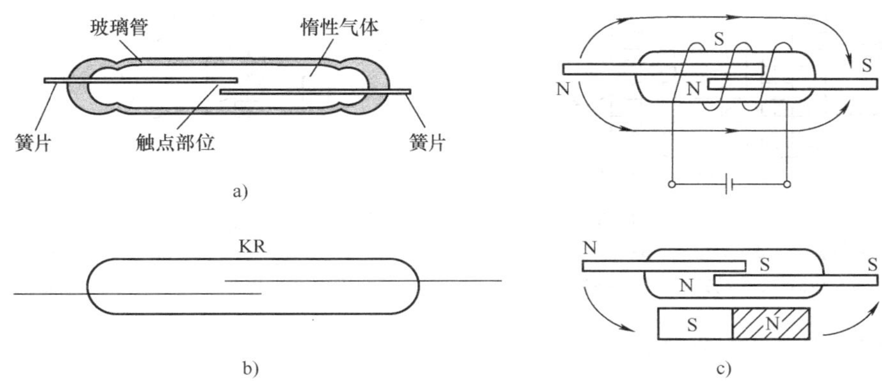

图 3-32 干簧式继电器外形、图形符号及工作原理

a）外形 b）图形符号 c）工作原理

3.4.2 汽车继电器电路分析

1. 扬声器继电器电路

图 3-33 所示为汽车扬声器继电器电路。继电器由继电器线圈 3、继电器触点 1 以及支架 4 等构成。扬声器控制电路由继电器线圈等构成。扬声器的驱动电路由继电器的触点 1、扬声器 6、蓄电池等构成。具体工作过程如下。

合上扬声器按钮 5→扬声器继电器线圈 3 得电，使铁心产生电磁吸力，吸引触点臂 2 向下→继电器触点 1 闭合→蓄电池电压加至扬声器 6→扬声器 6 发出响声。

断开扬声器按钮 5→继电器线圈 3 失电，铁心的电磁吸力消失→继电器的触点 1 断开→切断扬声器电路电源→扬声器 6 停止发声。

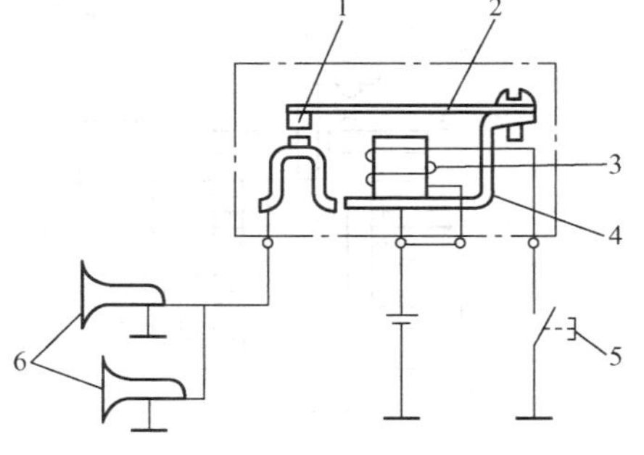

图 3-33 汽车扬声器继电器电路

1—触点 2—触点臂 3—线圈 4—支架 5—按钮 6—扬声器

由于继电器线圈的阻值很大，故电路中流经扬

声器开关的电流较小。而在扬声器的驱动电路中可以通过较大的电流。

2. 蓄电池继电器电路

电磁式电源总开关也称为蓄电池继电器。其结构有单线圈式和双线圈式两种。

（1）单线圈式蓄电池继电器

图 3-34 所示为单线圈式蓄电池继电器结构示意图，当励磁线圈 4 得电时，产生电磁力，带动动铁心 5 克服回位弹簧 1 的弹力向下移动，与静铁心 6 接触，同时带动动触点 2 与静触点 3（主触点）接触闭合。图 3-35 所示为单线圈式蓄电池继电器控制电路，经分析可知，当合上开关 4→线圈得电→主触点闭合就接通了全车总电源回路。

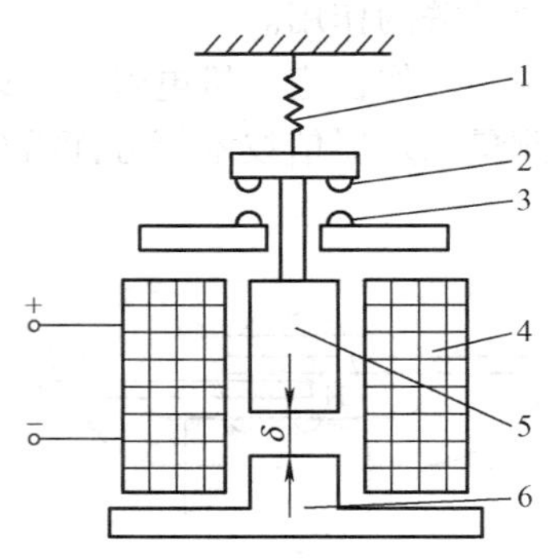

图 3-34　单线圈式蓄电池继电器结构示意图

1—回位弹簧　2—动触点　3—静触点

4—励磁线圈　5—动铁心　6—静铁心

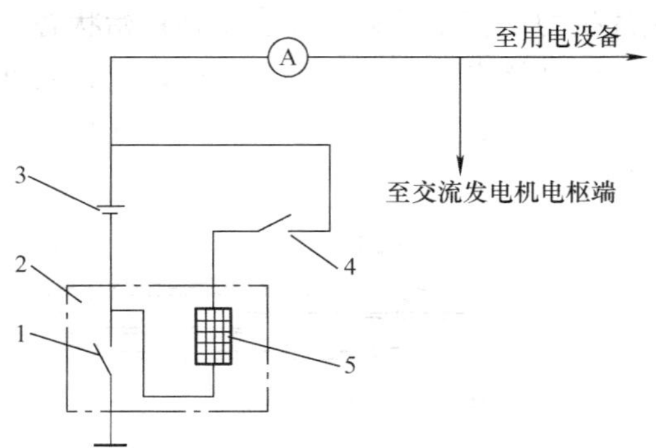

图 3-35　单线圈式蓄电池继电器控制电路

1—主触点　2—单线圈式电源开关

3—蓄电池　4—开关　5—线圈

（2）双线圈式蓄电池继电器

图 3-36 所示为双线圈式蓄电池继电器结构示意图，励磁线圈由吸持线圈和保持线圈组成。

根据图 3-37 所示为双线圈式蓄电池继电器控制电路可知，按下开关 4 接通励磁电路→吸拉线圈 5 首得电→保持线圈 7 被动断（常闭）触点所短路，此时励磁线圈电阻小而励磁电流大，产生较强的电磁吸力→动铁心向下移动的同时，动断触点 6 断开，保持线圈得电，

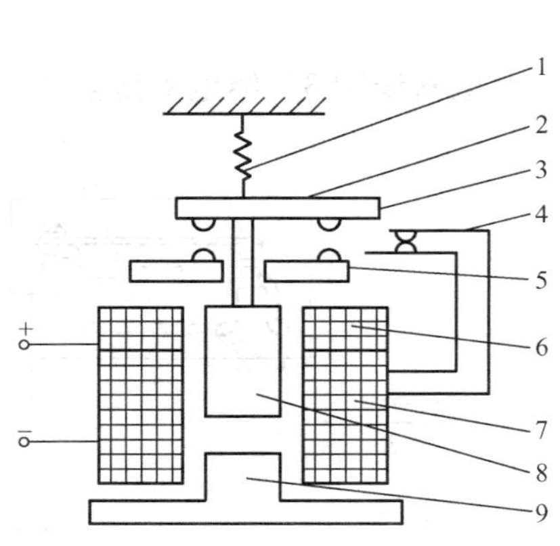

图 3-36　双线圈式蓄电池继电器结构示意图

1—弹簧　2—切换拨片　3—动触点　4—动断触点　5—静触点　6—吸拉线圈　7—保持线圈　8—动铁心　9—静铁心

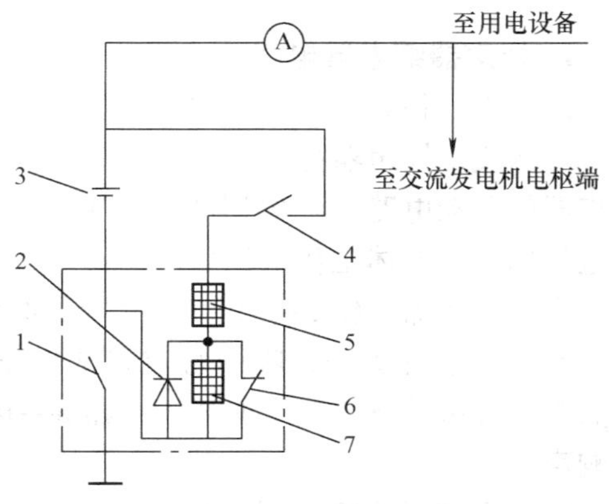

图 3-37　双线圈式蓄电池继电器控制电路

1—主触点　2—续流二极管　3—蓄电池　4—开关

5—吸拉线圈　6—动断触点　7—保持线圈

此时吸拉线圈、保持线圈串联。由于导线直径小而匝数多，使励磁线圈电阻增大，以减少长时间工作的励磁电流。与保持线圈并联的续流二极管 2 起到“续流”保护作用。当切断电源回路时，励磁线圈中电流突然消失而产生的较高自感电动势，会对车上电子元器件易造成损坏，同时在触点上产生火花。续流二极管并联保持线圈后，为保持线圈释放能量提供了回路（即为“续流），降低了自感电动势，起到保护作用。

3. 浮子舌簧开关式液位传感器电路

浮子舌簧开关式液位传感器通过对某种液体液位的检测，将液位信号转换为电信号，从而实现控制。在汽车中浮子舌簧开关式液位传感器常用于对汽车发动机润滑油液位、风窗玻璃清洗液液位等的检测。

浮子舌簧开关式液位传感器由树脂圆管制成的轴和可沿轴上、下移动的环状浮子组成，如图 3-38a 所示。在管状轴内装有强磁性材料制成的触点—舌簧开关（即干簧管开关），浮子内嵌有永久磁铁。随浮子位置的不同，舌簧开关内触点断开或闭合，可以判定液量高于规定值还是低于规定值。图 3-38b 为液位传感器报警控制电路，通过分析可知，舌簧开关闭合，报警灯与电源接通，报警灯点亮，此时表明液位已低于规定值。

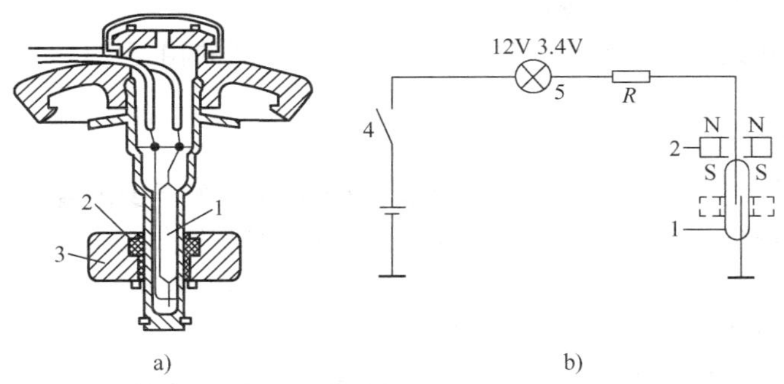

图 3-38　浮子舌簧开关式液位传感器及报警控制电路

1—舌簧开关　2—永久磁铁　3—浮子　4—点火开关　5—报警灯

浮子舌簧开关式液位传感器的工作原理如图 3-39 所示，当永磁铁接近舌簧开关时，磁力线从舌簧开关中通过，两个金属触点感应出极性相反的 N 极和 S 极，使金属触点之间产生吸引力，舌簧开关闭合。若浮子随液位上升，永磁铁远离干簧管，此时没有磁力线穿过舌簧开关，在舌簧本身弹力作用下，舌簧开关断开。

4. 制动信号灯断线报警电路

制动灯安装在汽车尾部，若信号灯丝烧断，不易被驾驶员发现，容易造成安全隐患。图 3-40所示为制动信号灯断线报警电路。电路中左、右两侧制动信号灯分别与电磁线圈串联。

正常情况制动时，接通制动灯开关，左、右两侧制动信号灯同时点亮。此时两个通电的电磁线圈产生的磁场相互抵消，报警信号灯不亮。两条电流路径为：

蓄电池正极→点开关→制动灯开关→电磁线圈（左、右两路）→制动信号灯（左、右两路）→搭铁。

若左、右两个信号灯中有一只发生断路（假如是左信号灯），那么制动时左信号灯支路没有电流，该侧电磁线圈不产生磁场。而与右信号灯串联的线圈通电后所产生的磁场，吸力带动干簧开关闭合，报警灯点亮。报警灯电流路径为：

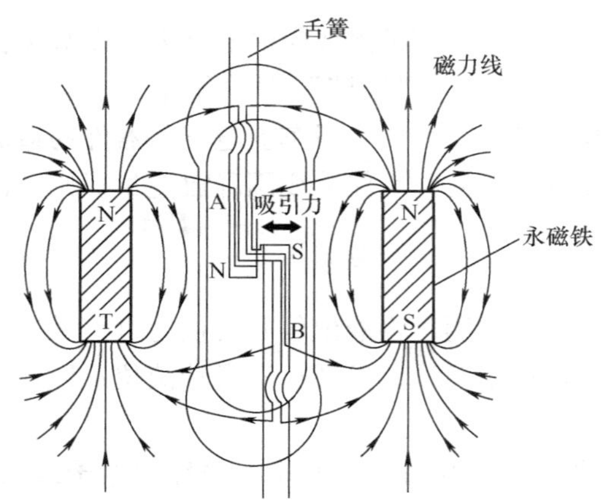

图 3-39　浮子舌簧开关式液位传感器的工作原理

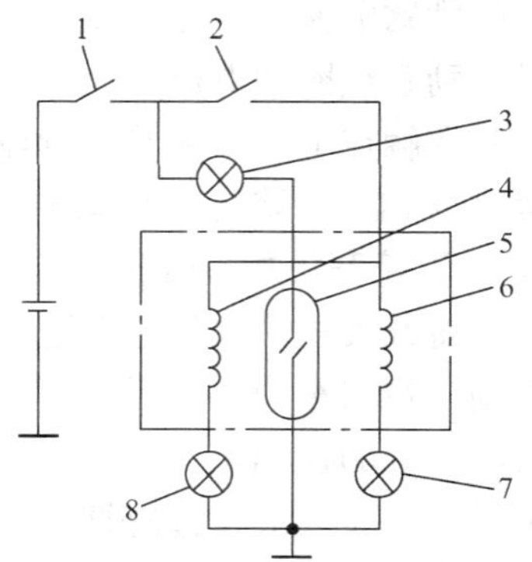

图 3-40　制动信号灯断线报警电路

1—点火开关　2—制动灯开关　3—制动报警灯

4、6—电磁线圈　5—干簧开关　7、8—制动信号灯

蓄电池正极→点火开关→报警灯→干簧开关→搭铁。

因此通过干簧开关以及与制动信号灯串联的电磁线圈的相互作用，就可以实现制动信号灯断线报警功能。

5. 闪光器电路

闪光器电路是控制转向信号灯闪烁的装置。转向灯每车至少配置 4 个，即前、后、左、右各一个。如遇危险情况，使前后左右 4 个转向灯同时闪烁，可作为报警信号。车前部转向灯通常与示宽灯组装在一起成为一个双丝灯。灯丝功率一大一小，大功率用于转向灯，小功率用于示宽灯。转向信号灯闪烁频率为 50 ~ 90 次/分钟。

闪光器按结构和工作原理可分为热丝式、电容式、翼片式和电子式等多种。其中电容式闪光器工作频率稳定；翼片式闪光器结构简单，体积小；电子式闪光器可在电路中增加少量元件，对闪光灯灯泡损坏情况作出监视信号；热丝式闪光器虽然结构简单，但闪光频率不够稳定，已趋于淘汰。下面对电容式闪光器进行介绍。

电容式闪光器的结构如图 3-41 所示。它主要由电容器 7 和继电器组成，其中继电器又由绕在继电器铁心上的串联线圈 3、并联线圈 4、触点 1、装有弹簧片 2 的衔铁以及导电的机架组成。电容器 7 是约有 1500μF 的大容量电解电容器。灭弧电阻 5 与触点 1 并联，起保护作用，通过减小触点断开时的火花，延长其使用寿命。图 3-42 所示为电容闪光器等效电路。

电容式闪光器的工作原理如下。

1）开始接通转向灯开关，转向灯不亮。

汽车正常行驶，电源开关闭合，若需转弯，接通转向灯开关（右转），右转向灯电路接通。电流路径如下：

蓄电池正极→电源开关 11→串联线圈 3→继电器机架和衔铁→触点 1→转向灯开关 8→右转向信号灯及指示灯 10→搭铁→蓄电池负极。

电流流经串联线圈产生电磁力吸引衔铁向下动作，闭合的触点立即断开，致使右转向灯回路通电的瞬间又断开，右转向灯不亮。

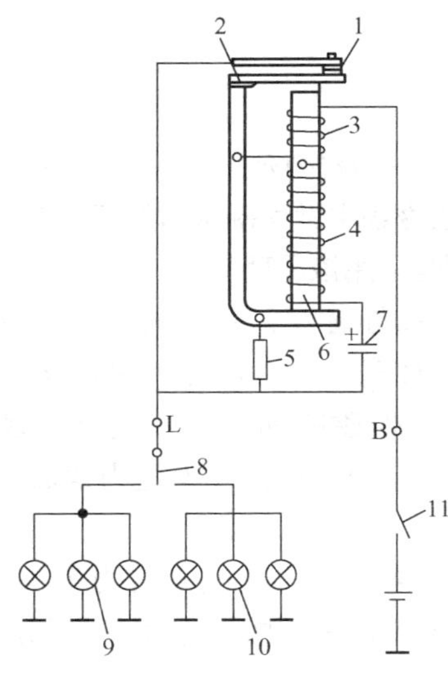

图 3-41　电容式闪光器的结构

1—触点　2—弹簧片　3—串联线圈　4—并联线圈　5—灭弧电阻　6—铁心　7—电解电容器　8—转向灯开关　9—左转向信号灯及指示灯　10—右转向信号灯及指示灯　11—电源开关

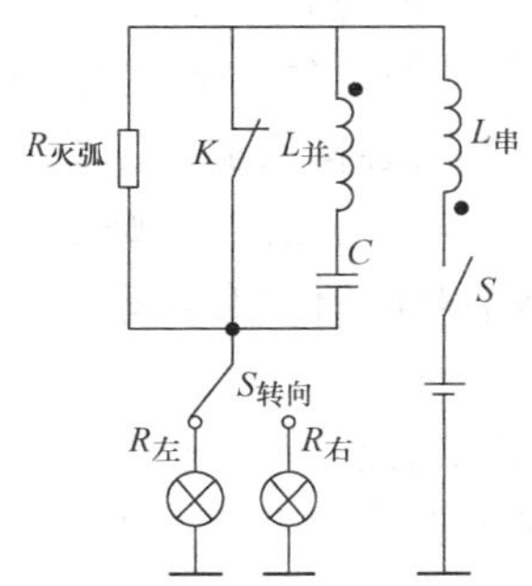

图 3-42　电容闪光器等效电路

2）两个线圈产生的电磁吸力相互加强，电容器充电，右转向灯较暗。

触点断开后，形成新的闭合回路，右转向灯点亮。电容器处于充电状态。电流路径如下：

蓄电池正极→电源开关 11→串联线圈 3→并联线圈 4→电容器 7→转向灯开关 8→右转向信号灯及指示灯 10→搭铁→蓄电池负极。

两个线圈顺向串联，产生同一方向的电磁吸力。同时由于电容器、串联线圈和并联线圈等元件串联，电流数值较小，右转向灯较暗。

3）电容器放电，两个线圈产生的电磁吸力相互抵消，右转向灯变亮。

随着电容器两端充电电压的不断提高，电流数值不断减小，当电磁吸力变小而不足以吸引衔铁时，触点 1 重新闭合。蓄电池通过串联线圈和触点为右转向灯供电，此时右转向灯变亮。同时电容器放电，放电路径：电容器 7→并联线圈 4→闭合的触点 1。

此时并联线圈电流改变了方向，进而改变了其电磁吸力的方向，并联线圈产生的电磁吸力与串联线圈的方向相反，削弱了原有的电磁吸力，当总吸力不足以吸引衔铁时，触点又闭合。

4）电容器继续放电，右转向灯熄灭。

随着电容器继续放电，放电电流变小，并联线圈电磁吸力变小，总的电磁吸力变大。当总吸力足以吸引衔铁时，触点断开，通电回路断开，右转向灯熄灭。之后电容器又进入新一轮的充放电过程，并联线圈不断改变其电流方向作周期性变化，如此反复，转向信号灯按一定的频率不断地闪烁，达到控制目的。

3.5 本章小结

1）介绍了磁场的基本概念，如磁通、磁感应强度、磁导率及磁场强度之间的关系。电流周围存在磁场，即电流的磁效应。当闭合电路的一部分导体在磁场中做切割磁力线运动时，导体中有感应电流产生的现象，又称作“磁生电”。汽车发电机即是采用该原理制成的。

2）磁路是磁通集中通过的路径，由于磁性物质具有高导磁性，所以很多电气设备使用铁磁材料作为铁心构成磁路。磁路与电路具有相似性，如磁通——电流、磁动势——电动势、磁阻——电阻、磁路欧姆定律——电路欧姆定律等。但磁路和电路还是有很多不同点的，如电路中有电流就有功率损耗，磁路中恒定磁通下没有功率损耗；电阻为常数，磁阻为变量等。

3）直流铁心线圈就是常说的电磁铁。利用其通电产生磁力、断电则磁力消失的原理，可将电磁铁用于控制电路、搬运物体等。汽车上电源是直流，常用的继电器都是利用直流铁心线圈工作原理制成的，用来控制电路的通断。

4）在交流铁心线圈电路中，当频率 f、匝数 N 一定时，主磁通 Φ_m 的大小正比于电源电压 U，当电源电压 U 一定时，主磁通 Φ_m 基本保持恒定。此关系适用于一切交流励磁的磁路，如变压器、异步电动机等。

5）变压器是将一种等级的交流电压变换成频率相同的另一种等级交流电压的静止电气设备。变压器基本组成部分均为闭合铁心和线圈（包括一次线圈和二次线圈）。当一次线圈和二次线圈匝数一定时，其就具有变电压、变电流和变阻抗的功能。关系式如下：

$$\frac{U_1}{U_2}=\frac{N_1}{N_2}=K \qquad \frac{I_1}{I_2}=\frac{N_2}{N_1}=\frac{1}{K} \qquad |Z'_L|=K^2|Z_L|$$

6）变压器铭牌是工作人员使用变压器的依据，因此需掌握各额定值含义。其中：

① 二次线圈的额定电压 U_{2N} 指一次线圈加上额定电压 U_{1N} 时二次线圈的空载电压。一般在铭牌上以“U_{1N}/U_{2N}V”的形式表示。

② 变压器的额定电流 I_{1N} 和 I_{2N} 是指变压器在长时间连续工作运行时一次线圈、二次线圈允许通过的最大电流，它们是根据绝缘材料允许的温度确定的。

③ 额定容量指在额定运行状态下所能输出的最大功率，其值等于二次线圈的额定电压与额定电流的乘积，即：

$$S_N=U_{2N}I_{2N}=U_{1N}I_{1N}$$

7）自耦变压器在闭合的铁心上只有一个线圈，其既是一次线圈又是二次线圈，使用时，改变滑动端的位置，便可得到不同的输出电压。互感变压器是专供电工测量和自动保护的装置，使用互感变压器的目的在于扩大测量表的量程，互感变压器包括电压互感器和电流互感器两种。在电力系统中，用于变换三相交流电压的变压器称为三相电力变压器。三相变压器是三个相同容量的单相变压器的组合，其有三个一次线圈和三个二次线圈。

8）汽车点火系统是汽油发动机的一个子系统，是汽油发动机工作的必要条件。点火系统将 12V 的电压变换成高电压，同时将此高压电按照点火的顺序分配到每个气缸的火花塞上。传统点火系统由电源、点火开关、分电器（包括断电器、配电器、电容和点火提前调节装置）、火花塞及点火线圈等组成。其中点火线圈即是根据互感原理制成的，其实质是一个特殊的变压器。

9）汽车控制电路继电器常用的有电磁式继电器和干簧式继电器。

3.6 实训3 点火线圈的检测

1. 实训目的和要求

（1）熟悉传统点火系统电路

（2）掌握点火系统点火线圈的检测方法

（3）按技术操作规程实训，注意人身及设备安全

（4）记录实训数据，写出实训报告

2. 实训设备、工具和材料

（1）数字万用表

（2）传统点火系统电路

（3）检测部件（点火线圈、附加电阻）

3. 实训内容及步骤

（1）认识传统点火系统的组成和作用

图3-43所示为传统点火系统的组成示意图，熟悉实际电路的主要部件并了解其作用。

部件	作用
点火线圈	
蓄电池	
点火开关	
配电器	
断电器	
火花塞	

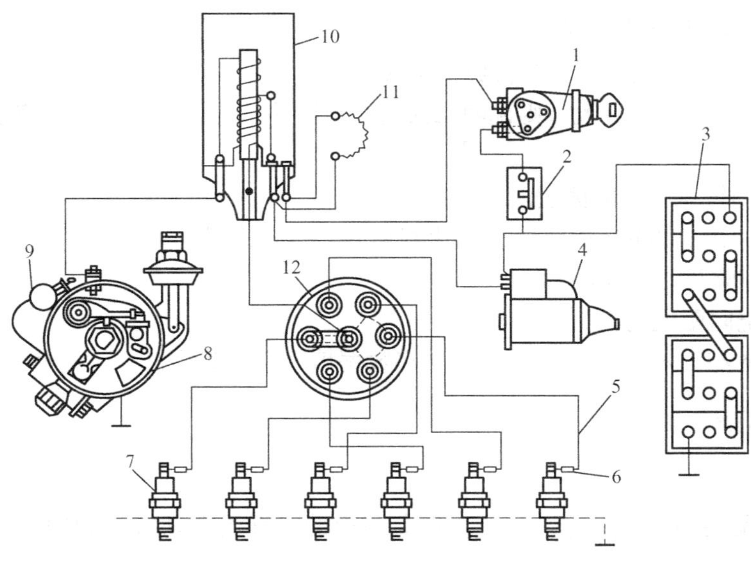

图3-43 传统点火系统的组成示意图

1—点火开关 2—电流表 3—蓄电池 4—起动机 5—高压导线 6—阻尼电阻 7—火花塞 8—断电器 9—电容器 10—点火线圈 11—附加电阻 12—配电器

(2) 点火线圈的检测

① 一次侧绕组电阻值的测量。

图 3-44 所示为点火线圈的内部结构示意图。用万用表 $R\times1\Omega$ 档测量一次侧绕组阻值并将点火系统元器件参数检测数据表填入表 3-2 中。

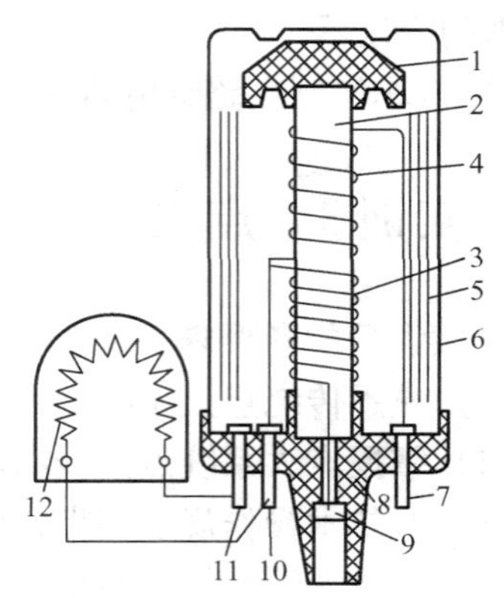

图 3-44 点火线圈的内部结构示意图

1—绝缘座 2—铁心 3—二次侧绕组 4——次侧绕组 5—导磁钢套 6—外壳 7—接线柱（接断路器） 8—胶木盖 9—高压线接头 10—接线柱（接附加电阻及短路开关） 11—接线柱（接电源、附加电阻及短路开关） 12—附加电阻

表 3-2 点火系统元器件参数检测数据表

车型 电阻	桑塔纳(有触点)
一次侧绕组电阻/Ω	
二次侧绕组电阻/kΩ	
附加电阻/Ω	

若万用表指示阻值无穷大，则说明一次侧绕组断路；若阻值小于标准值，则说明匝间有短路。绕组的断路、短路都会引起点火系统不能正常工作。各车型的点火线圈一、二次侧绕组电阻的参数如表 3-3 所示。

表 3-3 点火线圈电阻参数表

车型 电阻	桑塔纳(有触点)
一次侧绕组电阻/Ω	1.7~2.1
二次侧绕组电阻/kΩ	7~12

② 二次侧绕组电阻值的测量。

用万用表 $R\times1\text{k}\Omega$ 档测量，并将数据填入表 3-2 中。

若万用表指示阻值无穷大，则说明二次侧绕组断路；若阻值小于标准值或为 0 时，则说明匝间有短路。

③ 点火线圈绝缘电阻的测量。

用数字式万用表 20MΩ 档测量，点火线圈任一端与外壳间的电阻均应为无穷大，否则存在漏电故障，应及时更换。

(3) 附加电阻阻值的检查

用万用表 $R\times1\Omega$ 档测得附加电阻，并将数据填入表 3-2 中。正常阻值为 1.2~1.8Ω。

3.7 习题

1. 发电机是利用________________现象制成的。直流电动机是利用________________原理制成的。

2. 通电导体在磁场中受到____________的作用，力的方向跟________________和________________有关系，可用________定则判断方向。

3. 汽车上很多控制电路用的继电器，其实质是根据__________铁心线圈特点制成的。

4. 一台理想变压器，其一次线圈 2200 匝，二次线圈 440 匝，并接一个 100Ω 的负载电阻。

1）当一次线圈接在 44V 直流电源上时，电压表示数______V，电流表示数______A。

2）当一次线圈接在 220V 交流电源上时，电压表示数______V，电流表示数______A。

5. 磁场的基本物理量有哪些?

6. 磁路欧姆定律和电路欧姆定律有哪些相似处及区别?

7. 变压器的工作原理是什么？一般应用在哪些场合？

8. 变压器有哪些主要额定值？一次、二次额定电压的含义是什么？

9. 简述汽车点火系统变低压为高压的工作原理。

10. 一台 220/110V 的变压器，原来的匝数是 5000/2500，现为了节省铜线，把匝数改为 1000/500（其他条件不变），这样做的结果怎样?

11. 某机修车间的单相照明灯变压器，一次线圈侧的额定电压为 220V，额定电流为 4.55A，二次线圈侧的额定电压为 36V，试求二次线圈侧可接 36V、60W 的白炽灯多少盏?

12. 有一台容量为 50kV·A 的单相自耦变压器，已知 $U_1 = 220V$，$N_1 = 500$ 匝，如果要得到 $U_2 = 200V$，二次线圈应在多少匝处抽出线头?

13. 额定容量 $S_N = 2kV \cdot A$ 的单相变压器，一次线圈、二次线圈的额定电压分别为 $U_{1N} = 220V$，$U_{2N} = 110V$，求一次线圈、二次线圈的额定电流各为多少?

14. 已知电路如图 3-45 所示，一个理想变压器的一次线圈接在 220V 的市电上，向额定电压为 $1.80 \times 10^4 V$ 的霓虹灯供电，使其正常发光，为了安全，需要一次线圈回路中接入熔断器，使二次线圈电路中电流超过 12mA 时，熔丝便熔断。

1）熔丝的熔断电流是多大?

2）当二次线圈电路中电流为 10mA 时，变压器的输入功率是多大?

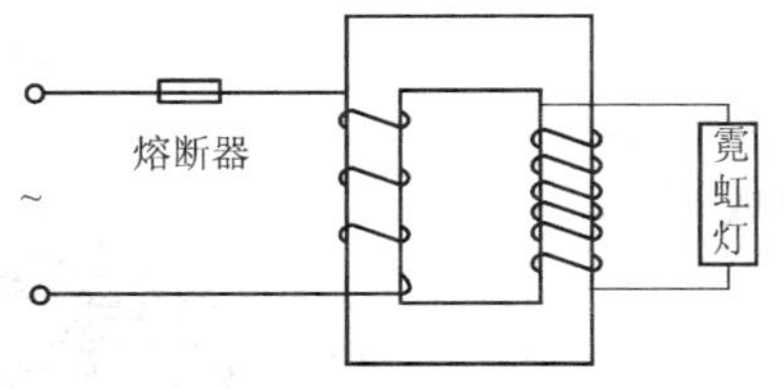

图 3-45　习题 14 图

第 4 章　直流电动机和步进电动机

【本章要点】

- 直流电动机的结构、工作原理、励磁方式、起动、反转和调速
- 车用起动机的构造、传动机构及电控原理
- 典型汽车电动机控制电路
- 步进电动机的结构、工作原理

4.1　直流电动机的结构和工作原理

直流电动机是把直流电能转换为机械能的转动装置。电动机定子提供磁场，直流电源向转子的绕组提供电流，换向器使转子电流与磁场产生的转矩保持方向不变。人类最早发明和应用的是直流电动机，目前虽不如交流电动机应用普遍，但因其良好的调速性能而在电力拖动中得到广泛应用。另外，直流电动机的起动转矩比较大，非常适合做汽车用起动机。虽然直流电动机的构造比较复杂，生产成本和维修维护技术要求也高，但在对调速要求高的生产机械或需要较大起动力矩的生产机械上常常采用直流电动机来驱动。汽车中的电动转动装置都是利用直流电动机来实现的。

4.1.1　直流电动机的结构

直流电动机主要由定子（固定部分）和电枢（旋转部分）两大部分组成。图 4-1 所示为直流电动机的结构图。下面就一些主要的部件分别给予介绍。

1. 定子

定子主要由主磁极、换向磁极、机座、端盖和电刷装置等部件组成。

（1）主磁极

主磁极的作用是产生主磁场。绝大多数直流电动机的主磁极不是用永久磁铁而是由励磁绕组通以直流电流来产生磁场的。主磁极结构图如图 4-2 所示。由图可知主磁极主要由主磁极铁心和套装在铁心上的励磁绕组构成。一般主磁极铁心采用低碳钢板冲成一定形状叠装固定而成。

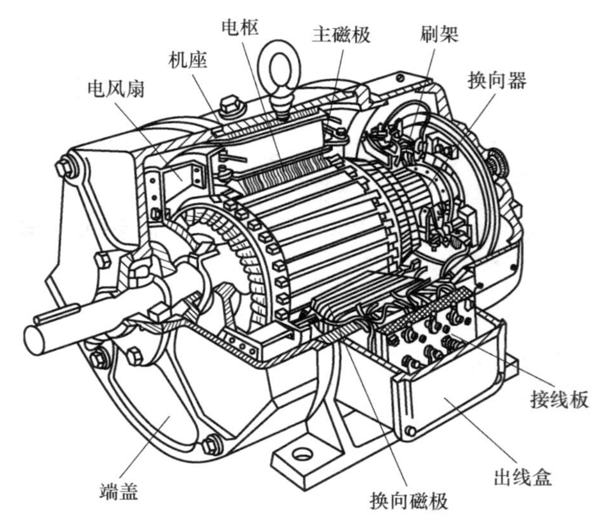

图 4-1　直流电动机的结构图

（2）换向磁极

在相邻的主磁极之间装有换向磁极，它也是由铁心和绕组构成。其作用是消

除或减小换向时的火花，保护换向器，使电动机可靠安全地运行。

（3）机座

机座是直流电动机的骨架，机座结构图如图 4-3 所示。它有两个作用：一是构成主磁路的一部分，使得在相同的电流下磁场增强；二是支撑和保护电动机，起到固定定子各部件和支持转子旋转的作用。机座中作为磁路通路的部分称为磁扼，主磁极和换向磁极固定于磁扼上。

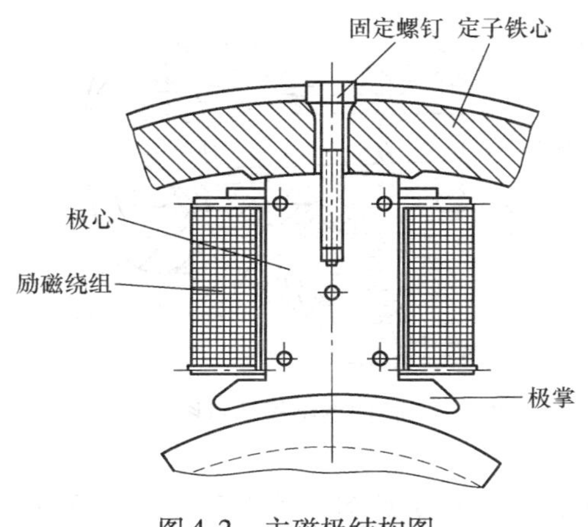

图 4-2　主磁极结构图

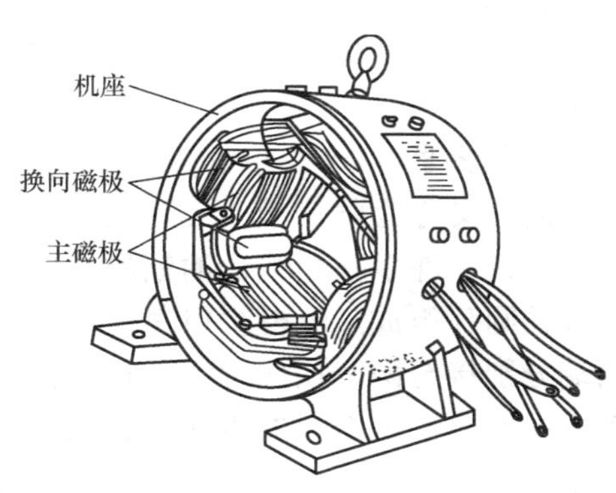

图 4-3　机座结构图

（4）电刷装置

电刷装置一般由电刷、刷握、引线和电刷弹簧等构成，电刷的结构图如图 4-4 所示。其作用是将外加电源的电流输入到转动的电枢中去，使静止部分与转动部分实现导电的功能。电刷是由石墨做成的导电块，放在刷握中，由弹簧机构施以一定的压力将其压在换向器表面上，电动机运行时与换向器表面形成滑动接触，电刷上焊的铜丝辫引入电流。电刷的组数即电刷杆数一般与主磁极的极数相等，各刷杆装在一圆形的可以转动的刷杆座上，刷杆座固定在一端的端盖上。

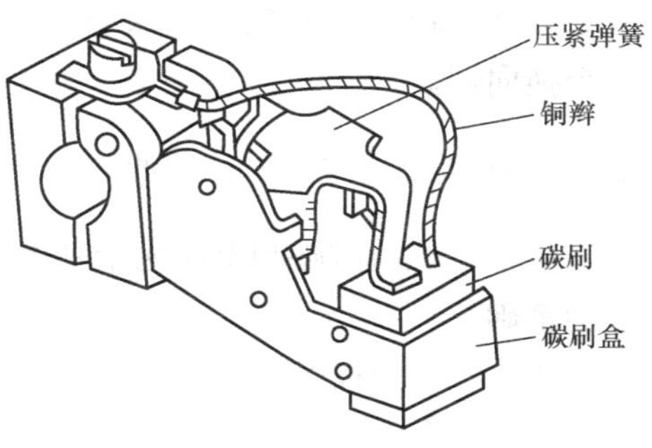

图 4-4　电刷的结构图

2. 电枢

直流电动机的转子是电动机实现能量转换的枢纽，所以称为电枢。电枢部分主要由电枢铁心、电枢绕组、换向器、转轴、轴承和风扇等组成。

（1）电枢铁心

电枢铁心既是主磁路的一部分，又要嵌放电枢绕组。为了减小铁心损耗，电枢铁心一般由涂有绝缘漆的 0.5mm 厚的硅钢片冲压后叠压而成，硅钢片边缘冲有槽口，叠成圆柱体后外表面形成许多均匀分布的槽，槽内

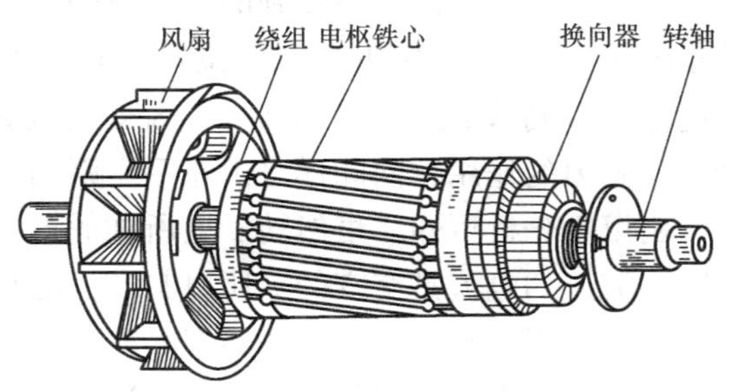

图 4-5　小型直流电动机的电枢示意图

嵌放着电枢绕组。图 4-5 所示为小型直流电动机的电枢示意图。

（2）电枢绕组

电枢绕组是产生电磁转矩和感应电动势，实现能量转换的主要部件。它由许多完全相同的线圈按一定的规律连接组成，并连接到换向片上，使绕组本身连成有两个引出端的串并联电路。线圈分上下两层放在电枢铁心的槽内，上下层间及线圈与电枢铁心间都要妥善地绝缘。线圈嵌好后，槽口要用竹制或胶木制的槽楔封好，防止在转动时线圈受离心力的作用发生径向位移或被甩出来。

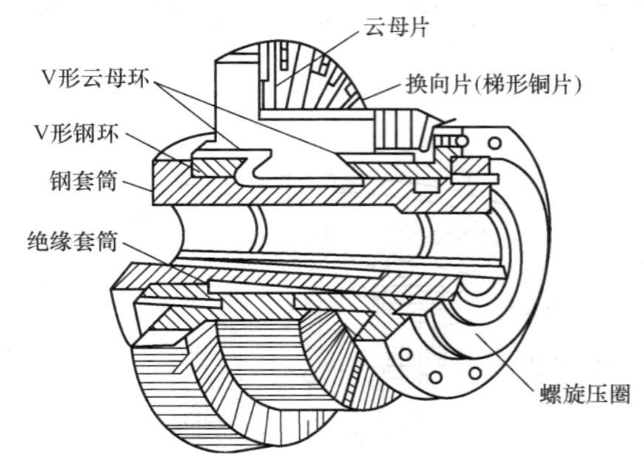

图 4-6　换向器结构示意图

（3）换向器

换向器又称为整流子，装在电枢转轴的一端，由许多互相绝缘的铜质换向片叠成的圆环组成。电枢绕组每个线圈的两端分别接至两个换向片上。在直流电动机中换向器将电源的直流电转换为线圈中的交流电，以获得方向不变的电磁转矩，换向器结构示意图如图 4-6 所示，换向器由许多梯形铜片组成，片间用云母片绝缘，外表呈圆柱形。换向片和云母片组成的圆筒两端用 V 形云母套筒和 V 形金属压圈压紧，以使其成为一个整体并保存其绝缘性能，这样就构成了一个换向器。

4.1.2　直流电动机的工作原理

直流电动机由磁路和电路两个基本部分组成，它的工作原理仍以电磁力定律和电磁感应定律为基础。

图 4-7 所示为最简单的直流电动机工作原理图。在一对固定的主磁极中放着电枢绕组，该电枢绕组只有一匝线圈 abcd。绕组的两个引出端分别与两个相互绝缘的换向器片连接。外加电源通过两只固定的电刷分别与换向器片紧密接触，向绕组供给直流电。因为固定电刷 A（正极）总是与 N 极下的线圈边接触，固定电刷 B（负极）总是与 S 极下的线圈边接触。所以当给电刷加上直流电源时，则有直流电流从电刷 A 流入，经过线圈 abcd ，从电刷 B 流出，由电磁力定律可知，在图 4-7a 所示中通电导体 ab 和 cd 受到电磁力的作用，其方向由左手定则判定，两段导体受到的力形成一个转矩，使得转子绕中心的转轴逆时针转动。如果转子转过 180°在图 4-7b 所示的位置，电刷 A 和换向片 2 接触，电刷 B 和换向片 1 接触，直流电流从电刷 A 流入，在线圈中的流动方向是 dcba，从电刷 B 流出。此时通电导体 ab 和 cd 受到电磁力的作用方向同样可由左手定则判定，它们产生的转矩仍然使得转子逆时针转动。

由以上分析可知，虽然转子上所加的电流是直流，但由于电刷和换向片的作用，在转子线圈中流过的电流是交变的，所以其产生的转矩方向是不变的。

由于一匝线圈产生的电磁转矩是非常小的，在实际应用中为了得到很大的电磁转矩，直流电动机电枢上的绕组是由多个线圈连接而成。

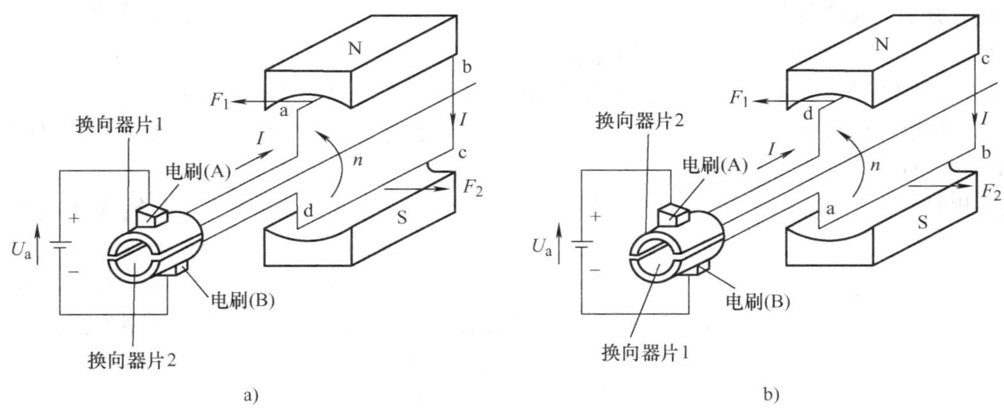

图 4-7　直流电动机工作原理图

4.1.3　直流电动机的反电动势和电磁转矩

直流电动机通电后电枢绕组在电磁转矩的带动下开始旋转，此时电枢绕组就会切割磁力线而产生感应电动势。根据右手定则判断可知产生感应电流的方向与绕组中通入的电流方向是相反的，由此产生的感应电动势称为反电动势，记作 E_a。反电动势 E_a 与每极磁通 Φ 和电动机的转速 n 成正比：

$$E_a = K_e \Phi n \tag{4-1}$$

式中，K_e 为电动势常数，由电动机本身结构所决定。

直流电动机运转时，电枢中的电流为：

$$I_a = \frac{U - E_a}{R_a} \tag{4-2}$$

式中，U 是外加电压，R_a 是电枢绕组的电阻。于是得：

$$U = E_a + I_a R_a \tag{4-3}$$

这是直流电动机的电压平衡方程式，显然 $E_a < U$。上式两边乘以电流 I_a，即得功率平衡方程：

$$UI_a = E_a I_a + R_a I_a^2 \tag{4-4}$$

式中，UI_a 是电源供给的电功率（不计铁损耗），$E_a I_a$ 称为电磁功率，它转化为电动机的机械功率，如果不计摩擦损耗，它也就是电动机的输出功率。$R_a I_a^2$ 是电枢绕组的铜损耗。

直流电动机的电磁转矩 T_{em} 与每极磁通 Φ 和电枢电流 I_a 成正比：

$$T_{em} = K_T \Phi I_a \tag{4-5}$$

式中，K_T 为转矩常数，取决于电动机的结构。

4.1.4　直流电动机的转矩平衡

当直流电动机通入恒定不变的直流电压时，电枢绕组在主磁场作用下将产生电磁转矩 T_{em}，当 T_{em} 大于转轴上的机械负载转矩 T_L 和摩擦转矩 T_m 之和时，电动机就可以起动并加速旋转，由式（4-1）可知当电动机的转速增加时反电动势 E_a 将增大，因外加电压恒定不变，由式（4-2）可知电枢中的电流 I_a 将减少，再由式（4-5）可知 T_{em} 将减小。

由上分析可知当直流电动机外加足够大的恒定直流电压时，在刚起动时的电磁转矩 T_{em} 为最大，此时电动机转子所受到的加速度也最大，但是随着电枢绕组转速的不断增加，电磁转矩 T_{em} 将不断减小，即加速度也逐渐减小。由于机械负载转矩 T_L 和摩擦转矩 T_m 之和（$\sum T_L$）不变，所以在很短的时间内必然会使 $T_{em}=\sum T_L$，这时由于电动机转子加速度为0，所以电动机便以某一稳定转速 n 运转。

若此时由于其他原因负载减小，即 $\sum T_L$ 减小至 $\sum T'_L$，这时由于 T_{em} 突然大于 $\sum T'_L$ 将使电动机转子突然获得一定的加速度而加速旋转，由上面的分析可知电磁转矩 T_{em} 将不断减小，直到最终和 $\sum T'_L$ 相等为止，此时电动机便以 n'（比原来转速 n 高一些）稳定运转。同理如果负载增大，变化过程与上述相反，电动机最后将以比原来低一些的转速稳定运转。

$$n=\frac{E_a}{K_e\Phi}=\frac{U-R_aI_a}{K_e\Phi} \tag{4-6}$$

对转矩平衡也可以这样解释，当直流电动机起动后随着转速的增加，电枢绕组产生的感应电流也随之增加，根据KCL定律可知流过电枢绕组的励磁电流减小，其结果就使得电磁转矩 T_{em} 降低到和 $\sum T'_L$ 相等为止。

4.1.5 直流电动机的铭牌

直流电动机的铭牌标注有直流电动机的型号、额定数据和励磁方式等。

型号主要说明产品代号和规格代号。例如型号为Z-132L-TH的直流电动机，说明中心高为132mm、长机座、适用于湿热带地区使用的普通直流电动机。

直流电动机在标准环境温度下带额定负载、按规定励磁方式励磁且励磁电流为额定值、电枢绕组加额定电压时的运行方式，称为额定运行。额定数据主要有如下几个。

1. 额定电压 U_N

额定电压 U_N 指直流电动机额定运行时，电枢绕组外接电源的电压，也是电动机安全工作的最高电压。

2. 额定电流 I_N

额定电流 I_N 指直流电动机额定运行时，电枢绕组流过的直流电流，也是电动机按规定长期额定运行时电枢绕组可以通过的最大电流。

3. 额定功率 P_N

额定功率 P_N 指电动机额定运行时，轴上输出的机械功率。即：

$$P_N=U_NI_N\eta_N \tag{4-7}$$

式中，η_N——额定效率。

4. 额定转速 n_N

额定转速 n_N 指电动机额定运行时的转速。

根据铭牌上一些物理量的额定值，可以计算另一些物理量的额定值，则额定转矩为：

$$T_N=9550\frac{P_N}{n_N} \tag{4-8}$$

4.2 直流电动机的励磁方式

励磁方式是指励磁绕组的供电方式，直流电动机中主磁极的磁通是由励磁电流产生的，励磁方式与电动机的性能有密切关系。直流电动机有他励、并励、串励和复励4种励磁方式。直流电动机电路模型图如图4-8所示。他励方式的励磁绕组与电枢绕组分别由两个无关的直流电源供电。并励方式的励磁绕组与电枢绕组并联，其机械特性为硬特性。串励方式的励磁绕组与电枢绕组串联，串励直流电动机的过载能力大，其机械特性为软特性。复励电动机有两个励磁绕组，一个励磁绕组与电枢绕组构成串联电路，另一个励磁绕组与该串联电路并联；如果两个励磁绕组的磁场方向相同，那么称为积复励，积复励直流电动机的机械特性较硬、过载能力较大。

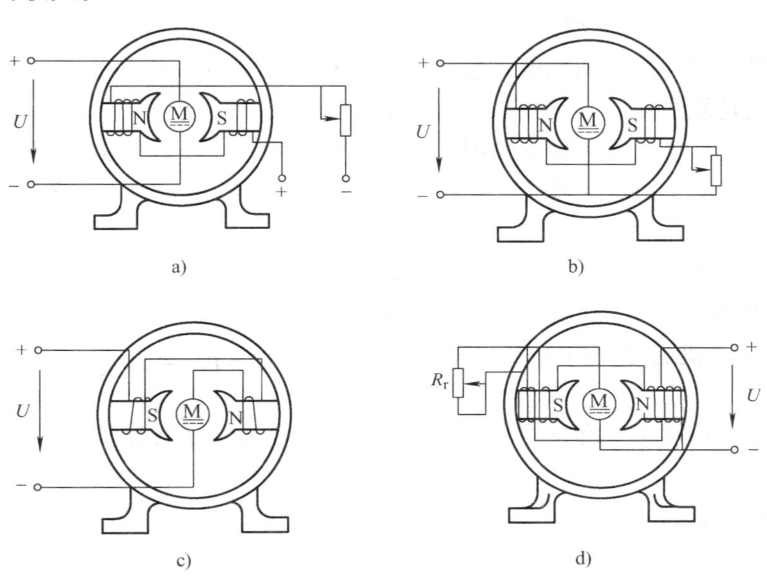

图4-8 直流电动机电路模型图

a）他励　b）并励　c）串励　d）复励

4.2.1　他励直流电动机

他励电动机的励磁绕组和电枢绕组分别由两个独立电源供电，这样励磁电流的调节与电枢电压、电流的调节都可以单独进行而互不影响，他励直流电动机的等效电路图如图4-9所示。这种电动机常用于重型机床和采用调压调速的控制系统中。

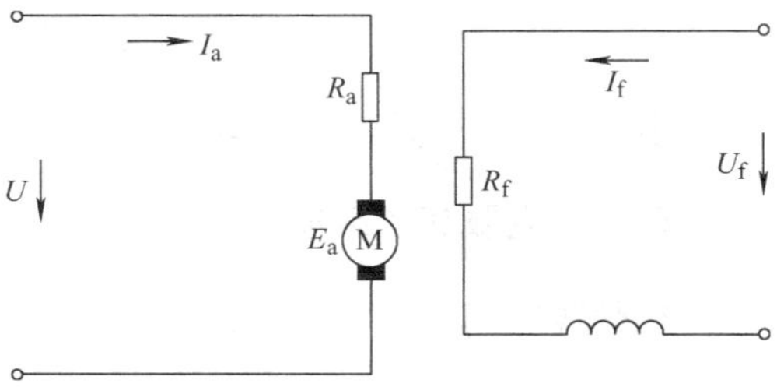

由图4-9可知电枢电流为式（4-2）所示，励磁电流为：

$$I_f = \frac{U_f}{R_f} \tag{4-9}$$

式中，U_f 为励磁电压，R_f 为励磁电阻（包括励磁绕组电阻和励磁调节电阻）。为了能用较小的电流产生足够的磁场，励磁绕组匝数很多，导线截面很细，所以 R_f 比较大，一般的关系是 $R_f \gg R_a$。

图4-9　他励直流电动机的等效电路图

4.2.2 并励直流电动机

并励直流电动机的励磁绕组与其电枢电路并联后，共同由一个直流电源供电，并励直流电动机的等效电路图如图 4-10 所示，这时电源输出的电流等于电枢电流与励磁电流之和，即：

$$I = I_a + I_f \tag{4-10}$$

并励电动机励磁绕组两端的电压就是电枢绕组两端的电压，但励磁电流一般仅为电枢电流的1%（小型）~5%（大型）。

并励电动机在结构上与他励电动机并无本质区别，励磁绕组也是匝数多、导线细及电阻大，励磁电流也小，且与电枢电流无关而由励磁电路条件决定。利用与励磁绕组相串联的可变电阻 R_f 改变励磁电流，就可改变磁场强度的大小。

并励电动机和他励电动机都是最常用的电动机，两者特性基本相同，只是励磁绕组的接法不同，由于并励电动机省了一个电源，所以被广泛采用。

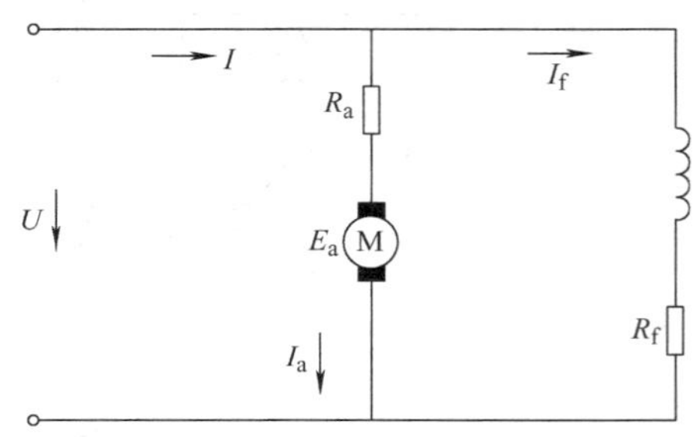

图 4-10 并励直流电动机的等效电路图

机械特性是指在电压 U 和励磁电流 I_a 一定的情况下电动机转速 n 与电磁转矩 T_{em}之间的关系。

由式（4-1）可得：

$$n = \frac{E_a}{K_e \Phi} \tag{4-11}$$

由图 4-8 利用 KVL 可得：

$$U_a = U - I_a R_a \tag{4-12}$$

所以：

$$n = \frac{U - I_e R_a}{K_e \Phi} \tag{4-13}$$

由式（4-5）可得：

$$n = \frac{U}{K_e \Phi} = \frac{R_a}{K_e T_T \Phi^2} T_{em} = n_0 - \beta T_{em} \tag{4-14}$$

式中，$n_0 = \frac{U}{K_e \Phi}$是当 $T_{em} = 0$ 时的转速，称为理想空载转速，但是即使电动机不带负载空载转动也要克服其空载损耗转矩（主要是机械损耗转矩），即空载时，$T_{em} \neq 0$，所以，实际上，空载转速 n_0 比理想数值要偏低一些。$\beta = \frac{R_a}{K_e K_T \phi^2}$一般认为是常数，$\beta T_{em}$表示当负载增加后，电动机的转速比理想空载转速 n_0 降低的数值。

根据式（4-10）可画出并励电动机机械特性曲线如图 4-11 所示。由于电枢电阻 R_a 很小，这样使得β的值也很小，所以在 T_{em}增加时，转速 n 下降不多，一般从空载到满载转速的降低只有 3% ~8%。当负载变化时，转速变化不大的特性称为并励电动机的硬特性。并励电动机适合于负载变化大、但要求转速基本不变的场合。

4.2.3 串励直流电动机

串励直流电动机的励磁绕组和电枢绕组串联后，由一个电源供电，串励直流电动机的等效电路图如图 4-12 所示。可见串励直流电动机的励磁电流就是电枢电流，其数值为：

$$I_a = I_f = \frac{U - E_a}{R_a + R_f} \tag{4-15}$$

由于励磁绕组是和电枢串联的，所以电动机内磁场随着电枢电流的改变有显著的变化。为了使励磁绕组中不致引起大的损耗和电压降，励磁绕组的电阻越小越好，所以串励直流电动机的励磁绕组通常用较粗的导线绕成。又由于励磁电流比较大，励磁绕组在匝数不多的情况下就可以建立足够的主磁通，所以励磁绕组的导线匝数少。

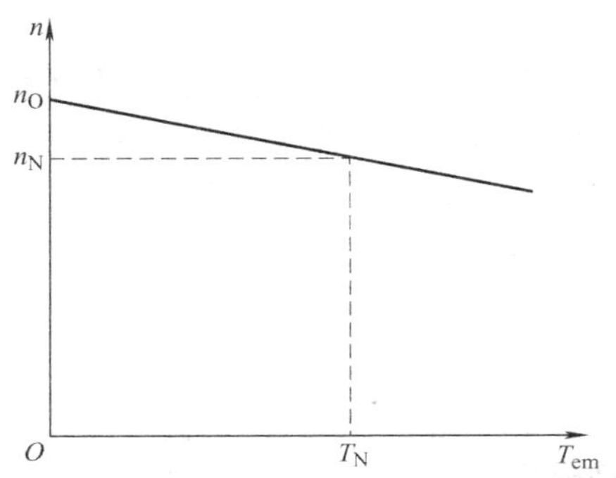

图 4-11　并励电动机机械特性曲线

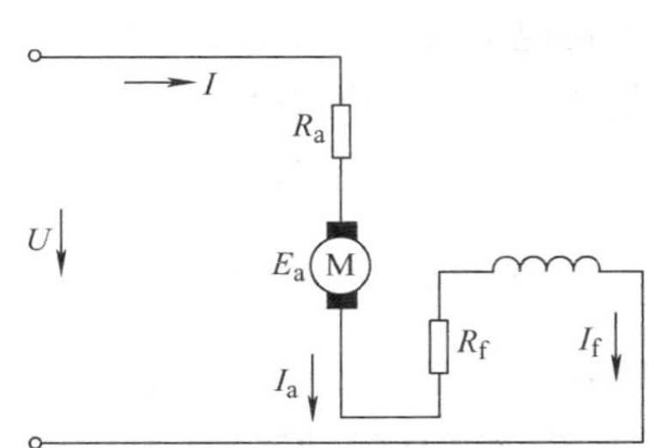

图 4-12　串励直流电动机的等效电路图

由于励磁电流就是电枢电流，主磁通（Φ）是随电枢电流（I_a）变化的，这就使得主磁通随机械负载的变化而变化，所以串励直流电动机的特性和并励直流电动机的特性相差很大。当负载比较轻时，电枢电流比较小，磁极未达到饱和，由于主磁通和电枢电流成正比，所以串励直流电动机的电磁转矩和电枢电流的平方成正比，这说明在相同的电枢电流下，串励直流电动机产生的转矩比并励或他励直流电动机产生的转矩大。

当负载变化时，串励直流电动机的转矩变化较大，这是串励直流电动机的特点之一。

由式（4-1）可得：

$$n = \frac{E_a}{K_a \phi} \tag{4-16}$$

由式（4-11）可得：

$$E_a = U - I_a(R_a + R_f) \tag{4-17}$$

由式（4-5）可得：

$$I_a = \frac{T}{K_T \Phi} \tag{4-18}$$

将以上 3 式联立可得：

$$n = \frac{U}{K_e \phi} - \frac{R_a + R_f}{K_e K_T \phi^2} T \tag{4-19}$$

这就是直流电动机的机械特性方程式。当负载不大时，磁路未饱和，随着负载转矩的增加，电枢电流也随之增加，从而使磁通增加，由上式可知，会引起转速急剧下降。当负载比较大时由于磁路饱和，随着负载转矩的增加，磁通的增加减慢，以致几乎不增加，因而转速随转矩的增加而下降其的速率减慢，由此可以得出串励电动机随负载的变化转速呈急剧的变化，这种特性称为软特性。串励直流电动机的机械特性曲线如图 4-13所示。

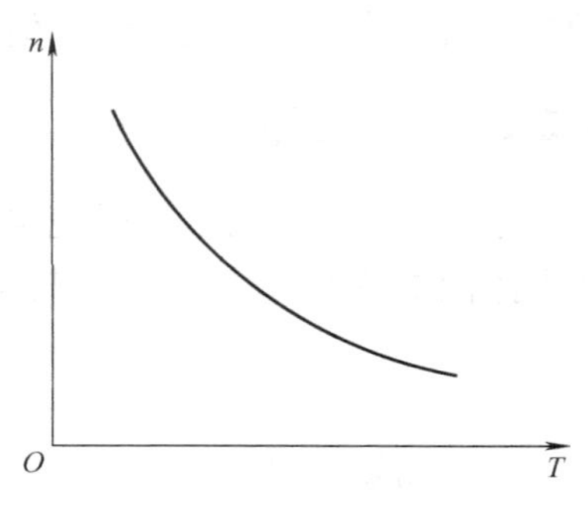

图 4-13 串励直流电动机的机械特性曲线

由上分析可知，串励电动机适用于作为负载力矩在较大范围内变化和要求有较大的起动转矩的生产机械的拖动，例如牵引机械、起重设备的拖动等。当负载力矩很大时，转速下降很大，以保证安全运行；当负载力矩较小时，转速升高，以提高生产效率。

从图可知，使用串励电动机时，不能让电动机在空载或低于 25% 额定负载下运行。因为这时电枢电流比较小，磁通较小，转速会过高，以致超出转子机械强度所允许的限度，这是很危险的，所以是绝不允许的。为了防止发生上述情况，串励电动机不应采用带传动，以防皮带滑脱或断裂时，造成电动机空载而产生“飞车”现象。

4.2.4 复励直流电动机

复励直流电动机的主磁极上装有两个励磁绕组。一个励磁绕组与电枢电路并联，称为并励绕组；另一个励磁绕组与电动机电枢串联，称为串励绕组；两绕组共同由一个直流电源供电。复励直流电动机的等效电路图如图 4-14所示。

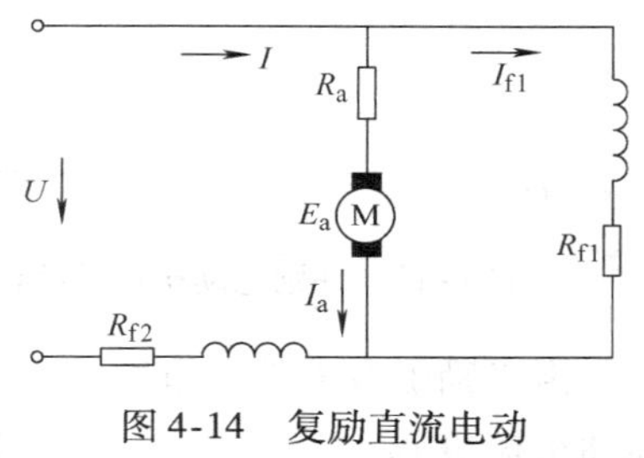

图 4-14 复励直流电动机的等效电路图

复励直流电动机的主磁通是由并励绕组和串励绕组共同产生的，其工作特性介于并励和串励直流电动机之间。当并励绕组的励磁作用大于串励绕组的励磁作用时，工作特性就接近于并励直流电动；反之工作特性就接近于串励直流电动机。

复励电动机的励磁状态，根据两个励磁绕组磁通的方向相同或相反，可分为积复励和差复励。当两个励磁绕组产生的磁通方向相同，使励磁磁场增强时，称为积复励，它的主磁通随电枢电流的增加而增强。当两个励磁绕组产生的磁通方向相反，使磁场削弱时，称为差复励，它的主磁通随电枢电流的加大而减小。

由于复励电动机的工作特性同时具有并励电动机和串励电动机的特点，因此它的应用范围较广，既适用于负载力矩变化大、需要比较软的机械特性的生产设备中，又适用于要求在空载和轻载下能运行的生产机械中。

4.3 直流电动机的起动、反转和调速

掌握直流电动机的工作特性为正确选用直流电动机打下了基础，但是要很好地运用它还必须了解直流电动机的起动、反转、调速和制动的方法。

4.3.1 直流电动机的起动

电动机在起动的瞬间转速 $n=0$，所以此时 $E_a=0$，此时电枢电流称为起动电流（I_{st}），根据式（4-2）可知：

$$I_{st}=\frac{U}{R_a} \tag{4-20}$$

由于电枢电阻（R_a）很小，因此起动电流可达额定值的 10~20 倍，这么大的电流将会损坏换向器和电枢绕组，并使供电线路的电压下降。一般只有容量小的小型电动机才能在额定电压下直接起动，这是因为小型电动机的电枢电阻的数值并不小，且其转动惯量小，起动时转速上升快，升速时间短；而容量稍大的直流电动机必须设法减小起动电流。

因此根据式（4-20）可知，为了减小起动电流，对于容量稍大的直流电动机，起动时可降低加在电枢绕组上的电压，或在电枢电路中串联起动变阻器。

1. 降压起动

降压起动的方法只适用于他励直流电动机。这种方法要求有一个电压可变的直流电源（如晶闸管电源）专供电枢使用。起动时，降低电枢电压，待起动后，随着转速的升高逐步升高电枢电压，直到转速达到额定值。

2. 串联起动变阻器

图 4-15 所示为并励直流电动机电枢电路串变阻器起动原理电路图，图中 R 为电动机起动用的变阻器（称为起动变阻器）的可变电阻。起动时，应将串接在电枢电路中的起动变阻器置于最大的位置，以限制起动电流。只要起动转矩大于负载转矩，电动机便加速旋转，为了保持一定的加速净转矩，将可变电阻逐级减小，直到电动机转速上升至稳定值，这时再把可变电阻全部切除。为保证足够的起动转矩，且起动时间不致过长，起动电流也不能限制过小。起动电阻的阻值通常以限制起动电流为额定电流的 1.5~2.5 倍为最佳。否则虽然把起动电流给限制住了，但是由于其数值太小，结果起动时间过长，一方面满足不了生产需要，另一方面会使电流的热效应增加，容易烧坏线圈。

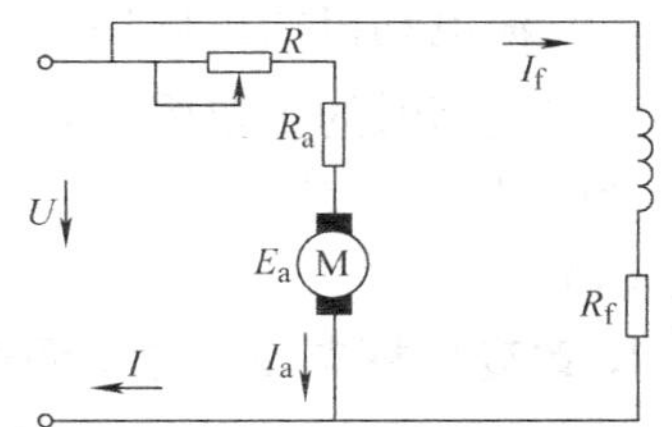

图 4-15　并励直流电动机电枢电路串变阻器起动原理电路图

4.3.2 直流电动机的反转

改变电动机电枢绕组的旋转方向称为反转。实现方法就是改变电动机电磁转矩方向。电磁转矩的方向由两个因素决定，即主磁通方向和电枢电流的方向。因此，改变电枢电流或主磁通的方向都能使电磁转矩方向改变，从而实现电动机反转。具体方法有改变加在电枢绕组两端电压极性和改变励磁电压极性。

1. 改变电枢电压极性

把两电刷的接线调换，就可使电枢供电电压的极性改变，从而使流过电枢绕组的电流方向改变。图 4-16 所示为并励直流电动机改变电枢电压极性电路图。图中，采用了双刀双掷开关 K。当 K 倒向左时，电枢电流 I_a 方向如图 4-16a 所示，当 K 倒向右时，电枢电流 I_a 的方向如图 4-16b 所示。

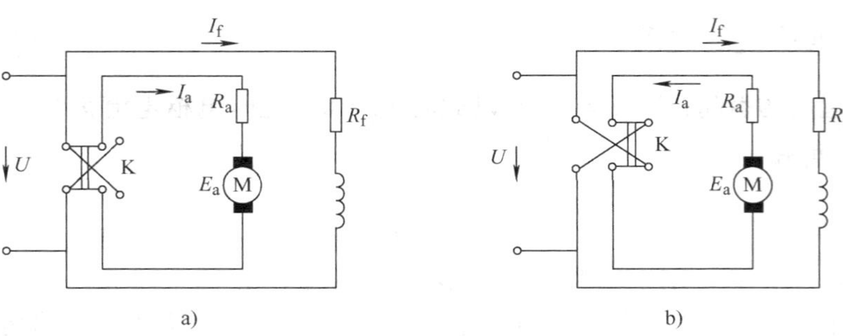

图 4-16　并励直流电动机改变电枢电压极性电路图

2. 改变励磁电压极性

将励磁绕组两极接线调换，即可改变励磁电压的极性，使励磁电流方向改变，从而使主磁通的方向改变。这种实现反转的方法在实际中一般很少采用。因为改接励磁绕组接线时，励磁电流有可能出现中断，从而引起“飞车”事故。

4.3.3　直流电动机的调速

由直流电动机的机械特性方程式（4-19）可知，当转矩 T_{em} 不变（负载不变）时，影响电动机转速高低的主要因素是电枢回路电阻 R_a、主磁通 Φ 和电源电压 U。所以电动机的转速可以下述 3 种方法调节。

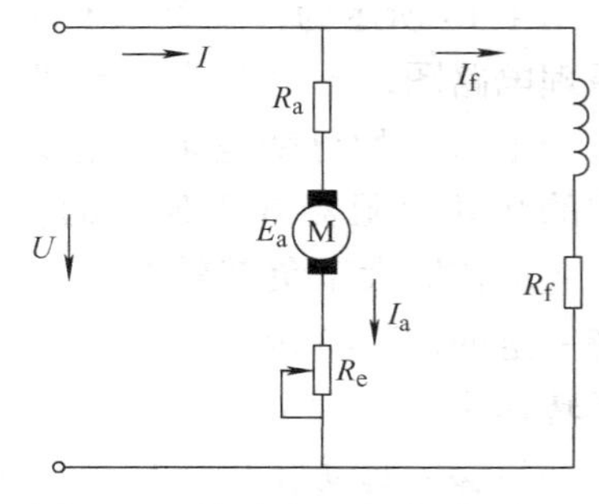

图 4-17　并励直流电动机电枢电路串联电阻 R_e 的调速原理图

1. 改变电枢电路的电阻调速

图 4-17 所示为并励直流电动机电枢电路串联电阻 R_e 的调速原理图，该电阻称为调速电阻，它与起动电阻 R_a 作用不同，R_a 供长期使用，R_e 是供短期使用的。

此时并励直流电动机的转速为：

$$n = \frac{U}{K_e\phi} - \frac{R_a + R_e}{K_e K_T \phi^2}T \tag{4-21}$$

由上式可知：在电枢电路中串入调速电阻后，电动机的转速降增大，从而可降低电动机转速。

改变电枢电路的电阻调速的物理过程为：当使电阻 R_e 增加时，在最初瞬间电动机的转速因惯性作用仍维持原来的数值，所以反电势将保持不变，但是电枢电流 I_a 因 R_e 的增大而减小。因为励磁电流 I_f 没有改变，主磁通 Φ 也保持不变。电枢电流的减小将引起电磁转矩 T_{em} 的减小，此时机械负载力矩 T 不变，这时电磁转矩小于负载力矩，电动机转速下降，反电动势将随着转速的下降而成正比例减小，使电枢电流重新增大，从而电磁转矩开始增加，直到与负载力矩相等为止，此时电动机转速不再继续下降，而在比原来稍微低的转速下稳定运行。调速的物理过程可用图 4-18 所示的机械特性曲线上的箭头来表示：电动机原处在 a 点以转速 n_N 稳定运行，增加电阻 R_e 后电动机的工作点经 $a \to b \to c \to d \to e$ 转换，最后电动机在新的工作点 e 下以转速 n_2 稳定运行，当然 $n_2 < n_N$。图中 R_0、R_1 和 R_2 为 R_e 的不同数值，由此可以看出 R_0 最小，R_2 最大。

这种调速方法的特点是：

1）只能在额定转速 n_N 以下进行调节，简称为下调。

2）由于流过调速电阻 R_e 上的电流为电枢电流，其数值较大，故 R_e 上的能量损耗太不经济。

3）使电动机的机械特性变软。当负载变动时，电动机的速度变化较大，这对于要求稳速的负载来说是不利的。

4）电枢电流不受影响，数值保持不变，故这种调速叫作恒转矩调速。

5）调控方法简单，容易实现。

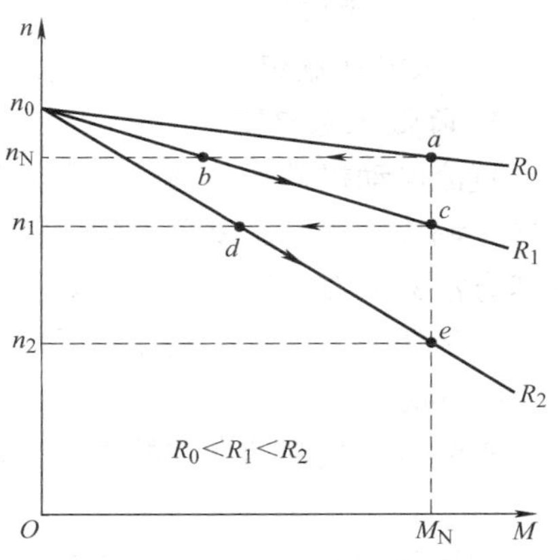

图 4-18　调速物理过程图

2. 改变励磁电流调速

若将调速电阻 R_e 串接于励磁电路中形成图 4-19 所示的调节电路，则调节 R_e 就可调节励磁电流的大小。当 R_e 增大时，励磁电流 I_f 减小，主磁通 Φ 减小。由直流电动机的机械特性可知：电动机的空载转速 n_0 和转速降 Δn 都将增大，但是 n_0 的增大要比 Δn 的增大的幅度大，这样转速 n 要增加。也就是说，当负载不变时，增大励磁回路电阻，电动机转速增加。

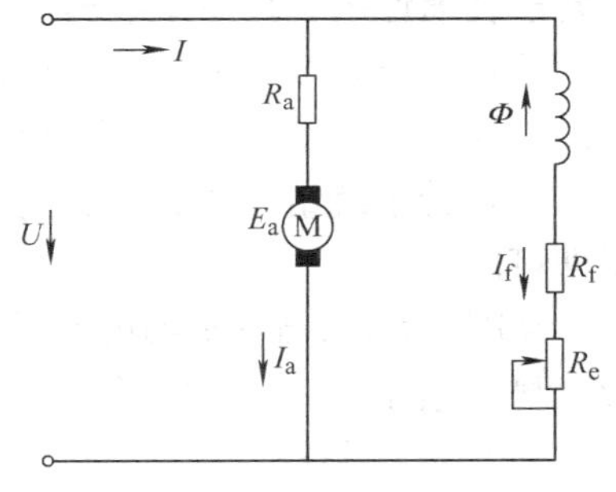

图 4-19　励磁电路串联电阻调速原理图

改变励磁电路的电阻调速的物理过程为：当增大励磁电路中的电阻 R_e 时，励磁电流 I_f 就减小，从而使主磁通 Φ 也随之减小；在 I_f 开始减小的瞬间，电动机的转速还没来得及变化，因此反电动势 E_a 将随着主磁通的减小而减小，E_a 减小使电枢电流 I_a 增大，但 I_a 的增大程度比主磁通 Φ 的减少程度多，从而使电磁转矩 T_{em} 增大，这时由于电磁转矩大于负载力矩 T，所以电动机加速。转速的升高使反电动势 E_a 将逐渐增大，于是电枢电流与电磁转矩 T_{em} 随之下降，直到电磁转矩重新等于负载力矩 T。此时电动机的转速不再上升，而以比原来稍高的转速继续稳定运行。

改变励磁电流调速的物理过程也可以在机械特性曲线上表示出来。图 4-20 所示为调速物理过程图表示电动机原在 a 点以转速 n_N 稳定运行，增大励磁调节电阻 R_e，电动机工作点将经 $a \to b \to c \to d \to e$ 转换，最后电动机在新的工作点 e 下以转速 n_2 稳定运行，当然 $n_2 < n_N$。图中 R_{C1}、R_{C2} 和 R_{C3} 为 R_e 的不同数值，由此可以看出 R_{C1} 最小，R_{C3} 最大。

这种调速方法的特点是：

1）调速平滑，可做到无级调速。

2）流经调速电阻 R_e 的励磁电流较小，故功率损耗小，比较经济。

3）调速后机械特性较软，运行的稳定性差。

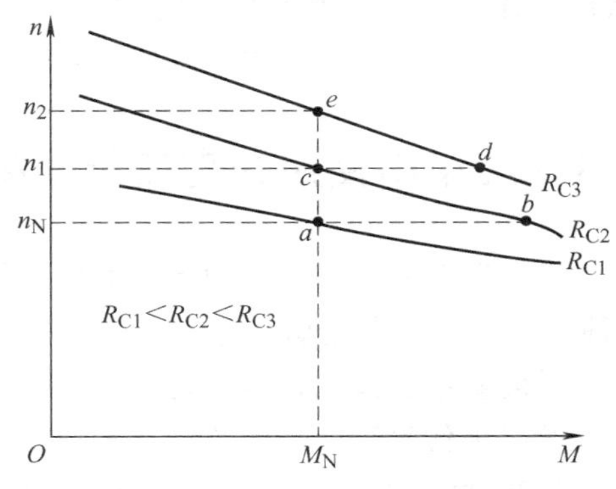

图 4-20　调速物理过程图

4）调速范围比较小。

5）只能在额定转速 n_N 以上调速，简称为上调，也称为弱磁调速。

3. 降低电源电压

直流电动机常由单独的可调整流装置供电。目前用得最多的可调直流电源是晶闸管整流装置；调节电源电压就可均匀调速。因为加在电枢上的电压不能超过额定值 U_N，所以这种调速方法只能在额定转速 n_N 以下作均匀调速。

这种调速方法具有调速范围广、平滑性好等优点。但需要专用的直流调压电源。

4. 制动

直流电动机制动常用的方法有能耗制动和反接制动。

（1）能耗制动

能耗制动控制电路原理图如图 4-21 所示，当把开关 S 从位置 1 扳到位置 2，电动机的转子与电源断开，而与一个制动电阻 R_f 形成闭合回路。此时由于励磁电路仍接通电源，电动机转子在惯性的作用下继续转动，由于此时的转动是在固定磁场中的转动，所以转子绕组切割磁力线通过制动电阻 R_f 构成感应电流，从而产生制动电磁力转矩，使电动机迅速停止转动。一旦转子绕组停止转动，电动机绕组中的电流变为零，此时无电磁力转矩，只要断开电源即可。

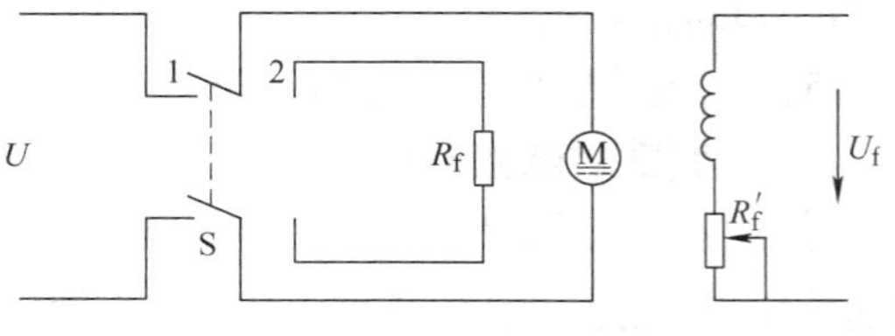

图 4-21　能耗制动控制电路原理图

从图中可知，制动转矩的大小取决于制动电阻 R_f 的大小。如果 R_f 小，则产生的制动转矩就大，制动时间变短。但凡不能过小，应使它的取值满足制动电流为正常工作时电流的两倍左右。

（2）反接制动

反接制动就是制动时将电源电压极性反接、产生制动转矩的制动方法。反接制动的制动原理图如图 4-22所示，将双刀双掷开关从 1 合向 2 时，电枢电流将发生改变，但此时励磁电流方向不变，这样电枢绕组就突然受到与其旋转方向相反的电磁转矩，在该转矩下电枢绕组做减速运动，直到转速为零。但如果此时不对电动机断电的话，电动机又会以相反的方向旋转，所以在实际操作中一定要注意断电。

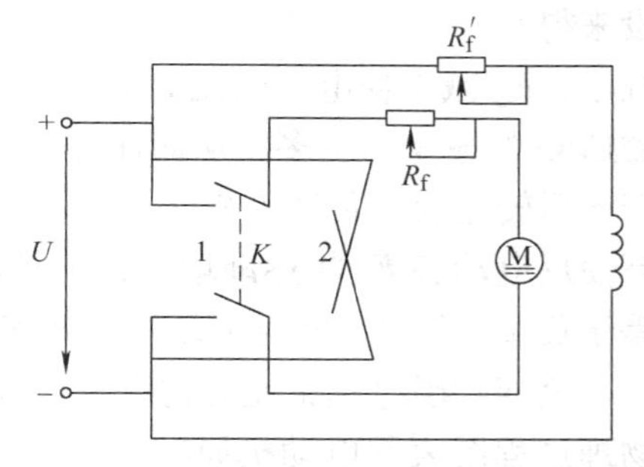

图 4-22　反接制动制动原理图

4.4　汽车中使用的直流起动机

汽车发动机必须靠外力带动曲轴旋转才能进入正常工作状态。用于起动发动机的方式有 3 种，分别为人力起动、电力起动机起动和辅助汽油机起动。人力起动虽然很简单，但不安全，目前基本已淘汰；电力起动机起动具有结构简单、操作方便、成本低及可靠性好等优点。所以现代汽车都采用这种起动方式。辅助汽油机起动虽然功率大，但结构复杂、体积庞大，且起动汽油机仍需要外力才能实现，再加上成本高、操作不方便，所以汽车上基本不采用。一般来说，电力起动机由直流电动机、传动机构和控制装置 3 部分组成。

4.4.1 车用起动机的构造

直流电动机是汽车起动机的核心，在结构上都是串励电动机。它由磁极、电枢和换向器等主要部分组成。车用直流起动机结构图如图 4-23 所示，电枢绕组与磁场绕组的连接为串联方式。

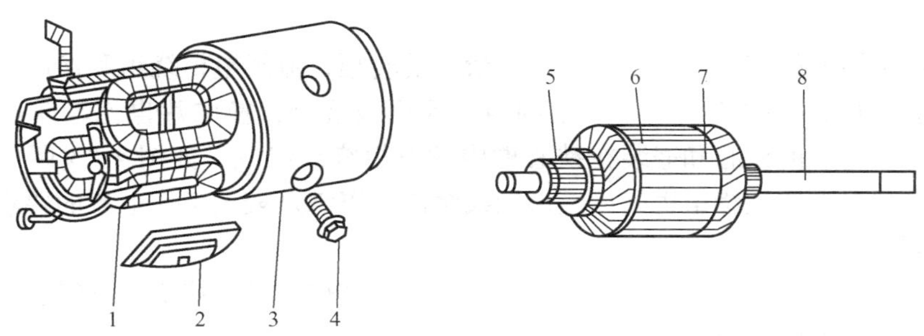

图 4-23 车用直流起动机结构图

1—磁场绕组 2—磁极铁心 3—起动机外壳 4—磁极固定螺钉
5—换向器 6—转子铁心 7—电枢绕组 8—电枢轴

1. 磁极

磁极是由固定在机壳上的铁心和装在铁心上的磁场绕组组成，其作用是产生磁场。电磁式直流电动机的磁场为电磁场，其电磁场由铁心和磁场线圈（磁场绕组）两部分组成（永磁式直流电动机的磁场为永久磁场，由永久磁铁构成）。铁心用低碳钢制成马蹄形，并用螺钉固定在电动机壳体的内壁上，磁场绕组套装在铁心上。当磁场绕组接通电源时，在磁场铁心中就会产生电磁场。

起动机的显著特点是磁极多、磁场绕组的横截面积大，原因是起动发动机时需要很大的电磁转矩才能顺利起动。磁极一般是 4 个，功率超过 7kW 的起动机一般采用 6 个磁极。磁场绕组一般用矩形裸体铜线绕制。

磁场绕组的连接方式有两种：一种是 4 个绕组串联后再与电枢绕组串联，如图 4-24a 所示；另一种是两个绕组先串联后并联，然后再与电枢绕组串联，如图 4-24b 所示。现代汽车

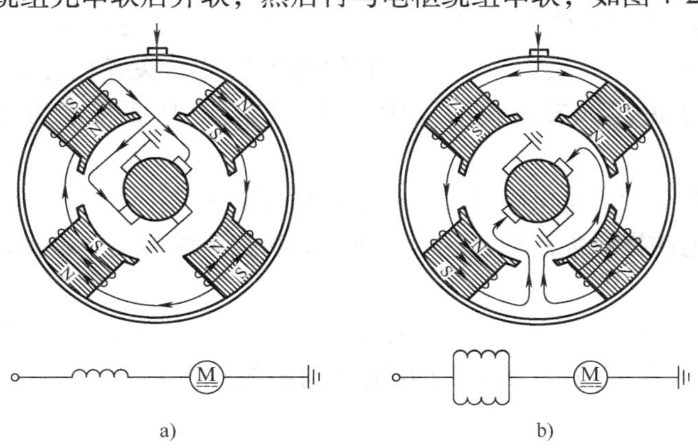

图 4-24 磁场绕组的连接方式图

a）串联电路 b）先串联后并联电路

起动机普遍采用后一种连接方式，其目的是减小电阻，增大电流和电磁转矩。无论采用哪一种连接方式，其磁场绕组通电产生的磁极都必须满足 N、S 极相间排列的要求。

2. 机壳

机壳的作用是固定机件和构成导磁回路。壳体用铸铁浇铸或钢板卷焊而成。壳体上设有一个接线端子并在内部与磁场绕组的一端相接。

3. 电枢

电枢是产生转矩的核心部件，为了得到较大的转矩，流经电枢绕组和换向器的电流很大（一般可以达几百 A)，因此电枢用较粗的矩形裸铜线绕制，换向片也比较厚。其结构由外圆带槽的硅钢片叠成的铁心和嵌装在铁心槽内的电枢绕组组成，如图 4-23 所示，转子铁心与电枢轴紧密配合。电枢绕组也采用矩形铜线绕制，以满足较大工作电流的要求。

4. 换向器

换向器由安装在电枢轴上的换向器和电刷组成，其作用是连接磁场绕组、电枢绕组和电源，保证电枢产生方向恒定的电磁转矩。

5. 电刷

电刷一般用含铜石墨制成。电刷装在刷架中并通过弹簧压向换向片，保证接触良好，其电刷的作用是将电流引入电动机。一般有 4 个电刷架固定在前端盖上，其中两个电刷架与端盖绝缘，称为绝缘电刷架；另外两个电刷架与端盖直接铆和成搭铁，称为搭铁电刷架。

6. 端盖

端盖有前后两个，前端盖一般用钢板压制而成，其上装有 4 个电刷架，后端盖为灰铸铁浇铸而成。它们分别装在机壳的两端，靠两个长螺栓与起动机机壳紧固在一起。两端盖内均装有轴承套，以支撑电枢轴。

4.4.2 车用起动机的传动机构和电控原理

车用直流起动机的传动机构包括单向离合器和拨叉两部分。单向离合器的作用是单方向传递转矩，即起动发动机时将起动机的转矩传给发动机曲轴，而当发动机起动后，它又能自动打滑，不使飞轮齿环带动起动机电枢旋转，以免损坏起动机。因为飞轮齿圈与起动机驱动齿轮的传动比为 1:10～1:15，发动机发动后，如果不及时将起动机与发动机分离，则起动机的电枢就会被曲轴带动 10000～15000r/min 的高速旋转，导致电枢绕组从电枢槽中甩出，造成所谓“飞散”事故，而使电枢损坏。拨叉的作用是使离合器作轴向移动，使起动机的小齿轮和发动机的飞轮齿环相啮合，从而将动力转矩传递给发动机，来使其正常起动。

由电磁开关控制起动机主电路的通、断及驱动齿轮的啮入与退出的起动机称为电磁啮合式起动机，又称为电磁操纵强制啮合式起动机。其特点是结构简单、操作方便，在现代汽车上应用最为广泛。

图 4-25 所示为车用直流起动机电路控制图，当把钥匙接通到“START”上时，点火开关 7 闭合，这样从蓄电池 10 流出的电流分别经过保持线圈 5 和吸拉线圈 6 形成并联回路。

其中一路电流为：蓄电池 10 的正极→吸拉线圈 6→接线柱 15→起动机 11→搭铁形成回路。另一路电流为：蓄电池 10 的正极→保持线圈 5→搭铁形成回路。由于保持线圈 5 和吸

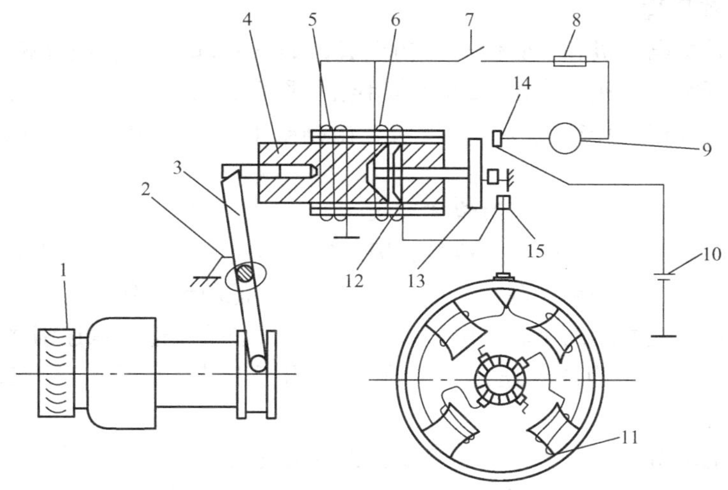

图 4-25　车用直流起动机电路控制图

1—小齿轮　2—回位弹簧　3—拨叉　4—活动铁心　5—保持线圈　6—吸拉线圈　7—点火开关
8—熔练　9—电流表　10—蓄电池　11—起动机　12—档铁　13—接触盘　14、15—接线柱

拉线圈 6 同时得电且绕线方向和电流方向均一致，所以它们将会产生同向的磁场，这时活动铁心 4 在两个线圈的电磁吸力下克服回位弹簧 2 的弹力而向右移动，这样就带动拨叉 3 移动，从而使拨叉 3 驱动小齿轮 1 使之与飞轮齿环啮合。这时吸拉线圈的电流流过起动机 11 的励磁绕组和电枢绕组，由于该电流比较小，所以将会产生较小的电磁转矩使小齿轮在啮合中缓慢旋转，以达到较好的啮合效果。

当齿轮啮合好后，接触盘 13 将 14 和 15 接通，此时蓄电池直接和起动机接通而使吸拉线圈 6 处于短路状态。这样由于蓄电池直接和起动机接通，使流过起动机励磁绕组和电枢绕组中的电流为大电流，产生正常的转矩来带动发动机旋转，从而起动发动机。在起动过程中，保持线圈 5 继续得电产生的磁场使齿轮和飞轮有效地啮合。

当发动机起动后松开钥匙，钥匙将断开点火开关 7，这样就切断了控制电路中用电设备和蓄电池的连接。所以在松开钥匙的瞬间，保持线圈 5 中的感应电流只能经吸拉线圈 6 和起动机 11 构成回路。由于流过两个线圈的电流所产生的磁通大小相等方向相反，所以互相抵消，于是活动铁心 4 在回位弹簧 2 的弹力作用下迅速回复原位，驱使小齿轮退出啮合，接触盘 13 脱离接触，这时保持线圈 5 中的感应电流只能经吸拉线圈 6 构成回路。这样就切断了起动机和发动机的连接，使起动机安全停止运转。

4.5　典型汽车电动机控制电路

4.5.1　电动刮水器

为了提高汽车在雨天和雪天行驶时驾驶员的能见度，专门设置了风窗玻璃刮水器。刮水器有真空式、气动式和电动式 3 种。气动式只适用于具有压缩空气气源的汽车，所以电动式刮水器应用较广。以下以电动式刮水器为例进行说明。

1. 构造和工作原理

电动刮水器是由电动机和一套传动机构组成，如图 4-26 所示。电动机由微型直流电动机驱动，带动蜗杆蜗轮减速机构使与蜗轮轴相连的摇臂带着两侧拉杆作往复运动，拉杆则通过摆杆带着左、右雨刷架作往复摆动，安装在雨刷架上的橡皮雨刷便刷去风窗玻璃上的雨水、雪和灰尘。

刮水电动机按其磁场结构分为线绕式和永磁式两种。永磁式具有体积小、重量轻和构造简单等优点，它的磁极为铁氧体永久磁铁，因为铁氧体具有不易退磁且价廉的特性，所以目前在国内外汽车上被广泛采用。刮水电动机一般有高、低两种工作速度。

电动机常采用改变两刷间串联的电阻数的方法对其进行调速，双连刮水器的工作原理图如图 4-27 所示。电刷 B_3 为高低速公用电刷。B_1 用于低速，B_2 用于高速，B_2 与 B_1 相差 60°。电枢采用对称叠绕式。

永磁式三刷电动机是利用 3 个电刷来改变正负电刷之间串联的线圈数实现变速的。当直流电动机工作时，在电枢内同时产生反电动势，其方向与电枢电流的方向相反。如要使电枢旋转，外加电压必须克服反电动势（e）的作用，即 $U>e$，当电枢转速上升时，反电动势也相应上升，只有当外加电压（U）几乎等于反电动势（e）时，电枢的转速才趋于稳定。

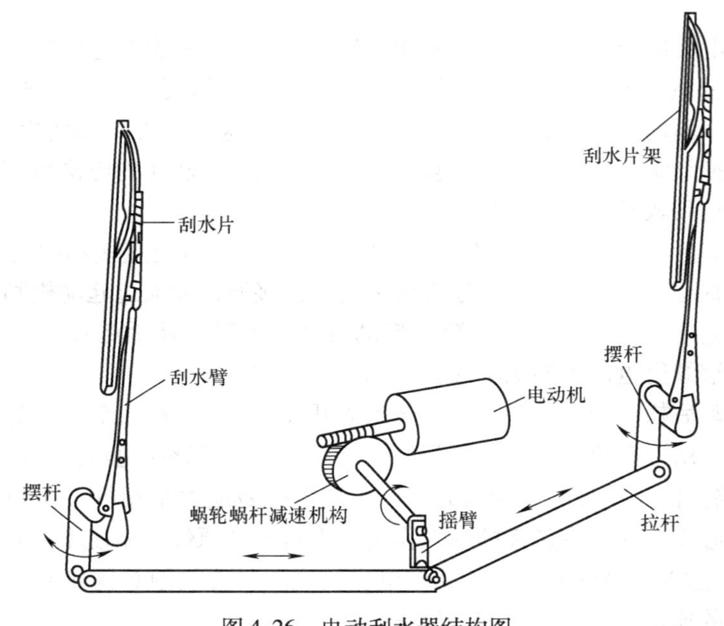

图 4-26　电动刮水器结构图

三刷式电动机旋转时，电枢绕组所产生的反电动势如图 4-27b 所示。当开关拨向“L”时，电源电压（U）加在 B_1 和 B_2 之间，在 B_1 和 B_2 之间有两条并联支路，一条是由线圈①⑥⑤串联起来的支路；另一条是线圈②③④串联起来的支路，即在 B_1 和 B_3 之间有两条支路，各 3 个线圈。这两路线圈产生的全部反电动势与电源电压平衡后，电动机便稳定旋转。由于有 3 个线圈串联的反电动势与 U 平衡，所以转速较低。

当开关拨向“H”时，电源电压加在 B_2 和 B_3 之间，由图 4-27b 可知。电枢绕组一条由 4 个线圈②①⑥⑤串联，另一条由两个线圈③④串联。其中线圈②的反电动势与线圈①⑥⑤

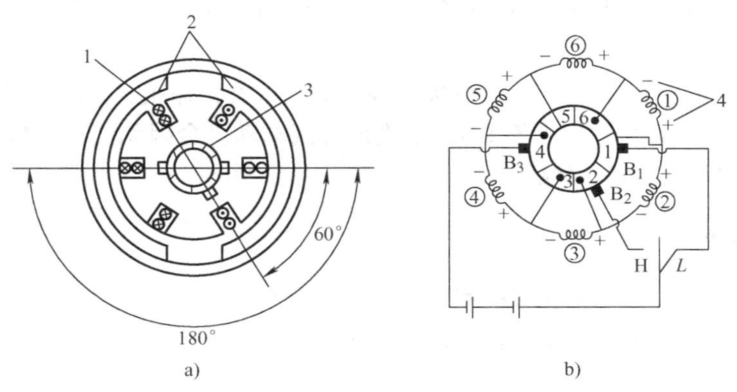

图 4-27　双速刮水器的工作原理图
a）结构原理　b）电路原理
1—电枢绕组　2—永久磁铁　3—整流子　4—反电动势

的反电动势方向相反，互相抵消后，变为只有两个线圈的反电动势与电源电压平衡，因而只有转速升高使反电动势增大，才能得到新的平衡，故此时转速较高。由此可见，两电刷间的导体数减少，就会使电动机的转速升高，这就是永磁式三刷电动机变速的原理。

2. 自动复位和间歇式刮水功能

当切断电源时为了不影响驾驶员的视线，要求刮水器片自动复位。当刮水器开关关闭时，如果刮水器橡皮刷没有停到规定位置时，由于电枢的惯性，电动机不可能立即停止转动，电动机以发电机方式运行，此时电枢绕组因短路而产生很大的反电动势，产生制动转矩，电动机迅速停止转动，使橡皮刷复位到风窗玻璃的下部。

汽车在毛毛细雨或雾天、小雪天气中行驶时，如按前述的刮水器速度（哪怕是低速）进行刮拭，那么风窗玻璃上的微量水分和灰尘就会形成一个发黏的表面。这样不仅不能将风窗玻璃刮拭干净，反而会使玻璃模糊不清，留下污斑，影响驾驶员的视线。因此现代汽车上一般都增设了电子间隙控制系统。在碰到上述情况时，开动间隙开关，使刮水器按一定周期自动停止和刮拭，即每刮水一次停止 2 ~ 12s。这样可使驾驶员获得良好的视野。

4.5.2　风窗玻璃洗涤器

为了及时消除风窗玻璃上的尘土和污物，使驾驶员有良好的视线，汽车上还装有风窗玻璃洗涤器。图 4-28 所示为风窗玻璃洗涤器结构图。洗涤泵由一只微型永磁直流电动机和离心泵组成。该电动机是封闭的，它瞬时功率较高，转速也较大，一般空载转速为 2000r/min。

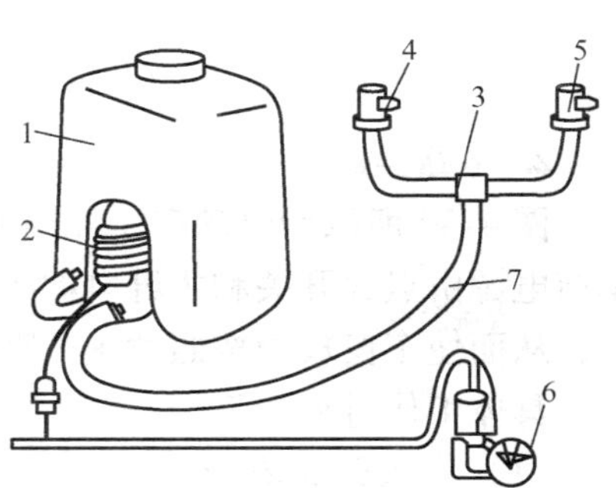

图 4-28　风窗玻璃洗涤器结构图
1—洗涤液罐　2—洗涤液泵　3—三通
4、5—喷嘴　6—刮水器开关　7—软管

当风窗玻璃上有灰尘或污物时，先开动洗涤泵，将洗涤液以一定压力（大约为 88kPa）经喷嘴喷到刮水片的上部，湿润玻璃。然后再开动刮水器，将风窗玻璃上的灰尘或污物刮掉。在喷水停止后刮水器应继续刮3 ~ 5

次，这样配合使用才能达到良好的洗涤效果。所以洗涤器的电路一般都是与刮水器开关联合工作的。

使用洗涤器时，应注意先开动洗涤泵，再开动刮水器，并注意洗涤泵连续工作的时间不得大于5s，使用间歇时间不得少于10s，否则该直流电动机会因无法充分散热而被烧坏。无洗涤液时，千万不要开动洗涤泵。

4.5.3 电动车窗

电动车窗玻璃升降器是指在驾驶室用开关就能自动升降车窗玻璃，即使在行车过程中也能安全方便地开、关车窗。电动车窗系统是由车窗、车窗升降器、直流串励电动机及开关等装置组成。

1. 基本结构

电动车窗最主要的组成是车窗升降器，目前使用的有电动交叉臂式玻璃升降器、电动钢丝绳式玻璃升降器和电动齿轮式玻璃升降器等几种。

所有电动车窗系统都装有两套控制开关。一套装在驾驶侧门中部或变速器换档杆的后部，为总开关，由驾驶员控制每个车窗升降；另一套分别装在每个车窗中部，为分开关，可由乘客进行操纵，电动车窗控制开关布置示意图如图4-29所示。

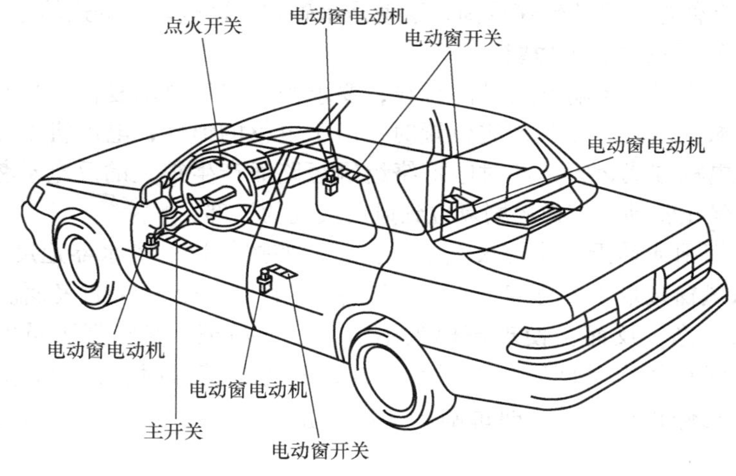

图4-29　电动车窗控制开关布置示意图

2. 电路控制

图4-30所示为电动车窗控制电路图，采用永磁式直流电动机要动车窗玻璃升降。电动车窗电源由点火开关和主继电器控制。其基本原理是通过控制开关改变直流电动机的电流方向，从而使车窗玻璃按照意图升降。

具体工作过程如下。

（1）点火开关闭合

当汽车发动后，电流经蓄电池→点火开关→熔断丝→电动车窗主继电器→搭铁形成闭合回路，此时主继电器使2和4接通，这样蓄电池就给电动车窗控制回路提供电源，同时车窗电源指示灯亮。

(2）窗锁开关断开

当窗锁开关断开时，除了驾驶侧外，其他3个车窗电路由于不能与搭铁连接而无法形成回路，但是驾驶侧由对应的分开关控制。当驾驶员按下玻璃下降按钮时，电流由蓄电池→断路器→接线柱9→驾驶侧控制开关“降”→接线柱10→接线柱1→驾驶侧电动机→接线柱4→搭铁形成闭合回路，完成车窗玻璃的下降。另外驾驶侧车门窗玻璃在下降的同时还可以受触点开关电路控制实现点动下降。

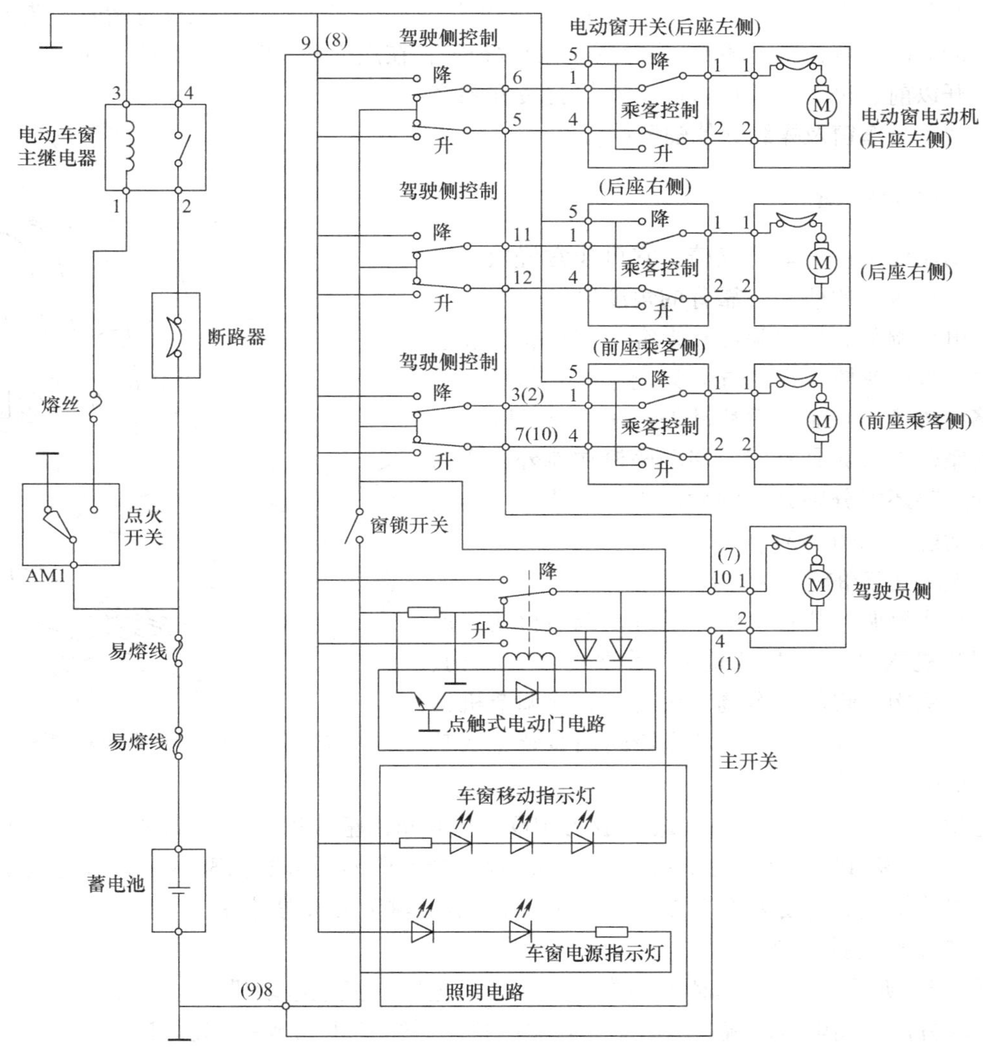

图4-30　电动车窗控制电路图

(3）窗锁开关闭合，驾驶员对其他车窗进行控制

如果驾驶员按下主开关相应的后座右侧门窗上升开关时，电流由蓄电池→断路器→接线柱9→后座右侧“升”开关→接线柱12→接线柱4→接线柱2→后座右侧电动机→接线柱1→接线柱11→窗锁开关→搭铁形成闭合回路，使车窗实现上升。此时电流还经过车窗移动指示灯→窗锁开关→搭铁形成闭合回路，使相应的移动指示灯亮。

（4）窗锁开关闭合，乘客对其他车窗进行控制

如果前座乘客想使车对应的前座车窗下降，只要按下相应的车门侧的“降”按钮，电流由蓄电池→断路器→接线柱5→前座侧“降”开关→接线柱1→前座侧电动机→接线柱2→接线柱4→接线柱5→窗锁开关→搭铁形成闭合回路，使车窗实现下降。同时车窗移动指示灯亮。

为了防止电路过载，电路或电动机内装有一个或多个热敏断路开关，用来控制电流。当车窗完全关闭或由于结冰而使车窗玻璃不能自由运动时，即使操纵开关没有断开，热敏开关也会自动断路。有的车上还专门装有一个延时开关，在点火开关断开以后约10min内，或在车门打开以前、仍有电流供应时，使驾驶员和乘客能有时间关闭车窗及操纵其他辅助设备。

4.5.4 电动座椅

电动座椅又称为动力座椅，它可非常轻松、方便地对汽车座椅的前后、靠背的角度以及头枕的高度等作电动调节。使驾驶员和乘客的座椅获得理想的位置。电动座椅按运动方向只能作前后移动的为两向移动座椅；除能前后移动外，还可以升降的四向移动座椅以及除具有四向移动座椅功能外，座椅前部和后部还能分别升降的六向移动座椅。电动座椅调节功能图如图4-31所示。

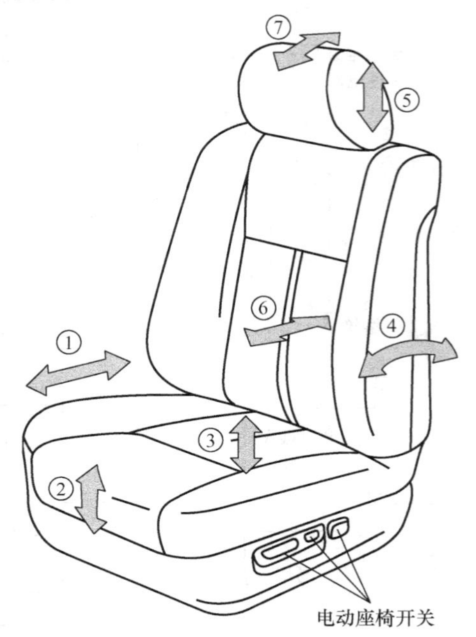

图4-31　电动座椅调节功能图

1. 电动座椅的基本结构

电动座椅调节装置由前、后滑动调节机构、前垂直调节机构（驾驶员座椅）、后垂直调节机构、靠背调节机构、腰部支撑调节机构、头枕调节机构以及开关、电路等组成，电动座椅的调节装置及其位置图如图4-32所示。

电动座椅前后方向的调节量一般为100～160mm，座位前部与后部的调节量为30～50mm。全程移动所需时间为8～10s。电动座椅每个方向的调节机构都由一只双向电动机和传动装置等组成。传动装置主要包括轨道、螺杆和连轴节支架等部件。

2. 电动座椅控制电路

图4-33所示为丰田轿车驾驶员电动座椅控制电路。流过电动机的电流方向决定了电动机的旋转方向，而电流的流向则由调节开关控制。不调节时，所有开关的触点均断开，电动机两端同时搭铁。进行方向调节时，按下某一开关，调节电动机电路接通，进行座椅姿态调整；松开开关，座椅即保持调整好的位置不变。

如果驾驶员想使座椅的前端向上移动，只要按下相应的按钮，此时开关2与触点1相连，开关3与搭铁7相连。电流将会从蓄电池的正极→接线柱8→触点1→开关2→前高度调节电动机→开关3→搭铁7构成一封闭回路。前高度调节电动机中电流的方向为从4到5，所以该电动机按照要求使座椅向上移动。若向下移动，则开关2与搭铁6相连，开关3与触点1，电流在电动机中的方向是从5到4，改变了电流的方向，所以电动机反转，完成了使

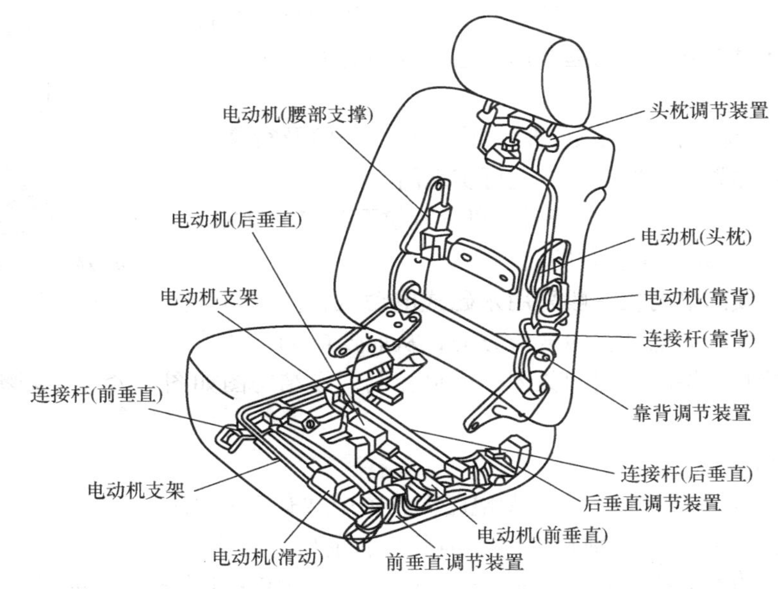

图 4-32　电动座椅的调节装置及其位置图

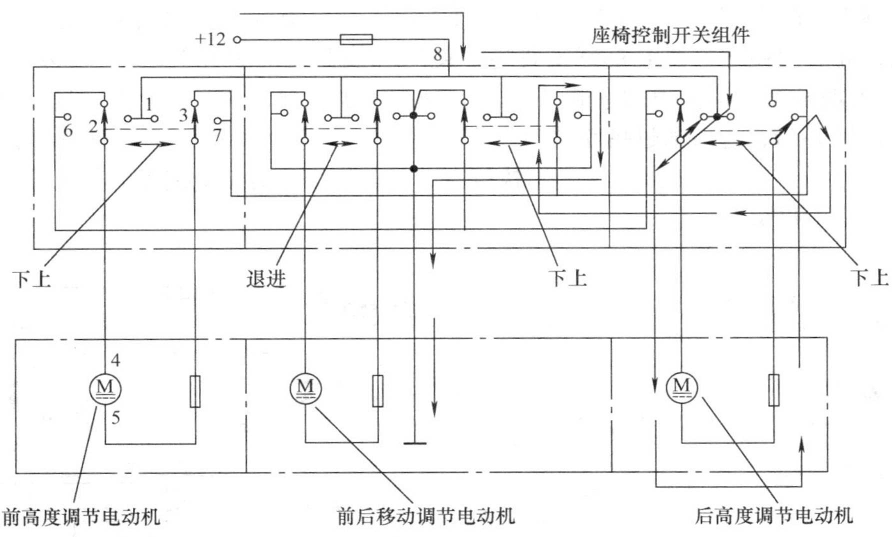

图 4-33　丰田轿车驾驶员电动座椅的控制电路

座椅向下移动的要求。

4.5.5　中央控制门锁

1. 基本结构

中央控制门锁系统具有钥匙联动锁门和开门功能，通过右前或左前门上的钥匙可以同时关闭或打开所有车锁。它由电气部分和机械部分组成，其电气部分包括中央门锁控制器、门锁开关和车门锁电动机（执行器）等，机械部分包括门锁、钥匙、拉杆和拉钮等。其特点主要有如下几点。

1）将驾驶员侧车门锁扣拉起打开时，其他几个车门及行李舱门锁扣也能同时打开；用钥匙开门，也可同时打开其他车门和行李舱门。

2）将驾驶员侧车门锁扣按下时，其他几个车门及行李舱门都能自动锁定；如果用钥匙锁门，也可实现同样操作。

3）在车室内个别车门需打开时，可分别拉开各自的锁扣。

4）配合防盗系统，可实现防盗。

中央控制门锁的电动机一般采用永磁式电动机，由门锁开关控制组合继电器来改变电动机的电流方向，从而使电动机的连接杆上下运动，控制锁块的开起和关闭，中央控制门锁结构图如图4-34所示。

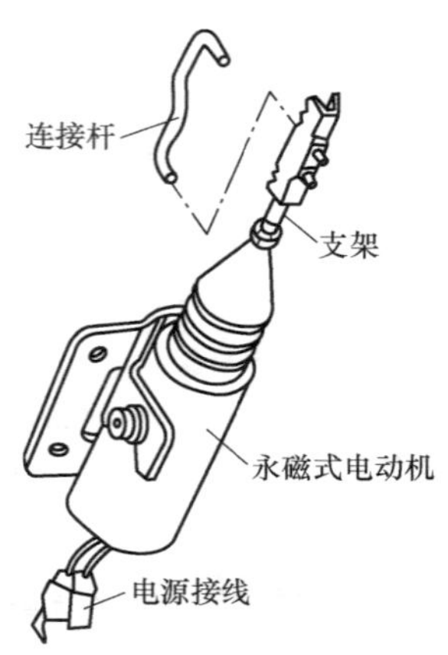

图4-34　中央控制门锁结构图

2. 控制电路

图4-35所示为中央控制门锁控制电路图，图中共有5个永磁式直流电动机，从左到右分别是控制左前门、右前门、行李门、左后门和右后门的电动机。假设当前处于锁住状态，当用车钥匙执行左前门开锁指令时，中央控制门锁左前门开锁控制图如图4-36所示。从图中可以看出从蓄电池来的电流分两路，一路经1到2，通过门锁开关与3接通，通过4流入门锁继电器B的线圈，之后通过搭铁5构成回路，此时门锁继电器B的线圈得电，使同时控制的两组开关均向右移动，使*HG*和*CD*接通；此时从蓄电池流出的电流另一路经*ABCDE*并联流入5个直流电动机，电流方向均从上向下，从*FGH*，之后通过搭5构成回路，此时5个直流电动机同时得电且旋转方向一致，从而执行开锁命令。如果用车钥匙执行右前门开锁指令时，电流流向与上面的分析大致相同，在这里不再重述。

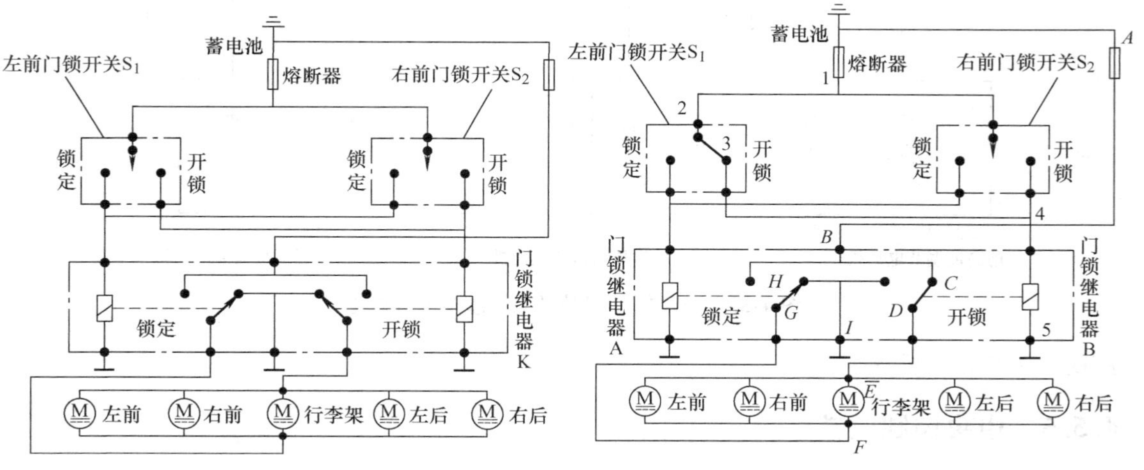

图4-35　中央控制门锁控制电路图

图4-36　中央控制门锁左前门开锁控制图

若用车钥匙执行左前门关锁指令时，控制电路使门锁继电器A的线圈得电，使同时控制的两组开关均向左移动，此时流过5个直流电动机的电流方向均从下向上，使电动机的旋转方向与开锁的方向正好相反，所以使锁定得以实现。

4.6 步进电动机

步进电动机属于控制电机，它的使用范围非常广泛。例如，现代工业生产中的自动控制、汽车的怠速控制、自动空调冷热风调节及随动转向前照灯控制等都经常使用步进电动机。

步进电动机是用电脉冲信号进行控制，它将电脉冲信号转换成相应的角位移（或线位移），因此又被称为脉冲电动机。步进电动机的角位移与所接收的电脉冲个数严格成正比，其转速与每秒的电脉冲数成正比，在时间上与输入脉冲同步。步进电动机在脉冲信号作用下能快速起动、停转、正反转及在很宽的范围内调速。

常用的步进电动机有反应式和永磁式。反应式步进电动机结构简单、生产成本低及步距角小，但动态性能差；永磁式步进电动机输出力矩大、动态性能好，但步距角较大。步进电动机更适合被单片机控制，其控制精度高、响应速度快、可靠性高且不受电压波动和负载变化的影响。

4.6.1 步进电动机的结构

步进电动机由定子和转子两大部分组成，图 4-37 所示为三相反应式步进电动机的典型结构。

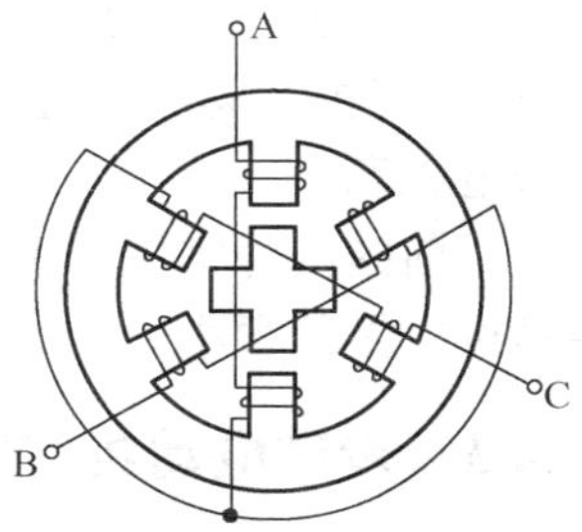

图 4-37 三相反应式步进电动机的典型结构

1. 定子

定子是用硅钢片或其他软磁材料制成的，定子上共有 6 个磁极，相邻两个磁极的夹角是 60°，径向相对的两个磁极上的线圈串联起来组成一相绕组，三相绕组接成星形。

2. 转子

如图 4-37 所示，转子为反应式转子，也是用硅钢片或其他软磁材料制成的。反应式转子有四个凸出的磁极，也称为转子的齿，转子上没有绕组。反应式转子是利用转子凸出的磁阻较小的磁极所产生的反应转矩来转动的。

如果将转子做成永磁式的，就成为永磁式转子。永磁式转子是利用与定子磁极之间的吸引力和排斥力产生转矩的，因此，它的输出转矩较大。

4.6.2 步进电动机的转动原理

图 4-38 所示为三相反应式步进电动机的工作原理示意图。当 A 相绕组通电建立磁场，而 B、C 相绕组不通电时，由于磁通具有力图走磁阻最小路径的特点，吸引转子朝磁阻最小的方向转动，因而转子 1 齿和 3 齿的轴线与定子 A 相磁极轴线对齐。此时，转子的 2 齿和 4 齿在定子磁极 B 和 C 中间，如图 4-38a 所示。当 A 相绕组断电，B 相绕组通电时，在 B 相绕组建立磁场，转子就沿逆时针方向转过 30°，使 2 齿和 4 齿的轴线与 B 相磁极轴线对齐，如图 4-38b 所示。同理，当 B 相绕组断电，C 相绕组通电时，转子又沿逆时针方向转过 30°，使转子的 1 齿和 3 齿的轴线与 C 相磁极轴线对齐，如图 4-38c 所示。按此顺序不断地使各相绕组轮流通电和断电，转子就会按逆时针方向一步一步地转下去。

每一步转过的角度称为步距角，用 θ 表示。上述运行方式的步距角 $\theta = 30°$。

a)

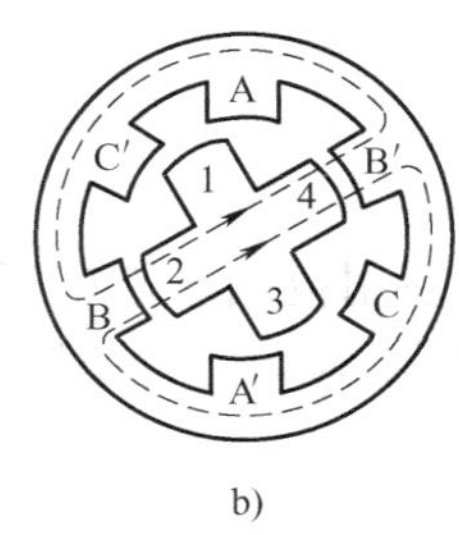

b)

c)

图 4-38　三相反应式步进电动机的工作原理示意图

上述过程中，如果在 A 相断电时，不是给 B 相通电而是给 C 相通电，在 C 相绕组建立的磁场作用下，转子将沿顺时针方向转过 30°，使转子的 2 齿和 4 齿的轴线与 C 相磁极轴线对齐。当 C 相绕组断电，B 相绕组通电时，转子又顺时针方向转过 30°，使转子的 1 齿和 3 齿的轴线与 B 相磁极轴线对齐。显然，按 A→C→B→A 顺序通电，转子将按顺时针方向旋转。可见，步进电动机的旋转方向由三相绕组轮流通电顺序决定。

步进电动机按上述 A→B→C→A（或 A→C→B→A）的方式运行，称为三相单三拍运行方式。“三相”是指步进电动机具有三相定子绕组；“单”是指每个通电状态只有一相绕组通电；“三拍”是指经过三次切换绕组的通电状态为一个循环，第四次通电时又重复第一拍的通电状态。

目前国内外常用的小步距角的反应式步进电动机就是通过增加转子齿数来实现的，其步距角可以做的很小，以满足生产实践中微量步进的需要。

4.6.3　步进电动机在发动机怠速控制中的应用

1. 工作描述

怠速就是汽车发动后温度上升到正常温度，发动机处于空档时稳定的最低转速。此时混合气燃烧所做的功只是用以克服发动机的内部阻力。

怠速一般均在 1000r/min 以内。不同的辆车，怠速略有不同，应以其标明的怠速数值为准。在使用汽车时，发动机怠速运转的时间约占 30%，怠速转速的高低直接影响燃油消耗和尾气排放。怠速过高，耗油量增加；怠速过低，发动机转速不稳，容易熄火。

在汽车上，利用步进电动机作为怠速控制阀的主要执行部件，实现怠速控制。步进电动机式怠速控制阀是目前世界上电喷发动机中应用最多的一种怠速控制装置。它用于控制汽车进气系统旁通空气通道的开度，从而调节旁通通道的进气量，使发动机转速达到所要求的目标值。

2. 工作目标

1）能够清晰描述步进电动机式怠速控制系统的构成。

2）理解步进电动机的精确控制原理。

3）能够建立起自动控制中的闭环控制思路。

3. 工作原理分析

图 4-39 所示为步进电动机式怠速控制示意图。汽车行驶时，发动机所需的大流量空气由气缸吸气行程吸入，从主空气通道经节气门通过。节气门开度越大，进入空气越多。空气进入多少由发动机的单片机经空气流量传感器检测得出，然后按空气与汽油的理想混合比例

(质量比为 14.7:1) 计算出喷油量，由喷油器喷入进气管。混合气越多，燃烧后产生的压力越大，发动机转速就越高。

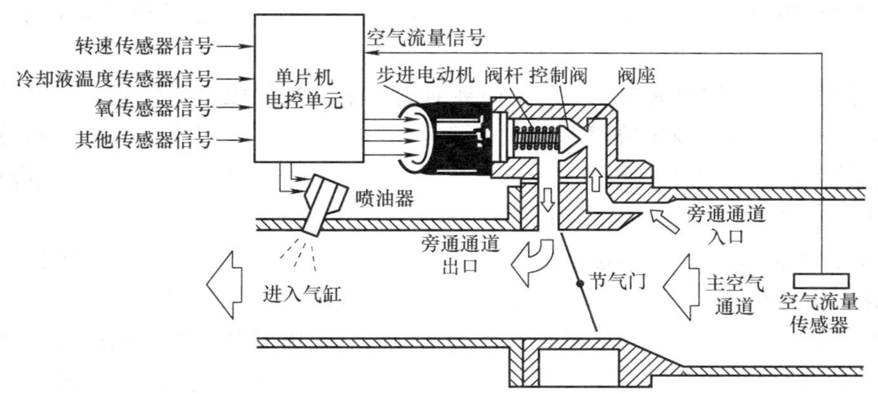

图 4-39　步进电动机式怠速控制示意图

当汽车暂停行驶时，节气门关闭，为了维持发动机怠速运转，发动机所需的小流量空气从旁通通道入口流入，经步进电动机式怠速控制阀从旁通通道出口流入发动机。

步进电动机式怠速控制阀由步进电动机、阀杆、控制阀和阀座组成。转子的正转或反转运动经阀杆（丝杆）转换成向前或向后的直线伸缩运动，阀杆每旋转 1 圈，伸缩 1 个螺距；控制阀与阀杆相连，为凸圆锥状；阀座为凹圆锥状。当控制阀向阀座推进时，通气横截面减小，反之通气横截面增大，从而达到控制怠速通气量的目的。

怠速控制均采用发动机转速反馈闭环控制方式，即发动机转速传感器将发动机的实际转速和目标转速进行比较，根据比较的差值确定使发动机达到目标值的控制量，并通过执行机构对发动机怠速进行校正。

4.7　本章小结

1）直流电动机具有良好的调速特性，它的转速可以在很宽的范围内方便均匀地进行调节。并且它的起动转矩比较大，所以尽管它的结构比较复杂、生产成本比较高以及维修技术要求高，但是它仍被广泛地应用在各个领域中。

2）直流电动机主要由定子（固定部分）和电枢（旋转部分）两大部分组成，它的工作原理仍以电磁力定律和电磁感应定律为基础。为了能够使电枢绕组能够持续朝一个方向旋转，就必须有电刷和换向装置，所以在直流电动机中要有电刷和换向装置来保证电枢绕组受力方向始终一致。

3）当通电电枢旋转后，绕组线圈因切割磁力线而产生感应电动势，根据右手定则判断可知产生感应电流的方向与绕组中加入的电流方向是相反的，由此而产生的电动势称为反电动势，记作 $E\mathrm{a}$。所以随着电枢转速的加快，产生的反电动势 $E\mathrm{a}$ 也在不断地增加，最终的结果是 $E\mathrm{a}$ 与外加电压相等，这样电枢绕组就匀速运动，直至改变它的负载或断电为止。

4）在使用的时候要加以注意直流电动机的铭牌上标明其型号、额定数据和励磁方式，尽量使其在铭牌上标明的数值附近运行。

5）直流电动机按励磁方式分为他励式、并励式、串励式和复励式等4种。励磁电路由单独电源供电的称为他励式；励磁电路与电枢电路并联，由同一个电源供电的称为并励式；励磁电路与电枢电路串联后，由一个电源供电的称为串励式；既有串励绕组又有并励两个绕组的称为复励式。

6）对于容量稍大的直流电动机起动时要对起动电流加以限制，以防止在起动过程中电流过大而烧坏电枢绕组。采取的方式是降压起动和串联起动变阻器两种方式。改变电动机的旋转方向称为反转，改变电动机电磁转矩方向就可以改变电动机的旋转方向。实现电动机反转的具体方法有改变电枢电压极性和改变励磁电压极性。影响电动机转速高低的主要是电枢回路电阻 R_a、主磁通 Φ、电源电压 U 等3个因素，所以直流电动机的调速可针对这3个因素进行调速。直流电动机制动常用的方法有能耗制动和反接制动两种。

7）汽车用起动电动机，都是串激式直流电动机。它由磁极、电枢和换向器等主要部分组成。起动机的传动机构包括单向离合器和拨叉两部分。单向离合器的作用是单方向传递转矩，即起动发动机时将起动机的转矩传给发动机曲轴，而发动机起动后，它又能自动打滑，不使飞轮齿环带动起动机电枢旋转，以免损坏起动机。拨叉的作用是使离合器做轴向移动，使起动机的小齿轮和发动机的飞轮齿轮相齿合，从而将动力转矩传递给发动机来使其正常起动。

8）刮水器的形式有真空式、气动式和电动式3种。在汽车中常用的是电动式刮水器。电动车窗玻璃升降器是指在驾驶室用开关就能自动升降车窗玻璃，即使在行车过程中也能安全方便地开、关车窗。汽车电动座椅的主要功能是为驾驶员提供便于操作、舒适而又安全的驾驶位置，通过按动按钮就可以在行驶中方便地调整座椅来满足最舒适的驾驶要求。中央控制门锁系统具有钥匙联动锁门和开门功能，通过右前或左前门上的钥匙可以同时关闭或打开所有车锁。

9）步进电机式怠速控制阀是目前世界上电喷发动机应用最多的一种怠速控制装置，用于控制汽车进气系统旁通空气通道的开度，从而调节旁通通道的进气量，使发动机转速达到所要求的目标值。步进电动机是用电脉冲信号进行控制的，它将电脉冲信号转换成相应的角位移（或线位移），因此又被称为脉冲电动机。步进电动机的角位移与所接收的电脉冲个数严格成正比，其转速与每秒的电脉冲数成正比，在时间上与输入脉冲同步。

4.8 实训4 起动机的拆装与检测

1. 实训目的和要求

（1）掌握起动机的拆装顺序，熟悉起动机构造和内部接线

（2）了解起动机各零件名称和作用

（3）掌握对起动机进行简单测量的方法

（4）按技术操作规程实训，注意人身及设备安全

（5）记录实训数据，写出实训报告

2. 实训设备、工具和材料

（1）汽车用起动机

（2）万用表

（3）维修工具

3. 实训原理

（1）解体起动机

图 4-40 所示为实训中一种典型的起动机结构图。

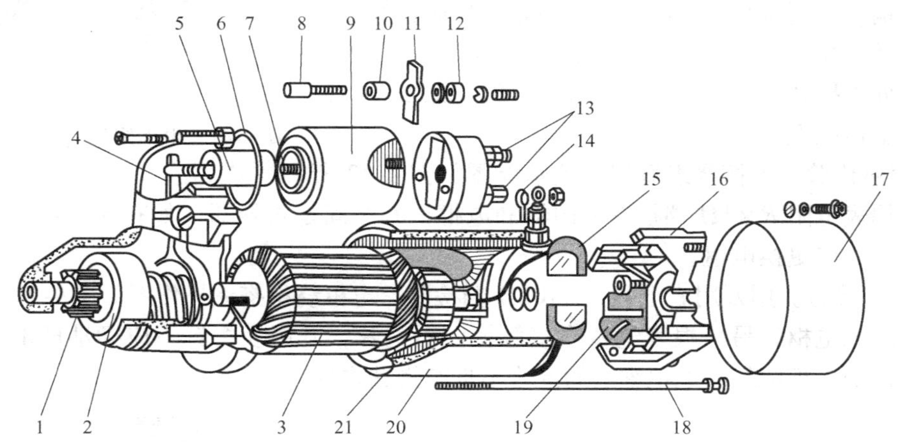

图 4-40 实训中一种典型的起动机结构图

1—驱动齿轮 2—单向离合器 3—电枢绕组 4—拨叉 5—电磁开关 6—活动铁心 7—电磁开关线圈 8—连接螺栓 9—电磁开关 10—螺母 11—接触盘 12—垫片 13、14—接线柱 15—电刷 16—励磁绕组 17、20—电动机外壳 18—通体螺栓 19—电刷架 21—磁极

（2）具体方法

① 拆下防尘护圈。

② 用专用工具拆下电刷。

③ 旋下通体螺栓，起动机即可解体。

4. 实训内容及步骤

（1）对磁场绕组进行检测

用万用表对磁场绕组进行断路、短路和搭铁检验，把测试结果填入起动机测试记录表 4-1中。

① 断路检验。首先通过外部验视，看其是否有烧焦或断路处，若外部验视未发现问题，可用万用表电阻 $R\times1\Omega$ 档检测，两表笔分别接触起动机外壳引线（即电流输入接线柱）与磁场绕组绝缘电刷接头是否导通，如果测得的电阻无穷大，说明磁场绕组断路，应予以检修或更换。

② 短路检验。可用 2V 直流电进行接线，电路接通后，将螺钉旋具放在每个磁极上，检查磁极对螺钉旋具的吸引力是否相同。若某一磁极吸力太小，就表明该磁场绕组有匝间短路故障存在。

③ 搭铁检验。用万用表电阻 $R\times10\text{k}\Omega$ 档（或数字式万用表高阻档）检测磁场绕组电刷接头与起动机外壳是否相通，如果相通，说明磁场绕组绝缘不良而搭铁；如果阻值较小，说明有绝缘不良处，应检修或更换磁场绕组。

（2）对电枢绕组进行检测

用万用表对电枢绕组进行断路、短路和搭铁检验，把起动机测试记录填入表 4-1 中。

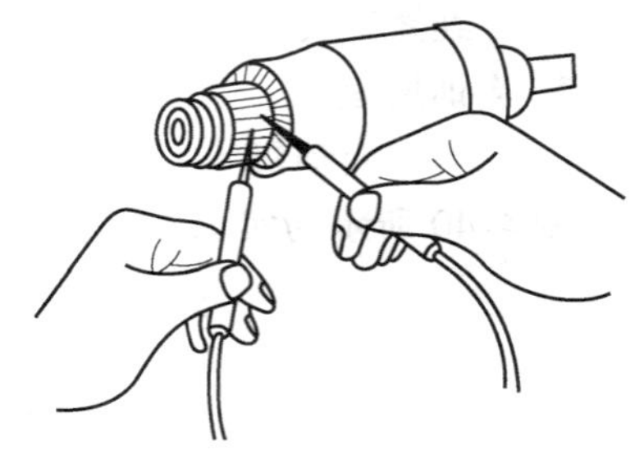
图 4-41　电枢绕组断路检测示意图

① 断路检验。电枢绕组断路检测示意图如图 4-41 所示，用万用表电阻 $R\times1\Omega$ 档，将两个表笔分别接触换向器相邻的铜片，测量每相邻两换向片间是否相通，如万用表指针指示“0”，说明电枢绕组无断路故障，若万用表指针在某处不摆动，即电阻值为无穷大，说明此处有断路故障，应更换电枢。

② 短路检验。电枢绕组短路检测示意图如图 4-42 所示，用万用表电阻 $R\times1\Omega$ 档检查换向器和电枢铁心之间是否导通，如有导通现象，说明电枢绕组短路，应更换电枢。

③ 搭铁检验。用万用表电阻 $R\times10\text{k}\Omega$ 档检测，电枢绕组搭铁操作图如图 4-43 所示，用一根表笔接触电枢，另一根表笔依次接触换向器铜片，万用表指针不应摆动即电阻为无穷大，否则说明电枢绕组与电枢轴之间绝缘不良有搭铁之处。

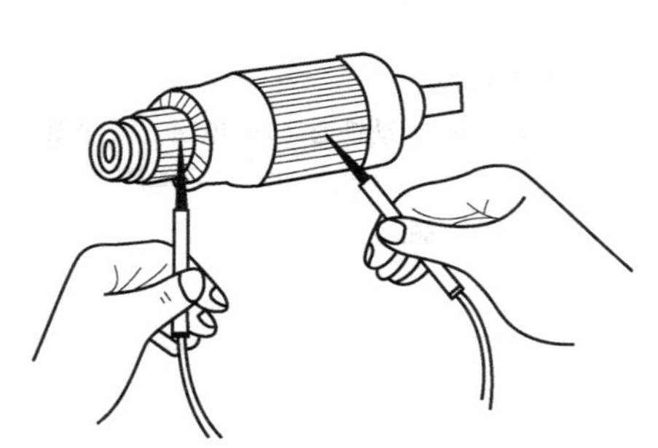
图 4-42　电枢绕组短路检测示意图

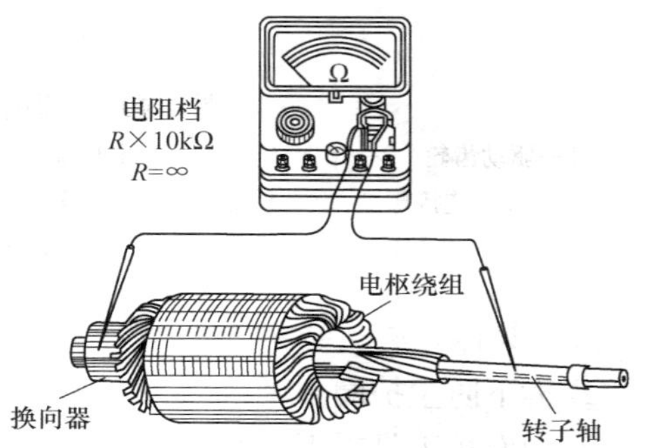

图 4-43　电枢绕组搭铁操作图

表 4-1　起动机测试记录表

检测项目		标准情况	检测情况	结论
磁场绕组	短路检验	通(0Ω)		①合格 ②不合格
	短路检验	不通(∞)		
	搭铁检验	每个磁极对螺钉旋具的吸引力相同		
电枢绕组	短路检验	$R=0\Omega$		①合格 ②不合格
	短路检验	$R=\infty$		
	搭铁检验	$R=\infty$		

4.9　习题

1. 直流电动机和交流电动机相比有什么优点？
2. 容量较大的直流电动机能否直接起动？为什么？

3. 为什么直流电动机在通电后最终转速会趋于平衡而不会越来越快？
4. 为什么起动电动机采用串励直流电动机？
5. 直流电动机中换向器的作用是什么？
6. 为什么串励电动机不能空载或轻载运行？
7. 如何对直流电动机进行制动？
8. 车用起动电动机的工作原理是什么？
9. 单向离合器和拨叉的作用是什么？
10. 电动刮水器如何实现高速和低速运行？
11. 直流电动机正常运行时，如果负载突然增大一点会出现什么现象？
12. 复励电动机的主磁通随电枢电流的增加出现什么现象？
13. 什么是直流电动机的软特性？什么是硬特性？
14. 简述车用直流起动机的起动控制过程。
15. 直流电动机的励磁方式有哪些？画图进行说明。
16. 如果没有电刷和换向器直流电动机会出现什么情况？
17. 什么是他励式直流电动机？
18. 在起动电路中吸拉线圈和保持线圈的作用是什么？
19. 步进电动机的“三相单三拍”运行方式具体是指什么？

第5章　电工测量

【本章要点】

- 电工测量仪表的分类
- 电压、电流的测量方法
- 汽车专用万用表的使用方法

电工测量就是利用电工测量仪表对电路中各个物理量，如电流、电压、功率及电阻等参数的大小进行测量。电工测量由电工测量仪表和电工测量技术共同完成。

5.1　电工测量仪表

5.1.1　电工测量仪表的分类

常用的电工测量仪表有很多种，通常按下列方法进行分类：

1. 按照被测量的种类分类

电工测量仪表按照被测量的种类分类，见表5-1。

表5-1　电工测量仪表按照被测量的种类分类

被测量的种类	仪表名称	符　　号	被测量的种类	仪表名称	符　　号
电流	电流表 毫安表	Ⓐ (mA)	电阻	欧姆表 兆欧表	(Ω) (MΩ)
电压	电压表 千伏表	Ⓥ (kV)	相位差	相位差表	(φ)
			频率	频率表	(f)
电功率	功率表 千瓦表	Ⓦ (kW)	电能	电度表	kWh

2. 按照工作原理分类

电工测量仪表按工作原理分类，可分为磁电系、整流系、电磁系及电动系等类型。磁电系一般用来测量直流电流、直流电压及电阻；整流系、电磁系一般测量交流电压、交流电流；电动系一般用来测量电流、电压、电功率及电能量等。

3. 按照电流种类分类

电工测量仪表按电流种类分类，可分为直流仪表、交流仪表及交直流两用仪表。

4. 按照准确度分类

准确度是电工测量仪表的主要特性之一。仪表的准确度与其误差有关。一种是基本误差，另一种是附加误差。仪表的准确度是根据仪表的相对额定误差来分级的。相对额定误差是指仪表在正常工作条件下进行测量可能产生的最大基本误差与仪表的最大量程（满标值）之比，用百分数表示，则为：

$$\gamma = \frac{\Delta A}{A_{\mathrm{m}}} \times 100\%$$

目前我国直读式电工测量仪表按准确度分为 0.1、0.2、0.5、1.0、1.5、2.5 和 5.0 七级。准确度等级较高的仪表常用来进行精密测量或校正准确度等级较低的仪表。

5.1.2 电工测量仪表的型式

对于直读式电工测量仪表，根据其工作原理可以分为磁电系、整流系、电磁系及电动系等。它们主要的作用都是将被测电量变换成仪表活动部分的偏转角位移。为了将被测电量转换成角位移，通常由测量机构和测量线路组成。下面将常用的磁电系、整流系、电磁系及电动系电工仪表的结构和工作原理作一简要介绍。

1. 磁电系仪表

（1）磁电系仪表的结构

磁电系仪表其测量机构由固定部分和活动部分组成，如图 5-1 所示。固定部分由马蹄形永久磁铁、极掌 NS 及圆柱形铁心组成。活动部分由铝框及线圈，两根半轴 O 和 O'，螺旋弹簧及指针组成。极掌与铁心之间的空气隙的长度是均匀的，其中产生均匀的辐射方向相同的磁场。

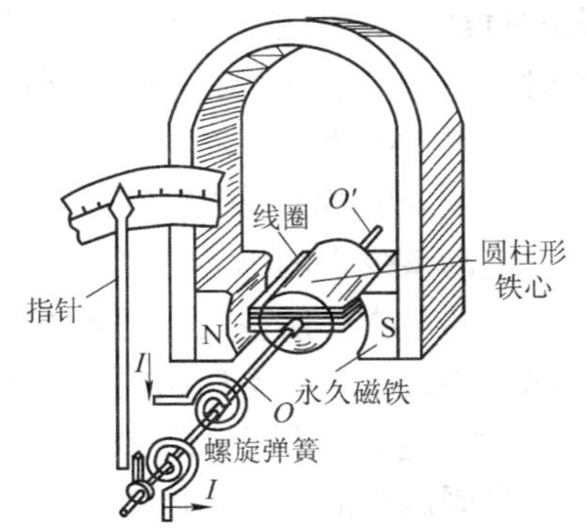

图 5-1 磁电系仪表测量机构

（2）磁电系仪表的工作原理

当被测参数的电流流过活动线圈时，由于载流线圈与空气隙的磁场相互作用，磁电系仪表的转矩如图 5-2 所示，使线圈获得磁场力的作用，从而使线圈获得转矩，带动指针旋转。由于磁场力产生的转矩使线圈转动时，螺旋弹簧将产生一反抗转矩，其数值随线圈转动角度的增大而增大，直到与其相等，线圈处于稳定平衡状态，指针也就指在某一对应位置。

（3）磁电系仪表的特点

磁电系仪表的优点：刻度均匀；灵敏度和准确度高；阻尼强；消耗电能量小；受外界磁场影响小。磁电系仪表的缺点：只能测量直流；价格较高；不能承受较大过载。

2. 电磁系仪表

（1）电磁系仪表的结构

电磁系仪表一般有排斥型和吸引型两种结构，下面就常用的排斥型电磁系仪表的结构作一介绍，它的主要部分是固定的圆形线圈、线圈内部有固定的铁片、固定在转轴上的可动铁片，如图 5-3 所示。

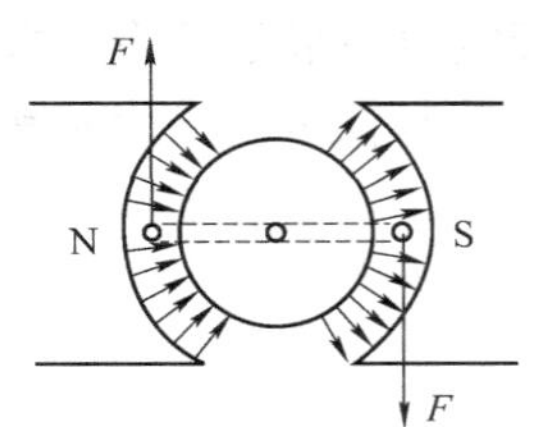

图 5-2　磁电系仪表的转矩

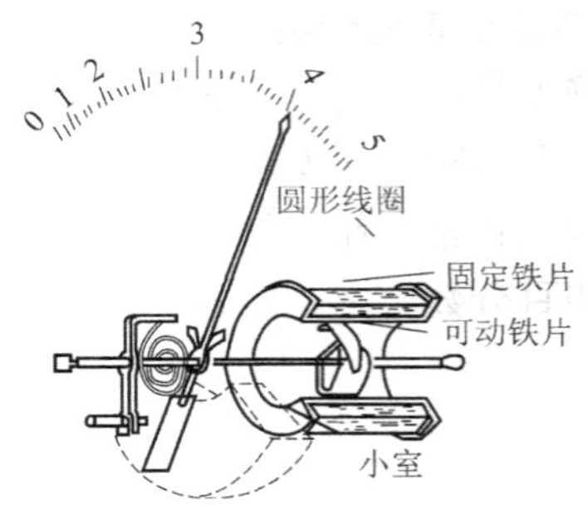

图 5-3　排斥型电磁系仪表的结构

（2）电磁系仪表的工作原理

在排斥型电磁系仪表的结构中，当固定线圈通过电流时，电流产生的磁场使得固定铁片和可动铁片同时磁化，这两个铁片的同一侧是同极性的磁体，相互排斥，使可动部分转动。当转动力矩和游丝产生的反作用力矩相等时，指针就停在某一平衡位置，从而指示被测量的数值。当通过固定线圈的电流方向改变时，它所建立的磁场方向也随之改变，被磁化的铁片磁性也随着同时改变，因此，两个铁片间仍然相互排斥，由此产生的转动力矩方向保持不变。也就是说，排斥型电磁系仪表的指针偏转方向不随电流方向改变而改变，可应用于交流电路的测量。

（3）电磁系仪表的特点

电磁系仪表的优点：构造简单；价格低廉；可用于交直流；能测量较大的电流；允许较大的过载。电磁系仪表的缺点：刻度不均匀；易受外界磁场及铁片中磁滞和涡流（测量交流时）的影响，因此准确度不高。

3. 电动系仪表

（1）电动系仪表的结构

电动系仪表的结构如图 5-4 所示。它由固定线圈、活动线圈、游丝及空气阻尼器组成。活动线圈与指针及空气阻尼器的活塞都固定在转轴上。活动线圈通常放在固定线圈里面，由较细的导线绕成。空气阻尼器用于产生阻尼力。

（2）电动系仪表的工作原理

当固定线圈中通过电流 I_1 时，在固定线圈中就建立了磁场，其磁感应强度 B_1 正比于通过的电流 I_1。当活动线圈中通过电流 I_2 时，则在固定线圈磁场中受到电磁力 F 的作用而产生转动力矩，电动系仪表的工作原理如图 5-5 所示。其转矩正比于固定线圈所产生的磁感应强度 B_1 与活动线圈中流过的电流 I_2 的乘积。当两转矩相等时，指针稳定，指示被测量的数值。如果电流 I_1 和 I_2 方向改变时，电磁力 F 的方向不会改变。因此，活动线圈产生的力矩方向也不会改变，所以电动系仪表可用于交流回路的测量。

（3）电动系仪表的特点

电动系仪表的优点：可用于交直流；准确度较高。电动系仪表的缺点：受外界磁场影响大；不能承受较大过载。

5.1.3　电工测量仪表的使用与选择

为了避免由于测量方法不完善而引起测量的误差，必须注意正确使用仪表，主要应注意下面几点：

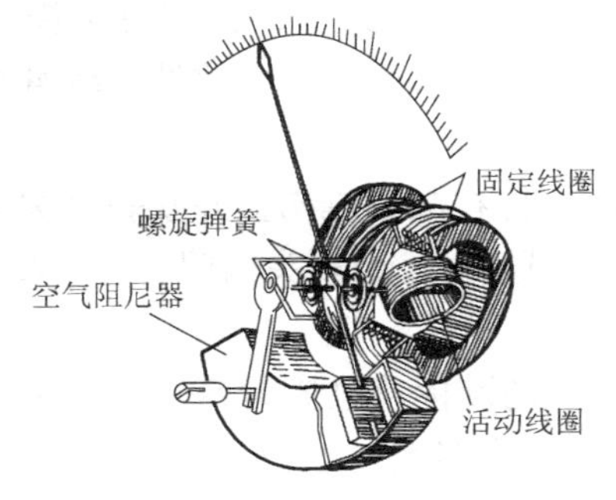

图 5-4　电动系仪表的结构

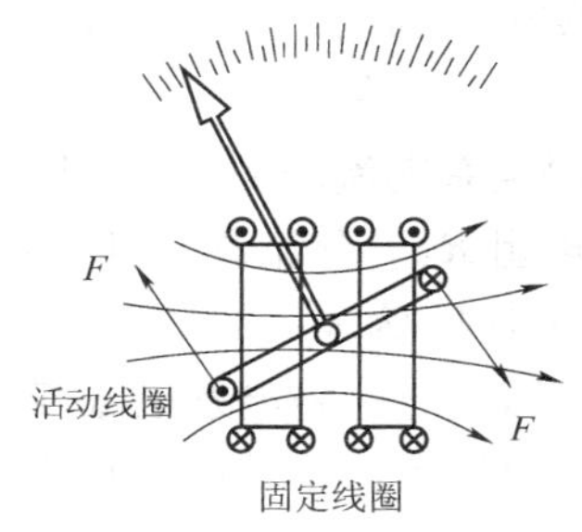

图 5-5　电动系仪表的工作原理

（1）按测量对象的性质选择仪表类型

首先视被测量的是直流还是交流，以便选用直流仪表或交流仪表。如果测量交流量，还要注意是正弦波还是非正弦波；测量时还要区分被测量的究竟是平均值、有效值、瞬时值及还是最大值，对于交流量还要注意频率。

（2）按测量对象的实际需要选择仪表等级

根据工程性质，只要使测量结果的误差在工程实际允许范围内即可。例如常用的标准和部分精密测量中，可用准确度 0.1～0.2 级的仪表；在实验测量中可用 0.5～1.5 级的仪表；在工厂生产中可用 1.0～5.0 级的仪表。

（3）按测量对象和测量线路的电阻大小选择仪表内阻

对测量电压的电压表，内阻越大越好，要求电压表内阻值要大于被测对象 100 倍较好。对测量电流的电流表，内阻越小越好，常要求电流表内阻小于被测对象 100 倍。

（4）按测量对象选择仪表的允许额定值

不要用大量程的仪表去测量小量值，避免读数不准。当然更不可用小量程仪表去测量大电量，以免损坏仪表。所以，在选用仪表时，必须认真观察仪表和设备允许承受的额定电压、额定电流和额定功率。

5.2　电流与电压的测量

5.2.1　电流的测量

测量电流时应将电流表串联在被测电路中，电流表的接线如图 5-6 所示。

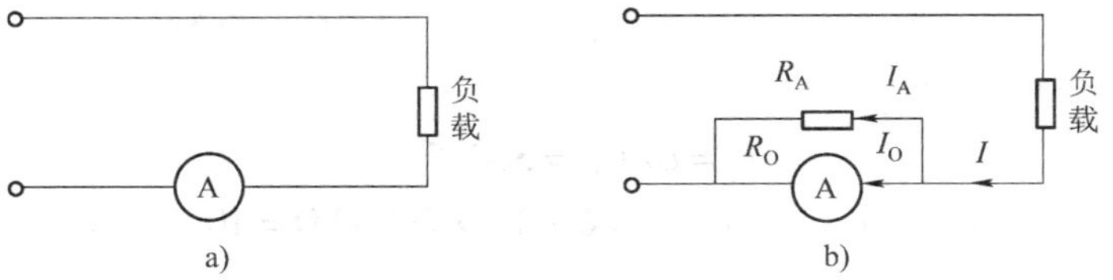

图 5-6　电流表的接线

a）直接测量电流　b）电流表量程的扩大

1. 直流电流的测量

通常测量直流电流用磁电系电流表，电流表应串联在被测电路中，否则将会烧毁电流表。为了使电路的工作不受接入电流表的影响，电流表的内阻必须很小。此外，测量直流电流时还要注意仪表的极性。

采用磁电系电流表测量电流时，为了扩大它的量程，应在测量机构上并联一个称为分流器的低值电阻 R_A。分流器的阻值为：$R_A = R_0/(n-1)$。式中 R_0 为表头内阻，$n = I/I_0$ 为分流系数，其中 I_0 为表头的量程，I 为扩大后的量程。

【例 5-1】 有一磁电系电流表，当无分流器时，表头的满标值电流为 5mA，表头电阻为 20Ω。今要使其量程（满标值）为 1A，问分流器的电阻应为多大？

解：

$$n = I/I_0 = 1000/5 = 200$$

$$R_A = R_0/(n-1) = [20/(200-1)]\Omega = 0.1005\Omega$$

2. 交流电流的测量

测量交流电流主要采用电磁系电流表，进行精密测量时使用电动系仪表，电流表必须与被测电路串联。交流电流表扩大量程不采用并联分流器的办法，而用绕组的串并联来实现。若被测电流很大时，可配以电流互感器来扩大量程。

5.2.2 电压的测量

测量电压时应将电压表并联在被测电路中，电压表的接线如图 5-7 所示。

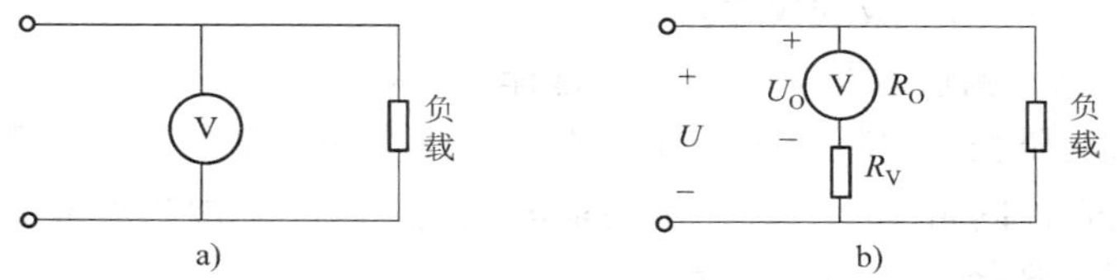

图 5-7 电压表的接线

a）直接测量电压 b）电压表量程的扩大

1. 直流电压的测量

测量直流电压通常采用磁电系电压表。电压表必须与被测电路并联，否则将会烧毁电表。此外，测量直流电压时还要注意仪表的极性。

电压表扩大量程的方法是在表头上串联一个称为倍压器的高值电阻 R_V，倍压器的阻值为：$R_V = (m-1)R_0$。式中 R_0 为表头内阻，$m = U/U_0$ 为倍压系数，其中 U_0 为表头的量程，U 为扩大后的量程。

【例 5-2】 有一电压表，其量程为 50V，内阻为 2000Ω。今欲使其量程扩大到 300V，问还需串联多大电阻的倍压器？

解：

$$m = U/U_0 = 300/50 = 6$$

$$R_V = (m-1)R_0 = ((6-1)\times 2000)\Omega = 10000\Omega$$

2. 交流电压的测量

测量交流电压主要采用电磁系电压表，电压表必须与被测电路并联，否则将会烧毁电压表。测量 600V 以上的电压时，一般要配以电压互感器降压后再测量。

5.3 汽车专用万用表

万用表是电子测量技术领域中最常用的一种仪表，以测量电流、电压及电阻 3 大参数为主。常用的万用表有数字式万用表和指针式万用表两种。

现代汽车普遍采用了电子控制技术，若使用低阻抗指针式万用表，容易对车载计算机及传感器造成损坏。因此，最好采用高阻抗的汽车专用数字式万用表。汽车专用数字式万用表具有精度高、输入阻抗高、量程范围宽、测量速度快、抗干扰能力强、功耗小、过载能力强以及分辨率高等特点。

汽车专用数字式万用表除了具有测量电流、电压、电阻、二极管、晶体管和电路的通断等普通数字式万用表的功能外，还具有一些汽车专用测试功能，一般还可以测量温度、电容、传感器输出的电信号频率、闭合角、占空比以及发动机转速等参数，并具有峰值保持、读数锁定等功能。

下面以 KM300 型汽车专用数字万用表为例进行介绍，其外形如图 5-8 所示。

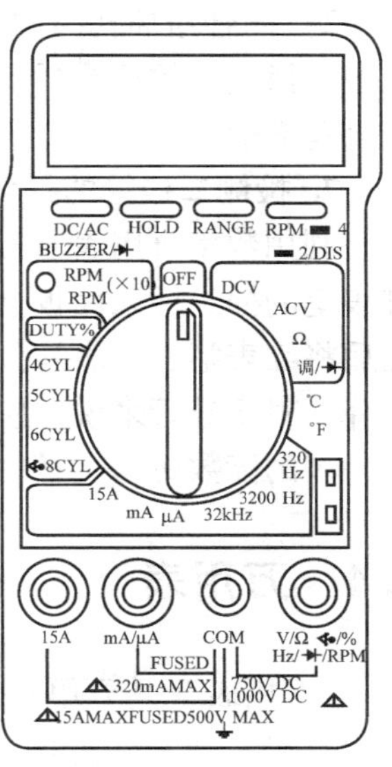

图 5-8　KM300 型汽车专用数字万用表外形

1. 测量直流电压

1）将“选择开关”转到“DCV”位置，这时万用表会进入自动选择量程方式，自动选择最佳测量量程。也可以按下“量程”（RANGE）按钮，选择量程方式，每按一次按钮，即可以选择到下一个高一点的量程。

2）将红表笔的插头插入面板上的“V/Ω”插孔中，黑表笔的插头插入面板上“COM”插孔中，再将两表笔并联接到被测电路上，读数即可。注意红表笔（正）、黑表笔（负）应分别和电路测试点的“+”“-”极性应一致。

2. 测量直流电流

1）按下“DC/AC”切换按钮，选择直流。

2）将“选择开关”转到 15A 或 mA 或 μA 位置。将红表笔的插头插在 15A 或 mA 或 μA 插孔中，将黑表笔的插头插入面板上“COM”插孔中。若事先不知道被测电流的大小，应从最大量程开始。

3）此时应将万用表串联到被测电路中，等显示稳定后，再读数。

3. 测量电阻

1）将“选择开关”转到“Ω”位置。这时万用表会进入自动选择量程方式，自动选择最佳测量量程。也可以按下“量程”（RANGE）按钮，选择量程方式，每按一次按钮，即可以选择到下一个高一点的量程。

2）将红表笔的插头插入面板上的“V/Ω”插孔中，黑表笔的插头插入面板上“COM”插孔中，再将两表笔接到被测电路上，显示稳定后即可读数。

注意： 测量某元件的电阻时，必须先将电源先断开，然后再进行测量，严禁带电测量，否则有可能烧坏仪表。

4. 测量温度

1）将“选择开关”转到“℃或℉”位置。

2）将汽车专用数字万用表配备的带测针的特殊温度插头插到面板上的黄色插孔内，让测针与被测温度的部位接触。待显示稳定后即可读数。

5. 测量发动机转速

1）将“选择开关”转到“RPM 或 RPM（×10）”位置。

2）将感应夹的红色导线插入面板上的“V/Ω”插孔中，黑色导线插入面板上“COM”插孔中，将感应夹夹在通往火花塞的高压线上，其上方的箭头应指向火花塞。

3）按下“转速”选择按钮，根据被测发动机的冲程数和有无分电器，选择“4”或“2/DIS”。读取发动机转速值。

6. 测量触点闭合角

1）根据要测量的发动机的气缸数，将“选择开关”转到触点闭合角区域中对应缸（4CYL、5CYL、6CYL、8CYL）位置上。

2）闭合角插孔与“V/Ω”插孔是同一个插孔，将红表笔的插头插入面板上“V/Ω”插孔中，黑表笔的插头插入面板上“COM”插孔中，再将两表笔接到被测电路上，读取触点闭合角数值。

7. 检测二极管的好坏

利用数字万用表通常都可以检测二极管的单向导电性。用数字万用表检测二极管时，将红表笔的插头插入面板上的“V/Ω”插孔中，黑表笔的插头插入面板上“COM”插孔中，然后将红表笔、黑表笔分别与二极管的“正”“负”极连接时，显示的是二极管的正向导通压降，对于硅管来说，应为0.5～0.8V。如果把红表笔接二极管负极，黑表笔接二极管正极，表的读数应为“1”。若正反测量都不符合要求，则说明二极管已损坏。

5.4 万用表

“万用表”是万用电表的简称，它是汽车电工工作中的一个必不可少的工具。万用表能测量电流、电压及电阻，有的还可以测量晶体管的放大倍数、频率、电容值、逻辑电位以及分贝值等。万用表有很多种，常见的万用表有机械指针式万用表和数字式万用表两种。

5.4.1 机械指针式万用表

1. 机械指针式万用表的结构

万用表（以105型为例）的结构如图5-9所示。通过转换开关的旋钮来改变测量项目和测量量程。机械调零旋钮用来保持指针静止处在左零位。“Ω”调零旋钮用来在测量电阻时使指针对准右零位，以保证测量数值准确。

万用表的测量范围如下。

（1）直流电压

分5挡：0～6V；0～30V；0～150V；0～300V；0～600V。

（2）交流电压

分5挡：0～6V；0～30V；0～150V；0～300V；0～600V。

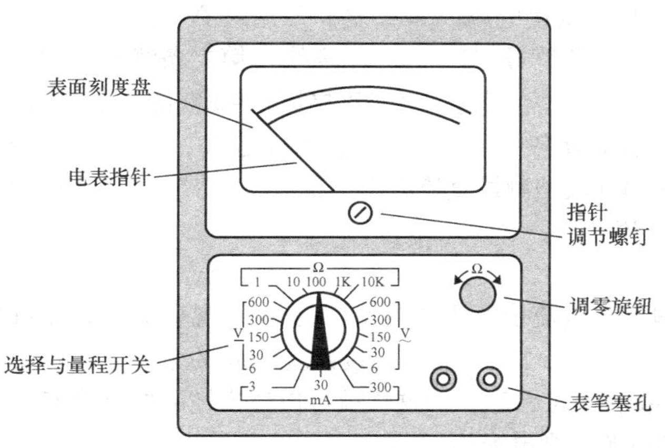

图 5-9　105 型万用表的结构

（3）直流电流

分 3 挡：0 ~ 3mA；0 ~ 30mA；0 ~ 300mA。

（4）电阻

分 5 挡：$R\times1\Omega$；$R\times10\Omega$；$R\times100\Omega$；$R\times1\mathrm{k}\Omega$；$R\times10\mathrm{k}\Omega$。

2. 机械指针式万用表的使用方法

（1）测量电阻

先将表棒搭在一起短路，使指针向右偏转，随即调整“Ω”调零旋钮，使指针恰好指到 0。然后将两根表棒分别接触被测电阻（或电路）两端，万用表测量电阻示意图如图 5-10 所示。读出指针在“Ω”刻度线（第一条线）上的读数，再乘以该档标的数字，所得就是所测电阻的阻值。例如，用 $R\times100\Omega$ 档测量电阻，指针指在 80，则所测得的电阻值为 $80\times100=8\mathrm{k}\Omega$。由于“Ω”刻度线左部读数较密，难于看准，所以测量时应选择适当的“Ω”档。使指针在刻度线的中部或右部，这样读数比较清楚准确。每次换档，都应重新将两根表棒短接，重新调整指针到零位。

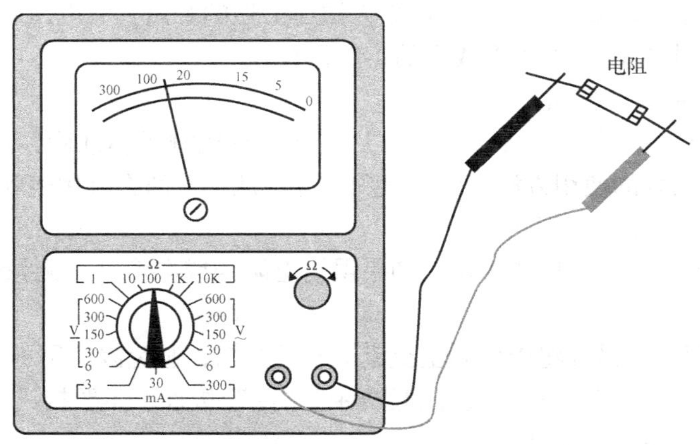

图 5-10　万用表测量电阻示意图

（2）测量直流电压

先估计一下被测电压的大小，然后将转换开关拨至适当的 V 量程，将正表棒接被测电压“+”端，负表棒接被测量电压“-”端，万用表测量直流电压示意图如图 5-11 所示。根据该档量程数字与标直流符号“DC-”刻度线（第二条线）上的指针所指数字，读出被测电压的大小。如用 V300 伏档测量，可以直接读 0～300 的指示数值；如用 V30 伏档测量，只需将刻度线上 300 这个数字去掉一个“0”，看成是 30，再依次把 200、100 等数字看成是 20、10 即可。例如用 V6 伏档测量直流电压，指针指在 15，则所测得电压为 1.5V 。

（3）测量直流电流

先估计一下被测电流的大小，然后将转换开关拨至合适的 mA 量程，再把万用表串接在电路中，万用表测量直流电流示意图如图 5-12 所示。观察标有直流符号“DC”的刻度线，如电流量程选在 3mA 档，这时应把表面刻度线上 300 的数字，去掉两个“0”，看成 3，再依次把 200、100 等数字看成是 2、1，这样就可以读出被测电流数值。例如用直流 3mA 档测量直流电流，指针在 100，则电流为 1mA。

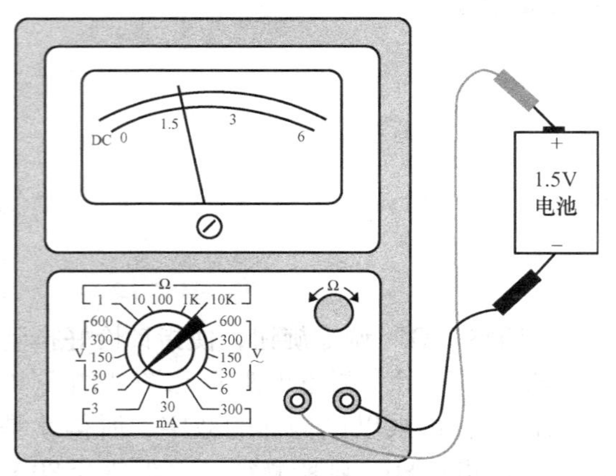

图 5-11　万用表测量直流电压示意图

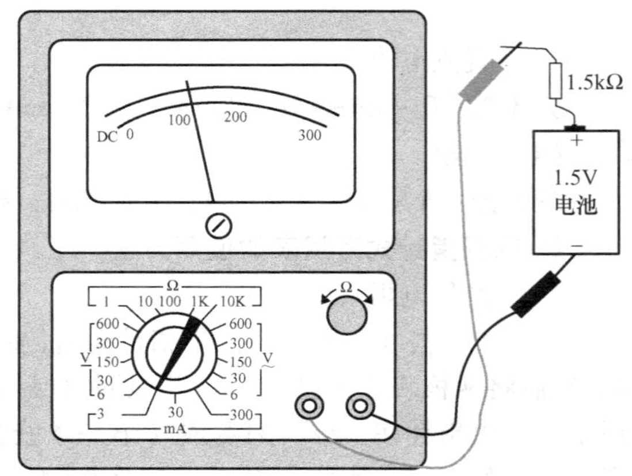

图 5-12　万用表测量直流电流示意图

（4）测量交流电压

测交流电压的方法与测量直流电压相似，所不同的是因交流电没有正负之分，所以在测量交流时，表棒也就不需要分正、负。读数方法与上述的测量直流电压的读法一样，只是数字应看标有交流符号“AC”的刻度线上的指针位置。

3. 万用表的使用注意事项

万用表是比较精密的仪器，如果使用不当，不仅造成测量不准确，且极易损坏。但是，只要掌握正确的万用表的使用方法和注意事项，谨慎从事，那么万用表就能经久耐用。

使用万用表时应注意如下事项。

1）测量电流与电压不能旋错档位。如果误用电阻档或电流档去测量电压，就极易烧坏万用表。

2）万用表不用时，最好将档位旋至交流电压最高档，避免因使用不当而损坏。

3）测量直流电压和直流电流时，注意“+”“-”极性，不要接错。如发现指针反转，应立即调换表棒，以免损坏指针及表头。

4）如果不知道被测电压或电流大小，应先用最高档，而后再选用合适的档位来测试，以免表针偏转过度而损坏表头。所选用的档位越靠近被测值，测量的数值就越准确。

5）测量电阻时，不要用手触及元件的裸体的两端（或两支表棒的金属部分），以免人体电阻与被测电阻并联，使测量结果不准确。

6）测量电阻时，如将两支表棒短接，调“零欧姆”旋钮至最大，指针仍然达不到0点，这种现象通常是表内电池电压不足造成的，此时应换上新电池方能准确测量。

7）万用表不用时，不要旋在电阻档，因为内有电池，如不小心使两根表棒相碰短路，不仅耗费电池，严重时甚至会损坏表头。

5.4.2 数字式万用表

数字式万用表是近年来出现的先进测量仪表，它采用了大规模集成电路，具有数字化显字功能，因此其具有结构轻巧及测量精度高、输入阻抗高、显示直观、过载能力强、功能全及耗电省等优点，深受人们欢迎。

由于数字式万用表使用方法基本与指针式相同，所以在这里只介绍它的基本结构。DT—830型数字万用表面板如图5-13所示，上面排列着液晶显示屏、量程开关、输入插口、hFE插口和电源开关5个部分，各部分的功能如下。

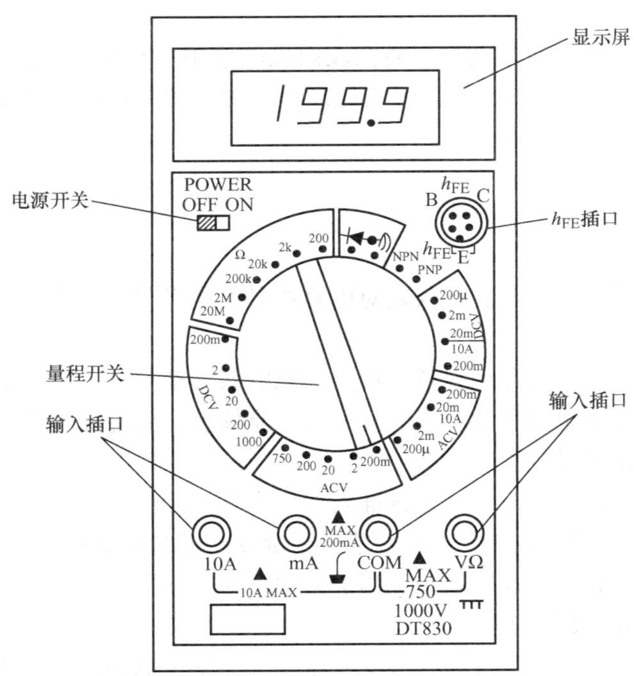

图5-13 DT—830型数字万用表面板

（1）液晶显示屏

万用表的显示位数是4位，因最高位（千位）只能显示数字“1”或者不显示数字，故算半位，称作三位半。最大显示数为1999或－1999。当测量直流电压和直流电流时，仪表有自动显示极性功能，若测量值为负，显示的数字前面将带“－”号。当仪表输入超载时，屏上出现“1”或“－1”。

（2）量程开关

旋转式量程开关位于面板中央，是转换工作种类和量程用的。开关周围用不同的颜色和分界线标出各种不同工作状态的范围。

（3）输入插口

输入插口是万用表通过表笔和测量点连接的部位，共有“COM”“V·Ω”“mA”和“10A”4个孔。负表笔始终置于“COM”插口，正表笔要根据工作种类和测量值的大小置于“V·Ω”“mA”或“10A”中。在“COM”和“V·Ω”之间的连线上，印有标记，表示从此两孔输入时，测交流电压不得超过750V，测直流电压不得超过1000V 。此时测量“V”和“Ω”都处于同一插口内，因此应谨慎检查量程开关选择位置是否正确。在“COM”“mA”之间和“COM”“10A”之间的连线上也分别附有标记，表示在对应的插口间所测量的电流值不能超过200mA和10A。

（4）hFE 插口

此插口是插放被测晶体管的。测量时管子的e、b、c。三脚应分别插入“E”“B”“C”三孔中，“E”有两孔作用一样，发射极引脚可就便插入。

（5）电源开关

当开关置于“ON”位置，表内电源接通，可以正常工作；当开关置于“OFF”位置，电源关闭。

DT—830型万用表用9V小电池，装在表内电池盒中。在电池盒内还装有0.5A快速熔断器，当“DC·A”和“AC·A”量程内超载测量时，熔断器将立刻被烧断，起到保护作用，此时显示器上也无读数。

5.5　本章小结

1）电工测量就是利用电工测量仪表对电路中各个物理量，如电流、电压、功率及电阻等参数的大小进行测量。

2）电工测量仪表按工作原理分类，可分为磁电系、整流系、电磁系及电动系等类型。

3）电工测量仪表按电流种类分类，可分为直流仪表、交流仪表及交直流两用仪表。

4）准确度是电工测量仪表的主要特性之一。

5）目前我国直读式电工测量仪表按准确度分为0.1、0.2、0.5、1.0、1.5、2.5和5.0七级。准确度等级较高的仪表常用来进行精密测量或校正准确度等级较低的仪表。

6）测量电流时应将电流表串联在被测电路中，为了使电路的工作不受接入电流表的影响，电流表的内阻必须很小。

7）测量电压时应将电压表并联在被测电路中，为了使电路的工作不受接入电压表的影响，电压表的内阻必须很大。

8）汽车专用数字式万用表具有精度高、输入阻抗高、量程范围宽、测量速度快、抗干扰能力强、功耗小、过载能力强及分辨率高等特点。

9）汽车专用数字式万用表除了具有测量电流、电压、电阻、二极管、晶体管和电路的通断等普通数字式万用表的功能外，还具有一些汽车专用测试功能，一般还可以测量温度、电容、传感器输出的电信号频率、闭合角、占空比及发动机转速等参数，并具有峰值保持、读数锁定等功能。

10）常见的万用表有机械指针式万用表和数字式万用表两种。

5.6 实训5 汽车专用万用表的使用

1. 实训目的和要求

1）学习汽车专用万用表的使用方法。

2）按技术操作规程实训，注意人身及设备安全。

3）记录实训数据，写出实训报告。

2. 实训设备、工具和材料

1）KM300 型汽车专用数字万用表。

2）铅酸蓄电池。

3）空气温度传感器。

4）一杯热水。

5）发动机。

6）六管发电机。

3. 实训内容及步骤

1）测量铅酸蓄电池的电压。

2）测量空气温度传感器的电阻。

3）测量热水的温度。

4）测量发动机的转速。

5）测量触点闭合角。

6）测量发动机整流器上每个二极管的好坏。

5.7 习题

1. 电工测量仪表按工作原理分类可分为哪几种？
2. 磁电系仪表的特点是什么？
3. 电磁系仪表的特点是什么？
4. 电动系仪表的特点是什么？
5. 电工测量仪表的使用方法与选择方法是什么？
6. 用 KM300 型汽车专用万用表测量温度的方法是什么？
7. 用 KM300 型汽车专用万用表测量发动机转速的方法是什么？
8. 用 KM300 型汽车专用万用表测量触点闭合角的方法是什么？

第 6 章　电子电路中常用器件

【本章要点】

- PN 结形成原理及导电特性
- 二极管的工作原理、特性曲线及类型
- 晶体管的放大原理、特性曲线及工作状态
- 晶闸管的特性曲线及工作原理
- 基本放大电路的静态分析和动态分析方法、射极输出器特点
- 放大电路的反馈类型及判别
- 基本开关电路的工作过程及在汽车上的典型应用
- 汽车电子点火系统工作过程

6.1　半导体的基本知识

6.1.1　半导体材料

自然界中物质存在有固体、液体、气体等多种形式。根据其导电能力，可分为导体、半导体和绝缘体。通常把导电性能比较好的金属，如金、银、铜、铁、锡及铝等，称为导体。而把导电性差或不好的材料，如金刚石、人工晶体、琥珀及陶瓷等，称为绝缘体。半导体的导电能力介于导体和绝缘体之间，与导体和绝缘体相比，半导体材料的发现是最晚的，直到 20 世纪 30 年代，当材料的提纯技术改进以后，半导体的存在才真正被学术界认可。在电子器件中，常用的半导体材料有：元素半导体，如硅（Si）、锗（Ge）等；化合物半导体，如砷化镓（GaAs）等；以及掺杂或制成其他化合物半导体材料，如硼（B）、磷（P）、铟（In）和锑（Sb）等。其中硅和锗是最常用的半导体材料。

汽车电路中常用的半导体器件有二极管、晶体管、运算放大器等，它们都是由半导体材料制成的。半导体有以下特点：

1）半导体的导电能力介于导体与绝缘体之间。

2）半导体受外界光和热的刺激时，其导电能力将会有显著变化。根据这个特性，可做成温度敏感元件（如热敏电阻）和各种光敏元件（如光敏电阻、光敏二极管、光敏晶体管等）。

3）在纯净半导体中，加入微量的杂质，其导电能力会急剧增强。根据这个特性，可做成各种不同用途的半导体器件，如二极管、晶体管和晶闸管等。

6.1.2　半导体的共价键结构

在电子器件中，用得最多的半导体材料是硅和锗，它们都是四价元素，简化的原子空间排列如图 6-1 所示。当硅和锗半导体材料被制成晶体时，其原子排列就由杂乱无章的状态变

成有序的状态，每个原子最外层轨道上的 4 个电子，不仅受自身原子核的束缚，而且还与相邻的 4 个原子发生联系。邻近的两个原子之间有一对共用的价电子，形成共价键，共价键结构使原子最外层的电子数达到 8 个，即形成了稳定结构，晶体的共价键结构如图 6-2 所示。

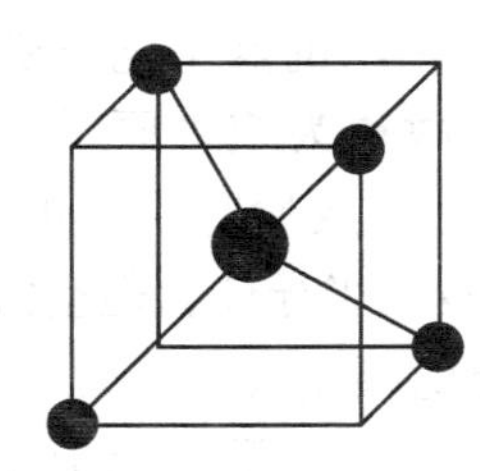
图 6-1　原子的空间排列

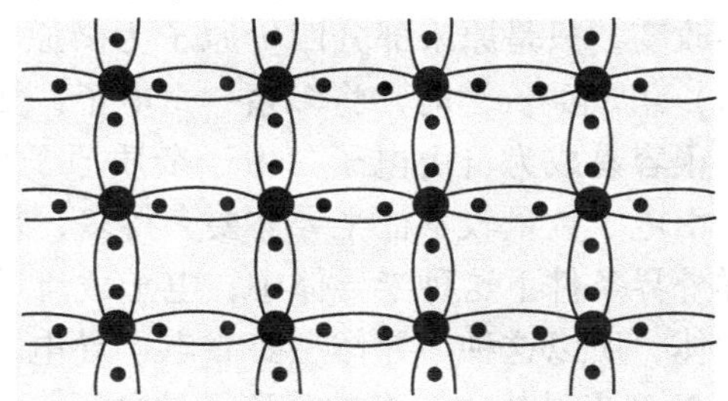
图 6-2　晶体的共价键结构

6.1.3　半导体的导电特征

在半导体共价键结构中，原子最外层轨道上虽然有 8 个电子，但因为不如绝缘体中价电子束缚的紧，所以并不总是最稳定状态。半导体中价电子在获得一定能量（温度升高或受光照）后，即可挣脱原子核的束缚，成为自由电子（带负电），这一现象称为本征激发。温度越高，晶体中产生的自由电子便越多，在电子挣脱共价键的束缚成为自由电子后，共价键中就留下一个空位，这个空位被称为空穴（带正电）。这时，原子的电中性也被破坏，因为失去电子形成空穴而带正电。有空穴的原子可以吸引相邻原子中的价电子填补空穴，同时在这个相邻原子中会出现另外一个空穴，如此继续下去，就如同一个空穴在移动（相当于正电荷的移动）。可见因热激发而出现的自由电子和空穴是同时成对出现的，称为电子空穴对。游离的部分自由电子有可能回到空穴中去，称为复合，本征激发与复合如图 6-3 所示。本征激发和复合在一定温度下会达到动态平衡。晶体内部自由电子空穴对的数量取决于外界条件，外界温度越高、光照越强，价电子活性越强，晶体内部的自由电子空穴对的数量就越多。

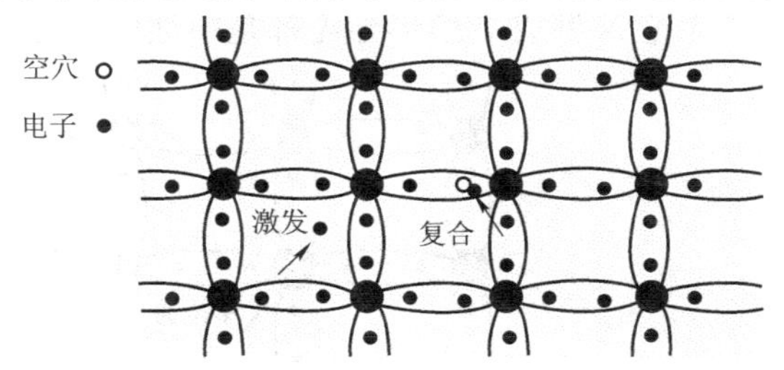

图 6-3　本征激发与复合

在一定条件下（如在半导体两端加上合适的外电压），半导体晶体内部会出现两种类型的电流：一是自由电子作定向运动所形成的电子电流；一是价电子递补空穴运动所形成的空穴电流。也就是说，在半导体中，不仅有电子载流子，还有空穴载流子。外界温度越高、光照越强，载流子数量越多，半导体导电能力越强。

半导体根据是否含有其他杂质可分为本征半导体和杂质半导体。本征半导体即是上文介绍的半导体，它只有一种元素组成，一般为硅（Si）、锗（Ge），这种半导体在常温下，其中的电子、空穴载流子很少，导电能力很差。如果在本征半导体中掺入微量杂质，半导体的导电性会有很大改观。例如，常温下本征硅的电子载流子浓度为 $1.4\times10^{10}/\mathrm{cm}^3$，原子浓度为 $4.96\times10^{22}/\mathrm{cm}^3$，掺入部分五价微量元素后，电子载流子浓度为 $5\times10^{16}/\mathrm{cm}^3$，即导电能力增强了几十万倍。利用半导体的这种特性，可制成各种不同用途的半导体器件，如二极管、晶体管和运算放大器等。

杂质半导体根据掺入杂质的不同，分为 N 型半导体和 P 型半导体。N 型半导体中掺入的杂质为微量的五价元素，如磷（P），由于杂质含量很低，所以半导体晶体的微观结构基本不会改变，只是原来部分四价原子为磷原子所代替，这些磷原子与相邻的四价原子（如硅、锗）组成共价键时，将多余一个电子，如图 6-4a 所示，多出的这个电子受原子核束缚很小，很容易成为自由电子。由于杂质原子可以提供电子，故称为施主原子。这种半导体中，自由电子数量较本征半导体要多得多，复合由于本征激发形成的空穴的机会也大的多，在同样外界条件下这种半导体中，电子载流子的数目远大于本征半导体，但空穴数量小于本征半导体，所以这种半导体主要靠电子导电，又称为电子导电型半导体，简称为 N 型半导体。在 N 型半导体中，多数载流子是电子（由掺杂产生），空穴为少数载流子（由本征激发产生）。

P 型半导体中掺入的杂质为微量的三价元素，如硼（B），同样，由于杂质含量很低，所以半导体晶体的微观结构基本不会改变，只是原来部分四价原子为硼原子所代替，这些硼原子与相邻的四价原子（如硅、锗）组成共价键时，将缺少一个电子，形成一个空穴，如图 6-4b 所示，当相邻共价键上的电子受到热振动或在其他激发条件下获得能量时，就有可能填补这个空位，使硼原子成为不能移动的负离子，而原来原子的共价键则因缺少一个电子，形成了空穴，硼原子接受电子，称硼为受主。这种半导体中，空穴数量较本征半导体要多得多，复合由于本征激发形成的自由电子的机会也大得多，在同样外界条件下这种半导体中，空穴载流子的数目远大于本征半导体，但自由电子数量小于本征半导体，所以这种半导体主要靠空穴导电，又称为空穴导电型半导体，简称为 P 型半导体。在 P 型半导体中，多数载流子是空穴（由掺杂产生），电子为少数载流子（由本征激发产生）。

无论 N 型或 P 型半导体都是中性的，对外不显电性。

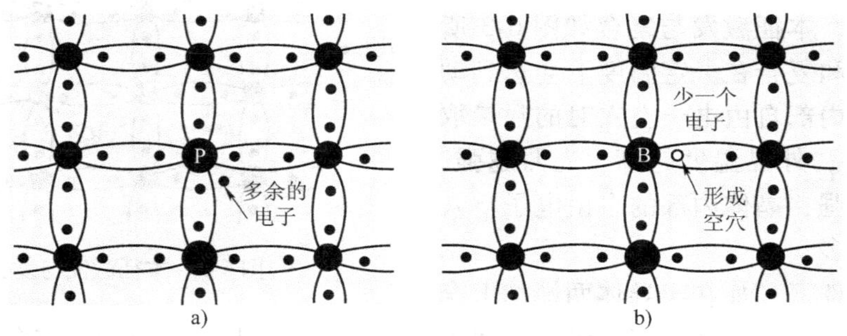

图 6-4　N 型半导体和 P 型半导体结构示意图

a）N 型半导体　b）P 型半导体

6.2　半导体二极管

6.2.1　PN 结

1. PN 结的形成

在同一块半导体基体上掺入不同的杂质，可在两边分别形成 P 型和 N 型半导体，在它们的交界区域会形成空间电荷区，这个空间电荷区就称为 PN 结。

在 N 型半导体中，多数载流子是电子，即自由电子浓度较大；而在 P 型半导体中，空穴浓度较大。根据物理学知识，浓度的差异会引起物质从浓度大的地方向浓度小的地方移动，因此，空穴将由高浓度的 P 区向低浓度的 N 区扩散，自由电子则由 N 区向 P 区扩散，扩散情况如图 6-5a 所示。扩散的电子和空穴会在中间的交界区复合消失，与此同时，在 P 区和 N 区分别留下不可移动的负电荷离子和正电荷离子。于是，在交界区域形成了空间电荷区，正负离子会形成一个电场，该电场称作内电场，电场方向由 N 区指向 P 区，如图 6-5b所示。

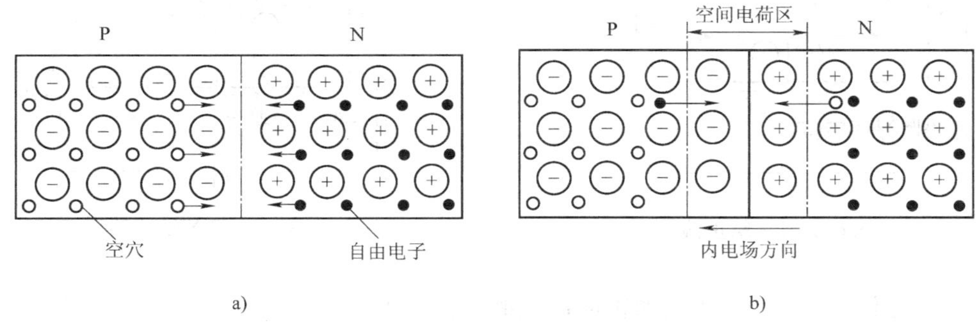

图 6-5　PN 结的形成

a）扩散示意图　b）扩散结果示意图

内电场对多数载流子（P 区的空穴载流子和 N 区的电子载流子）的扩散运动有阻碍作用，但却能够推动少数载流子（P 区的电子载流子和 N 区的空穴载流子）越过 PN 结，进入对方区域。这种在内电场作用下少数载流子有规则的运动，称作漂移运动。扩散运动和漂移运动同时发生但又相互影响，扩散运动可使空间电荷区变宽，即内电场变强，内电场推动下的漂移运动也会变频繁，而漂移运动会使空间电荷区变窄。当扩散运动与漂移运动在某种条件下（如光照、温度）达到动态平衡时，空间电荷区的宽度基本就稳定了，即形成了 PN 结，PN 结整体对外不显电性。

PN 结形成的简要物理过程可描述如下：P 区和 N 区电子和空穴载流子浓度差→多数载流子的扩散运动→由剩余正负离子形成空间电荷区，空间电荷区形成内电场→促使少数载流子漂移，阻止多数载流子扩散→扩散运动与漂移运动达到动态平衡→形成 PN 结。

2. PN 结的单向导电性

如前所述，PN 结在无外加电压下不显电性。如果给 PN 结加外部电压，导电情况如何呢?

PN 结加外部电压有两种方式：加正向电压和反向电压。如果加的外部电压使 PN 结 P 区电位高于 N 区电位称为加正向电压，简称为正偏；反之，如果 PN 结 P 区电位低于 N 区电位称为加反向电压，简称为反偏。

在 PN 结上加正向电压，PN 结正偏如图 6-6 所示。外加的正向电场方向与 PN 结内电场方向相反，削弱了内电场的作用。于是，PN 结内电场对多数载流子扩散运动的阻碍减弱，扩散电流加大。在外电场作用下，N 区的电子和 P 区的空穴载流子都向交界面运动，与原空间电荷区的正负离子中和，使空间电荷区变窄。此时，扩散电流远大于漂移电流，可忽略漂移电流的影响，PN 结呈现低电阻性，电路导通，有电流 I 流过。

在 PN 结上加反向电压，PN 结反偏如图 6-7 所示。外加的正向电场方向与 PN 结内电场方向相同，增强了内电场的作用。于是，PN 结内、外电场增强了少数载流子（P 区的电子载流子和 N 区的空穴载流子）的漂移运动，推动它们越过 PN 结，进入对方区域，从而使空间电荷区变宽。此时，漂移电流大于扩散电流，可忽略扩散电流，但因为少数载流子很少，所以形成的电流也很小，接近于 0。所以，PN 结呈高电阻性，可近似认为电路不能导通。

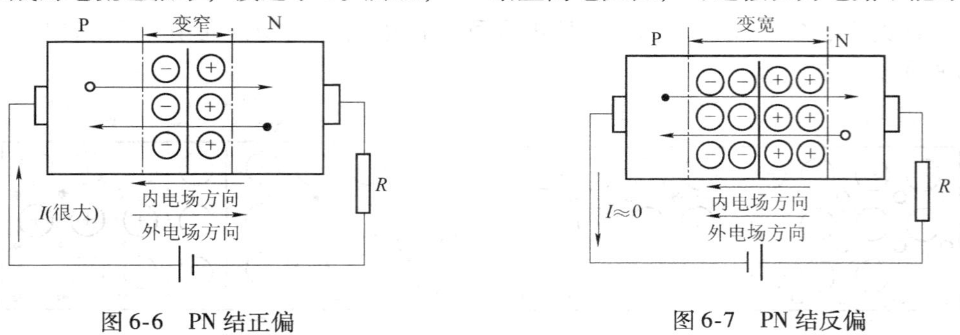

图 6-6　PN 结正偏　　　　图 6-7　PN 结反偏

由上述分析可知，当 PN 结加正向电压时，呈现低电阻，具有较大的正向电流，此时 PN 结导通；当 PN 结加反向电压时，呈现高电阻，具有很小的反向电流，此时 PN 结截止。这就是 PN 结的单向导电性。

6.2.2　二极管的结构

在单个 PN 结两端加上引出线并封装，就成为一个二极管。P 区的引出线称为正极或阳极，N 区的引出线称为负极或阴极。半导体二极管按其结构的不同可分为点接触型和面接触型两类，半导体二极管结构如图 6-8 所示。

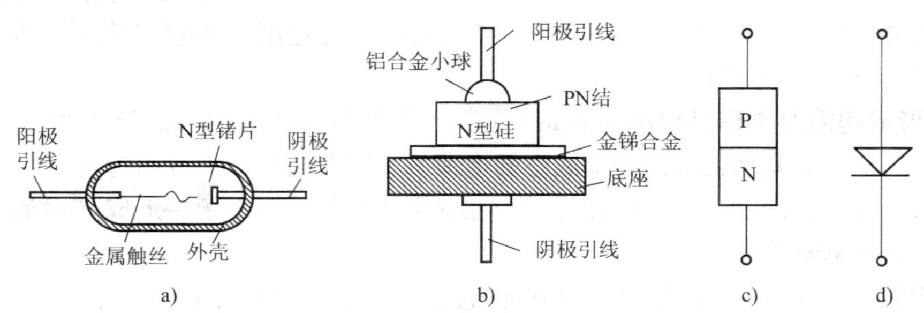

图 6-8　半导体二极管结构

a）点接触型　b）面接触型　c）示意图　d）符号

点接触型二极管的 PN 结面积小，结电容小，不能承受高的反向电压和大的电流，但高频性能好，往往用于小电流整流、高频检波及数字电路中的开关管。面接触型二极管的 PN 结面积大，允许流过较大的电流，但工作频率较低，一般用于工频大电流整流电路。二极管的文字符号为 VD，示意图及电路符号如图 6-8c、d 所示。

6.2.3 二极管的伏安特性

二极管的伏安特性曲线如图 6-9 所示，其表示二极管两端的电压与通过的电流之间关系的曲线。由图可知，曲线可分为 3 个部分。

（1）正向特性

正向特性表现为图中的①段。当正向电压较小，正向电流几乎为零。此工作区域称为死区。U_{th}称为死区电压（该电压硅管约为 0.5V，锗管为 0.1V）。当正向电压大于 U_{th}时，内电场削弱，电流因而迅速增长，呈现出很小的正向电阻。

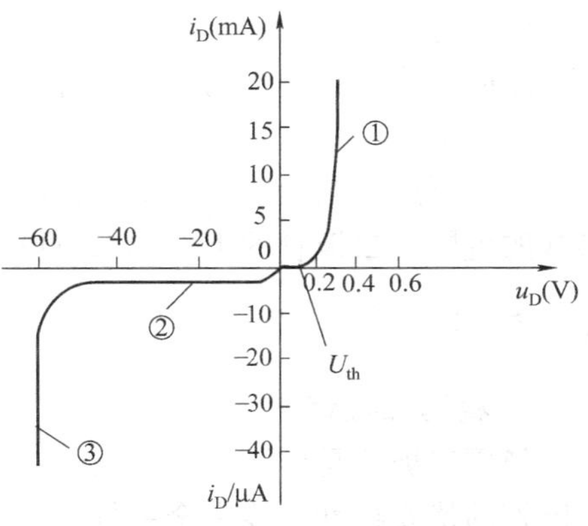

图 6-9 二极管的伏安特性曲线

（2）反向特性

反向特性表现为图中的②段。由于是少数载流子飘移形成的反向饱和电流，所以其数值很小。但温度对它影响很大，当温度升高时，少数载流子数目增多，反向电流将随之增加。

（3）反向击穿特性

反向击穿特性对应于图中③段，当反向电压增加到一定值时，反向电流急剧增加，二极管被反向击穿。二极管的反向击穿，可分为热击穿和电击穿两种。电击穿后，当加在二极管两端的反向电压降低后，二极管仍可恢复到原来的状态。热击穿则会使二极管发生永久损坏。普通二极管被击穿后，一般不能恢复原有性能，因此在使用二极管时，所加反向电压一定要小于反向击穿电压。

【例 6-1】 已知电路如图 6-10 所示，输入端 A 的电位 $U_A = +3V$，B 点的电位 $U_B = 0V$，电阻 R 接电源电压为 −15V，求输出端 F 的电位 U_F，并判断 VD_1 和 VD_2 的导通情况。

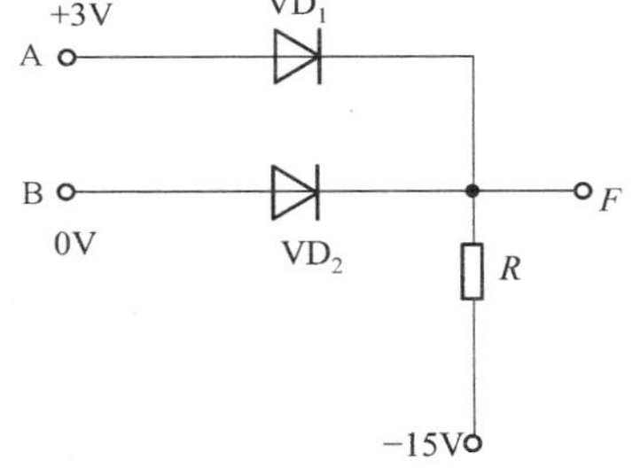

图 6-10 例 6-1 电路

解： 因为 VD_1 和 VD_2 为共阴极连接，A、B 两端为它们的阳极，因此 U_A、U_B 中的高电位对应的管子将会优先导通。

由 $U_A > U_B$ 可知，VD_1 将会优先导通。如果 VD_1 为硅二极管，其正向压降约为 0.7V，则此时 $U_F = +3 - 0.7 = +2.3V$。当 VD_1 导通后，VD_2 因承受反向电压而截止。

6.2.4 二极管的主要参数

器件的参数是对其特性的描述，也是我们正确使用和合理选择器件的依据。半导体二极管主要参数有：

（1）最大整流电流 I_F

最大整流电流 I_F 指二极管长期运行时允许通过的最大正向平均电流，它是由 PN 结的结面积和外界散热条件决定的。实际应用时，二极管的平均电流不能超过此值，并要满足散热条件，否则会烧坏二极管。

（2）最大反向工作电压 U_R

最大反向工作电压 U_R 指二极管使用时所允许加的最大反向电压，超过此值二极管就有发生反向击穿的危险。为了安全，实际工作中，通常取反向击穿电压的 1/2 或 2/3 作为 U_R。

（3）反向电流 I_R

反向电流 I_R 指二极管未反向击穿时的反向电流值。此值越小，二极管的单向导电性越好。此值与温度有密切关系，在高温运行时要特别注意。

（4）正向压降

正向压降指在规定的正向电流下，二极管的正向电压降。硅管的正向压降约 0.7 V；锗管约 0.3 V。

由于制造工艺的限制，即使是同一型号的管子，参数的分散性也很大，手册上往往给出参数的范围。二极管的类型和参数可查阅厂家提供的产品手册。

6.2.5 特殊二极管

1. 稳压二极管

稳压二极管是应用工作在反向击穿区的特殊硅二极管。稳压二极管的伏安特性曲线与硅二极管的伏安特性曲线完全一样，稳压二极管符号、伏安特性曲线和典型应用电路如图 6-11 所示。图中的 U_Z 表示反向击穿电压，即稳压管的稳定电压。稳压管的稳压作用原理在于，对于反向击穿区域，电流有很大变化时，只引起很小的电压变化，即电压基本不变。反向击穿曲线越陡，稳压管的稳压性能越好。为防止稳压二极管因为电流过大生热，发生热击穿而损坏，在工作时必须串联一个合适的限流电阻。

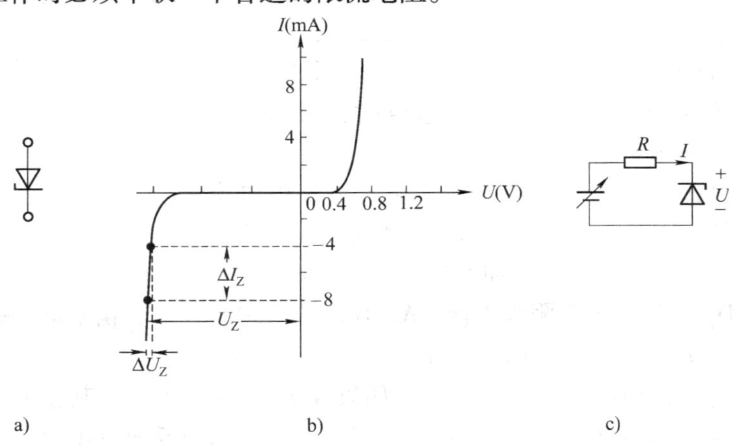

图 6-11　稳压二极管符号、伏安特性曲线和典型应用电路

a）符号　b）伏安特性曲线　c）典型应用电路

【例 6-2】　已知电路如图 6-12 所示，稳压管的最大稳定电流 $I_{ZM}=18\text{mA}$，稳定电压 $U_Z=12\text{V}$，限流电阻 $R=1.6\text{k}\Omega$，求通过的稳压电流 I_Z 等于多少？R 值是否合适？

解：因稳压二极管两端的稳压电压为 12V，故 $U_R=(20-12)\text{V}=8\text{V}$，$I_Z=8/(1.6\times10^3)\text{A}=5\text{mA}$，$I_Z<I_{ZM}$，电阻值合适。

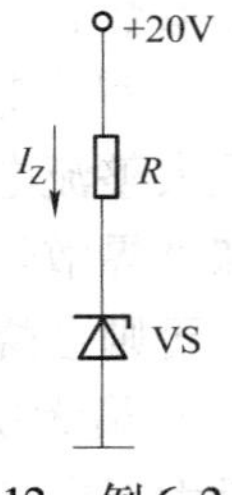

图 6-12　例 6-2 电路

2. 光敏二极管

随着科学技术的发展，在信号传输和存储等环节中，越来越多地应用光信号。光敏二极管是利用 PN 结在施加反向电压时，在光线照

射下反向电流随光照强度的增加而上升的原理来工作的。光敏二极管的结构与PN结二极管类似，管壳上的一个玻璃窗口能接收外部的光照，可用于光的测量。当制成大面积的光敏二极管时，能将光能直接转换成电能，这就是光电池。采用光电子系统的突出优点是，抗干扰能力较强、传送信息量大、传输损耗小且工作可靠。

光敏二极管的外形图、符号及典型应用电路如图6-13所示。雷克萨斯LS400全自动空调系统中的日照传感器就是利用光敏二极管特性制成的，它安装在汽车前挡风窗玻璃下面阳光照射最强的地方。光敏二极管可检测出日光照射量的变化，对日光照射变化反应敏感，可将日照变化转换成电流变化，根据电流的大小就可以知道准确的日照量。日照传感器的作用是把日光照射量变化转换为电流值变化信号检测出来，并将其送到ECU，用于调整空调的吹风量与温度。

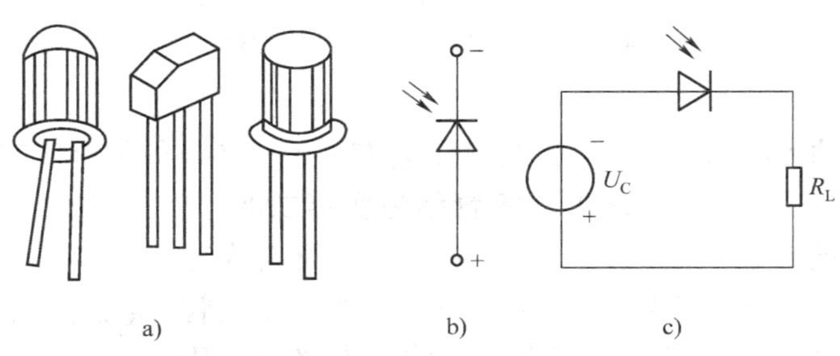

图6-13　光敏二极管的外形图、符号及典型应用电路

a）外形图　b）符号　c）典型应用电路

3. 发光二极管

发光二极管（Light Emitting Diode，LED）是由镓（Ga）与砷（As）、磷（P）的化合物制成的。这些材料制成的PN结，加上正偏电压时，将电能转化为光能而发光。发光二极管在电路及仪器中可作为指示灯，或者组成文字或数字显示。光的颜色取决于制造PN结所用的材料，砷化镓二极管发红光，磷化镓二极管发绿光，碳化硅二极管发黄光等。发光二极管按发光颜色划分，可分为红色、黄色、绿色、变色发光二极管和红外光二极管等。发光二极管的外形图、电路符号及驱动电路如图6-14所示。

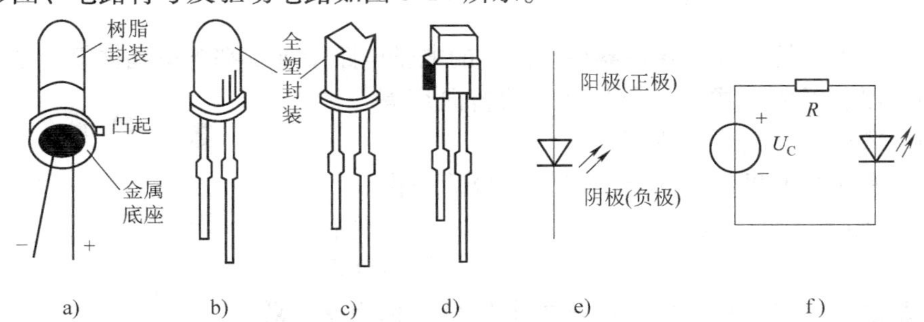

图6-14　发光二极管的外形图、电路符号及驱动电路

a）外形图　b）圆形　c）箭头形　d）方形　e）图形符号　f）驱动电路

发光二极管在汽车上应用广泛。如桑塔纳、奥迪等汽车上的充电指示灯，就是一个由COLLINSELEX公司生产的GL1004G型发光二极管。汽车上还有很多电子仪表中的显示器也用到发光二极管。桑塔纳2000使用的LED 7段数码显示器的典型外形和段排列如图6-15a所示，该二极管可显示0～9十个数字。例如，点亮b、c两端，显示1；点亮a、b、c、d、 e、f 六段，显示 0 等。利用发光二极管点阵构成的显示屏幕，在微型计算机控制下，还可以显示各种静态和动态文字、符号和图像等，如图 6-15b 所示。

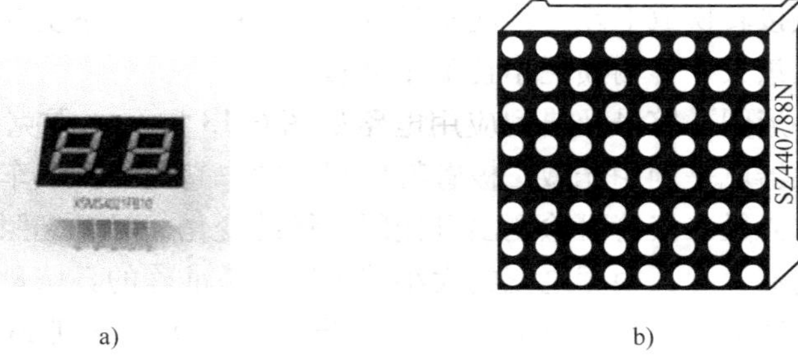

a)　　　　　b)

图 6-15　LED 7 段数码显示器和发光二极管点阵
a）LED 7 段数码显示器　b）发光二极管点阵

4. 变容二极管

二极管结电容的大小除了与本身结构和工艺有关外，还与外加电压有关。结电容随反向电压的增加而减小，这种效应显著的二极管称为变容二极管。它是一种电抗可变的非线性电路元件，一般使用的材料为硅或砷化镓，变容二极管电路符号如图 6-16 所示。变容二极管通常可替代可变电容器，在现代通信设备、数字电路及家用电器中作调谐、频率自动微调使用。汽车上的收音机调频即是其典型应用，其工作原理是通过控制直流电压来改变变容二极管的结电容量，以选择某一调频的谐振频率。

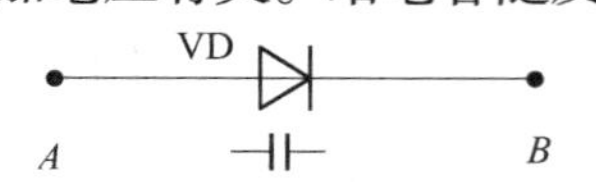

图 6-16　变容二极管电路符号

其他类型的二极管还有激光二极管、温敏二极管、整流二极管、肖特基二极管及阻尼二极管等。

6.3　晶体管

6.3.1　晶体管的基本结构

晶体管是最重要的一种半导体器件。汽车的电子电路中基本都含有晶体管，如发电机的电子电压调节器、无触点式电子散光器式的转向灯等。常用的一些晶体管外形如图 6-17 所示。

晶体管具有 3 个电极，有 3 条引脚。二极管是由一个 PN 结构成的，而晶体管由两个 PN 结构成。每个晶体管有 3 个区，共用的一个区称为基区，另两个分别是发射区和集电区。从基区、发射区和集电区引出的电极分别称为基极（用字母 B 表示）、集电极（用字母 C 表示）和发射极（用字母 E 表示）。晶体管有两个 PN 结，基区和集电区之间的 PN 结称为集电结，基区和发射区之间的称为发射结。由于不同的组合方式，形成了两种形式的晶体管：NPN 型（见图 6-18a）和 PNP 型（见图 6-18b），电路符号中的箭头表示发射极电流的方向。

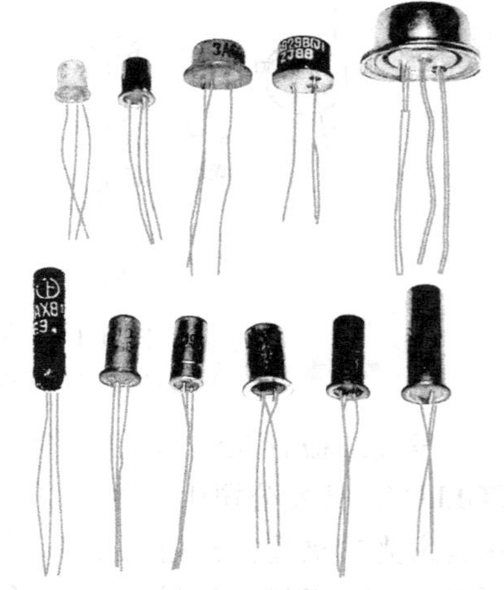

图 6-17　常用的一些晶体管外形

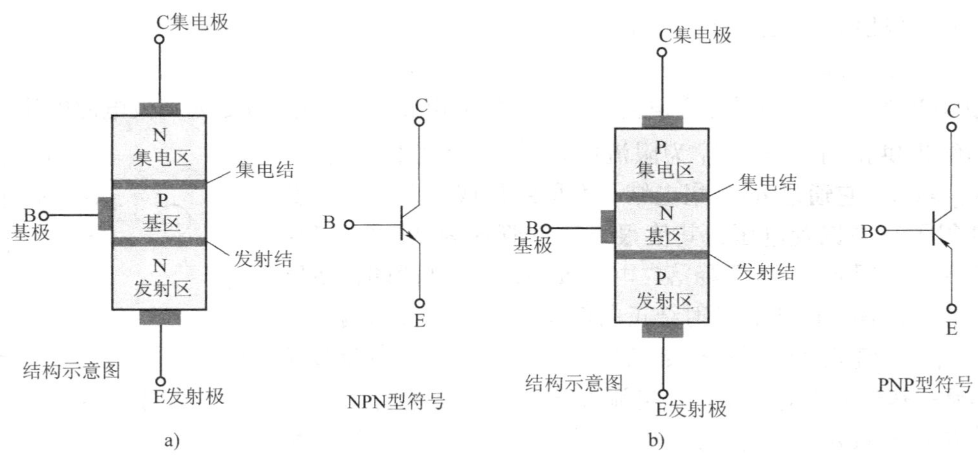

图 6-18 晶体管结构示意图及符号

a）NPN 型 b）PNP 型

6.3.2 晶体管的电流放大作用

晶体管最基本的作用是电流放大作用，它可以把微弱的电信号变成一定强度的信号，当然这种转换仍然遵循能量守恒，它只是把电源的能量转换成信号的能量罢了。晶体管有一个重要参数就是电流放大系数 β。当晶体管的基极上加一个微小的电流时，在集电极上可以得到一个是基极电流 β 倍的电流，即集电极电流。集电极电流随基极电流的变化而变化，并且基极电流很小的变化可以引起集电极电流很大的变化，这就是晶体管的电流放大作用。

1. 晶体管的工作电压和基本连接方式

（1）工作电压

晶体管要实现放大作用必须满足的外部条件：发射结加正向电压，集电结加反向电压，即发射结正偏，集电结反偏，晶体管电源的接法如图 6-19 所示。其中 VT 为晶体管，U_C 为集电极电源电压，U_B 为基极电源电压，两类晶体管外部电路所接电源极性正好相反，R_B 为基极电阻，R_C 为集电极电阻。若以发射极电压为参考电压，则晶体管发射结正偏，集电结反偏，这个外部条件也可用电压关系来表示：对于 NPN 型：$U_C > U_B > U_E$；对于 PNP 型：$U_E > U_B > U_C$。

（2）连接方式

晶体管有 3 个电极，而在连成电路时必须有两个电极接输入回路，两个电极接输出回路，这样势必有一个电极作为输入和输出回路的公共端。根据公共端的不同，有 3 种基本连接方式：共发射极接法、共基极接法、共集电极接法。本节中都以共发射极接法来介绍晶体管的工作特性。共发射极接法简称共射接法，是以基极为输入端，集电极

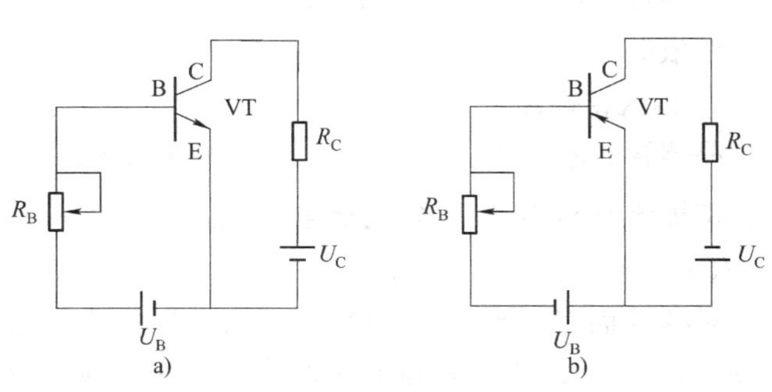

图 6-19 晶体管电源的接法

a）NPN 型 b）PNP 型

为输出端，发射极为公共端，如图 6-19 所示。

2. 电流放大原理

图 6-20 所示为测量晶体管电流放大作用实验电路图，其中，U_B 为基极电源电压，用于向发射结提供正向电压，R_B 为限流电阻。U_C 为集电极电源，要求 $U_C > U_B$，它通过 R_C、集电结、发射结形成电路。由于发射结获得了正向偏置电压，其值很小（硅管约为 0.7V，锗管约为 0.3V），因而 U_C 主要降落在电阻 R_C 和集电结两端，使集电结获得反向偏置电压。发射结正向偏置、集电结反相偏置是晶体管实现电流放大作用的外部条件。此时，在电路中会形成 3 个电流：基极电流 I_B、集电极电流 I_C 和发射极电流 I_E。

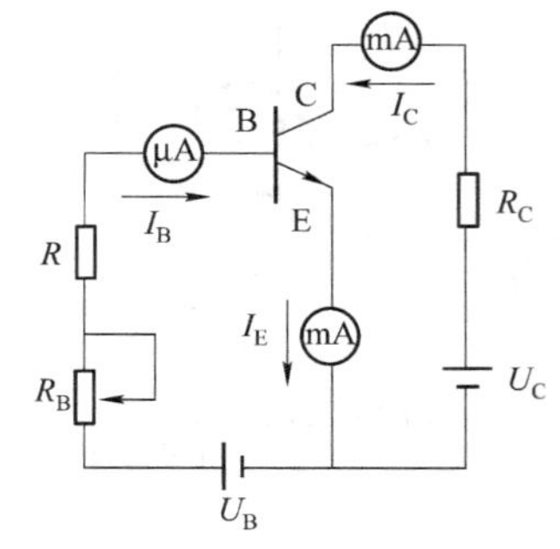

图 6-20　测量晶体管电流放大作用实验电路图

当调整电阻 R_B 的阻值时，基极电流 I_B、集电极电流 I_C 和发射极电流 I_E 都会发生变化，通过电流表可测得其变化情况，晶体管电流测量结果见表 6-1。

由表 6-1 可得出以下结论：

1）发射极电流等于基极电流和集电极电流之和。此结果符合基尔霍夫电流定律，即 $I_E = I_B + I_C$。

2）I_C/I_B 很大，即基极电流很小，集电极电流相对较大。

3）$\Delta I_C/\Delta I_B$ 很大，即很小的基极电流 I_B 的变化会引起很大的集电极电流 I_C 的变化，这就是晶体管的电流放大作用。在实际应用中，常常利用这个原理，用基极电流来控制集电极电流的变化。

表 6-1　晶体管电流测量结果

I_B/mA	0	0.01	0.02	0.03	0.04	0.05
I_C/mA	<0.001	0.50	1.00	1.60	2.20	2.90
I_E/mA	<0.001	0.51	1.02	1.63	2.24	2.95
I_C/I_B		50	50	53	55	58
$\Delta I_C/\Delta I_B$		50	60	60	70	

6.3.3　晶体管的特性曲线

晶体管的特性曲线是指各电极电压与电流之间的关系曲线，它是实际工作中选用晶体管的重要依据。

1. 输入特性曲线

晶体管的输入特性是指当集电极-发射极电压 U_{CE} 为常数时，基极电流 i_B 与基极-发射极电压 u_{BE} 之间的关系曲线，即 $i_B = f(u_{BE})|_{U_{CE}=常数}$。

对硅管而言，当 $U_{CE} > 1$V 时，输入特性曲线基本一致，如图 6-21 所示，图中只画了一条输入特性曲线。由图可知，晶体管的输入特性与二极管的正向特性曲线类似，也有一段死区，只有当发射极外加电压 u_{BE} 大于死区电压时，晶体管才

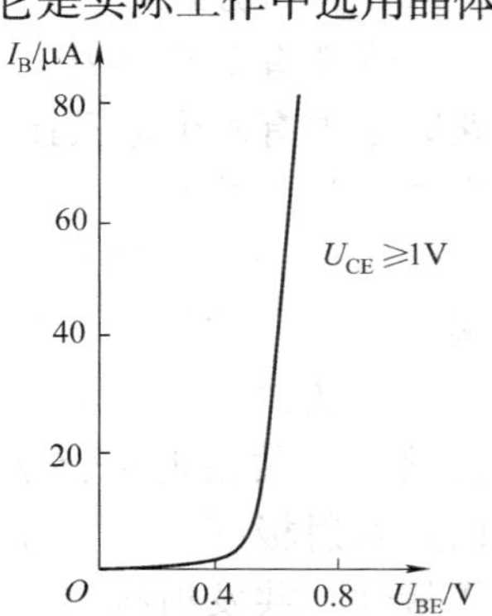

图 6-21　晶体管输入特性曲线

会导通，有基极电流 i_B。通常硅管的死区电压为 0.5V，锗管为 0.1V。

在正常情况下，NPN 型硅管的发射结电压 u_{BE}为 0.6～0.7V，PNP 型锗管的发射结电压 u_{BE}为 0.2～0.3V。

2. 输出特性曲线

晶体管的输出特性是指当基极电流一定时，集电极电流 i_C 与集电极-发射极电压 u_{CE}之间的关系曲线，即 $i_C = f(u_{CE})|_{I_B=常数}$。

当基极电流 I_B 不同时，输出特性也会变化，但变化规律类似，所以晶体管的输出特性曲线是一簇曲线，见图 6-22。由图可见，在输出特性曲线的起始部分很陡，当 U_{CE}超过某一数值（约 1V）后，特性曲线变得比较平坦，且间隔基本均匀。输出特性曲线是形状基本相同的曲线族。从曲线上看，晶体管输出特性大致可分为 3 个区域。

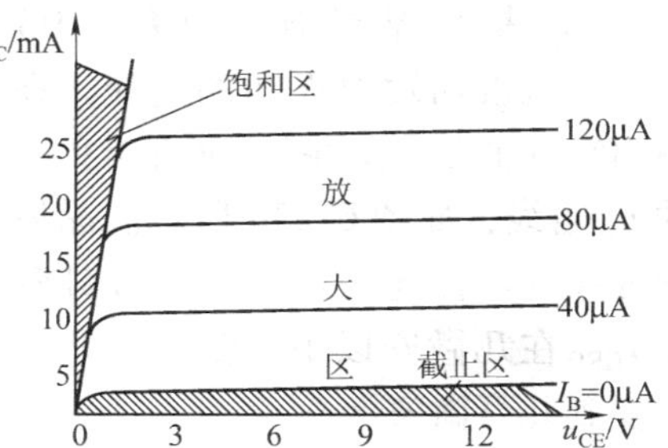

图 6-22　晶体管输出特性曲线

（1）截止区

区域：$I_B=0$ 曲线以下的区域。

工作条件：为使晶体管可靠截止，其发射结和集电结均要处于反向偏置，对于 NPN 型晶体管而言，即 $u_{BE} \leqslant 0$。

工作特点：晶体管处于截止区时，失去了电流放大作用，集电极与发射极之间相当于开关的断开状态。

（2）放大区

区域：输出特性曲线较为平坦的区域。

工作条件：发射结正向偏置且大于导通电压、集电结反向偏置。对于 NPN 型晶体管而言，即 $u_{BE}>0$，$u_{BC}<0$。

工作特点：在 I_B 一定条件下，I_C 的值与 U_{CE}无关，仅受 I_B 控制，且 $I_C=\beta I_B$。此时晶体管起电流放大作用。

（3）饱和区：

区域：输出特性曲线陡直部分的区域。

工作条件：发射结和集电结都正向偏置。对于 NPN 型晶体管而言，即 $u_{BE}>0$，$u_{BC}>0$。

工作特点：I_B 的变化对 I_C 影响较小，且不成正比关系，即晶体管无电流放大作用。此时，集电极与发射极之间的电压 U_{CE}称为饱和压降，硅管约为 0.3V，锗管约为 0.1V。饱和时晶体管的集电极和发射极之间相当于开关的闭合状态。

6.3.4　晶体管的主要参数

晶体管的特性还可用一些参数来表示，这些参数是正确选择与使用晶体管的依据。主要参数有以下几个：

（1）共发射极电流放大系数$\bar{\beta}$和 β

1）在静态（无输入信号）时，$\bar{\beta}=I_C/I_B$，$\bar{\beta}$称为静态（直流）电流放大系数。

2）在动态时，基极电流变化量为 ΔI_B，$\beta=\Delta I_C/\Delta I_B$，称为晶体管共射接法时的动态（交流）电流放大系数。

3）$\bar{\beta}$与β两者的含义是不同的，但两者的数值较为接近，今后在进行晶体管选型等估算时，可认为$\bar{\beta}=\beta$，一般β在20~200之间。

（2）极间反向电流

1）集电结反向饱和电流I_{CBO}。

指发射极开路，集电结反偏时流过集电结的反向电流，如图6-23a所示。小功率的硅管一般在0.1μA以下，锗管在几微安到几十微安。

2）穿透电流I_{CEO}。

I_{CEO}是指基极开路（$I_B=0$）时，集电极到发射极间的电流，在输出特性曲线上，它对应$I_B=0$时的i_C曲线，如图6-23b所示。晶体管的穿透电流越小越好，一般硅管的I_{CEO}在几微安以下，锗管为几十微安到几百微安。

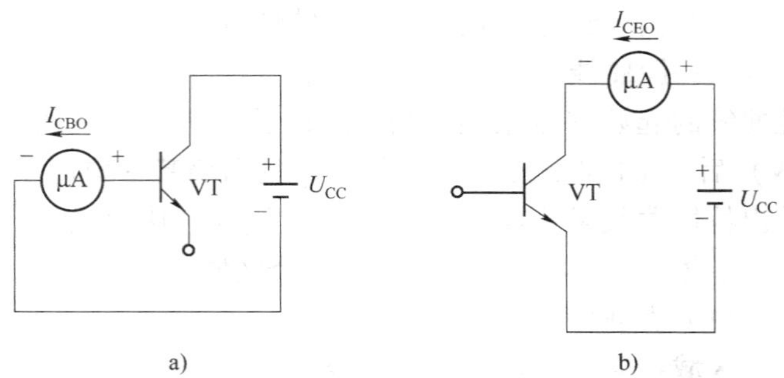

图6-23　极间反向电流示意图

a）集电结反向饱和电流　b）穿透电流

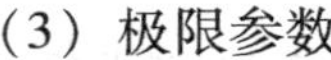

（3）极限参数

1）集电极最大允许电流I_{CM}。

集电极电流I_C超过一定值时，β值下降。当β值下降到正常值2/3时的集电极电流，称为集电极最大允许电流I_{CM}。因此，在使用晶体管时，I_C超过I_{CM}时，晶体管虽不至于被烧毁，但β值却下降了许多，即性能下降了很多。

2）集电极-基极间反向击穿电压$U_{(BR)CBO}$。

当发射极开路时，加在集电极与基极之间的最大允许反向电压，一般在几十伏以上。

3）集电极-发射极间反向击穿电压$U_{(BR)CEO}$。

当基极开路时，加在集电极与发射极之间的最大允许反向电压。使用时，加在集电极-发射极间的实际电压应小于此反向击穿电压，以免管子被击穿。

4）集电极最大允许耗散功率P_{CM}。

因I_C在流经集电结时会产生热量，使结温升高，从而会引起晶体管参数的变化，严重时导致管子烧毁。因此必须限制管子的耗散功率，在规定结温不超过允许值（锗管为70℃~90℃，硅管为150℃）时，集电极所消耗的最大功率，称为集电极最大允许耗散功率P_{CM}。

6.4　共发射极放大电路

6.4.1　共发射极放大电路的组成及各部件作用

由一个NPN型晶体管构成的简单的交流放大电路如图6-24所示，因为交流输入电压信号、交流输出电压信号和晶体管的发射极共地，所以称其为共发射极放大电路。输入端电压为u_i，放大器的输出端接负载R_L，输出电压为u_o。

放大器中各元件的作用如下。

1）晶体管：晶体管具有电流放大作用，它将基极电流放大，得到β倍的集电极电流。

如6.3中介绍，晶体管的主要作用即是通过基极电流的小变化引起集电极电流的大变化。

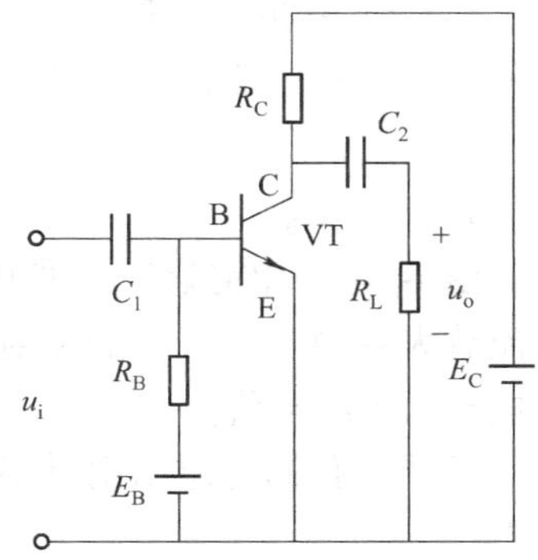

图6-24　由一个NPN型晶体管构成的简单的交流放大电路

2）基极电源 E_B 和基极电阻 R_B：基极电源 E_B 通过基极电阻 R_B 为晶体管发射结提供正向偏置电压，并为基极提供所需的基极电流 I_B，以保证晶体管工作在放大区并有合适的工作点。

3）集电极电源 E_C 和集电极电阻 R_C：集电极电源 E_C 为晶体管集电结提供反向偏置电压，保证集电结反偏。集电极电阻 R_C 的作用是将晶体管集电极电流的变化转换成电压的变化，送到输出端。若没有 R_C，则输出端的电压始终等于电源电压 E_C，就不会随输入信号变化了。

4）耦合电容 C_1 和 C_2：又称为隔直电容，他们的作用是“隔离直流，传送交流”。对直流来说，电容的容抗为无穷大，相当于开路。但对交流信号而言，电容呈现的容抗很小，可近似认为短路。

5）输入端电压 u_i 和输出电压 u_o：u_i 为待放大的微弱电信号，输出电压 u_o 为负载 R_L 两端的电压，即放大的输出电压。

在实际的放大电路中，一般只使用一个电源 E_C 供电，调整 R_B 的阻值以保证发射极正向偏置且有合适的基极电流。在放大电路图中，一般把公共端设为电位参考点，即该点“接地”。同时将公共电源 E_C 电路符号省去，只在其正极标出其对“地”的电压值 U_{CC} 和极性。放大电路的一般画法如图6-25所示，此为放大电路的一般画法。

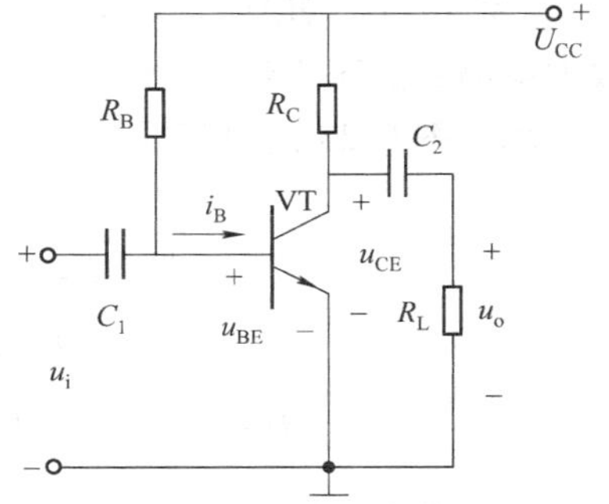

图6-25　放大电路的一般画法

6.4.2　共发射极放大电路的静态分析

放大电路有两种工作状态：静态和动态。静态是指在没有加输入信号（$u_i=0$）时，放大电路的工作状态。由于静态时电路中各处的电压、电流都是直流量，所以静态又称为直流工作状态。动态将会在6.4.3中介绍。

放大电路必须建立合适的静态工作点，才能起放大作用。所谓建立静态工作点，就是在无交流信号输入的情况下，适当选择 R_C 和 R_B，使晶体管的 I_B、U_{BE}、I_C 和 U_{CE} 合适，因为 I_B 和 U_{BE} 决定晶体管输入特性曲线上的一个点，I_C 和 U_{CE} 决定输出特性曲线上的一个点，所以这4个参数称为放大电路的静态工作点，用Q表示。从Q点的位置可以判断其设置得是否合适，输出电压是否会产生失真。若要获得不失真的输出信号，Q点一定要位于晶体管的线形放大区。

分析静态工作点可采用图解法和计算法，本书只介绍计算法。计算静态工作点的依据是直流通路。没加输入信号时，电路在直流电源作用下，直流电流流经的通路称为直流通路。画直流通路时，电路需做如下简化：①电容视为开路；②电感线圈视为短路（忽略线圈电阻）；③信号源视为短路，但应保留其内阻。根据直流通路的画法，图6-25的直流通路如图6-26所示。

考察图6-26，由基尔霍夫电压定律可得：$U_{CC}=I_BR_B+U_{BE}$，因为U_{BE}很小（硅管约0.7V；锗管约0.3 V），故可得到：$I_B=\dfrac{U_{CC}-U_{BE}}{R_B}\approx\dfrac{U_{CC}}{R_B}$。

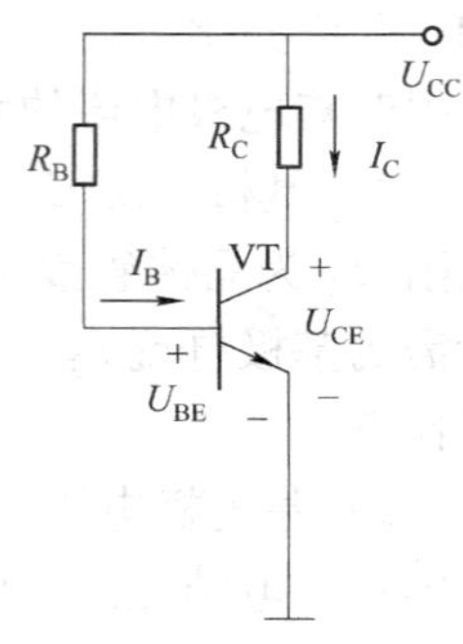

图6-26　直流通路

由I_B可得出静态时的集电极电流$I_C\approx\beta I_B$。其中，β称为晶体管电流放大系数。静态时的发射极电流$I_E=I_B+I_C=(1+\beta)I_B\approx I_C$，集射极电压$U_{CE}=U_{CC}-I_CR_C$。

至此，我们可总结出计算法求解静态工作点的一般步骤，具体如下：

1）画出放大电路的直流通路。

2）根据基极回路求I_B。

3）由晶体管的电流放大系数求I_C。

4）由集电极回路求U_{CE}。

【例6-3】 如图6-25所示电路，已知$U_{CC}=12\text{V}$，$R_B=250\text{k}\Omega$，$R_C=2\text{k}\Omega$，$\beta=60$。试求放大电路的静态工作点。

解：图6-25的直流通路如图6-26所示，由直流通路可得出：

$$I_B\approx\frac{U_{CC}}{R_B}=\frac{12}{250\times10^3}\text{A}=4.8\times10^{-5}\text{A}=0.048\text{mA}$$

$$I_C=\beta I_B=60\times0.048\text{mA}=2.88\text{mA}$$

$$U_{CE}=U_{CC}-I_CR_C=(12-2.88\times10^{-3}\times2\times10^3)\text{V}=6.24\text{V}$$

6.4.3　共发射极放大电路的动态分析

动态是指有输入信号（$u_i\neq0$）时，放大电路的工作状态。动态时晶体管各电极的电流和各电极间的电压都在静态值的基础上叠加了随输入信号变化的交流量。即是说，动态时电流、电压的瞬时总量中既有直流量，又有交流量。

动态电路的主要性能指标有：放大电路的电压放大倍数A_u、输入电阻r_i和输出电阻r_o。

1. 交流通路

放大电路处于动态时，对其各交流量的分析、计算的依据是交流通路。交流通路是在输入信号的作用下交流信号流经的通路。既然放大电路各处的电压、电流在小信号输入的情况下都认为是直流分量和交流分量的叠加，因此，根据叠加原理，去掉直流电源U_{CC}和各直流分量，保留输入交流电压和各交流分量，并将电容短路，就得到交流通路。

画交流通路时，电路需做如下简化：①电容视为短路；②直流电源（如U_{CC}）视为短路，将电源导线“接地”处理。根据交流通路的画法，图6-25的交流通路如图6-27所示。

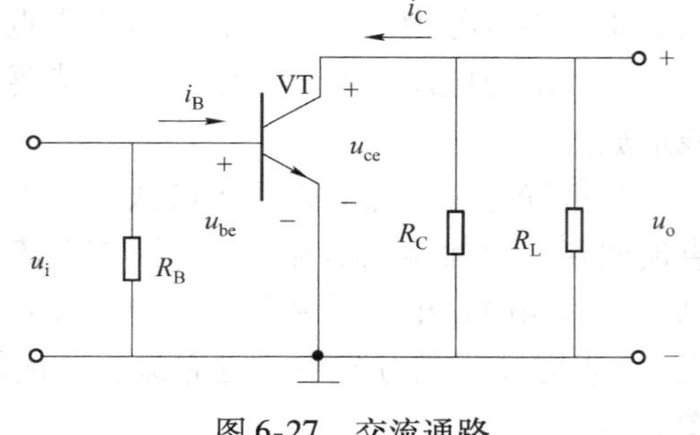

图6-27　交流通路

2. 晶体管的微变等效电路

由于放大电路中存在的晶体管为非线性元器

件，这可从它的输入、输出特性曲线看出。这给放大电路的分析与计算带来诸多不便。通常认为在输入信号为微小信号时，晶体管上的电压与电流可以近似认为是线性关系。在小信号条件下，用某种线性元器件组合的电路模型来等效非线性的晶体管，称为晶体管的微变等效电路，如图 6-28 所示。

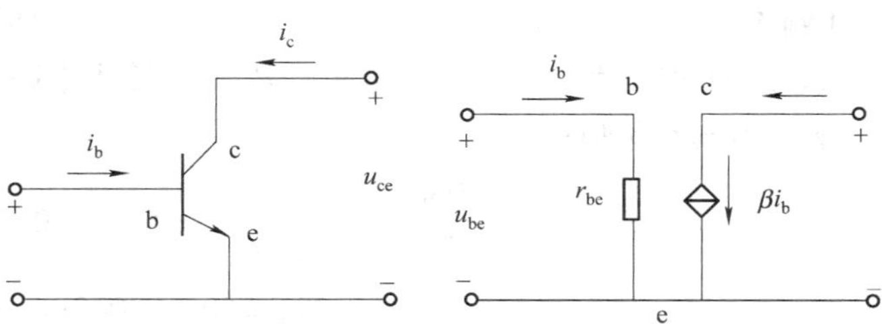

图 6-28　晶体管的微变等效电路

其中，r_{be}称为晶体管的输入内阻。同一个晶体管，静态工作点不同，r_{be}值也不同。但在小信号条件下，可认为它是一个常数。低频小功率晶体管的输入电阻常用下式估算：

$$r_{be} = 300\Omega + (1+\beta)\frac{26\text{mV}}{I_E(\text{mA})}$$

3. 放大电路的微变等效电路

放大电路的微变等效电路是在放大电路的交流通路和晶体管的微变等效电路的基础上得出的。放大电路的微变等效电路如图 6-29所示。

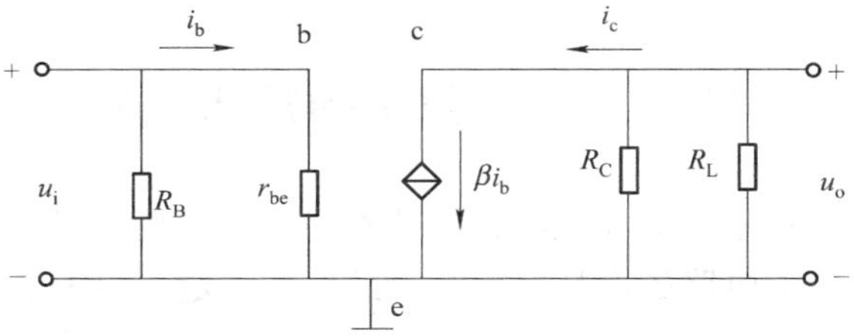

图 6-29　放大电路的微变等效电路

4. 主要动态性能指标计算

1）电压放大倍数 A_u。电压放大倍数是衡量放大电路放大能力的指标。它是输出电压与输入电压之比，即 $A_u = \frac{u_o}{u_i}$。

由放大电路的微变等效电路图 6-29 中可得出：

$$u_o = -i_c R'_L = -\beta i_b R'_L$$

其中，$R'_L = R_C /\!/ R_L$（即 R'_L为 R_C、R_L 的并联阻值）。

$$u_i = i_b r_{be}$$

$$A_u = \frac{u_o}{u_i} = \frac{-\beta i_b R'_L}{i_b r_{be}} = -\frac{\beta R'_L}{r_{be}}$$

式中，“ - ”号表示输出电压与输入电压相位相反。

2）输入电阻 r_i。放大电路对信号源或前级放大电路来说，是一个负载，可用一个等效电阻来表示。这个电阻也就是从放大电路输入端往里看进去的等效电阻，称为输入电阻 r_i。在图 6-29 中：

$$r_i = r_{be} /\!/ R_B$$

一般 r_{be}远小于 R_B，故可近似认为 r_i 等于 r_{be}。

3）输出电阻 r_o。放大电路对负载 R_L 而言，相当于一个具有等效电阻和等效电动势的信号源，这个信号源的内阻就是放大电路的输出电阻 r_o。图 6-29 中，当信号源短路，即 $u_i = 0$ 时，$i_b = 0$，则 $i_c = \beta i_b = 0$，此时相当于信号源开路，所以得到：

$$r_o = R_C$$

【例 6-4】 如图 6-25 所示电路，已知 $U_{CC}=12\text{V}$，$R_B=250\text{k}\Omega$，$R_C=2\text{k}\Omega$，$\beta=60$，$R_L=2\text{k}\Omega$。试求放大电路的电压放大倍数 A_u、输入电阻 r_i 和输出电阻 r_o。

解：由例 6-3 知：

$$I_B \approx \frac{U_{CC}}{R_B}=\frac{12}{250\times10^3}\text{A}=4.8\times10^{-5}\text{A}=0.048\text{mA}$$

$$I_E \approx I_C=\beta I_B=60\times0.048\text{mA}=2.88\text{mA}$$

$$r_{be}=300\Omega+(1+\beta)\frac{26\text{mV}}{I_E(\text{mA})}=300\Omega+(1+60)\times\frac{26}{2.88}\Omega\approx850.7\Omega$$

$$R_L'=R_C /\!/ R_L=\frac{R_C R_L}{R_C+R_L}=\left(\frac{2\times2}{2+2}\right)\text{k}\Omega=1\text{k}\Omega$$

$$A_u=\frac{u_o}{u_i}=-\frac{\beta R_L'}{r_{be}}=-\frac{60\times1}{0.8507}\approx-70.53$$

$$r_i=r_{be} /\!/ R_B=\frac{r_{be}R_B}{r_{be}+R_B}=\frac{0.8507\times250}{0.8507+250}\approx0.848\text{k}\Omega$$

$$r_o=R_C=2\text{k}\Omega$$

6.5 静态工作点稳定的放大电路

对于一个放大器，最基本的要求一是要能放大；二是要不失真，但是对于一个实用的包含放大电路的产品来说，产品性能稳定是很重要的。前面我们介绍了阻容耦合共射基本放大电路，该电路虽然有电路简单、元器件少和放大倍数高等优点，但当外界条件如环境温度变化、电源电压变化时，会引起静态工作点的不稳定，尤其是温度变化引起 Q 点漂移。晶体管的一些参数如集—射极反向穿透电流 I_{CEO}、电流放大系数 β 和发射结电压 U_{BE} 都会随着环境温度的变化而变化，使静态工作点随之漂移，晶体管放大电路就有可能进入饱和区或截止区，产生非线性失真。

6.5.1 温度对静态工作点的影响

温度对晶体管参数的影响最终表现为使集电极电流增大。温度升高，使集电极—发射极间反向穿透电流 I_{CEO} 增大，β 增大，U_{BE} 减小，都会造成 I_C 增大。因此，稳定静态工作点的关键是稳定集电极电流 I_C，使 I_C 尽可能不受温度的影响而保持稳定。因此，通常采用分压偏置式共发射极放大电路。

6.5.2 分压式偏置电路

分压式偏置电路如图 6-30 所示，电路是在图 6-25所示的共发射极放大电路基础上，引入发射极偏置电阻 R_E 和基极偏置电阻 R_{B2}，构成分压式偏置共射极放大电路。电容 C_E 为交流旁路电容，其容量应选的足够大。它对直流量相当于开路，对交流

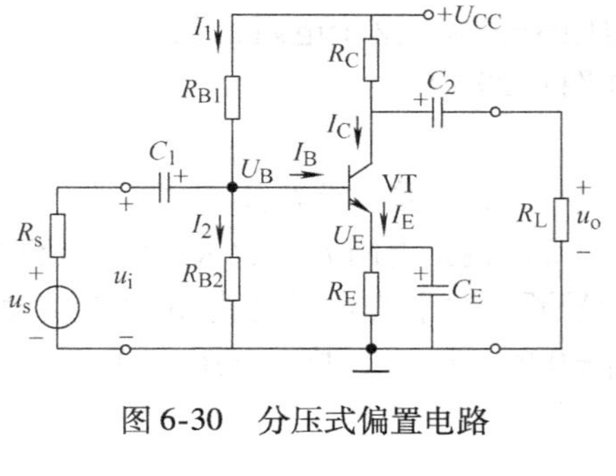

图 6-30 分压式偏置电路

信号相当于短路，以避免 R_E 对交流信号产生压降使电压放大倍数下降。

如图 6-30 所示，$I_1 = I_2 + I_B$。只要 R_{B1}、R_{B2} 和 R_E 取值合理，一般总是满足 $(1+\beta)R_E >> R_{B1}$、R_{B2} 的条件，因此有：

$$I_1 >> I_B,\ I_2 >> I_B,\ I_1 \approx I_2$$

即对基极偏置电路来说，可忽略 I_B 而将 R_{B1} 和 R_{B2} 直接看成是串联的。由于电阻的特性相对来说是非常稳定的，因此可得到稳定的基极电压，即在 R_{B1} 和 R_{B2} 串联电路中，U_{CC} 在 R_{B2} 上的分压 U_B：

$$U_B \approx \frac{R_{B2}U_{CC}}{R_{B1}+R_{B2}}$$

而：

$$I_C \approx I_E = \frac{U_B - U_{BE}}{R_E} \approx \frac{U_B}{R_E}\quad (U_B >> U_E\text{时})$$

由上式可见，I_E 和 I_C 均为稳定的。

$$U_{CE} = U_{CC} - I_C R_C - I_E R_E \approx U_{CC} - I_C(R_C + R_E)$$

$$I_B = \frac{I_C}{\beta}$$

上述工作点稳定的结果还可以这样理解，若温度升高使 I_C 增大，则 I_E 也增大，发射极电位 $U_E = I_C R_E$ 也增大。由于 $U_{BE} = U_B - U_E$，且 U_B 基本不变，U_E 升高的结果使 U_{BE} 减小，I_B 也减小，于是抑制了 I_C 的增大，其总的效果是使 I_C 基本不变。其稳定过程可表示为：

$$\text{温度}\ T\uparrow \rightarrow I_C\uparrow \rightarrow I_E\uparrow \rightarrow U_E\uparrow \xrightarrow{U_B\ \text{不变}} (U_{BE} = U_B - U_E)\downarrow \rightarrow I_B\downarrow \xrightarrow{I_C=\beta I_B} I_C\downarrow$$

由此可见，温度升高引起 I_C 的增大时将被电路本身造成的 I_C 的减小所牵制，这就是反馈控制的原理。

分压式偏置电路的直流通路和微变等效电路如图 6-31 所示。

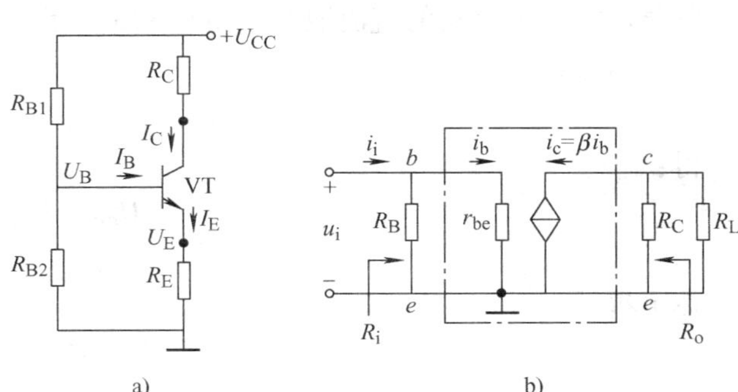

图 6-31 分压式偏置电路的直流通路和微变等效电路
a）直流通路 b）微变等效电路

根据图 6-31a 所示直流通路，可以估算出静态工作点如下：

$$U_B \approx \frac{R_{B2}U_{CC}}{R_{B1}+R_{B2}}$$

$$I_C \approx I_E = \frac{U_B - U_{BE}}{R_E} \approx \frac{U_B}{R_E}$$

$$I_B = \frac{I_C}{\beta}$$

$$U_{CE} = U_{CC} - I_C R_C - I_E R_E \approx U_{CC} - I_C(R_C + R_E)$$

根据图 6-31b 所示微变等效电路可以看出，分压式偏置电路的微变等效电路和共射基本放大电路的微变等效电路基本一样（$R_B = R_{B1} /\!/ R_{B2}$），因此可得出其交流参数为：

$$A_u = \frac{u_o}{u_i} = -\frac{\beta R'_L}{r_{be}}$$

$$R_i = R_{B1} /\!/ R_{B2} /\!/ r_{be}$$

$$R_o = R_C$$

值得注意的是，在稳定静态工作点的过程中，R_E起着重要的作用，R_E的阻值越大，则R_E上的压降越大，对I_C变化的抑制作用越强，电路的稳定性就越好，所以R_E在电路中起着重要的作用，但在实际使用中由于U_{CC}的限制，R_E的阻值太大时会使晶体管的静态工作点将同时向饱和区和截至区靠近，电路不能正常工作，因此，R_E的阻值一般在几千欧姆。

6.6 共集电极和共基极放大电路

前面所讨论的晶体管放大电路均为共发射极放大电路，即信号输入和输出回路公共端为发射极。根据信号输入和输出回路的公共端的不同，晶体管放大电路还有共集电极接法和共基极接法。这3种基本放大电路在电路结构和性能上有各自的特点，但分析方法是一样的。

6.6.1 共集电极放大电路

共集电极放大电路如图6-32a所示，晶体管的集电极直接接电源U_{CC}。发射极电阻R_E的作用是把晶体管的电流放大作用转化为电压放大的形式，因此输出电压是从晶体管发射极取出来的，所以把这种放大器叫作射极输出器。

共集电极放大电路的交流通路如图6-32c所示。由交流通路可知，该电路输入信号从基极和集电极两端之间加入，而输出信号从发射极和集电极两端之间得到，显然，集电极是输入和输出回路的公共端，即该电路为共集电极电路。

1. 静态工作点的计算

共集电极放大电路的直流通路如图6-32b所示。在基极回路中根据基尔霍夫电压定律可列如下电压方程：

$$I_B R_B + U_{BE} + I_E R_E = U_{CC}$$

得：

$$I_B = \frac{U_{CC} - U_{BE}}{R_B + (1+\beta) R_E}$$

还可得：

$$I_C = \beta I_B$$

$$U_{CE} = U_{CC} - I_E R_E \approx U_{CC} - I_C R_E$$

2. 动态分析

由图6-32c所示共集电极电路的交流通路可以得到图6-32d所示共集电极电路的微变等效电路。设$R_L' = R_E /\!/ R_L$。

(1) 电压放大倍数A_u

由图6-32d所示的输入回路可得：

$$u_i = i_b r_{be} + i_c R_L' = [r_{be} + (1+\beta) R_L'] i_b$$

而：

$$u_o = i_c R_L' = (1+\beta) R_L' i_b$$

综合上述两式可得电压放大倍数：

$$A_u = \frac{u_o}{u_i} = \frac{(1+\beta) R_L'}{r_{be} + (1+\beta) R_L'} \approx \frac{\beta R_L'}{r_{be} + \beta R_L'} < 1$$

一般$\beta R_L' >> r_{be}$，因此有$A_u \approx 1$，即射极输出器的电压放大倍数略小于1。

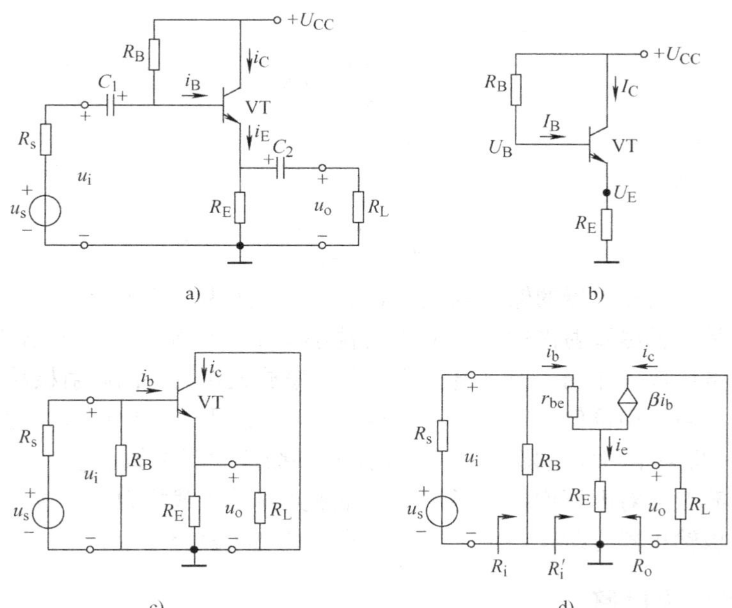

图 6-32　共集电极放大电路分析

a）共集电极放大电路　b）直流通路　c）交流通路　d）微变等效电路

由于 $A_u \approx 1$，即射极输出器的电压放大倍数接近于 1，且输出电压与输入电压同相，因此射极输出器通常又称为射极跟随器或电压跟随器。

（2）输入电阻 R_i

$$R_i = R_B /\!/ R_i'$$

$$R_i' = r_{be} + (1+\beta) R_L'$$

因此输入电阻 R_i 为：

$$R_i = R_B /\!/ [r_{be} + (1+\beta) R_L']$$

由于 $\beta \gg 1$，且 $(1+\beta)R_L' \approx \beta R_L' \gg r_{be}$，因此：

$$R_i \approx R_B /\!/ \beta R_L'$$

由上式可见，射极输出器的输入电阻相对较大，比共射极基本放大电路的输入电阻要大得多。

（3）输出电阻 R_o

图 6-33 所示为共集电极放大电路输出电阻。根据输出电阻的定义，令 $u_s = 0$，$R_L = \infty$，在输出端加电压 u，求电流 I，输出电阻 R_o 为：

$$R_o = \frac{u}{i}\bigg|_{u_s = 0 \text{和} R_L = \infty}$$

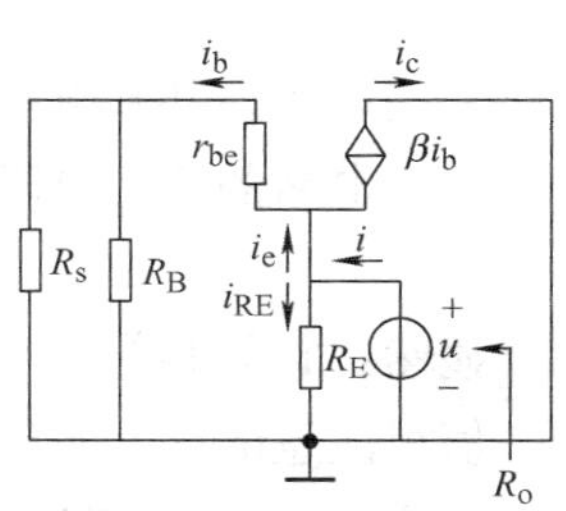

图 6-33　共集电极放大电路输出电阻

设 $R_S' = R_S /\!/ R_B$：

$$i_b = \frac{u}{r_{be} + R_S'}$$

$$i = i_E + i_{RE} = (1+\beta) i_b + \frac{u}{R_E}$$

整理可得：

$$R_o = \frac{r_{be} + R'_S}{1+\beta} /\!/ R_E$$

通常 $R_E = \frac{r_{be} + R'_S}{1+\beta}$，则：

$$R_o \approx \frac{r_{be} + R'_S}{1+\beta}$$

由上式可见，射极输出器的输出电阻相对较小，一般为几欧姆到几十欧姆。

值得注意的是：①尽管射极输出器电压增益小于 1（约等于 1），输出信号与输入信号基本相同，没有电压放大作用，但有电流放大和功率放大作用，因此射极输出器成为功率放大的基础，具有较高应用价值；②射极输出器的输入电阻大，需要信号源为放大器提供的电流小（功率小），即对信号源的影响小，故常用在多级放大器中做前置级；③射极输出器的输出电阻小，负载变动对电压增益的影响小，即放大器带负载能力强，故常用在多级放大器中做末级；④射极输出器有时还用在两个电压放大级之间做缓冲用。

6.6.2 共基极放大电路

共基极放大电路如图 6-34 所示，该电路输入信号从发射极和基极两端之间加入，而输出信号从集电极和基极两端之间得到，显然，基极是输入和输出回路的公共端，即该电路为共基电路。

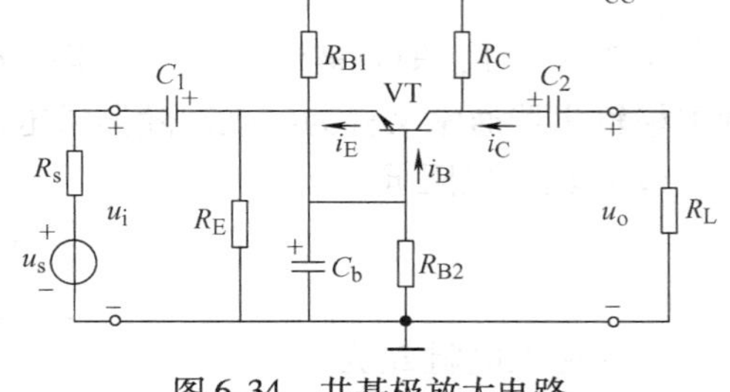

图 6-34 共基极放大电路

通过计算可得，如图 6-34 所示，共基放大电路的电压增益为：

$$A_u = \frac{u_o}{u_i} = \frac{\beta R'_L}{r_{be}}$$

显然，共基放大电路在数值上与共射基本放大电路相同，但没有负号，说明其输出电压 u_o 与输入电压 u_i 同相，即共基电路为同相放大电路。

共基电路的输入电阻 R_i 为：

$$R_i = R_E /\!/ \frac{r_{be}}{1+\beta} \approx \frac{r_{be}}{1+\beta}$$

上式表明，共基电路的输入电阻相对较低，一般只有几欧姆到几十欧姆。

共基电路的输出电阻 R_o 为：

$$R_o = R_C$$

显然：它与共射电路的输出电阻相同。

值得注意的是，对等效负载 R'_L 而言，共基电路的电流增益为 $A_i = i_c/i_e$，输入电流为 i_e，输出电流为 i_c，A_i 小于 1，所以没有电流放大作用。

共基电路输入电阻小，输出电阻较大，所以应用场合较少，多用于高频和宽频带放大电路中。

6.7 多级放大电路简介

对于实用的电压放大电路，通常要求其输入电阻要大，以减小放大电路从信号源索取的电流，使其获得尽可能大的输入电压；通常要求其输出电阻要小，使输出回路等效电压源的电压尽可能多地降落在负载上，即有足够强的带负载能力；同时要求电压放大倍数要大，即有足够的电压放大能力。任何一个单管放大电路都很难同时满足上述性能要求。因此，实用放大电路中常选择多个基本放大电路并将它们合理连接构成多级放大电路，以满足多方面性能的要求。

本节介绍多级放大电路的耦合方式和分析方法。

6.7.1 多级放大电路的耦合方式

组成放大电路的每一个基本放大电路称为一级，级与级之间的连接称为耦合。多级放大电路中常用的耦合方式有：阻容耦合、直接耦合、变压器耦合和光电耦合。

1. 阻容耦合多级放大电路

级与级之间用电容连接起来，称为阻容耦合，图 6-35 所示为阻容耦合两级放大电路，一级为分压式偏置共射极放大电路，第二级为共集电极放大电路。信号源和第一级通过电容 C_1 耦合，第一级和第二级通过 C_2 耦合，第二级和负载通过 C_3 耦合。

由于电容“隔直通交”的作用，阻容耦合多级放大电路的优点是，放大电路各级静态工作点相互独立，因而设置和调试电路静态工作点的方法和单级放大电路完全相同。

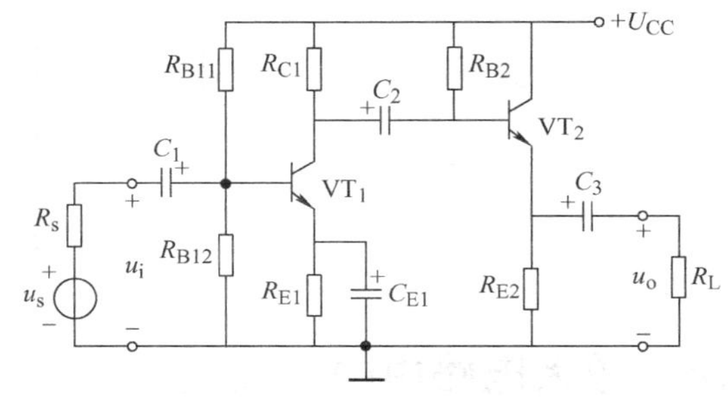

图 6-35 阻容耦合两级放大电路

阻容耦合多级放大电路的缺点是，如果输入信号频率很低，那么低频信号在耦合电容上的压降会很大，致使电压放大倍数大大下降，甚至根本不能放大，所以阻耦合电路的低频特性差，不能放大变化缓慢的信号。

另外，由于在集成电路中不能制造大容量电容，所以阻容耦合放大电路在集成电路中无法应用，只能用于分立元件电路中。集成电路中的放大电路一般采用直接耦合的方式。

2. 直接耦合多级放大电路

级与级之间直接连接起来称为直接耦合，图 6-36 所示为直接耦合两级放大电路。

直接耦合放大电路的优点是既能放大交流信号，也能放大变化缓慢的信号和直流信号，更重要的是便于集成化，目前的集成放大电路几乎均采用直接耦合的方式。

直接耦合放大电路的缺点是由于不用电容器，各级直流通路相互不是隔离的，故各级静态工作点不独立，电路调试比较复杂。另外，由于不用电容器，前级的温漂会被逐级放大下去，有用信号也可

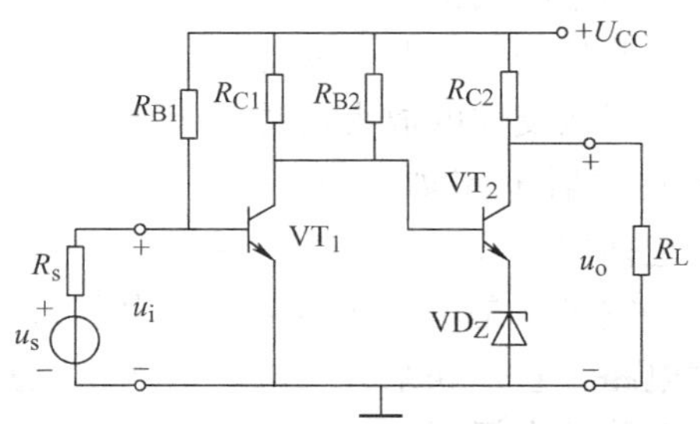

图 6-36 直接耦合两级放大电路

能被淹没在噪声中，所以必须解决温漂问题。

6.7.2 多级放大电路的性能分析

分析一个多级放大电路的动态性能，应当把多级放大电路分解成若干个单级电路，在分析计算各个单级电路的基础上，综合得到全电路的性能。多级放大电路框图如图 6-37 所示，由图可知，放大电路中前级的输出电压等于后级的输入电压，所以多级放大电路的放大倍数为：

$$A_u = A_{u1}A_{u2}\cdots\cdots A_{un}$$

根据放大电路输入电阻的定义，多级放大电路的输入电阻就是其第一级的输入电阻，即 $R_i = R_{i1}$。

根据放大电路输出电阻的定义，多级放大电路的输出电阻就是其最后一级的输出电阻，即 $R_o = R_{on}$。

值得注意的是，当多级放大电路的输出波形产生失真时，应首先确定在哪一级产生的失真，然后再判断是产生了饱和失真，还是截止失真。另外，如果多级放大电路的输出波形产生振荡，应设法消除。

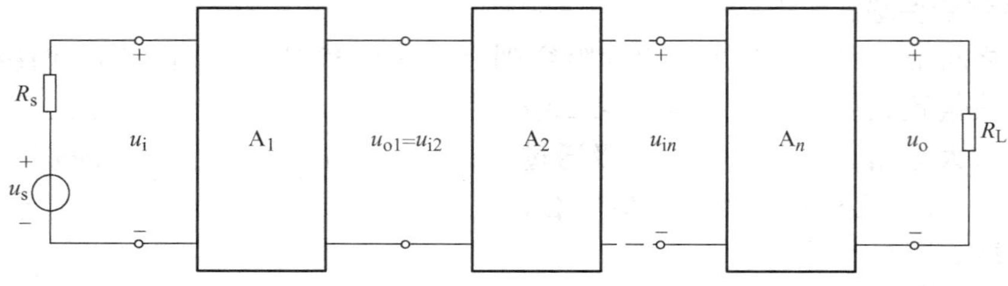

图 6-37 多级放大电路框图

6.8 放大电路中的负反馈

在电子电路中，反馈应用是普遍存在的。反馈有正负之分，在放大电路的设计中，引入负反馈可以改善放大电路的性能。汽车中 ECU 内有各种反馈放大电路，如 ABS 中的霍尔轮速传感器即是利用放大电路对小的霍尔电压进行放大；电喷发动机中氧传感器与 ECU 之间的信号传递电路也是一个称作电压比较器的反馈放大电路实现的。

1. 反馈的基本概念

从广义上讲，凡是将输出量送回到输入端，并对输入量产生影响的过程都称为反馈。放大电路中的反馈就是采用一定的方式，将输出量（电压或电流）的一部分或全部回送到放大电路的输入回路，并与输入量进行叠加以改善放大电路某些性能的过程。

引入反馈的放大器称为反馈放大器，反馈放大器电路如图 6-38 所示。由图可知，它包括两部分：一是不带反馈的基本放大电路，它可以是单级或多级放大电路；二是反馈电路，它是联系放大电路的输出电路和输入电路的中间环节。实现反馈的元件称为反

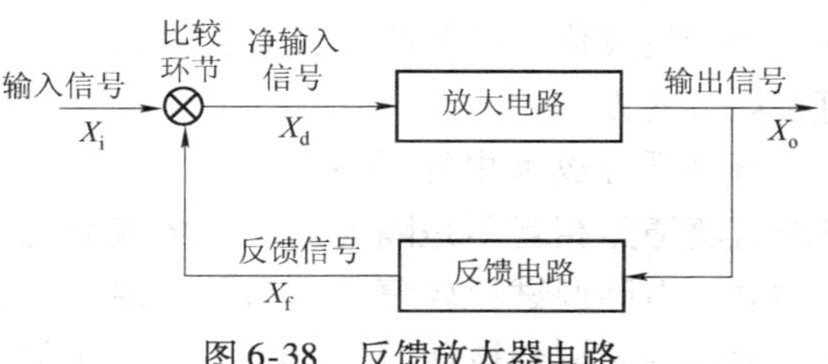

图 6-38 反馈放大器电路

馈元件。

无反馈时，放大电路的放大倍数称为开环放大倍数，即 $A=\dfrac{X_o}{X_d}$。

有反馈时，放大电路的放大倍数称为闭环放大倍数，即 $A_f=\dfrac{X_o}{X_i}$。

反馈信号与输出信号之比称为反馈系数，即 $F=\dfrac{X_f}{X_o}$。

2. 反馈类别及判别

电路是否存在反馈，要看该电路有没有反馈元器件。判别反馈类型，也要首先找到反馈元器件的位置。因此，准确辨认电路中的反馈元器件是十分重要的。

任何同时连接着输出回路和输入回路，并且影响着输入回路的元器件，都是反馈元器件。所以可以通过直接观察电路的方法，很快地辨认出电路的反馈元器件。例如，图 6-39a 中电阻 R_f 是反馈元器件；而图 6-39b 中电阻 R_f 就不是反馈元器件，因为它只连接到输入端的接地点，并没有对输入端起到任何影响。

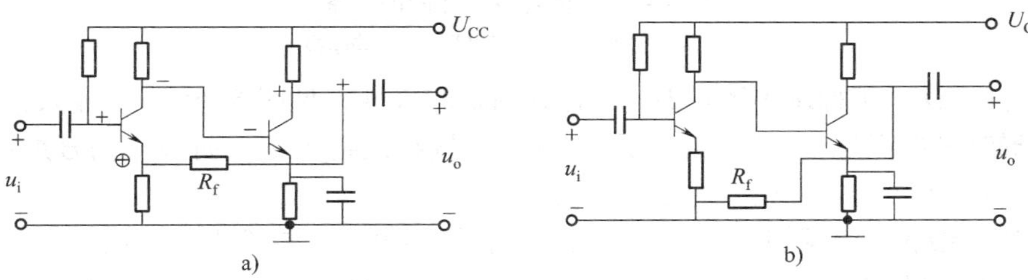

图 6-39　反馈元器件的判别

反馈电路的类型有：

1）正反馈和负反馈。若反馈信号增强了原输入信号称为正反馈，若反馈信号削弱了原输入信号称为负反馈。汽车电路中采用的基本都是负反馈。

判别反馈极性通常采用瞬时极性法，瞬时极性是指交流信号某一瞬间的极性，一般要在交流通路中进行。在判别时，可认为当反馈信号与输入信号加在放大器输入端的同一个电极时，若二者的瞬时极性一致，为正反馈；反之为负反馈。当反馈信号与输入信号加在放大器输入端的不同电极时，结果相反。判别反馈极性示意图如图 6-40 所示。

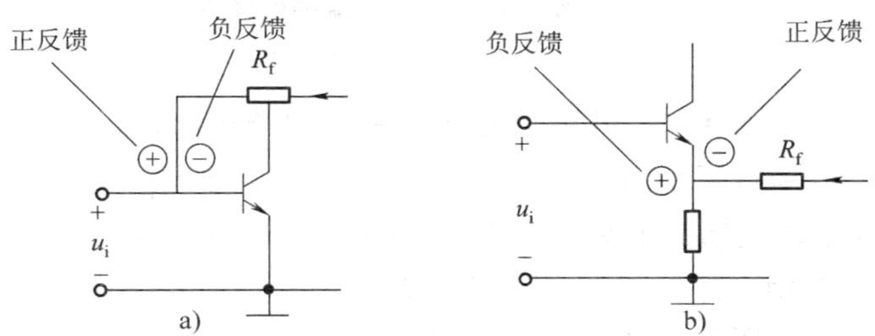

图 6-40　判别反馈极性示意图

判别的具体步骤如下：

① 假设输入信号在某一瞬间对地极性为“+”；

② 从输入端到输出端，根据晶体管各电极间的相对相位关系依次标出放大器各点瞬时极性（用“+”或“-”表示）；

③ 在输入端将反馈信号的瞬时极性与输入信号的瞬时极性进行比较，应用正、负反馈的直观概念确定反馈的极性。

在运用瞬时极性法时要掌握好晶体管各极之间的相位关系，对共发射极放大电路发射极输出信号与基极输入信号的瞬时极性相同，集电极输出信号与基极输入信号的瞬时极性相反，如图 6-41a 所示。共集电极放大电路和共基极放大电路的极性关系分别如图 6-41b 和图 6-41c所示。此外，对于反馈电路中的电阻、电容等元器件，一般认为它们在信号传输过程中不产生附加相移，对瞬时极性没有影响。

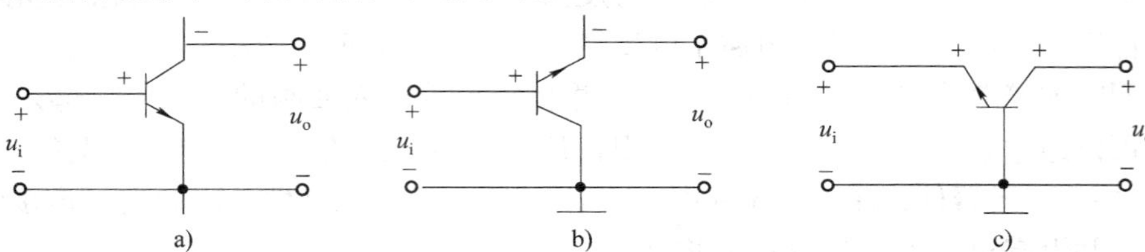

图 6-41　晶体管各极之间的关系

a）共发射极　b）共集电极　c）共基极

根据上述方法，可标示出图 6-39a 中各处的瞬时极性，见图 6-39a，知输入信号和反馈电阻 R_f 的瞬时极性都为“+”。由于反馈电阻 R_f 接在发射极上，而输入信号加在基极上，所以不在同一个电极上，故引入的是负反馈。

2）电压反馈和电流反馈。如果反馈信号取自输出电压，与输出电压成比例，这种反馈称为电压反馈，如图 6-42a 所示。如果反馈信号取自输出电流，与输出电流成比例，这种反馈称为电流反馈，如图 6-42b 所示。可用输出端短路法判别，即将放大电路输出端短路，如短路后反馈信号消失，则为电压反馈，否则为电流反馈。

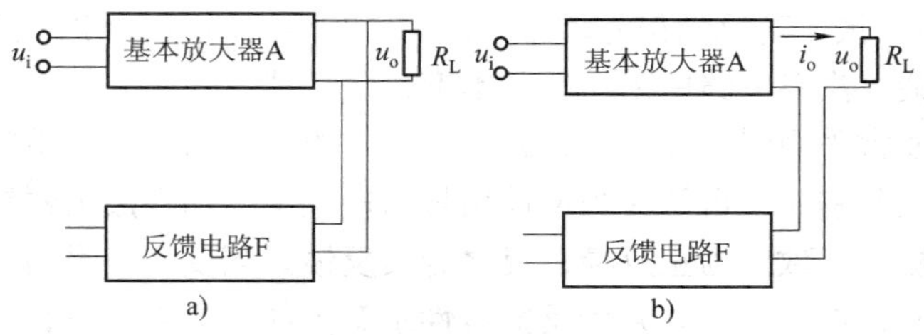

图 6-42　反馈信号在输出端的取样方式

a）电压反馈　b）电流反馈

根据输出端短路法，图 6-39a 可转变为图 6-43，由图可看出，反馈电阻 R_f 被短路，相当于反馈信号消失，故为电压反馈。

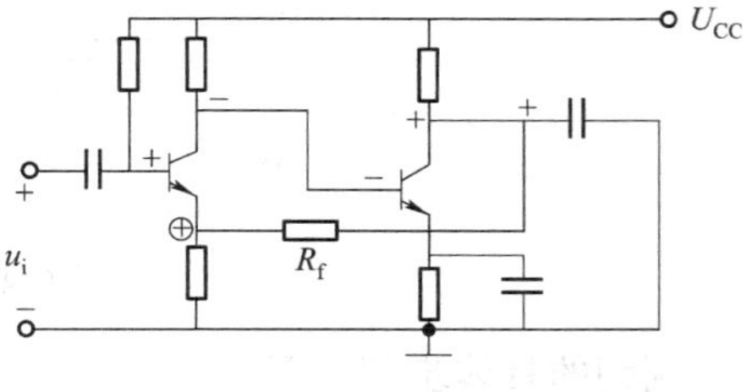

图 6-43　输出端短路法

3）串联反馈和并联反馈。如果反馈信号与输入信号以串联的形式作用于净输入端，这种反馈称为串联反馈，如图 6-44a 所示。如果反馈信号与输入信号以并联的形式作用于净输入端，这种反馈称为并联反馈，如图 6-44b 所示。可用输入端短路法判别，即将放大电路输入端短路，如短路后反馈信号仍可加到输入端，则为串联反馈，如短路后反馈信号仍无法到输入端，则为并联反馈。这里介绍一种比较简易的判别法：在放大器的输入端，若输入信号和反馈信号加在同一个电极的，为并联反馈；反之，为串联反馈。

根据简易判别法，可知图 6-39a 为串联反馈，图 6-40a 和图 6-40b 分别为并联反馈和串联反馈。

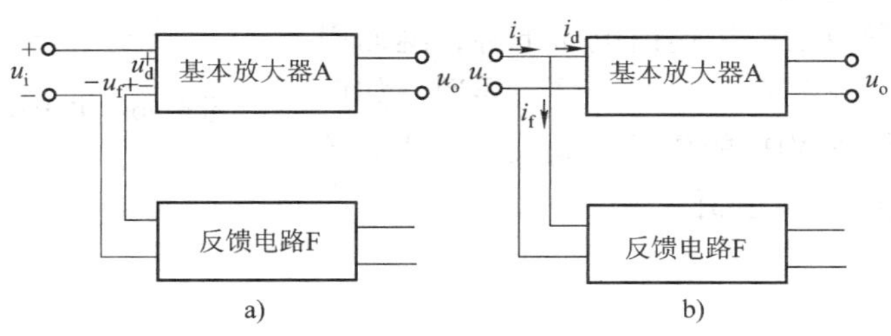

图 6-44　反馈信号与输入信号的连接方式

a）串联反馈　b）并联反馈

综上所述，负反馈放大器可以分为电压串联负反馈、电压并联负反馈、电流串联负反馈和电流并联负反馈 4 种。

6.9　基本开关电路

半导体元器件在汽车电子电路中被广泛应用，具体如汽车发电机过电压保护、电子点火系统、转向灯系统、转向盘转角传感器、光电式发动机转速传感器和曲轴位置传感器等电路中。下面以某些电路说明二极管、晶体管及晶闸管等的开关作用。

6.9.1　二极管

二极管作为半导体器件中最简单的元器件，在各类汽车电子电路中基本都有其身影。二极管工作主要是利用其单向导通特性，二极管变光开关电路，如图 6-45 所示。当开关 S_1、S_2 都闭合时，灯 L 正常发光；当 S_1 闭合、S_2 打开时，二极管在正向偏置电压的作用下导通，相当于一根导线，此时电路导通，但由于二极管有压降，灯 L 发暗光；当 S_1 打开，无论 S_2 打开还是闭合，灯 L 都熄灭。

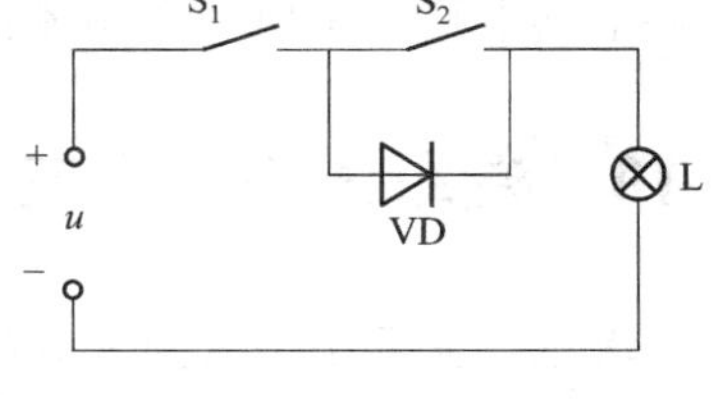

图 6-45　二极管变光开关电路

电子式电压调节器电路如图 6-46 所示，其通过控制励磁电流以控制汽车交流发电机的输出电压，防止汽车蓄电池过充电。在图 6-46 中，F 端接的是磁场线圈，VS 为稳压二极管，它是电子式电压调节器的关键部件。根据 6.2.5 的介绍，这种二极管在施加的反向电压达到某一精确值后能够被击穿导通，它被用在电子式电压调节器中作为感应元器件。

具体工作过程如下：当交流发电机的转速开始增加，发电机的输出电压小于预设值时，晶体管 VT_2 由于电阻 R_3 提供的基极偏压而导通，让全部励磁电流通过，因而使发电机的输出电压增加。当达到电压预设值时，稳压二极管导通。电阻 R_1 和 R_2 串联，构成了稳压管的分压电路。例如当电源电压为 14.2V 时，一旦稳压管导通，由于 R_2 分压，晶体管 VT_1 将导通，使 VT_2 的基极接地，这将使 VT_2 截止而切断励磁电流，导致发电机输出电压下降，继而引起稳压管停止导通，VT_1 截止，VT_2 重新导通，如此周而复始。普通二极管 VD_1 的作用是吸收磁场线圈的自感电动势，以防损坏其他部件。

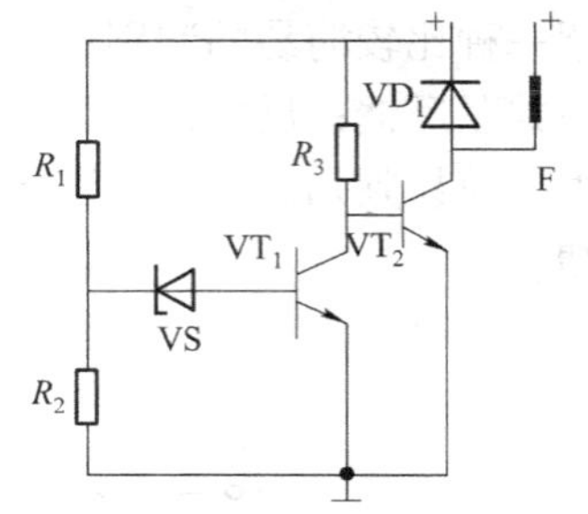

图 6-46　电子式电压调节器电路

6.9.2　晶体管

晶体管工作在放大区时，具有电流放大作用，常用来构成各种放大电路；工作在截止区和饱和区时，相当于开关的断开和接通，具有开关作用，常用于开关控制和数字电路。

由单个晶体管构成的汽车照明中典型的关灯提醒电路如图 6-47 所示。如果在关闭点火开关时，驾驶员忘记关闭灯开关 1，前照灯（或其他灯如停车灯、示廓灯等）仍然亮着，则关灯提醒电路工作，使蜂鸣器响，以示警告。

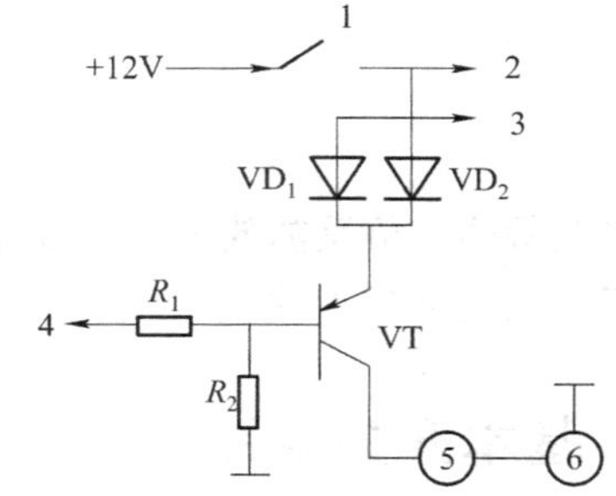

图 6-47　由单个晶体管构成的汽车照明中典型的关灯提醒电路

1—灯开关　2—接前照灯　3—接其他车灯　4—接点火开关　5—闪光灯　6—蜂鸣器

晶体管 VT 导通时，车灯未关，警告闪光器和蜂鸣器工作。当驾驶员关闭点火开关，VT 的基极电位下降，如果车灯未关，VT 的发射极为蓄电池电压 12V，使发射极和基极之间有正向导通电压而迅速导通饱和，提醒电路工作。在接通点火开关时，VT 的基极电位提高，VT 截止，闪光器和蜂鸣器无电流通过，均不工作。

在汽车电子电路中，也可以由若干个晶体管来构成开关电路，图 6-46 所示的电子式电压调节器电路即是由两个晶体管构成的开关电路，工作原理如前所述。

6.10　汽车电子点火系统简介

汽车点火系统是汽油发动机为了正常工作，用于提供点火能量和控制各个气缸点火顺序、点火时刻的装置。汽车点火系统发展至今经历了有触点点火系统（传统点火系统）、晶体管点火系统和微型计算机控制点火系统。

晶体管点火系统是在传统点火系统的基础上发展而来的，按有无触点可分为有触点式和无触点式；按储能型式可分为电感式和电容式；无触点式按信号发生器形式，可分为磁感应系、霍尔系、光电系和电磁振荡系。

晶体管点火系统与传统点火系统最大的区别在于它的点火电子组件。点火电子组件由半导体元件（如晶体管，晶闸管等）组成电子开关电路，根据点火信号发生器产生的点火脉冲信号或触点开合接通和断开点火线圈初级电路，起着传统点火系统中断电器触点的作用。

1. 有触点式晶体管点火电路

有触点式晶体管点火电路如图 6-48 所示。图中 S 为点火开关，S_1 为断电器触点，N_1、N_2 分别为初级线圈和次级线圈。电子点火组件由两级直接耦合式晶体管开关电路构成，小功率晶体管 VT_1 的工作受点火开关 S 控制，大功率晶体管 VT_2 的工作受 VT_1 控制来接通或切断低压回路。

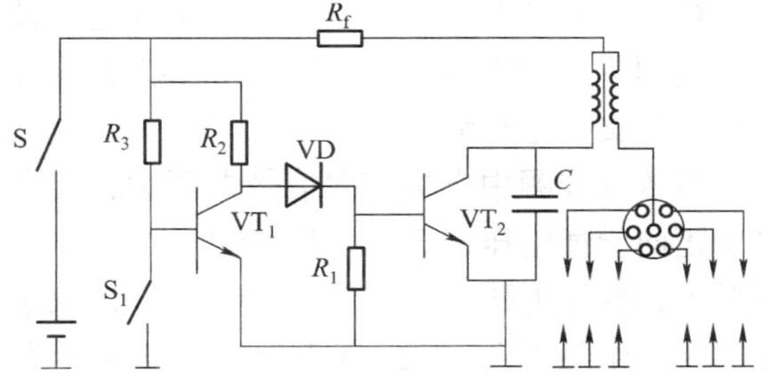

图 6-48　有触点式晶体管点火电路

当接通点火开关 S 后，断电器在凸轮轴驱动下旋转，使触点 S_1 闭合，此时 VT_1 因基极搭铁而截止，偏置电阻 R_1、R_2 构成的分压电路使得 VT_2 在电源电压下导通，点火线圈一次线圈 N_1 有电流流过，即初级电路导通。

当断电器触点 S_1 断开时，VT_1 基极有电流流过，获得正向偏置而导通，VT_2 失去正向偏置电压而截止，二极管 VD 的作用是使其可靠截止。此时，点火线圈一次线圈 N_1 中的电流迅速减小，点火线圈二次线圈 N_2 中感应出高电压，即次级回路导通。

这种晶体管点火系统的优点是断电器触点 S_1 通过的是 VT_1 的基极电流，由于电流较小，延长了触点的使用寿命。并且可适当增加低压电流，使二次电压更大，改善了点火性能。无触点式晶体管点火系统用信号发生器代替了断电器触点 S_1，点火信号发生器可以根据各缸的点火时刻产生相应的点火脉冲信号，来控制点火电子组件接通和断开点火线圈初级电路的具体时刻。

2. 无触点式晶体管点火电路

丰田汽车磁脉冲式无触点电子点火系统如图 6-49 所示。电路中 VT_1 的基极与发射极相

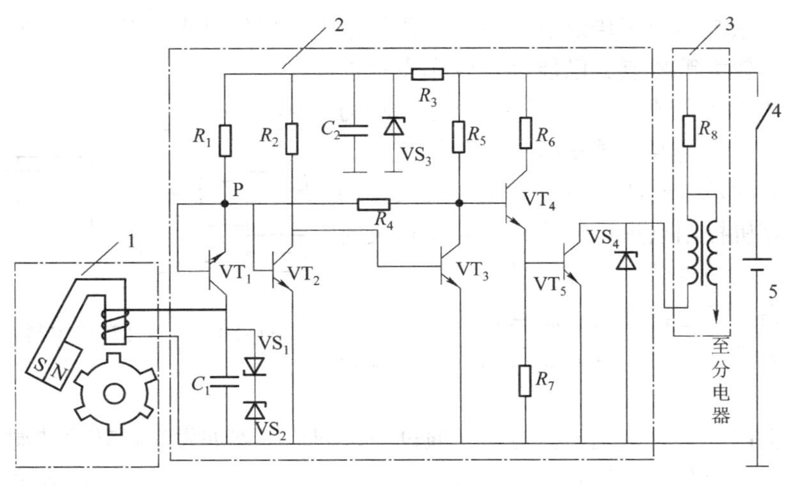

图 6-49　丰田汽车磁脉冲式无触点电子点火系统

1—点火信号发生器　2—点火器　3—分电器　4—火花塞　5—点火线圈

连，其发射极被短路，相当于一个二极管，起温度补偿作用。VT_2 为触发管，起信号检测作用。VT_3、VT_4 起放大作用，将 VT_2 的输出放大以驱动 VT_5。VT_5 为大功率管，控制初级电流的通断。VT_2、VT_3、VT_4、VT_5 都工作于开关状态，即处于截止或饱和导通两种工作状态。

接通点火开关，电源电压使 VT_1 导通，其直流通路为：蓄电池正极→点火开关 S→电阻 R_3→电阻 R_1→VT_1→点火信号发生器感应线圈→搭铁→蓄电池负极。信号发生器的传感线圈开始产生交变电动势信号。

当传感线圈中产生正向信号电压时，信号电压和 VT_1 上的正向电压降给 VT_2 的基极提供了正向导通电压，于是 VT_2 导通。VT_2 导通后，其集电极电位下降，致使 VT_3 的基极电压低于其导通电压，VT_3 截止。VT_3 截止后其集电极电位升高，使 VT_4 的基极电压大于其导通电压，于是 VT_4 导通。VT_4 导通后，由于 R_7 的存在又给 VT_5 提供了导通所需的电压，于是 VT_5 也导通。初级电路导通，其电路是：蓄电池正极→点火开关 S→附加电阻 R_8→点火线圈初级绕组 N_1→VT_5（集电极、发射极）→搭铁→蓄电池负极。

当传感线圈中产生负向信号电压时，信号电压使 VT_2 的基极低于其导通电压，VT_2 截止。VT_2 截止后其集电极电位升高，使 VT_3 的基极电压大于其导通电压，于是 VT_3 导通。VT_3 导通后，其集电极电位下降，致使 VT_4 截止。VT_4 截止后，VT_5 失去了基极电流，故也截止，即切断了初级电路，此时点火线圈二次线圈感应产生高压，次级电路导通，火花产生。

电路中其他元件如 VS_3 与 R_3 组成稳压电路，以使 VT_2 的触发导通时间不受蓄电池电压波动的影响，这实际上是一个典型的稳压管稳压电路。VS_1、VS_2 反向串联后与点火信号发生器的传感线圈并联，在高转速时，使传感线圈输出的正向和负向电压稳定在某一数值，保护 VT_2 不受损害。VS_4 的作用是当 VT_5 截止时，将一次线圈的自感电动势限制在某一值内，保护 VT_5 管。C_1 和 C_2 起滤波作用，防止误点火。R_4 的作用是加速 VT_2 的导通与截止过程。

3. 微型计算机控制点火系统

晶体管点火系统避免了传统点火系统火花能量小、工作可靠性差、点火状况受转速及触点技术状况影响较大等缺点，已能满足汽车点火的基本要求。但随着社会的进步，人们对汽车的动力性、经济型和排放等的要求越来越高，晶体管点火系统对点火时刻的控制已明显不能满足现代汽车的要求。微型计算机控制点火系统能自动修正点火时刻，大大提高了发动机的动力性、燃油经济性，并降低了排气污染。微型计算机控制点火系统一般由各种传感器、电子控制器、点火器及点火线圈等组成，见图 6-50。

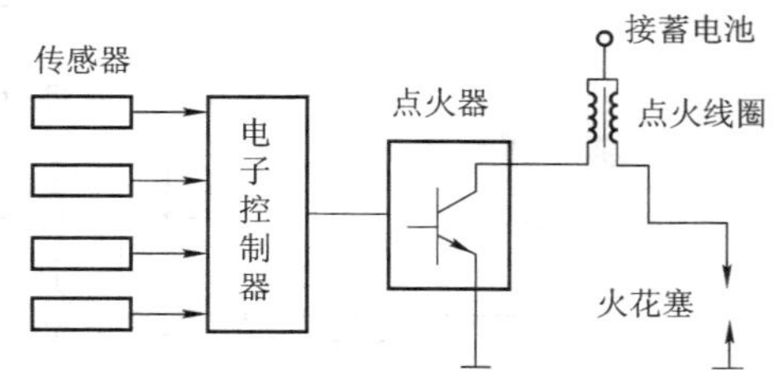

图 6-50　微型计算机控制点火系统组成

微型计算机控制点火系统工作过程：通过一系列传感器如发动机转速传感器、进气管真空度传感器（发动机负荷传感器）、节气门位置传感器、曲轴位置传感器等来判断发动机的工作状态。将这些传感器信号传送给电子控制器，电子控制器从存储单元中查找出对应此工况的点火提前角和点火初级电路导通时间，由这些数据对电子点火器进行精确控制。

6.11 本章小结

1）半导体的导电能力介于导体与绝缘体之间。常用的半导体材料是硅和锗。半导体分为本征半导体和杂质半导体，杂质半导体根据所加元素的不同分为P型半导体和N型半导体。P型半导体和N型半导体放在一起时，在交界区域会形成PN结，PN结具有单向导电性。

2）半导体二极管是利用PN结具有单向导电性工作的半导体器件。二极管分为硅管和锗管两种类型。硅管的正向压降约为0.7V；锗管的正向压降约为0.3V。二极管在模拟电路中常作为整流元件或非线性元件使用；在数字电路中，常作为开关元件使用。二极管类型有：稳压二极管、发光二极管和光敏二极管等。

3）晶体管是由两个PN结组成的三端（基极B、集电极C、发射极E）有源器件，有NPN型和PNP型两大类。晶体管的特性曲线是指各极间电压与各极电流间的关系曲线，最常用的是输出特性曲线和输入特性曲线。晶体管有3种工作状态：截止状态、放大状态和饱和状态。

4）基本放大电路一般是由一个或数个晶体管等电子元件构成的电路。放大电路主要是利用晶体管的电流放大功能，即用基极电流或发射极电流来控制集电极电流。放大作用的实现，依赖于晶体管发射结必须正向偏置、集电结必须反向偏置这一条件的满足，以及静态工作点的合理设置。静态工作点可通过放大电路的静态分析来确定；放大电路的动态分析可用于估算放大电路的性能指标。

5）射极输出器的主要特点是电压放大倍数接近1，具有较高的输入电阻和较低的输出电阻。它主要用于多级放大器的第一级或最末级。

6）为提高放大电路的效率，在实际使用时常采用多级放大电路。多级放大电路中各级之间连接方式称为耦合方式。常用的耦合方式有直接耦合、阻容耦合、变压器耦合和光电耦合等。

7）在放大电路的设计中，常引入反馈以改善放大电路的性能。反馈的类型有：电压反馈和电流反馈；并联反馈和串联反馈；正反馈和负反馈。

8）汽车点火系统发展至今经历了有触点点火系统（传统点火系统）、晶体管点火系统和微型计算机控制点火系统。晶体管点火系统与传统点火系统最大的区别在于它的点火电子组件是由半导体元件（如晶体管，晶闸管等）组成的电子开关电路，起着传统点火系统中断电器触点的作用。微型计算机控制点火系统一般由各种传感器、电子控制器、点火器及点火线圈等组成。

6.12 实训6 半导体二极管和晶体管的简单测试

1. 实训目的和要求

1）学会使用万用表判断、识别二极管和晶体管的引脚。

2）学会使用万用表识别二极管和晶体管的性能好坏。

3）按技术操作规程实训，注意人身及设备安全。

4）记录实训数据，写出实训报告。

2. 实训设备、工具和材料

1）万用表一只。

2）二极管数个。

3）NPN 型和 PNP 型晶体管各数个。

3. 实训内容及步骤

（1）原理

1）万用表的内部等效为表内电源和内阻，指针式万用表黑表笔接万用表内电源的正极，红表笔接万用表内电源的负极；数字式万用表正好与之相反，这一点在使用过程中要特别加以注意。

2）二极管有两个引脚，P 极（又称为阳极）和 N 极（又称为阴极）。当二极管两端加正向电压（即 P 极电位高于 N 极电位）时，二极管导通，此时二极管自身阻值很小；当二极管两端加反向电压时，二极管截止，此时二极管自身阻值很大。利用二极管的单向导通性，在实训中利用万用表的欧姆档测试二极管阻值，可以判断二极管的管脚及性能好坏。

3）晶体管有 3 个引脚，基极（B 极）、集电极（C 极）和发射极（E 极）。当晶体管为 NPN 型时，基极和集电极之间相当于一个二极管，阳极为基极；基极和发射极之间也相当于一个二极管，阳极也为基极。当晶体管为 PNP 型时，基极和集电极之间、基极和发射极之间都相当于一个二极管，但阳极分别为集电极和发射极，基极都是阴极。据此，可通过万用表欧姆档测试任意两极间阻值，以确定基极和管型。

（2）实训步骤

1）二极管简单测试。

① 极性的判别：如果使用的是指针式万用表，将万用表欧姆档的量程置于 $R\times100\Omega$ 档或 $R\times1\text{k}\Omega$ 档，两表笔分别接二极管的两个电极，测出一个结果后，对调两表笔，再测出一个结果。两次测量的结果中，有一次测量出的阻值较大（为反向电阻），一次测量出的阻值较小（为正向电阻，指示的电阻值小于几千欧）。在阻值较小的一次测量中，黑表笔接的是二极管的正极，红表笔接的是二极管的负极。

如果使用的是数字式万用表，将万用表欧姆档的量程置于 $R\times200\text{k}\Omega$ 档，测量方法同上。在阻值较小的一次测量中，红表笔接的是二极管的正极，黑表笔接的是二极管的负极。

② 单向导电性能的检测及好坏的判断：通常，锗二极管的正向电阻值为 1kΩ 左右，反向电阻值为 300kΩ 左右。硅二极管的正向电阻值为 5 kΩ 左右，反向电阻值为∞（无穷大）。正向电阻越小越好，反向电阻越大越好。正、反向电阻值相差越悬殊，说明二极管的单向导电特性越好。

若测得二极管的正、反向电阻值均接近 0 或阻值较小，则说明该二极管内部已击穿短路或漏电损坏。若测得二极管的正、反向电阻值均为无穷大，则说明该二极管已开路损坏。

2）晶体管简单测试。

① 判定基极和管型：如果使用的是指针式万用表，用万用表 $R\times100\Omega$ 或 $R\times1\text{k}\Omega$ 档测量晶体管 3 个电极中每两个极之间的正、反向电阻值。当第 1 根表笔接某一电极，而第 2 根表笔先后接触另外两个电极均测得低阻值时，则第 1 根表笔所接的那个电极为基极 b。若两次测得的阻值不是这种情况，则第 1 根表笔所接的那个电极不是基极 b，应重新另接一个电极测量，直到能确定晶体管的基极。这时，要注意万用表表笔的极性：如果红表笔接的是基

极 b，黑表笔分别接在其他两极时，测得的阻值都较小，则可判定被测晶体管为 PNP 型管；如果黑表笔接的是基极 b，红表笔分别接触其他两极时，测得的阻值较小，则被测晶体管为 NPN 型管。

如果使用的是数字式万用表，将万用表欧姆档的量程置于 $R\times200\mathrm{k}\Omega$ 档，基极测量方法同上。在确定基极后，如果红表笔接的是基极 b，黑表笔分别接在其他两极时，测得的阻值都较小，则可判定被测晶体管为 NPN 型管；如果黑表笔接的是基极 b，红表笔分别接触其他两极时，测得的阻值较小，则被测晶体管为 PNP 型管。

② 判定集电极 c 和发射极 e：对 NPN 晶体管来说，基极确定后，如果使用的是指针式万用表，用万用表两表笔分别接另外两个电极，用 100kΩ 的电阻一端接基极，一端接黑表笔，若电表指针偏转较大，则黑表笔所接的一端为集电极，红表笔接的是发射极。也可用两手分别捏住基极与黑表笔，以人体电阻代替 100kΩ 电阻的作用。对 PNP 型晶体管来说，采用上述方法，在基极与红表笔之间串入一个 100kΩ 电阻，调换黑、红表笔，在电表读数小的那一次测量中，与红表笔相接的引脚为集电极，与黑表笔相接的引脚为发射极。

如果使用的是数字式万用表，则还有一种判断方法：将档位旋至万用表 hFE 档位，将基极插入所对应类型的孔中，把其余引脚分别插入 c、e 孔观察数据，再将 c、e 孔中的引脚对调观察数据，数值大的说明引脚插对了，即 e 孔中插的是发射极 e，c 孔中插的是集电极 c。

3）判别晶体管的好坏。

如果在测量中找不到基极 b，则该晶体管为坏的。若能找到基极 b，用 2）-②中的方法测试，如果两次测得的电阻都为零或都为无穷大，则说明晶体管发射极和集电极之间短路或开路，此晶体管已损坏。

6.13 实训 7 单级交流放大电路

1. 实训目的和要求

（1）掌握放大电路的工作原理

（2）熟悉放大电路的分析方法

（3）学会测量静态工作点

（4）学会连接电路

（5）学会用示波器观察波形

（6）按技术操作规程实训，注意人身及设备安全

（7）记录实训数据，写出实训报告

2. 实训设备、工具和材料

（1）万用表

（2）稳压电源

（3）电烙铁

（4）焊锡

（5）万用板

（6）示波器

（7）信号发生器

（8）相关电子元器件

3. 实训内容及步骤

图6-51所示为分压偏置式放大器电路图。

1. 测量晶体管 VT_1 的 β 值：β = ______。

2. 根据图6-51计算放大电路的静态工作点、放大倍数、输入电阻及输出电阻。

3. 根据图6-51连接电路。

4. 测量静态时晶体管的基极电压 U_B = ______，集电极电压 U_C = ______，发射极电压 U_E = ______。

5. 在输入端加入1kHz的正弦波输入信号，用示波器观察输出信号填写表6-2。

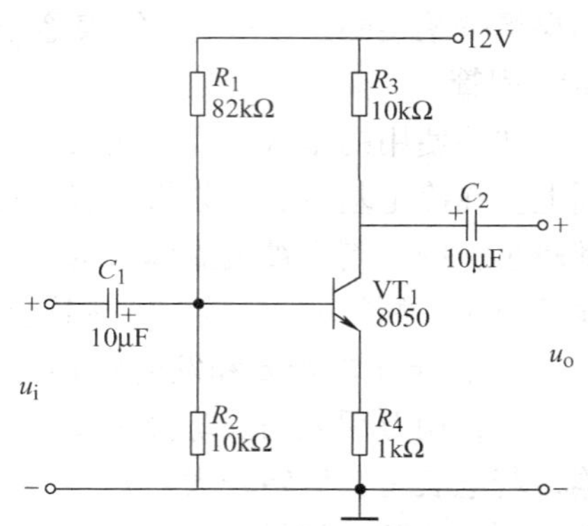

图6-51　分压偏置式放大器电路图

表6-2　用示波器观察输出信号

U_i/mV	10	20	30	40	50	100	150	200	250
U_o/mV									
放大倍数									

6. 画出输入信号为1kHz、峰-峰为100mV的正弦波信号时的输入、输出波形，见图6-52。

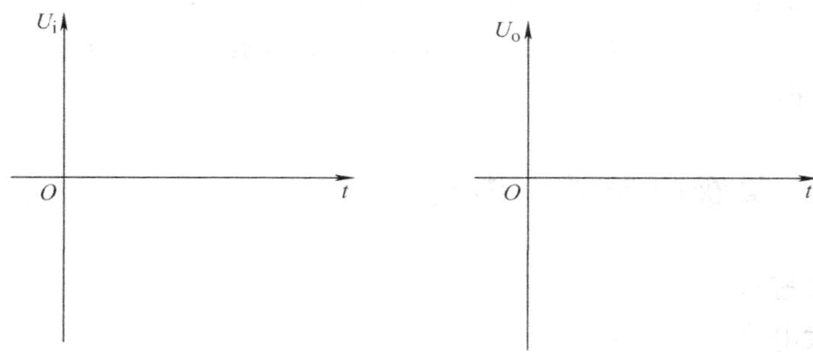

图6-52　坐标轴

7. 观察输入信号为1kHz、峰-峰大于500mV后的正弦波信号时，输出信号发生了什么现象？

6.14　习题

1. N型半导体中的多数载流子是____________。

2. PN结具有____________导电性。

3. 半导体二极管、晶体管有硅管和____________管。

4. 硅管二极管导通后其管压降约为____________；锗管导通后其管压降约为____________。

5. 晶体管有NPN和____________两种类型。晶体管有基极、____________和

____________3 个电极。

6. 晶体管有____________、____________和____________3 种工作状态。基本放大电路中晶体管处于____________工作状态。

7. 静态工作点是指 U_{BE}、____________、____________和____________。

8. 反馈电路类型有电压反馈和____________；____________和串联反馈；正反馈和____________。

9. 汽车点火系统发展至今经历了有触点点火系统（传统点火系）、____________和____________。

10. 已知电路如图 6-53 所示，图中二极管是导通的还是截止的？

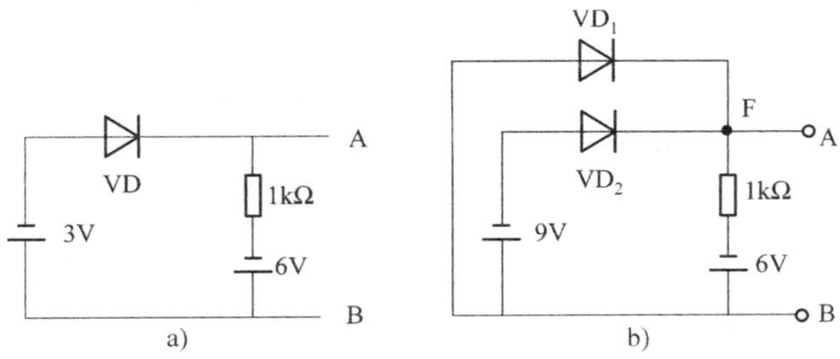

图 6-53 习题 10 图

11. 已知电路如图 6-54 所示，在图 6-54a 中，u_i 为输入电压，其波形图如图 6-54b 所示，试画出与 u_i 对应的输出电压 u_o 的波形图（假定二极管为理想二极管，正向导通压降忽略不计）。

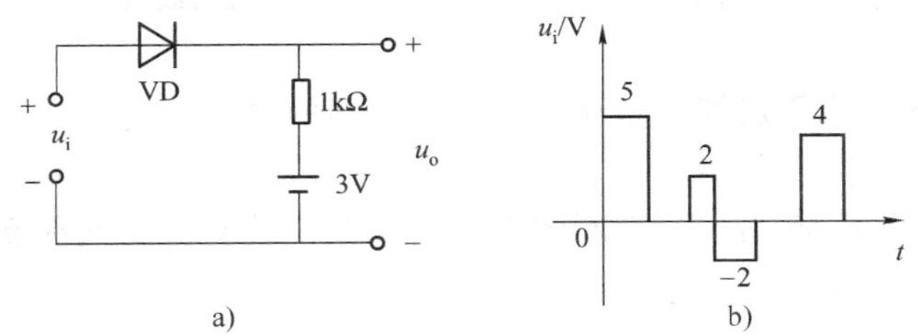

图 6-54 习题 11 图

12. 测得某电路中晶体管的各极电位如图 6-55 所示，试判断各晶体管分别工作在截止区、放大区还是饱和区？

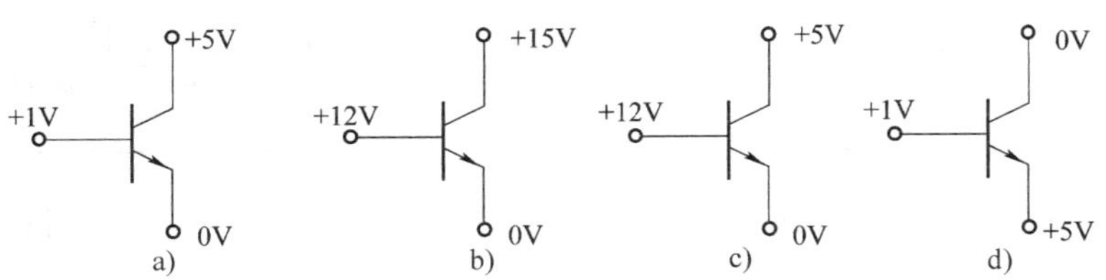

图 6-55 习题 12 图

13. 有一接在电路中正常工作于放大状态的晶体管，用万用表测得 3 个引脚的电位分别是 9V、8.8V 和 3.6V，试判断这只晶体管是什么类型（NPN、PNP）的晶体管？是硅管还是锗管？3 个引脚分别是什么电极？

14. 已知电路如图 6-56 所示，其中 $U_{CC}=15V$，$R_B=250k\Omega$，$R_C=3k\Omega$，$\beta=50$，$R_L=2k\Omega$。试求：

1）用直流通路法求解静态工作点。

2）画出此放大电路的微变等效电路。

3）求放大电路的电压放大倍数 A_u、输入电阻 r_i 和输出电阻 r_o。

15. 已知电路如图 6-57 所示，其中 $U_{CC}=10V$，$\beta=40$，若要使 $U_{CE}=5V$，$I_C=2mA$，求 R_B 和 R_C 的值。

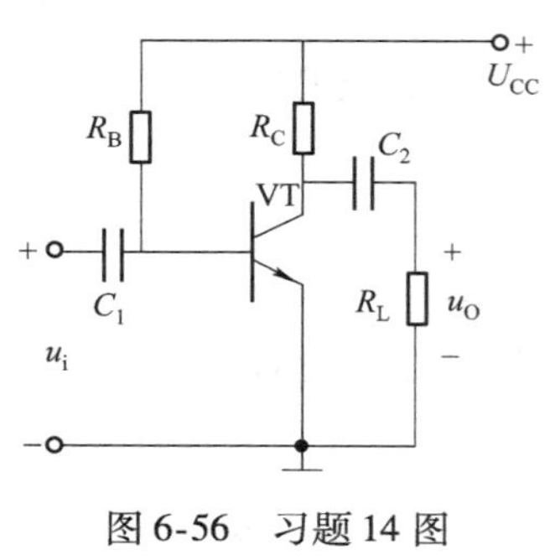

图 6-56　习题 14 图

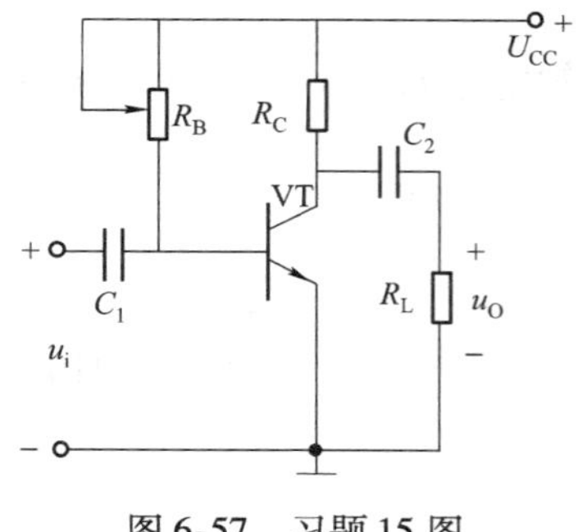

图 6-57　习题 15 图

16. 已知电路如图 6-58 所示，R_B 是可变电阻，$U_{CC}=15V$，$R_C=5k\Omega$，$\beta=100$。试求：

1）若要使 $U_{CE}=7V$，求 R_B 的值。

2）若要使 $I_C=1.5mA$，求 R_B 的值。

17. 已知电路如图 6-58 所示，已知 $U_{CC}=15V$，$R_B=250k\Omega$，$R_C=3k\Omega$，$\beta=50$，$R_E=2k\Omega$。试用直流通路法求解静态工作点。

18. 判断图 6-58 中有无反馈，若有，试判别反馈的类型（电压或电流反馈、串联或并联反馈、正反馈或负反馈）。

19. 已知电路如图 6-59 所示，判断图中有无反馈，若有，试判别反馈的类型（电压或电流反馈、串联或并联反馈、正反馈或负反馈）。

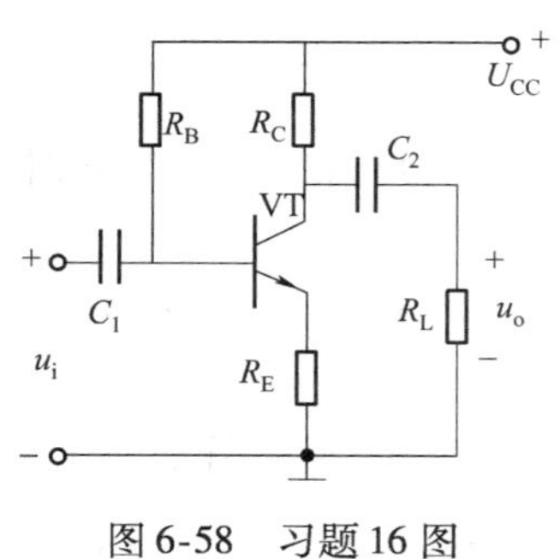

图 6-58　习题 16 图

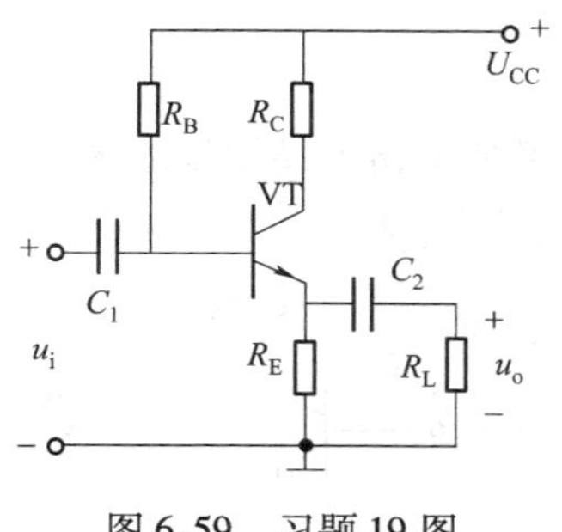

图 6-59　习题 19 图

第 7 章　集成运算放大器

【本章要点】

- 集成运算放大器的组成
- 由集成运算放大器构成的反相输入比例运算器、同相输入比例运算器、加法电路及减法电路的工作原理与运算关系
- 由集成运算放大器构成的电压比较器的工作原理

7.1　集成运算放大器简介

7.1.1　集成运算放大器概述

在半导体制造工艺的基础上，把整个电路中的元器件制作在一块硅基片上，构成的特定功能的电子电路，称为集成电路。1952 年，英国雷达研究所的科学家达默在一次会议上提出：可以把电子线路中的分立元器件，集中制作在一块半导体晶片上，一小块晶片就是一个完整电路，这样一来，电子线路的体积就可大大缩小，可靠性大幅提高。这就是初期集成电路的设想。1956 年，美国材料科学专家赖斯和富勒发明了半导体的扩散加工工艺，这样就为发明集成电路提供了加工工艺技术的基础。1958 年 9 月，美国德州仪器公司的青年工程师基尔比，成功地将包括锗晶体管在内的五个元器件集成在一起，制作了一个叫作相位转换振荡器的简易集成电路，并于 1959 年 2 月申请了专利，这就是世界上第一块集成电路。1959 年 7 月，美国仙童半导体公司的诺伊斯，研究出一种二氧化硅的扩散技术和 PN 结的隔离技术，从而完成了集成电路制作的全部工艺，并发明了一种可商业化生产的集成电路。

集成电路按集成密度可分为小规模、中规模、大规模和超大规模，按所处理的信号不同可分为数字集成电路和模拟集成电路。模拟集成电路一般是由一块厚约 0.2 ~ 0.25mm 的 P 型硅片制成且种类很多，有集成运算放大器、模拟锁相环、模拟乘法器及功率放大器等。它具有体积小、价格低、重量轻及性能可靠等优点。

集成运算放大器，它是模拟集成电路中的最主要的代表器件，应用极其广泛，一直在模拟集成电路中居主导地位。由于这种放大器早期是在模拟计算机中进行某些数学运算，因而得名运算放大器。但现在的应用早已远远超出在模拟计算机作数学运算的范围，在波形变换、信号测量、信号处理及自动控制等领域也得到了广泛的应用。

7.1.2　集成运算放大器的组成

集成运算放大器是一种高电压增益、高输入电阻和低输出电阻的多级直接耦合放大电路，它的类型繁多，内部的具体电路也不尽相同，但结构上具有共同之处，通常由输入级、中间级、输出级和偏置电路四部分组成。集成运算放大器的实物图如图 7-1 所示，集成运算放大器的内部电路组成原理框图如图 7-2 所示。

图 7-1　集成运算放大器的实物图

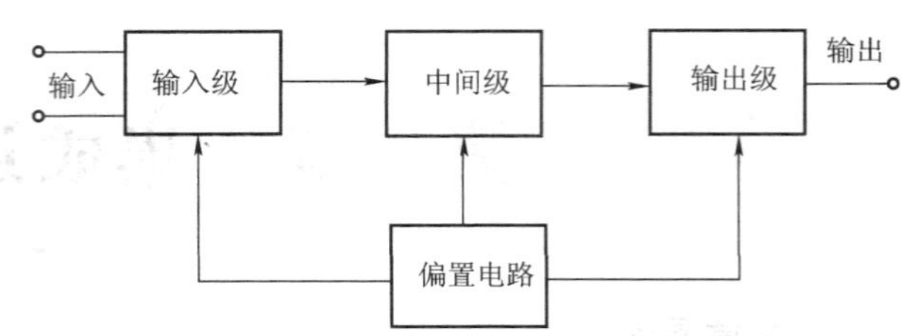

图 7-2　集成运算放大器的内部电路组成原理框图

输入级是集成运放的关键部分，一般是由晶体管（BJT）、结型场效应晶体管（JFET）或金属-氧化物-半导体场效应晶体管（MOSFET）组成的差分式放大电路，利用它的对称特性可以提高整个电路的共模抑制比、有效地减小零点漂移，它的两个输入端构成整个电路的反相输入端和同相输入端。它的输入电阻很高，可达 $10^5 \sim 10^6$，最低的也有几十千欧。

中间级主要作用是用来提高电压增益，一般采用共发射极放大电路。它可以由一级或多级放大电路组成，如果采用多级放大电路，可以使集成运算放大器的电压放大倍数达到 $10^4 \sim 10^6$ 倍。

输出级一般由互补对称电压跟随器或电压跟随器组成，使集成运算放大器的输出电阻很小，一般只有几十欧到几百欧，因而带负载的能力很强，能够输出足够大的电压和电流。

偏置电路是为集成运算放大器的输入级、中间级和输出级电路提供静态偏置电流，设置合适的静态工作点。

N − ▷∞ + O
P +

图 7-3　集成运算放大器的图形符号

集成运算放大器的图形符号如图 7-3 所示，其中反相输入端用“－”号表示，同相输入端用“＋”号表示。器件外端输入、输出相应地用 N、P 和 O 表示。

7.1.3　集成运算放大器的主要参数

集成运算放大器的参数是反映其性能优劣的指标，是正确挑选和使用集成运放的依据，因此必须了解它的参数的含义。下面介绍集成运算放大器的一些主要特性指标。

1. 开环差模电压放大倍数 A_{uo}

开环差模电压放大倍数 A_{uo} 是指集成运算放大器工作在线性区，接入规定的负载，无反馈情况下的直流差模电压放大倍数。A_{uo} 与输出电压 U_o 的大小无关。通常是在规定的输出电压幅度测得的值。A_{uo} 又是频率的函数，频率高于某一数值后，A_{uo} 的数值开始下降。集成运算放大器的 A_{uo} 值可达几万至几百万。

2. 开环差模输入电阻 r_{id}

开环差模输入电阻 r_{id} 是衡量集成运算放大器从信号源取用电流大小的参数。r_{id} 越大，从信号源取用的电流越小，运算精度就越高。集成运算放大器的 r_{id} 值一般在几十千欧以上。

3. 开环差模输出电阻 r_o

开环差模输出电阻 r_o 是衡量集成运算放大器带负载能力大小的参数。输出电阻 r_o 越小，集成运算放大器带负载能力就越大。一般为几百欧。

4. 共模抑制比 K_{CMR}

共模抑制比是衡量集成运算放大器抑制干扰信号能力的大小的参数。K_{CMR} 数值越大，抑制干扰的能力就越强。一般集成运算放大器的 K_{CMR} 可达几十万以上。

5. 最大输出峰-峰电压值

最大输出电压是指集成运放加上标称电源电压并且输出端开路时，集成运算放大器能输出的基本上不失真的最大峰值电压。一般为电源电压的70%左右。

除上述主要的参数外，还有输入失调电压、输入偏置电流、输入失调电流、温度漂移、开环带宽以及转换速率等参数。

7.2 集成运算放大器基本特性及应用

7.2.1 集成运算放大器的基本特性

1. 集成运算放大器的理想特性

集成运算放大器的开环电压放大倍数非常高，输入电阻非常大，输出电阻非常小，这些技术指标已接近理想的程度。因此在分析集成运算放大器电路时，为了简化分析，可以将实际的运算放大器看成是理想的运算放大器，其等效电路如图7-4所示，其中 r_i 为开环输入电阻，r_o 为开环输出电阻，$A_o u_i$ 为开环输出等效电压源，u_N 为反相输入端，u_P 为同相输入端，u_o 为输出端，u_i 为输入电压。

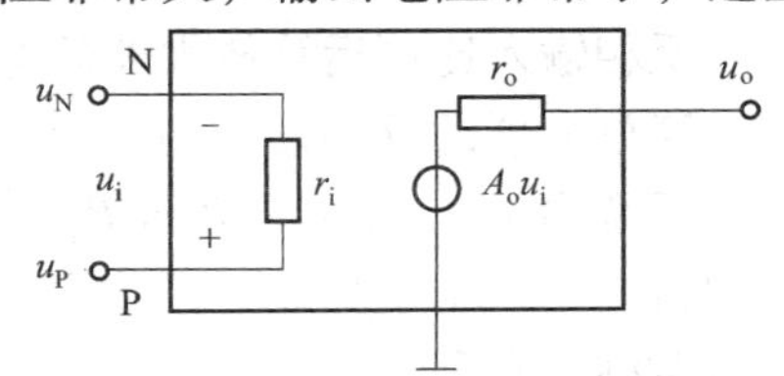

图7-4 理想运算放大器等效电路

一个理想的集成运算放大器应具备以下主要条件。

1）开环电压放大倍数 A_o 接近于无穷大，即：

$$A_o \to \infty \tag{7-1}$$

2）开环输入电阻 r_i 接近于无穷大，即：

$$r_i \to \infty \tag{7-2}$$

3）开环输出电阻 r_o 接近于零，即：

$$r_o \to 0 \tag{7-3}$$

4）共模抑制比 K_{CMR} 接近于无穷大，即：

$$K_{CMR} \to \infty \tag{7-4}$$

2. 理想运算放大器工作在线性区的特性

由于理想集成运算放大器的开环电压放大倍数 A_o 趋于无穷大，因此电路中必须引入负反馈才能保证集成运算放大器工作在线性区。这时输出电压与输入差模电压满足线性放大关系，即：

$$u_o = A_o(u_P - u_N) \tag{7-5}$$

u_o 为有限值，而理想集成运算放大器的开环电压放大倍数 $A_o \to \infty$，因而净输入电压 $u_P - u_N = 0$，即：

$$u_P = u_N \tag{7-6}$$

本特性称为“虚短”，如果有一个输入端接地，则另一个输入端也很接近地电位，称为“虚地”。

由于理想集成运算放大器的开环输入电阻 r_i 接近于无穷大，因此两个输入端的输入电流就趋于零，即：

$$i_P = i_N = 0 \tag{7-7}$$

这一特性称为“虚断”。

3. 理想运算放大器工作在非线性区的特性

理想运算放大器工作在非线性区时，一般为开环或引入了正反馈。其特性如下：

1）当 $u_P > u_N$ 时，$\quad u_o = +U_{OM}$（高电平） (7-8)

2）当 $u_P < u_N$ 时，$\quad u_o = -U_{OM}$（低电平） (7-9)

可见理想运算放大器工作在非线性区时电路不再具有“虚短”特性。

由于理想集成运算放大器的开环输入电阻 r_i 接近于无穷大，净输入电流 $i_P = i_N = 0$，因此理想运算放大器工作在非线性区时电路仍然具有“虚断”特性。

7.2.2 集成运算放大器的应用电路

1. 反相输入比例运算放大器与反相器

反相输入比例运算放大器的电路如图 7-5 所示，其特点是反馈信号与输入信号都加在集成运算放大器的反相输入端。图中 R_f 为反馈电阻，R'为平衡电阻，且要求 $R' = R_1 /\!/ R_f$。接入平衡电阻的目的是为了使集成运算放大器输入级的差分放大器对称，有利于抑制零漂。

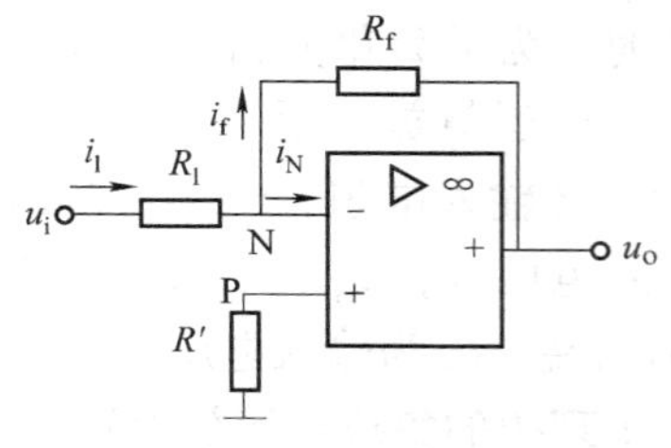

图 7-5　反相输入比例运算放大器的电路

由于同相输入端接地，即 $u_P = 0$。由“虚地”特性可知 $u_N = u_P = 0$。根据“虚断”特性可知 $i_N = 0$。由图 7-5可知：

$$i_1 = i_f + i_N$$

$$i_1 = i_f$$

$$i_1 = \frac{u_i - u_N}{R_1}$$

$$i_f = \frac{u_N - u_o}{R_f}$$

$$\frac{u_i - u_N}{R_1} = \frac{u_N - u_o}{R_f}$$

$$\frac{u_i}{R_1} = \frac{-u_o}{R_f}$$

$$\frac{u_o}{u_i} = -\frac{R_f}{R_1}$$

放大器的电压放大倍数为：

$$A_{uf} = \frac{u_o}{u_i} = -\frac{R_f}{R_1} \tag{7-10}$$

式 7-10 中的负号表示 u_o 和 u_i 相位相反，因此称为反相放大器，又由于 u_o 和 u_i 成比例，故又称为反相比例运算放大器。若取 $R_1 = R_f = R$，则比例系数为 -1，电路变成为反相器。

【例 7-1】 在图 7-5 电路中，已知 $u_i = -1\text{V}$、$R_f = 10\text{k}\Omega$、$R_1 = 2\text{k}\Omega$，求 u_o。

解： $u_o = -\dfrac{R_f}{R_1}u_i = -\dfrac{10}{2} \times (-1)\text{V} = 5\text{V}$

2. 同相输入比例运算器与电压跟随器

同相输入比例运算器的电路如图 7-6 所示，其特点是反馈信号加在集成运算放大器的反相输入端，输入信号加在集成运算放大器的同相输入端。

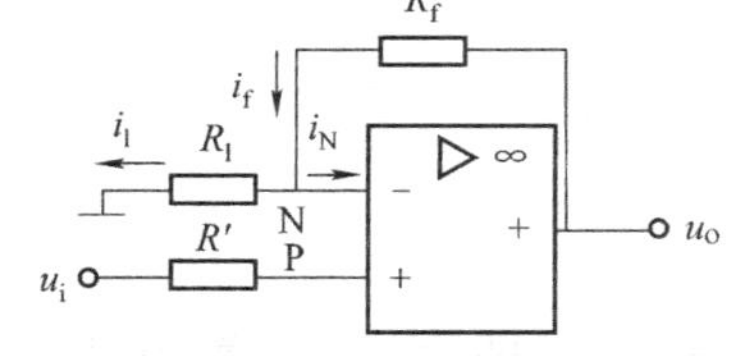

图 7-6　同相输入比例运算器的电路

由“虚短”和“虚断”特性可知 $u_N = u_P = u_i$，根据“虚断”特性可知 $i_N = 0$。由图 7-4 可得：

$$i_f = i_1 + i_N$$

$$i_1 = i_f$$

$$i_1 = \frac{u_N}{R_1}$$

$$i_f = \frac{u_o - u_N}{R_f}$$

$$\frac{u_o - u_N}{R_f} = \frac{u_N}{R_1}$$

$$\frac{u_o - u_i}{R_f} = \frac{u_i}{R_1}$$

放大器的电压放大倍数为：

$$A_{uf} = \frac{u_o}{u_i} = 1 + \frac{R_f}{R_1} \tag{7-11}$$

由于 u_o 和 u_i 相位相同，因此称为同相放大器，又由于 u_o 和 u_i 成比例，故又称为同相比例运算放大器。若 $R_f = 0$，$R_1 = \infty$ 则比例系数为 1，电路成为电压跟随器，如图 7-7 所示。

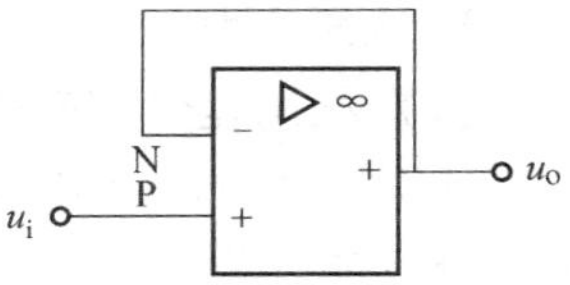

图 7-7　电压跟随器

【例 7-2】 在图 7-4 电路中，已知 $u_i = -1\text{V}$、$R_f = 10\text{k}\Omega$、$R_1 = 2\text{k}\Omega$，求 u_o。

解： $u_o = \left(1 + \frac{R_f}{R_1}\right) u_i = \left(1 + \frac{10}{2}\right) \times (-1)\text{V} = -6\text{V}$

3. 加法电路

如果需要将两个电压 u_{i1} 和 u_{i2} 相加，可以利用图 7-6 所示电路来实现。它是在反相输入比例运算器的基础上，增加了一个输入支路组成的加法运算电路，也称为反相加法器。图中同相输入端所接电阻 R' 必须满足平衡要求，即 $R' = R_1 /\!/ R_2 /\!/ R_f$。

由于同相输入端接地，即 $u_P = 0$。由“虚地”特性可知 $u_N = u_P = 0$。根据“虚断”特性可知 $i_N = 0$。由图 7-6 可知：

$$i_1 + i_2 = i_N + i_f$$

$$i_1 = \frac{u_{i1} - u_N}{R_1}$$

$$i_2 = \frac{u_{i2} - u_N}{R_2}$$

$$i_f = \frac{u_N - u_o}{R_f}$$

$$\frac{u_{i1}-u_N}{R_1}+\frac{u_{i2}-u_N}{R_2}=\frac{u_N-u_O}{R_f}$$

$$\frac{u_{i1}}{R_1}+\frac{u_{i2}}{R_2}=-\frac{u_O}{R_f}$$

$$-u_O=\frac{R_f}{R_1}u_{i1}+\frac{R_f}{R_2}u_{i2} \tag{7-12}$$

式 7-12 即为加法运算的表达式，式中的负号是因反相输入所引起的。若 $R_1=R_2=R_f$，则式 7-12 变为：

$$-u_O=u_{i1}+u_{i2} \tag{7-13}$$

在输出端再接一级反相电路，就可以消除负号，完全实现符合常规的算术加法。图 7-8 所示的加法电路可以扩展到多个输入电压相加。

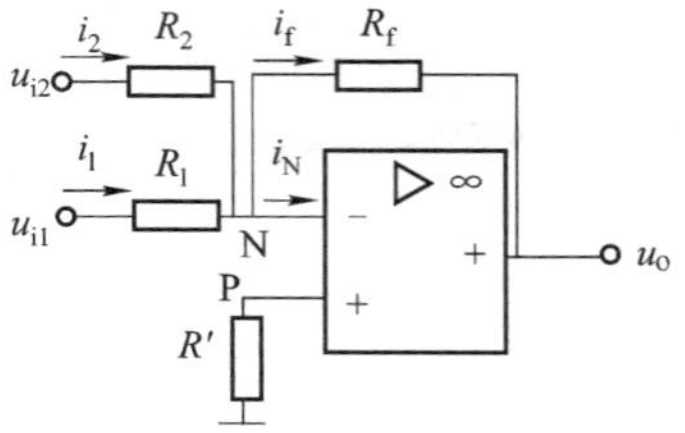

图 7-8　加法电路

【例 7-3】　电路如图 7-6 所示，已知 $R_1=R_2=R_f=10\text{k}\Omega$，$u_{i1}=3\text{V}$，$u_{i2}=5\text{V}$，求 u_o 是多少？

解： 由于　$R_1=R_2=R_f=10\text{k}\Omega$

根据式 7-13 可得：

$$-u_o=u_{i1}+u_{i2}$$

$$-u_o=(3+5)\text{V}$$

$$u_o=-8\text{V}$$

4. 减法电路

（1）利用差分式电路实现减法运算

如图 7-9 所示是利用差分式电路实现的减法运算，其中 R_f 为反馈电阻，将输出信号的一部分反馈到输入端；R_1、R_2、R_3 为输入电阻；运算放大器起放大作用；u_{i1}、u_{i2} 为两个输入电压信号，u_o 为输出电压。从电路结构上来看，它是反相输入和同相输入相结合的放大电路。根据“虚断”特性，可知 $i_p=0$，R_2 与 R_3 串联，因而同相输入信号 u_{i2} 被 R_2 和 R_3 分压后，仅有 R_3 上的电压是输送到运算放大器中去。即实际的同相输入信号为 $\frac{R_3}{R_2+R_3}u_{i2}$。

根据叠加原理，u_{i1} 单独作用时：

$$u_{o1}=-\frac{R_f}{R_1}u_{i1}$$

u_{i2} 单独作用时：

$$u_{o2}=\left(1+\frac{R_f}{R_1}\right)\frac{R_3}{R_2+R_3}u_{i2}$$

u_{i1} 和 u_{i2} 同时作用时：

$$u_o=u_{o1}+u_{o2}=\left(1+\frac{R_f}{R_1}\right)\frac{R_3}{R_2+R_3}u_{i2}-\frac{R_f}{R_1}u_{i1}$$

$$=\left(1+\frac{R_f}{R_1}\right)\frac{R_3/R_2}{1+R_3/R_2}u_{i2}-\frac{R_f}{R_1}u_{i1}$$

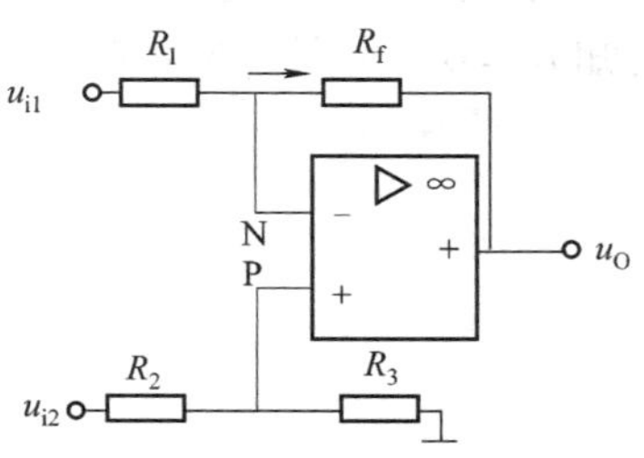

图 7-9　利用差分式电路实现的减法运算

当$\frac{R_3}{R_2}=\frac{R_f}{R_1}$时：

$$u_o=\frac{R_f}{R_1}(u_{i2}-u_{i1}) \tag{7-14}$$

即输出电压与两输入电压之差成比例。

当 $R_1=R_2=R_3=R_f$ 时： $u_o=u_{i2}-u_{i1}$ (7-15)

【例 7-4】 如图 7-9 所示电路，已知 $u_{i1}=2\text{V}$、$u_{i2}=3\text{V}$、$R_f=R_1=R_2=R_3=10\text{k}\Omega$，求 u_o。

解： 由式 7-15 可知： $u_o=u_{i2}-u_{i1}=(3-2)\text{V}=1\text{V}$

（2）利用反相信号求和实现减法运算

用加法电路构成减法电路如图 7-10 所示，其中 R_1、R_2 为输入电阻；R_3、R_4 为平衡电阻；R_{f1}、R_{f2}为反馈电阻，将输出信号的一部分反馈到输入端；两个运算放大器起放大作用；u_{i1}、u_{i2}为两个输入电压信号，u_o 为输出电压。第 1 级为反相比例放大电路，如果 $R_{f1}=R_1$，则 $u_{o1}=u_{i1}$，第 2 级为反相加法电路，可以推导出：

$$u_o=-\frac{R_{f2}}{R_2}(u_{o1}+u_{i2})=\frac{R_f}{R_2}(u_{i1}-u_{i2}) \tag{7-16}$$

若 $R_2=R_{f2}$，则得： $u_o=u_{i1}-u_{i2}$ (7-17)

反相输入结构的减法电路，由于出现了“虚地”，放大电路没有共模信号，故允许 u_{i1} 和 u_{i1}、u_{i2}的共模电压范围较大，且输入阻抗较低。

减法运算电路常作为测量放大器，用以放大各种微弱的差值信号。

【例 7-5】 如图 7-10 所示电路，已知 $u_{i1}=4\text{V}$、$u_{i2}=2.5\text{V}$、$R_{f1}=R_{f2}=R_1=R_2=10\text{k}\Omega$，求 u_o。

解： 由式 7-17 可知： $u_o=u_{i1}-u_{i2}=(4-2.5)\text{V}=1.5\text{V}$

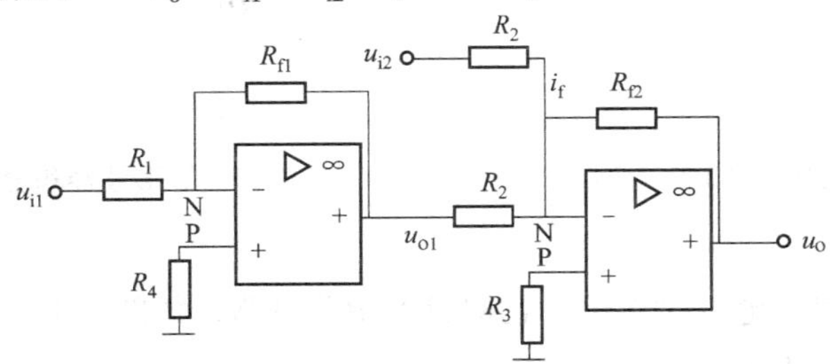

图 7-10 用加法电路构成减法电路

5. 积分电路

将反相放大器中的反馈电阻 R_f 换成电容 C，便可构成积分运算电路如图 7-11 所示。

根据“虚地”特性得：

$$u_N=u_P=0$$

根据“虚断”特性得：

$$i_N=0$$

由图 7-9 可知：

$$i_1=i_C+i_N$$

$$i_1=i_C$$

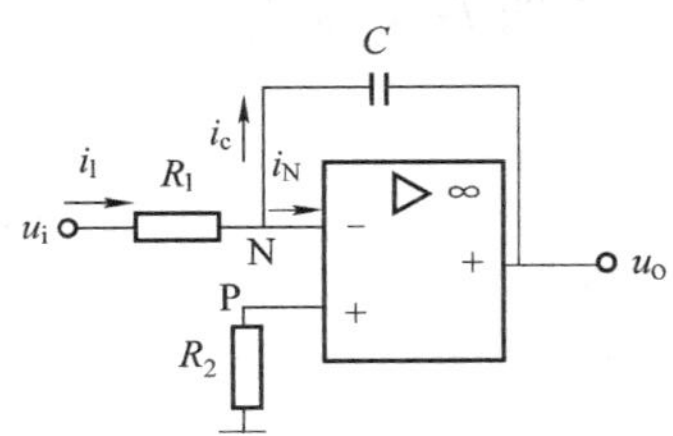

图 7-11 积分运算电路

电容 C 就以电流 $i_1=\dfrac{u_i}{R_1}$进行充电。假设电容 C 初始电压为零，则：

$$u_N-u_o=\frac{1}{C}\int i_1 dt$$

$$-u_o=\frac{1}{C}\int \frac{u_i}{R_1}dt$$

$$u_o=-\frac{1}{R_1C}\int u_i dt \tag{7-18}$$

式（7-18）表明，输出电压 u_o 为输入电压 u_i 对时间的积分，负号表示信号是从运算放大器的反相输入端输入的。平衡电阻 R_2 应和电阻 R_1 相等。

当输入信号 u_i 为恒值电压时，在它的作用下，电容将以近似恒流方式进行充电，输出电压 u_o 与时间 t 成近似线性关系，当积分值超出运算放大器的线性范围时，输出电压为饱和值，不再维持与输入信号的积分关系，输入为恒值电压的积分波形如图 7-12 所示。利用积分电路可以实现延时、定时和变换，在自动控制系统中可以用以减缓过度过程所形成的冲击，使外加电压缓慢上升，避免机械损坏。矩形波经积分电路变为三角波，如图 7-13 所示。

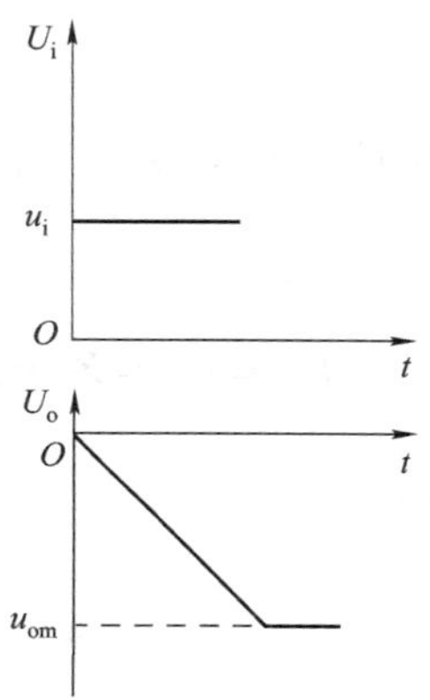

图 7-12　输入为恒值电压的积分波形

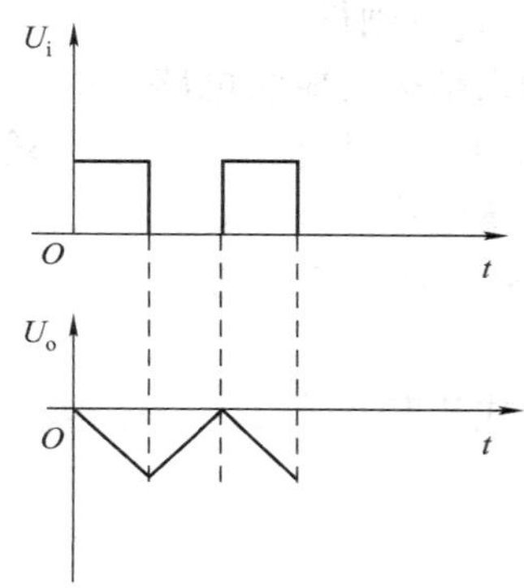

图 7-13　矩形波经积分电路变为三角波

6. 微分电路

将图 7-9 中的电阻和电容对换位置就构成了微分电路，如图 7-14 所示。

根据“虚地”特性得：

$$u_N=u_P=0$$

根据“虚断”特性得：

$$i_N=0$$

由图 7-12 可知：

$$i_c=i_f+i_N$$

$$i_c=i_f$$

$$u_i=u_c$$

$$u_o=-R_f i_f$$

$$i_f=i_c=C\frac{du_c}{dt}=C\frac{du_i}{dt}$$

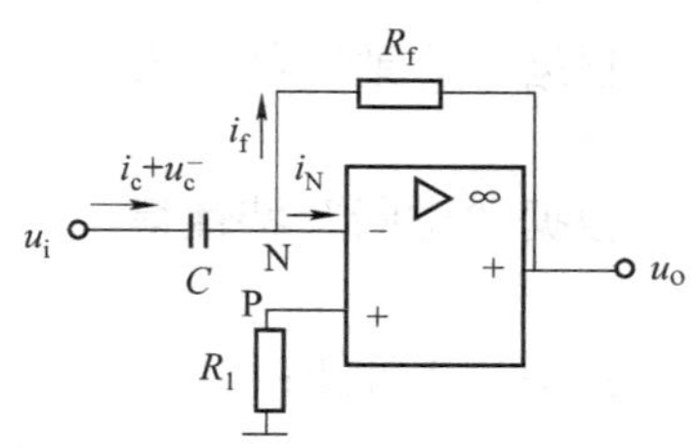

图 7-14　微分电路

$$u_o = -R_f C \frac{du_i}{dt} \tag{7-19}$$

可见 u_o 正比于 u_i 的微分。平衡电阻 R_1 应和电阻 R_f 相等。

当 u_i 为恒值电压时，u_o 输出为尖脉冲电压，输入为恒值电压的微分波形如图 7-15 所示。当 u_i 为矩形波时，u_o 输出为尖脉冲电压，矩形波经微分电路变为尖脉冲如图 7-16 所示。

在制动控制电路中，微分电路常用于产生控制脉冲。

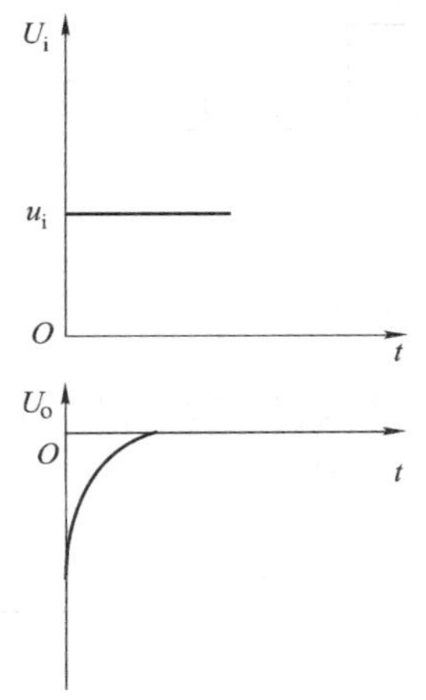

图 7-15　输入为恒值电压的微分波形

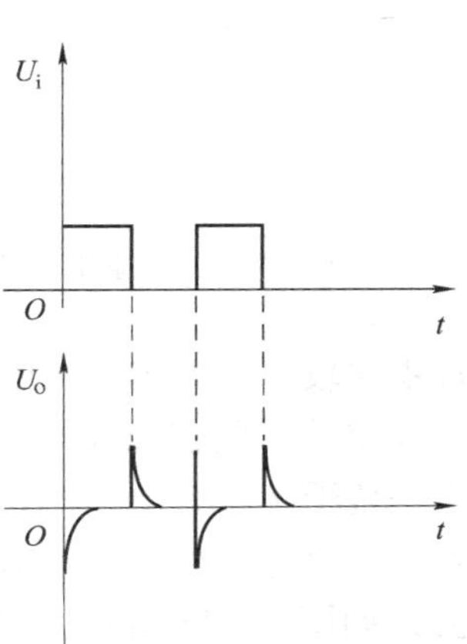

图 7-16　矩形波经微分电路变为尖脉冲

7. 电压比较器

电压比较器的基本功能是对两个输入电压的大小进行比较，在输出端输出比较的结果。它是用集成运算放大器开环或加正反馈来实现的，工作于非线性区。输出电压只有两种可能的数值，当 $u_P > u_N$ 时，$u_o = +U_{OM}$（高电平）；当 $u_P < u_N$ 时，$u_o = -U_{OM}$（低电平）。常用做模拟电路和数字电路的接口电路，在测量、通信和波形变换等方面应用广泛。

（1）任意电平电压比较器

其电路如图 7-17a 所示。U_R 为已知的参考电压，加在集成运算放大器的同相输入端，输入信号 u_i 加在反相输入端。当 $u_i > U_R$ 时，$u_o = -U_{OM}$；当 $u_i < U_R$ 时，$u_o = +U_{OM}$，如图 7-17b 所示。当在反相输入端输入一个三角波信号，在同相输入端输入参考电压 U_R 时，根据任意电平电压比较器的电压传输特性，则在输出端可以得到一个矩形波信号，如图 7-17c 所示。

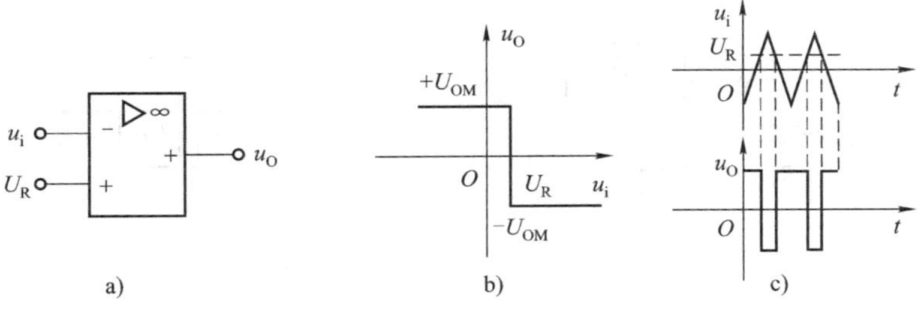

图 7-17　任意电平电压比较器

a）原理图　b）电压传输特性　c）三角波变换为矩形波

(2) 过零比较器

当 $U_{\mathrm{R}}=0$ 时，比较器称为过零比较器，其电路如图 7-18 所示。

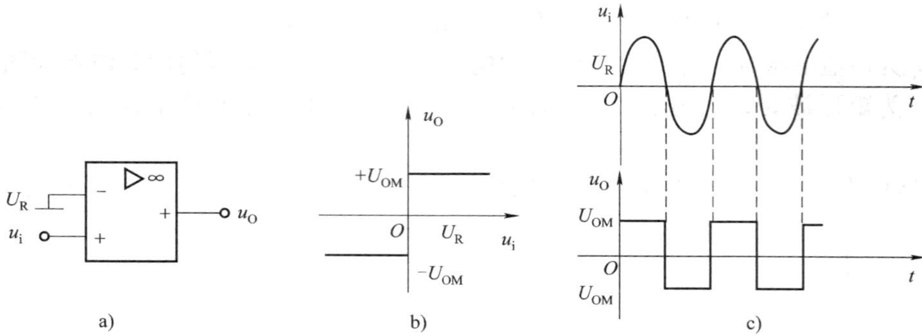

图 7-18 过零比较器电路

a) 原理图 b) 电压传输特性 c) 正弦波变换为矩形波

利用过零比较器可以实现波形变换。如图 7-18c 所示，输入正弦波，相应的输出电压为矩形波。这种比较器的优点是电路结构简单、灵敏度高，缺点是抗干扰能力差。

汽车发动机磁电系转速传感器输出的信号为近似的正弦波，如图 7-19a 所示，经过零比较器变换为矩形波形式的数字信号，如图 7-19b 所示，供单片机控制发动机的工况使用。

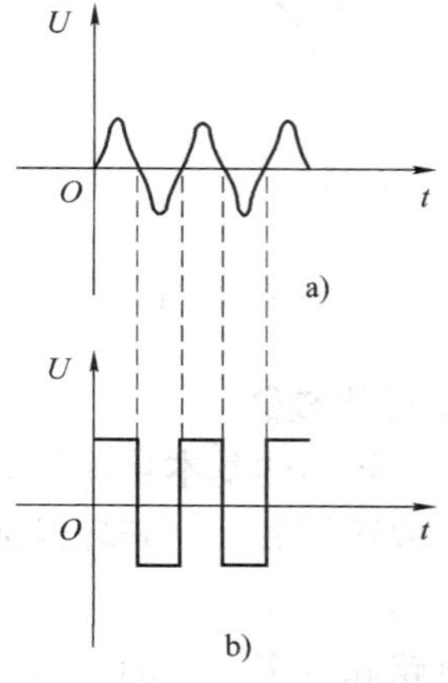

图 7-19 波形变换

a) 汽车发动机转速传感器输出波形图

b) 经过零限幅比较器后输出的波形图

(3) 滞回电压比较器

图 7-20a 所示为具有滞回特性的电压比较器。输出电压 u_{o} 通过 R_2 加到同相输入端，构成正反馈。可见，滞回电压比较器是通过在电压比较器上加正反馈来实现的。

当输入电压 u_{i} 由 0V 开始增加，输出电压 u_{o} 为高电平 U_{H}，此时同相输入端的电压为 U_{TH}，称为上限电压，其电压为：

$$U_{\mathrm{TH}}=\frac{U_{\mathrm{H}}-U_{\mathrm{R}}}{R_1+R_2}R_1+U_{\mathrm{R}} \tag{7-20}$$

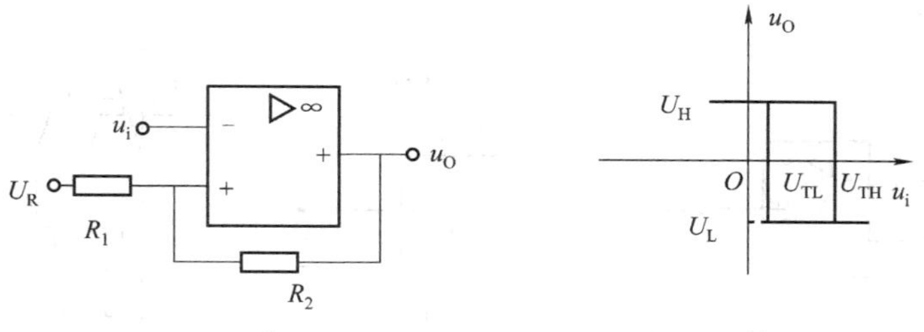

图 7-20 具有滞回特性的电压比较器

a) 原理图 b) 输出特性

在 $u_i < U_{TH}$时，输出电压为高电平 U_H，故 U_{TH}不变，输出保持高电平。随着输入电压 u_i 逐渐上升，当 $u_i > U_{TH}$时，输出电压 u_o 有高电平 U_H 跳变为低电平 U_L，此时同相输入端的电压由 U_{TH}变为 U_{TL}，称为下限电压，其电压为：

$$U_{TL} = \frac{U_L - U_R}{R_1 + R_2}R_1 + U_R \tag{7-21}$$

当 u_i 继续增加时，由于 u_i 更大于 U_{TL}，输出低电平保持不变。只有当输入电压 u_i 下降到 $u_i < U_{TL}$时，输出电压 u_o 才有低电平 U_L 跳变为高电平 U_H。

滞回电压比较器当输入信号因受到干扰或其他原因发生变化时，只要变化值不超过上、下限电压范围，输出电压就不会发生变化，从而提高了电路的抗干扰能力。

8. 方波发生器

方波或矩形波电压常用于数字电路中作为信号源。由比较器再加上 RC 负反馈电路，便可组成方波发生器，如图 7-21 所示。图中双向稳压二极管对输出电压起限幅作用。

假设开始时 $u_N = u_C(t) = 0$，且 $u_o = +U_Z$，则参考电压：

$$U_{P1} = \frac{R_2}{R_2 + R_1}U_Z \tag{7-22}$$

此时 $u_N < U_{P1}$，确保输出电压 $u_o = +U_Z$。u_o 经电阻 R_{f2} 和 VD_2 对电容 C 充电，使 u_C 由零逐渐上升，当 $u_{C(t)} > U_{P1}$ 时，输出电压发生翻转，由 $+U_Z$ 跳变为 $-U_Z$，参考电压随之变为：

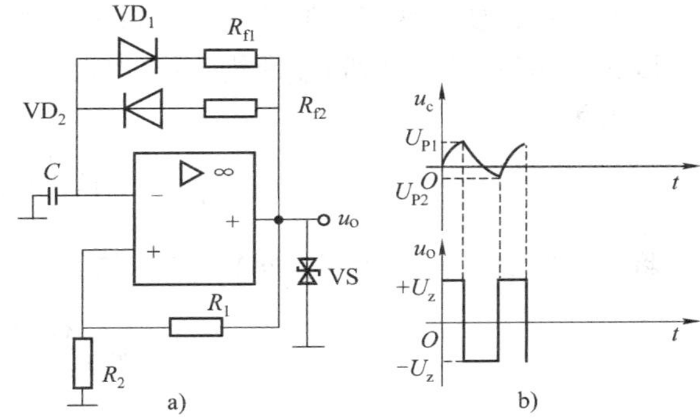

图 7-21　方波发生器

a）原理图　b）波形图

$$U_{P2} = -\frac{R_2}{R_2 + R_1}U_Z \tag{7-23}$$

输出电压变为 $u_o = -U_Z$，电容经过电阻 R_{f1} 和 VD_1 开始放电，u_c 逐渐下降，当 u_c 下降到 U_{P2}时，输出电压 u_o 又由 $-U_Z$ 跳变为 $+U_Z$。如此周而复始，波形如图 7-21b 所示。

方波的周期与电容 C 的冲放电时间有关，估算式为：

$$T = (R_{f1} + R_{f2})C\ln\left(1 + \frac{2R_2}{R_1}\right) \tag{7-24}$$

改变 R_{f1}、R_{f2}、C、R_1 或 R_2，即可改变方波的周期。在振荡电路产生的周期信号中，高电平所占时间与信号周期的比值称为占空比，改变 R_{f1}、R_{f2}的值可以改变占空比。

9. 三角波发生器

由集成运算放大器构成的三角波发生器如图 7-22a 所示。第 1 级 A1 组成电压比较器，输出电压为对称的方波信号。第 2 级 A2 组成积分器，输出电压 u_o 为三角波信号，如图 7-22b所示。

设稳压管的稳压值为 U_Z，则电压比较器输出的高电平为 $+U_Z$，低电平为 $-U_Z$。由于三角波的输出 u_o 是比较器的输入，所以由比较器的参考电压可以得到三角波的输出 u_o 的幅值为：

$$u_o = \frac{R_1}{R_2} U_Z \tag{7-25}$$

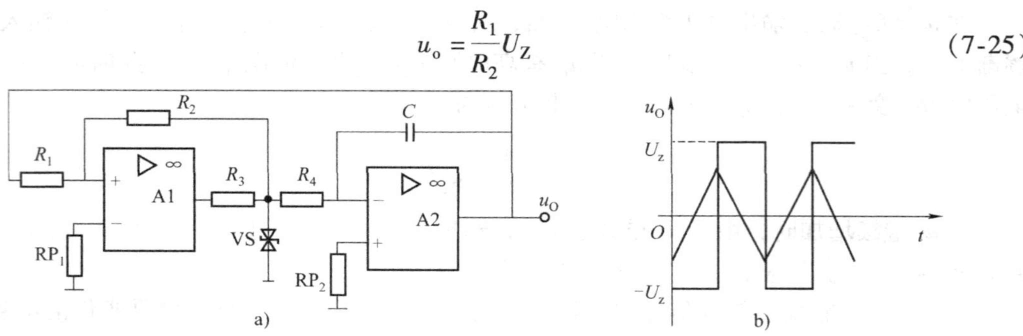

图 7-22　由集成运算放大器构成的三角波发生器

a）原理图　b）波形图

由此可见，要改变三角波的幅值，只要改变 R_1、R_2 的比值即可。

因为 u_o 有 0 伏上升到 u_{om}所需要的时间为 $T/4$，所以有积分电路的运算关系可得到三角波的幅值为：

$$u_o = \frac{1}{C}\int_0^{\frac{T}{4}} \frac{U_Z}{R_4} dt = \frac{U_Z T}{4R_4 C} \tag{7-26}$$

将式（7-25）代入式（7-26）中可得到三角波的周期为：

$$T = \frac{4R_1 R_4 C}{R_2} \tag{7-27}$$

频率为：

$$f = \frac{R_2}{4R_1 R_4 C} \tag{7-28}$$

可见，频率取决于 R_1、R_2、R_4 和 C，而与 U_Z 无关。

10. *RC* 正弦波振荡器

正弦波振荡电路是能够产生频率高达几百兆赫或低至几赫的正弦交流电信号的电路。它是无线电通信、广播系统的重要组成部分，也经常应用在测量、遥控和自动控制等领域。正弦波振荡电路的原理图如图 7-23 所示。

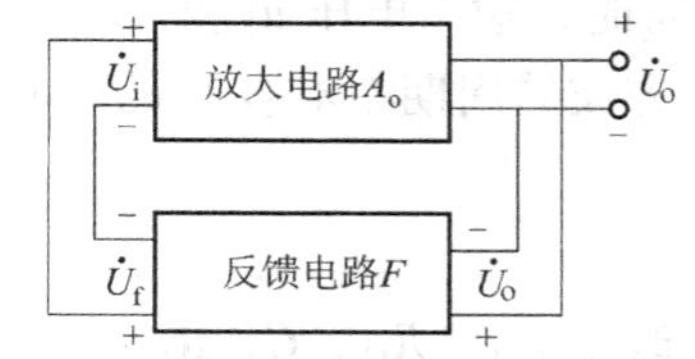

图 7-23　正弦波振荡电路的原理图

从结构上来看，正弦波振荡电路就是一个没有输入信号的带选频网络的正反馈放大电路。它是利用反馈电压作为放大电路的输入电压，从而可以在没有外加输入信号的情况下，将直流电源提供的直流电变换成一定频率的正弦交流电信号。

$$\dot{U}_i = \dot{U}_f$$

$$\dot{U}_o = A_o \dot{U}_i$$

$$\dot{U}_f = F \dot{U}_o$$

$$A_o F = 1 \tag{7-29}$$

式（7-29）说明要想产生振荡则必须反馈电压$\dot{U}_f$与放大电路所需要的输入电压$\dot{U}_i$在大小和相位两方面都必须相等，可以分述为以下两点。

1）相位平衡条件。就是反馈电压$\dot{U}_f$的相位必须与放大电路所需要的输入电压$\dot{U}_i$的相位相同，即必须是正反馈。

2）振幅平衡条件。就是反馈电压的大小必须与放大电路所需要的输入电压的大小相等，即必须有合适的反馈量。

当电路与电源接通的瞬间，输入端必然会产生微小的电压变化量，它一般不是正弦量，但可以分解成许多不同频率的正弦分量，其中只有与由选频网络所决定的频率相同的正弦分量能满足自励振荡的相位条件，只要$|A_o|\cdot|F|>1$，就会有$U_f>U_i$，因而该频率的信号被放大后又被反馈电路送回到输入端，使输入端的信号增加，输出信号便进一步增加，如此反复循环下去，输出电压就会逐渐增大起来。对一般的放大电路来说，U_i较小时，晶体管工作在放大状态，$|A_o|$基本不变；U_i较大时，晶体管进入饱和状态，$|A_o|$开始减小，当$|A_o|$减小到正好满足自励振荡的幅度条件$|A_o|\cdot|F|=1$时，输出电压不再增加，振荡达到了稳定。由此可见：

$|A_o|\cdot|F|>1$　才能起振

$|A_o|\cdot|F|=1$　振荡稳定

$|A_o|\cdot|F|<1$　不能振荡

*RC*串、并联选频网络是将R_2和C_2并联后，再与R_1、C_1串联，便构成*RC*串、并联选频网络，如图7-24a所示。一般取$R_1=R_2=R$，$C_1=C_2=C$，其幅频特性如图7-24b所示，相频特性如图7-24c所示。

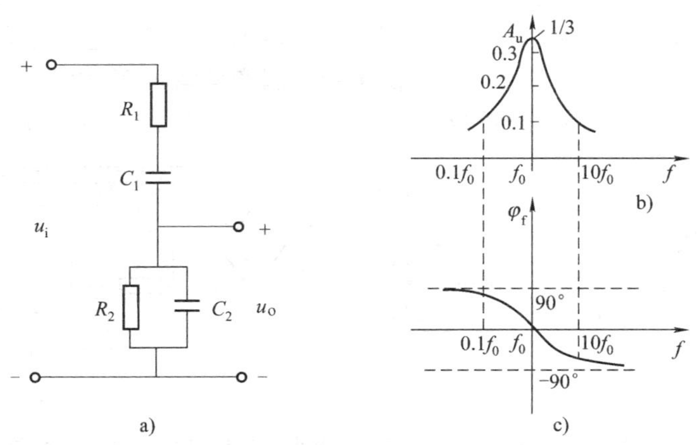

图7-24　*RC*串、并联选频网络

a）原理图　b）幅频特性　c）相频特性

谐振频率取决于*R*，*C*的数值，计算公式如下：

$$f_0=\frac{1}{2\pi RC} \tag{7-30}$$

当$f=f_0$时，输出电压u_o幅度最高，$u_o=u_i/3$，且附加相移为零。

利用二极管稳幅的 RC 桥式振荡器如图 7-25 所示，其中图中的 R、C 构成了串、并联选频网络；R_1、R_2、R_3、VD_1、VD_2 构成了反馈网络，将输出信号的一部分反馈到同相输入端；运算放大器起放大作用。电路采用集成运算放大器接成同相放大器，并以 RC 串、并联电路作为选频网络。由于 $f=f_0$ 时，RC 串、并联网络的附加相移为零，所以满足电路相位平衡条件。同时，RC 串、并联网络提供的反馈系数 $F=u_f/u_o=1/3$，只要同相放大器的电压放大倍数大于 3，即可满足起振条件。

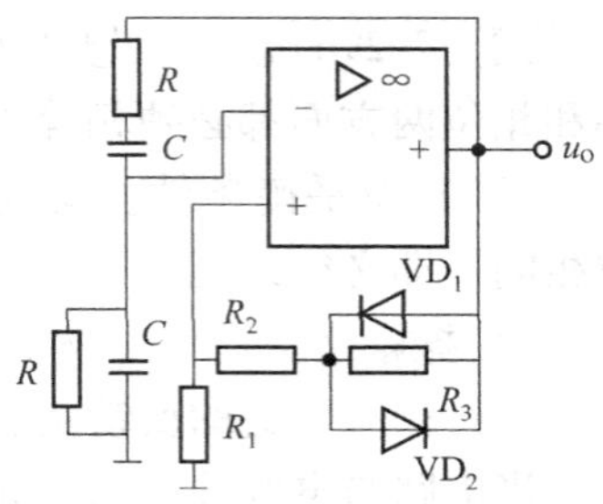

图 7-25 利用二极管稳幅的 RC 桥式振荡器

在负反馈电路中，二极管 VD_1、VD_2 与电阻 R_3 并联，无论输出信号是正还是负，总有一只二极管导通。假设两个二极管的参数一致，正向交流电阻均为 r_d，则集成运算放大器的闭环的放大倍数为：

$$A_f = 1 + \frac{R_2 + R_3 /\!/ r_d}{R_1} \tag{7-31}$$

电路刚起振时，输出电压幅值较小，二极管 r_d 较大，A_f 也较大，有利于起振。当输出电压幅值增大后，二极管电流增大，r_d 较小，A_f 随之下降，从而达到自动稳幅的目的。

7.3 集成运算放大器在汽车中的应用

7.3.1 集成运算放大器在压阻式进气压力测量电路中的应用

在汽车电控燃油喷射发动机中，压阻式进气压力测量电路，用来测量进气量的进气压力。测量电路由集成运算放大器和压阻式固态压力传感器制成。这种测量装置被日本丰田汽车公司、美国通用汽车公司等汽车公司广泛采用，国产桑塔纳 2000GLi 型轿车也采用了该传感器。压敏电阻式进气压力传感器的安装结构和电路示意图如图 7-26 所示。

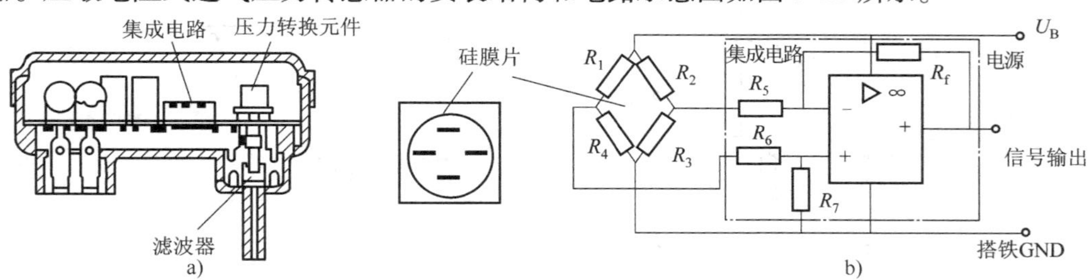

图 7-26 压敏电阻式进气压力传感器的安装结构和电路示意图
a）安装示意图 b）电路图

压阻式固态压力传感器是在硅膜片上利用集成电路加工工艺制作了 4 个阻值相等的电阻，膜片底部被加工成周边厚中间薄的杯形，称为硅杯，如图 7-26a 所示。当硅杯两侧存在压力差时，硅膜片产生变形，4 个应变电阻阻值发生变化，电桥失去平衡，输出与膜片两侧压差成正比的电压。由于电桥输出电压一般很小，因此需要经过放大电路进行放大，如图 7-26b所示。

7.3.2 集成运算放大器在蓄电池电压过低报警电路中的应用

蓄电池电压过低报警电路如图 7-27 所示，蓄电池电压过低报警电路由集成运算放大器 LM741、稳压管、发光二极管及一些电阻组成。电路中，电阻 R_2 与稳压管 VS 组成电压基准电路，向比较器提供 5V 的基准电压。电阻 R_1、R_3 组成分压电路，中间点作为电压检测点。当蓄电池电压高于 10V 时，比较器输出电压为 12V，发光二极管不发光，指示电压正常；当蓄电池电压低于 10V 时，比较器输出电压为零，发光二极管发光，指示电压过低。

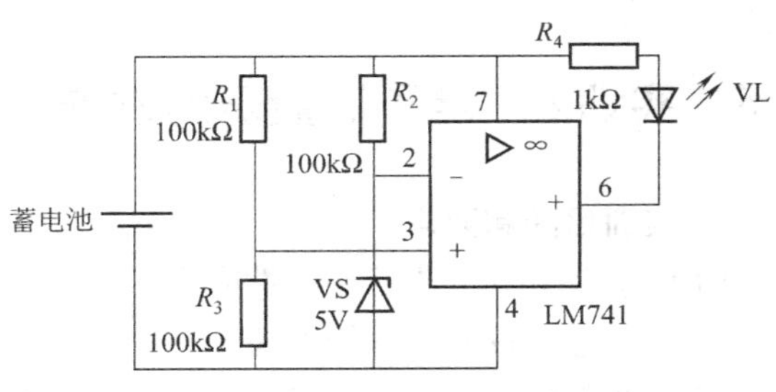

图 7-27 蓄电池电压过低报警电路

7.4 本章小结

1）集成运算放大器由输入级、中间级、输出级和偏置电路 4 部分组成。

2）集成运算放大器的主要参数：开环差模电压放大倍数 A_{uo}、开环差模输入电阻 r_{id}、开环差模输出电阻 r_o、共模抑制比 K_{CMR} 和最大输出峰-峰电压值。

3）集成运算放大器在闭环运行时，工作在线性区，输入电压相等，即 $u_P = u_N$，称为“虚短”；输入电流为零，即 $i_P = i_N = 0$，称为“虚断”。

4）集成运算放大器在开环运行时，工作在非线性区，当反相输入端电压高于同相输入端时，输出低电平；当反相输入端电压低于同相输入端时，输出高电平。

5）集成运算放大器工作在深度负反馈时，可以作比例、加、减、积分、微分等运算。

反相输入比例运算器的电压放大倍数为：

$$A_{uf} = \frac{u_o}{u_i} = -\frac{R_f}{R_1}$$

同相输入比例运算器的电压放大倍数为：

$$A_{uf} = \frac{u_o}{u_i} = 1 + \frac{R_f}{R_1}$$

加法电路输入、输出之间的关系为：

$$-u_o = \frac{R_f}{R_1}u_{i1} + \frac{R_f}{R_2}u_{i2}$$

减法电路输入、输出之间的关系为：

$$u_o = \frac{R_f}{R_1}(u_{i2} - u_{i1})$$

6）集成运算放大器工作在开环或正反馈时，可以作电压比较电路使用。它在检测、模拟信号与数字信号的连接和信号变换中得到了广泛应用。

7）集成运算放大器可作信号产生的振荡电路，它必须有放大、反馈、选频和稳幅几部分组成。放大电路必须满足振幅平衡条件，反馈电路必须满足相位平衡条件。

8）*RC* 振荡器主要用于产生低频信号。*RC* 桥式振荡器由同相放大器和 *RC* 串并联选频正反馈网络构成。

7.5 实训 8 电子油量表的制作

1. 实训目的和要求

（1）掌握集成运放的非线性应用

（2）熟悉比较器的分析方法

（3）熟悉稳压二极管在稳压电路中的应用

（4）学会连接电路

（5）了解可变电阻在汽车传感器中的应用

（6）按技术操作规程实训，注意人身及设备安全

（7）记录实训数据，写出实训报告

2. 实训设备、工具和材料

（1）万用表

（2）稳压电源

（3）电烙铁

（4）焊锡

（5）万用板

（6）相关电子元器件

3. 实训原理

图 7-28 所示为电子燃油表的电路原理图。

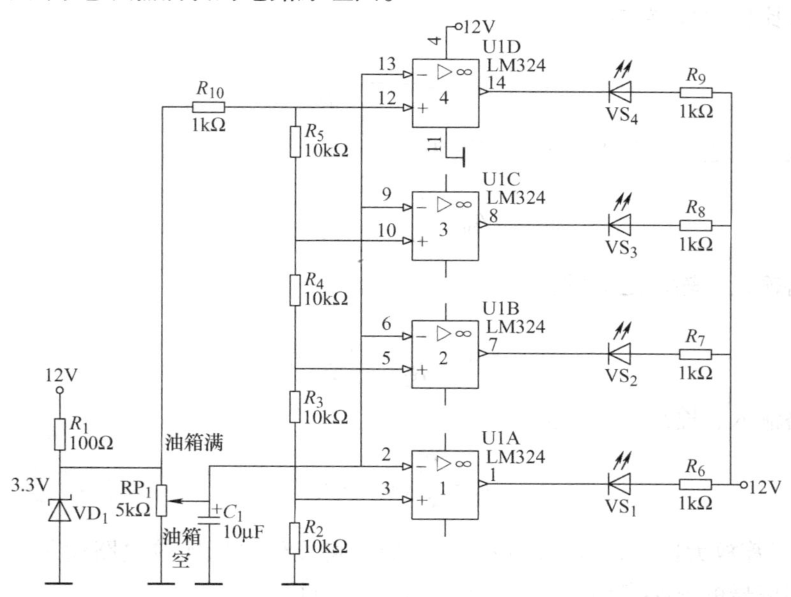

图 7-28 电子燃油表的电路原理图

电子燃油表的传感器采用浮子式可变电阻器。RP_1 是传感器的可变电阻，油箱无油时电阻值为 0Ω，油箱满时电阻值为 5kΩ（实际的阻值可能和上述值不一致，这里只是讲述工作原理）。电阻 R_1 和稳压二极管 VD_1 组成了稳压电路，其稳定电压作为电路的基准电压，电阻 R_2、R_3、R_4、R_5、R_{10}构成了分压电路，接到集成运放的同相输入端，作为 4 个集成运算放大器的基准电压。传感器的可变电阻 RP_1 的输出电压经电容 C_1 滤波后，输入到 4 个集成运算放大器的反相输入端和相应的基准电压进行比较，然后输出控制各自的放光二极管的亮灭，以显示油箱内燃油量的多少。

当油箱内的燃油加满时，传感器可变电阻 RP_1 的阻值最大，输入到 4 个运算放大器的反相端的输入电压为最高 3.3V，每个运算放大器的反相端的电压都大于同相端的基准电压，输出端输出低电平，4 个发光二极管都点亮，表示油箱是满的。随着汽车的运行，油箱内的燃油量逐渐减少，传感器可变电阻 RP_1 的阻值逐渐减小，输出电压值也随之减小，（当反相输入端的电压小于同相输入端的电压时，输出高电平，发光二极管熄灭）发光二极管 VS_4、VS_3、VS_2、VS_1 依次熄灭，表示邮箱里的油量逐渐减少。

注意：设置的比较器越多，显示的就越精确。

4. 实训内容及步骤

1）根据电路图进行电路焊接并调试。

2）调节可变电阻器，模拟油箱里的燃油增减，观察电路的输出。

7.6 习题

1. 简述集成运算放大器的组成。

2. 理想集成运算放大器的特点是什么？

3. 理想运算放大器工作在线性区和非线性区时各有什么特点？

4. 在电压比较器中，集成运算放大器工作在什么状态？它的输出有哪两个状态？

5. RC 振荡器要振荡必须满足的两个条件是什么？

6. 在图 7-29 所示电路中，已知：$u_i = 0.2V$，$R_1 = R_3 = 1k\Omega$，$R_2 = R_4 = 10k\Omega$，试求输出 u_o、R_5 及 R_6 值。

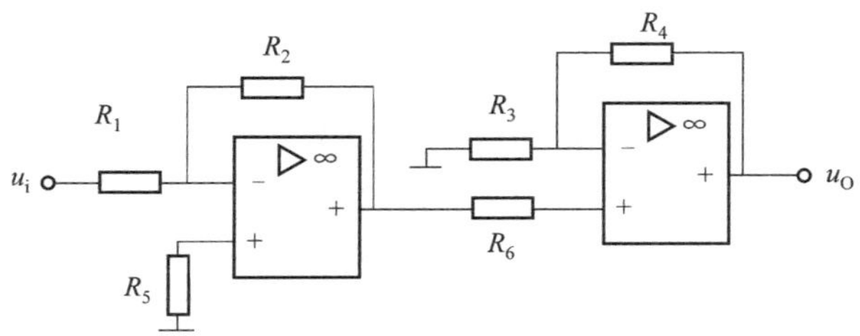

图 7-29 习题 6 图

7. 在图 7-30 所示电路中，已知：$R_1 = R_2 = R_3 = R_4$，$u_{i1} = 3V$，$u_{i2} = 5V$，试求输出 u_o。

8. 图 7-31 所示为一反相比例运算电路，试证明 $A_f = \frac{u_o}{u_i} = -\frac{R_f}{R_1}\left(1 + \frac{R_3}{R_4}\right)$。

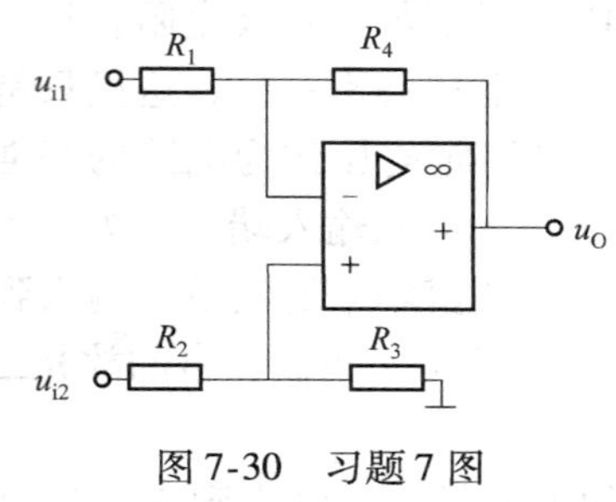

图 7-30　习题 7 图

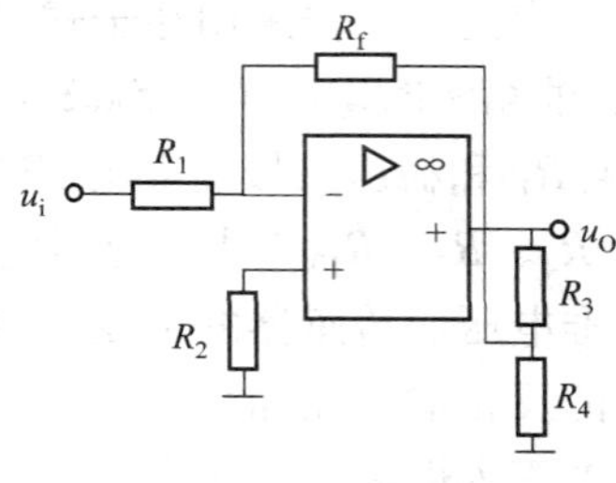

图 7-31　习题 8 图

9. 同相输入加法电路如图 7-32 所示，$R_1 = R_2 = R_3 = R_4$，求输出电压 u_o。

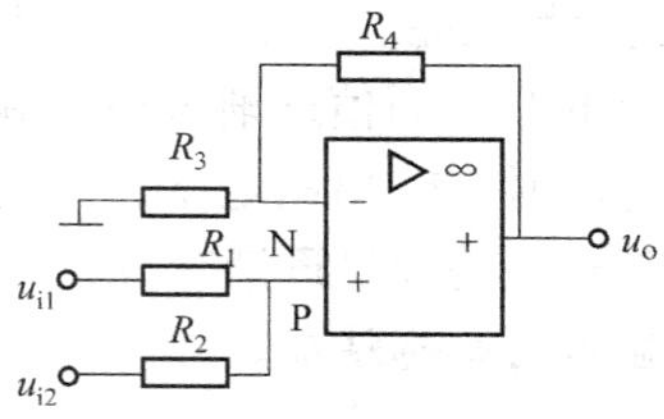

图 7-32　习题 9 图

10. 一只硅光电池，当光照到硅光电池时，它产生 0.25V 的电压，无光照时电压为 0。试设计一个放大电路，使有光照时输出的电压为 5V，无光照时输出的电压为 0。

第 8 章　直流稳压电源

【本章要点】

- 直流稳压电源的组成
- 单相半波整流，单相桥式整流，电容滤波电路，稳压二极管稳压电路

随着电子技术的发展，汽车上的电子设备越来越多，如汽车音响，汽车照明，起动机等，这些设备都需要稳定的直流电源供电。直流电源可以由直流发电机和各种电池提供，但比较经济实用的办法是利用具有单向导电性的电子器件将工频正弦交流电转换成直流电，交流电源→变压器→整流电路→滤波电路→稳压电路→负载，是把工频正弦交流电转换成直流电的直流稳压电源的 4 个组成部分。

各部分的功能如下所示。

变压器：将工频正弦交流电压变换为符合用电设备所需要的工频正弦交流电压。

整流电路：利用二极管的单向导电性能将正负交替变化的正弦交流电压变换成单方向的脉动直流电压。

滤波电路：单向脉动直流电压会有直流分量和交流分量。需要使用滤波电路将交流分量滤去，使输出电压成为比较平滑的直流电压。

稳压电路：在电源电压发生波动或负载发生变化时进行稳压。

本章先讨论整流电路，然后再分析直流稳压电路。

8.1　单相半波整流电路

8.1.1　单相半波整流电路的组成

单相半波整流电路是最简单的整流电路，由变压器 T、整流二极管 VD 及负载电阻 R_L 组成。单相半波整流电路如图 8-1 所示。

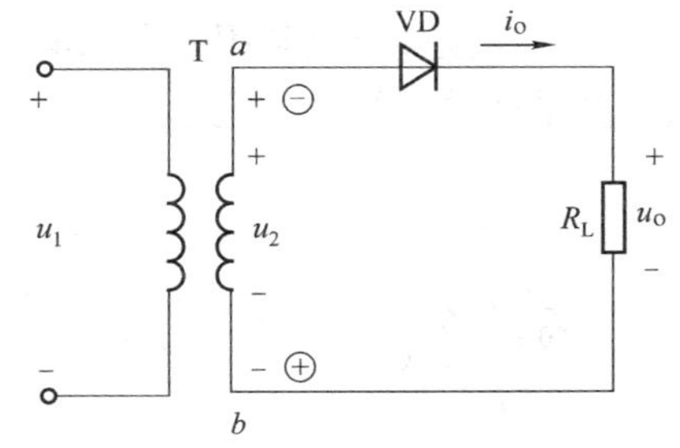

图 8-1　单相半波整流电路

8.1.2　单相半波整流电路的工作原理

设变压器二次侧的电压为：

$$u_2 = \sqrt{2}U_2\sin\omega t$$

半波整流电路波形如图 8-2a 所示。由于二极管 VD 具有单向导电性，只有它的阳极电位高于阴极电位时才能导通，所以在变压器二次侧电压 U_2 的正半周时，其极性为上正下负，即 a 点的电位高于 b 点，二极管因承受正向电压而导通。这时负载电阻 R_L 上的电压为 u_o，通过的电流为 i_o。在二次侧电压的负半周时，a 点的电位低于 b 点，

二极管因承受反向电压而截止，负载电阻 R_L 上电压为零。因此，在负载电阻 R_L 上得到的是半波电压 u_o。二极管导通时正向压降很小，可以忽略不计，因此，可以认为 u_o 这个半波电压和变压器二次侧电压 U_2 的正半波是相同的，如图 8-2b 所示负载电阻上得到的整流电压是大小变化的单向半波脉动电压，u_o 的大小常用一个周期的平均值来表示，单相半波整流电压的平均值为：

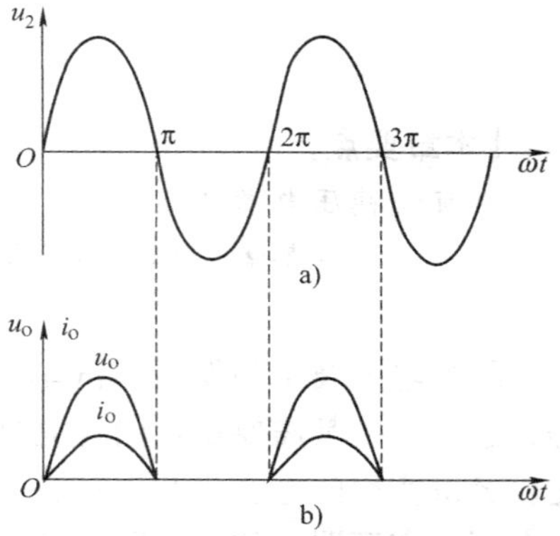

$$U_o = 0.45U_2$$

负载电阻 R_L 的整流电流 i_o 的平均值：

$$I_o = \frac{U_o}{R_L} = 0.45\frac{U_2}{R_L}$$

组成半波整流电路时，不但要考虑负载所需要的直流电流和直流电压外，还要考虑二极管所承受的最高反向电压的大小，不能使二极管反向击穿。二极管的最大反向电压用 U_{DRM} 表示：

$$U_{DRM} = U_{2M} = \sqrt{2}U_2$$

图 8-2　半波整流电路波形
a）输入波形　b）输出波形

【**例 8-1**】　单相半波整流电路如图 8-1 所示。已知负载电阻 $R_L = 600\Omega$，变压器二次侧电压 $U_2 = 20V$。试求输出电压、电流的平均值 U_o、I_o 及二极管截止时承受的最大反向电压 U_{DRM}。

解：

$$U_o = 0.45U_2 = (0.45 \times 20)V = 9V$$

$$I_o = \frac{U_o}{R_L} = \left(\frac{9}{600}\right)mA = 15mA$$

$$U_{DRM} = \sqrt{2}U_2 = (\sqrt{2} \times 20)V = 28.2V$$

8.2　单相桥式整流电路

8.2.1　单相桥式整流电路的组成

单向半波整流只利用了电源电压的半个周期，且输出的电压脉动较大，为了克服这些缺点，多采用单相桥式整流电路，电路组成如图 8-3 所示。

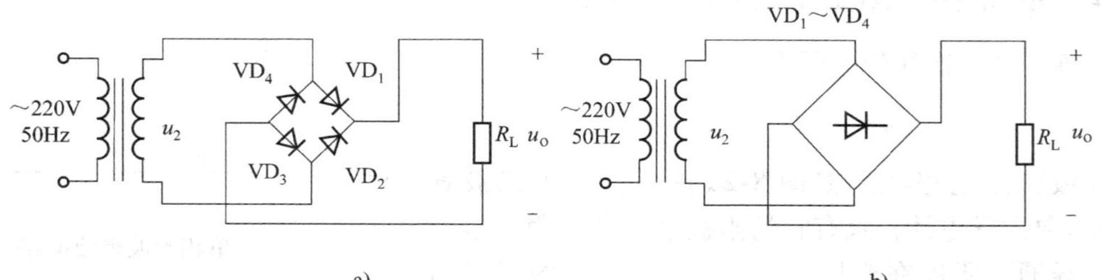

图 8-3　单相桥式整流电路
a）习惯画法　b）简化画法

8.2.2　单相桥式整流电路的工作原理

设电源变压器二次侧电压 $u_2=\sqrt{2}U_2\sin\omega t$，桥式整流电路波形如图 8-4a 所示。在 u_2 的正半周时，其极性为上正下负，即 a 点电位高于 b 点电位，二极管 VD_1，VD_3，因承受正向电压而导通，VD_2 和 VD_4 因承受反向电压而截止，电流 i_o 的通路是 a→VD_1→c→R_L→d→VD_3→b，这时负载电阻 R_L 上得到一个半波电压，如图 8-4b 所示。

在电压的 u_2 负半周时，其极性为上负下正，即 b 点电位高于 a 点电位，因此 VD_1 和 VD_3 截止，VD_2 和 VD_4 导通，电流 i_o 的通路是 b→VD_2→c→R_L→d→VD_4→a。

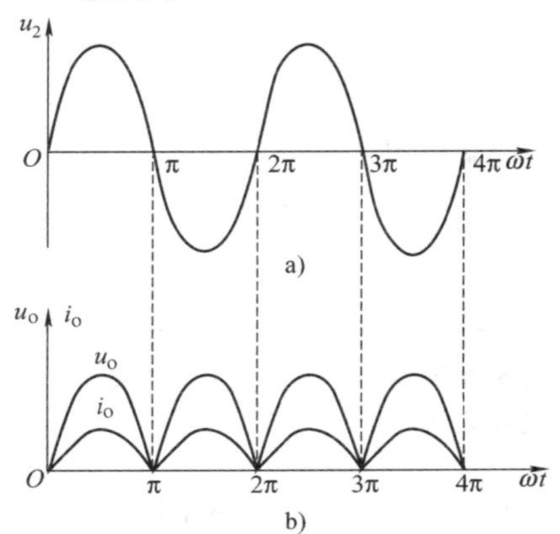

图 8-4　桥式整流电路波形

a）输入波形　b）输出波形

因此，当变压器二次侧电压 u_2 变化一个周期时，在负载电阻 R_L 上的电压 u_o 和电流 i_o 是单向全波脉动电压和电流。由图 8-2b 与图 8-4b 比较可见，单相桥式整流电路的整流电压的平均值 U_o 比半波时增加了一倍，即：

$$U_o=2\frac{\sqrt{2}U_2}{\pi}=0.9U_2$$

流过负载电阻的电流 i_o 的平均值 I_o 为：

$$I_o=\frac{U_o}{R_L}=0.9\frac{U_2}{R_L}$$

在单相桥式整流电路中，每两只二极管串联导通半个周期，在一个周期内负载电阻均有电流流过，且方向相同。而每只二极管流过的电流平均值 I_D 是负载电流 I_o 的一半，即：

$$I_D=\frac{1}{2}I_o$$

在变压器二次侧电压 U_2 的正半周时，VD_1 和 VD_3 导通后相当于短路，VD_2 和 VD_4 的阴极接于 a 点，而阳极接于 b 点，所以 VD_2、VD_4 所承受的最高反向电压就是 u_2 的幅值 $\sqrt{2}U_2$。同理，负半周时，VD_1 和 VD_3 所承受的最高反向电压也是 $\sqrt{2}U_2$。

所以单相桥式整流电路二极管在截止时承受的最高反向电压 U_{DRM} 为：

$$U_{DRM}=\sqrt{2}U_2$$

【例 8-2】　有一电压为 110V、负载电阻为 55Ω 的直流负载，采用单相桥式整流电路供电。试求变压器副边电压和输出电流的平均值，并计算二极管的电流 I_D 和最高反向电压 U_{DRM}。

解：采用单相桥式整流电路时：

$$U_o=0.9U_2$$

$$U_2=\frac{U_o}{0.9}=\left(\frac{110}{0.9}\right)\text{V}=122\text{V}$$

$$I_o=\left(\frac{110}{55}\right)\text{A}=2\text{A}$$

$$I_D = \frac{1}{2}I_o = \left(\frac{1}{2} \times 2\right)A = 1A$$

$$U_{DRM} = \sqrt{2}U_2 = (\sqrt{2} \times 122)V = 173V$$

几种常见的整流电路如表 8-1 所示。

表 8-1 几种常见的整流电路

电路			
整流输出电压波形			
整流输出电压平均值	$0.45U_2$	$0.9U_2$	$0.9U_2$
二极管截止时承受的最高反向电压	$\sqrt{2}U_2$	$2\sqrt{2}U_2$	$\sqrt{2}U_2$
变压器二次侧电流有效值	$1.57I_o$	$0.79I_o$	$1.11I_o$

8.3 三相整流电路

目前国内外汽车交流发电机都采用三相桥式整流电路将交流电变为直流电。三相桥式整流电路输出电压的脉动小；而且在直流电压相等的情况下，整流管承受的最大反向电压比三相半波时减小一半。

8.3.1 三相整流电路的组成

三相桥式整流电路原理图如图 8-5 所示，它由三相绕组、6 个二极管和负载组成。其中三相绕组可以是三相变压器的二次绕组，也可以是交流发电机的三组定子绕组；6 个二极管分为两组，其中 VD_1、VD_3、VD_5 三个二极管的负极连在一起，称为负极管；VD_2、VD_4、VD_6 3 个二极管的正极连在一起，称为正极管。

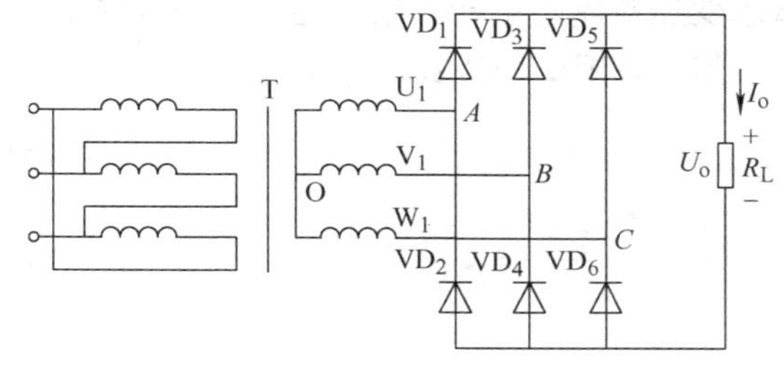

图 8-5 三相桥式整流电路原理图

8.3.2 三相整流电路的工作原理

电源变压器二次绕组输出的三相桥式整流电路波形图如图 8-6 所示，表达式如下：

$$u_A = \sqrt{2}U_U \sin\omega t$$

$$u_B = \sqrt{2}U_U \sin(\omega t - 120°)$$

$$u_C = \sqrt{2}U_U \sin(\omega t + 120°)$$

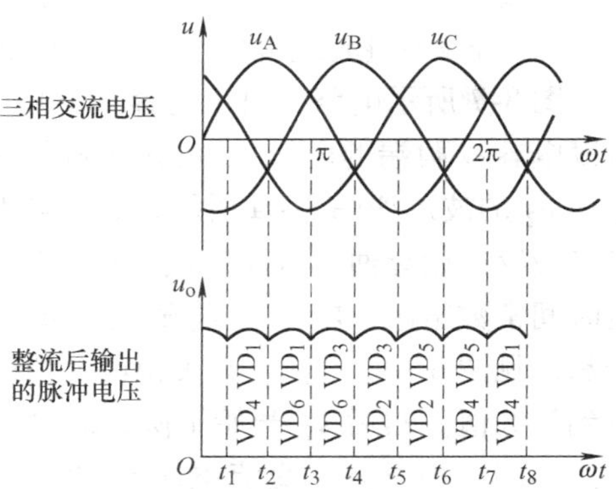

图 8-6 三相桥式整流电路波形图

整流过程如下：

1）在 $t_1 \sim t_2$ 内，三相电压中 A 点电位最高，B 点电位最低，于是 VD_1 和 VD_4 承受正向电压而导通。负载电流的流向为 $A \to VD_1 \to R_L \to VD_4 \to B$，负载电压等于线电压 u_{AB}。

2）在 $t_2 \sim t_3$ 内，A 点电位仍最高，C 点电位最低，此时 VD_1 和 VD_6 承受正向电压而导通。负载电流的流向为 $A \to VD_1 \to R_L \to VD_6 \to C$，负载电压等于线电压 u_{AC}。

3）在 $t_3 \sim t_4$ 内，B 点电位最高，C 点电位最低，此时 VD_3 和 VD_6 承受正向电压而导通。负载电流的流向为 $B \to VD_3 \to R_L \to VD_6 \to C$，负载电压等于线电压 u_{BC}。

依此类推，便可列出二极管的导通顺序。各组二极管的导通情况是每隔 1/6 周期交换一次，每只二极管持续导通 1/3 周期。负载 R_L 两端电压 u_o 的波形如图 8-6 所示。三相交流电压经过三相桥式整流电路的整流，在负载上得到的是一个单向脉动的直流电压。

通过计算可得输出电压的平均值：

$$U_o = 2.34 U_p$$

式中，U_p 为三相交流电源相电压的有效值。

流过负载的电流的平均值：

$$I_o = \frac{U_o}{R_L} = 2.34\frac{U_P}{R_L}$$

8.4 电容滤波电路

前面分析的各种整流电路输出电压都是单向脉动直流电压，其中含有直流和交流分量，这样的直流电压作为电镀、蓄电池充电的电源还是允许的，但作为大多数电子设备的电源，将会产生不良影响，甚至不能正常工作。在整流电路之后，需要加接滤波电路，尽量减小输出电压中的交流分量，使之接近于理想的直流电压。本节介绍采用储能元器件电容滤波减小交流分量的电路。

8.4.1 电容滤波电路的工作原理

电容滤波电路如图 8-7 所示，由于电容器的容量较大，所以一般采用电解质电容器。电解质电容器具有极性，使用时其正极要接电路中高电位端，负极要接低电位端，若极性接反，电容器的容量将降低，甚至造成电容器爆裂损坏。选择电容器时既要考虑它的容量又要考虑它的耐压，特别要注意，耐压低于实际使用电压将会造成电容器损坏。将合适容量的电容器与负载电阻 R_L 并联，负载电阻上就能得到较为平直的输出电压。下面讨论电容滤波电路的工作原理。

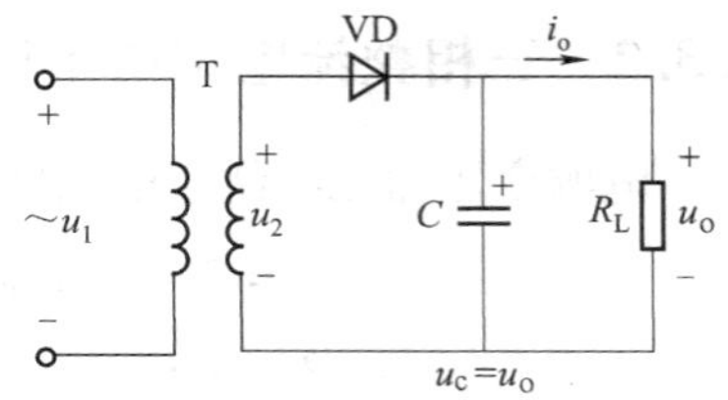

图 8-7　电容滤波电路

图 8-7 所示电路，由于电容 C 并联在负载电阻 R_L 上，所以电容 C 两端的电压 u_c 就是负载两端的电压 u_o。交流电压 u_2 的波形如图 8-8a 所示，假设电路接通时，恰恰在电压 u_2 由负到正过零的时刻，这时二极管开始导通，电压通过二极管向电容 C 充电。由于二极管的正向电阻很小，所以充电时间常数很小，电压 u_o 将随电压 u_2 按正弦规律逐渐升高，见图 8-8b。当 u_2 增大到最大值时，u_c 也随之上升到最大值。然后 u_2 开始下降，u_c 也开始下降，但它们按不同规律下降：交流电压 u_2 按正弦规律下降，除了刚过最大值的一小段外，电压 u_2 下降较快；而电容 C 则通过负载电阻 R_L 放电，电容端电压 u_c 按指数规律下降，由于放电时间常数（$\tau = R_L C$）较大，u_c 下降较慢。除了刚过最大值的一小段时间内，有 $U_C = U_2$ 的关系外，从图 8-8b 中的 m 点开始，出现 $U_2 < U_C$ 的情况，使得二极管承受反向电压而截止。

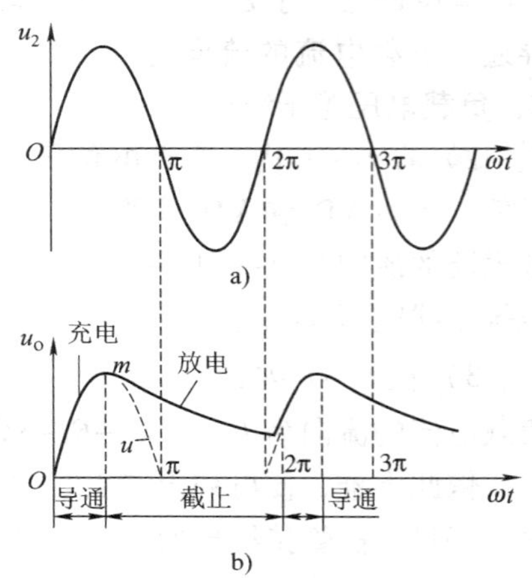

图 8-8　电容滤波电路波形

电压 u_c 按指数规律缓慢下降到 $\omega t = 2\pi$ 以后，虽然电压 u_2 又为正值，但由于 $U_2 < U_C$，二极管仍然不能导通。直到 $U_2 > U_C$ 以后，二极管才又导通，电容 C 由放电状态重新变为充电状态，u_c 又随着 u_2 上升。如此继续下去，电压 u_c，也就是负载电压 u_o 就变得较为平滑了，因而负载电压的平均值也有所增大。如果滤波电容接于桥式整流电路负载电阻 R_L 两端，则在交流电压的一个周期内，电容 C 有两次充、放电，其放电时间比上述半波整流后所接电容滤波电路要短，故输出电压更为平滑。

8.4.2　电容滤波电路的特点

由以上的分析可以知道，整流电路输出侧并联滤波电容器之后，具有以下的特点。

1）二极管的导通角减小，但负载所需的能量和对电容器充电所需的能量，均要在二极管导通时提供，所以二极管中通过的是很大的冲击电流。未接滤波电容时，整流二极管的导通角为 π，接入滤波电容以后，导通角小于 π，电容器容量越大导通角就越小。

2）二极管所承受的最大反向电压增高。当交流电压为负半周时，由于电容放电缓慢，电容两端的电压 u_c 缓慢下降，当交流电压达负半周最大值时，电容器 C 的端电压并不为零，故二极管所承受的反向电压为：交流电压负半周对应的电压值加电容器对应时刻剩余的电压值，其可能出现最大反向电压的条件是负载开路的情况，这种条件下由于电容器没有放电回路所以电压将不会降低，始终保持正半周充电时达到的最高电压值，即正半周的峰值电压。在这种条件下二极管两端可能出现的最高电压为；

$$U_{DRM} \approx 2\sqrt{2}U_2$$

以上的公式只针对半波整流接上滤波电容而言，对于全波整流电路，不管有没有接上滤波电容，截止时二极管上的最大反向电压仍等于$\sqrt{2}U_2$。

3）输出电压易受负载变动的影响，外特性不好。电容滤波电路输出电压的平均值u_o的大小与电容放电的时间常数R_LC有关。空载（$R_L=\infty$）时忽略二极管正向压降的情况下，$U_o=\sqrt{2}U_2$。随着负载值的减小（R_L减小，输出电流平均值I_o增大，功率增大），放电时间常数τ减小，电容器按指数规律放电加快，输出电压平均值U_o减小。

整流电路中接有滤波电容时，负载上的直流电压平均值分别按以下公式计算。

半波整流电路： $U_o=U_2$

桥式整流电路： $U_o=1.2U_2$

【例 8-3】 在图 8-9 桥式整流电容滤波电路中，若发生下列情况之一时，对电路正常工作有什么影响？

1）负载开路。

2）滤波电容短路。

3）滤波电容断路。

4）整流桥中一只二极管断路。

5）整流桥中一只二极管极性接反。

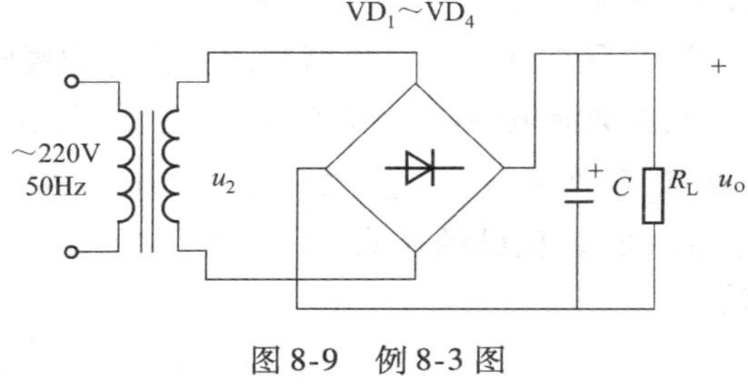

图 8-9 例 8-3 图

解： 1）输出电压等于$\sqrt{2}U_2$且保持不变。

2）电容短路将使负载短路，也将电源短路。

3）负载得到脉动全波电压。

4）电路相当于单相半波整流电路。

5）电源被短路。

常用的滤波电路，除了电容滤波电路外，还有电感滤波电路，它主要用于功率较大的情况下。它是在整流电路的输出端和负载电阻R_L之间串联一个电感量较大的铁心线圈。电感中电流发生变化时，线圈中要产生自感电动势阻碍电流的变化。当电流增加时，自感电动势的方向与电流方向相反，自感电动势阻碍电流的增加，同时将能量储存起来，使电流增加缓慢；反之，当电流减小时，自感电动势的方向与电流的方向相同，自感电动势阻止电流的减小，同时将能量释放出来，使电流减小缓慢，因此使负载电流和负载电压的脉动部分大为减小。对于电感滤波电路，在这里我们只做简要的介绍。

8.5 稳压二极管稳压电路

8.5.1 稳压二极管稳压电路的组成

稳压二极管稳压电路如图 8-10 所示，由稳压二极管 VS 和限流电阻 R 组成，稳压二极管在电路中应为反向连接，它与负载电阻R_L并联后，再与限流电阻串联。

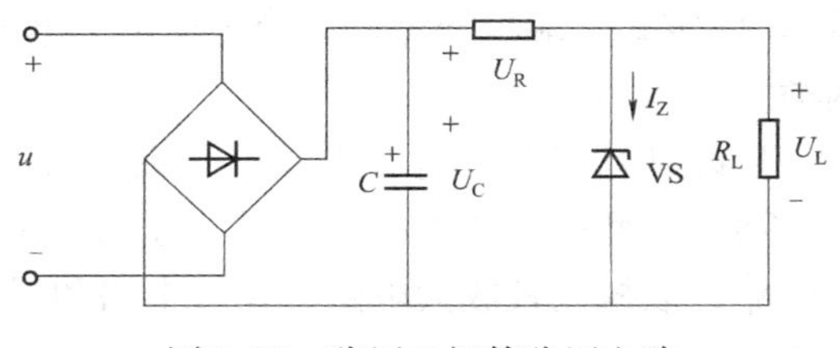

图 8-10 稳压二极管稳压电路

8.5.2 稳压二极管稳压电路的工作原理

1. 负载电阻 R_L 不变，交流电源电压波动时的稳压情况

当负载电阻不变，交流电源电压增加时，整流滤波电路的输出电压 U_c 随之增加，负载电压 U_L 也将增加，U_L 就是稳压二极管两端的反向电压。由稳压二极管的伏安特性可知，当 U_Z 稍有增加时，稳压二极管的电流 I_Z 就会显著增加，结果使通过限流电阻 R 的电流 I_R 增大，I_R 的增大使得 R 上的压降增加，从而使增大了的负载电压 U_L 的数值有所减小。如果电阻 R 的阻值选择适当，最终可使 U_L 基本上保持不变。上述稳压过程可表示如下：

$$u\uparrow \rightarrow U_C\uparrow \rightarrow U_L\uparrow \rightarrow I_Z\uparrow \rightarrow I_R\uparrow \rightarrow U_R\uparrow \rightarrow U_L\downarrow$$

同理，如果交流电源电压降低使 U_c 减小时，负载电压 U_L 也减小，因此稳压二极管的电流 I_Z 显著减小，结果使通过限流电阻 R 的电流 I_R 减小，I_R 的减小使 R 上的压降也减小，结果使负载电压 U_L 的数值有所增加而近似不变。

2. 电源电压不变，负载电流变化时的稳压情况

假设交流电源电压保持不变，负载电阻变小，负载电阻 R_L 上的端电压 U_L 因而下降。只要 U_L 下降一点，稳压二极管的电流 I_Z 减小，通过限流电阻 R 的电流 I_R 和电阻上的压降 U_R 就减小，使已经降低的负载电压 U_L 回升，而使 U_L 基本保持不变。这一稳压过程可表示如下：

$$R_L\downarrow \rightarrow U_L\downarrow \rightarrow I_Z\downarrow \rightarrow I_R\downarrow \rightarrow U_R\downarrow \rightarrow U_L\uparrow$$

以上是负载电阻变小时的情况，当负载电阻增大时，稳压过程相反。

由以上分析可知，稳压二极管稳压电路是由稳压二极管 VS 的电流调节作用和限流电阻 R 电压调节作用互相配合实现稳压的，值得注意的是，限流电阻 R 除了起电压调整作用外，还起限流作用。如果稳压二极管不经限流电阻 R 而直接并联在滤波电路的输出端，不仅没有稳压作用，还可能使稳压二极管中电流过大而损坏管子，所以稳压二极管稳压电路必须串联限流电阻。

8.6 三端集成稳压器

集成稳压器具有体积小、可靠性高、温度特性好及价格低廉等优点被广泛应用于各种电子设备中。集成稳压器分为固定输出型和可调输出型两种形式。

8.6.1 固定式三端集成稳压器

稳压器由于它只有输入、输出和公共引出端，故称为三端式稳压器（简称为三端稳压器）。固定式三端稳压器可以分为输出正电压（78××系列）和输出负电压（79××系列）两类。

现以具有正电压输出的 78××系列为例介绍三端式稳压器的工作原理。

78××型三端式集成稳压器原理图如图 8-11 所示，三端式稳压器由启动电路、基准电压电路、取样比较放大电路、调整电路和保护电路等部分组成。下面对各部分电路进行简单介绍。

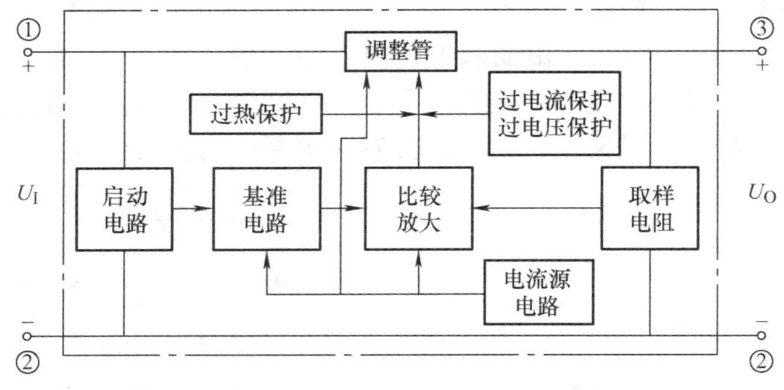

图 8-11　78××型三端式集成稳压器原理图

1. 启动电路

在 78××系列集成稳压器中，常采用许多恒流源，当输入电压 U_1 接通后，这些恒流源难以自行导通，以致输出电压较难建立。因此，必须用启动电路供给调整管、放大电路和基准电源等建立起各自的工作电流。当整个稳压电路进入正常工作状态时，启动电路被断开，以免影响稳压电路的性能。

2. 基准电压电路

在 78××系列集成稳压器中，基准电压电路采用了零温漂的能带间隙的基准源，可使基准电压 U_{REF} 基本上不随温度变化。因此，基准源的稳定性大大提高，从而保证基准电压不受输入电压波动的影响。

3. 取样比较放大电路和调整电路

在 78××系列集成稳压器中，采样电路由两个分压电阻组成，它将输出电压变化量的一部分送到放大电路的输入端。

78××系列三端稳压器的调整管采用复合管结构，具有很大的电流放大系数，接在输入端和输出端之间，放大电路为共射接法，并采用有源负载，从而获得较高的电压放大倍数。

4. 保护电路

在 78××系列集成稳压器中，有限流保护电路、过电热保护电路和过电压保护电路。值得指出的是，当出现故障时，上述几种保护电路是互相关联的。

78××系列输出电压为正电压，输出电流可达 1A，如 78L××系列和 78M××系列的输出电流分别为 0.1A 和 0.5A。它们的输出电压分别为 5V、6V、9V、12V、15V、18V 和 24V 等 7 档。这类三端集成稳压器的外形图如图 8-12 所示。79××系列是与 78××系列相对应的三端固定负输出集成稳压器，其外形与 78××系列完全相同，但它们的引脚有所不同，两者的输出端相同（均为第③脚），而输入端及接地端恰好相反。78××系列三端稳压器的外形及引脚如图 8-12 所示，其中①脚为输入端、③脚为输出端、②脚为公共端（地），79××系列的②脚为输入端、③脚为输出端、①脚为公共端。输出较大电流时需加装散热器。

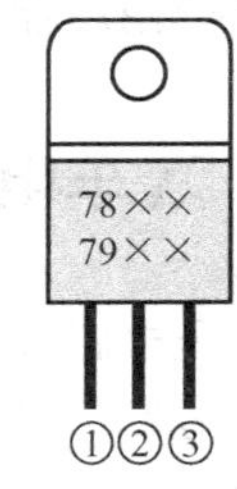

图 8-12　三端集成稳压器外形图

值得注意的是，由于生产厂家的不同，各个参数和引脚排列都有可能不同，请大家使用时要看清厂家资料。

图 8-13a 所示为以 78××系列为核心组成的典型直流稳压电路，正常工作时，稳压器的输入、输出电压差为 2～3V。电路中接入电容

C_2、C_3用来实现频率补偿，防止稳压器产生高频自激振荡并抑制电路引入高频干扰，C_3是电解电容，以减小稳压电源输出端由输入电源引入的低频干扰。VD是保护二极管，当输入端短路时，给输出电容器C_3一个放电通路，防止C_3两端电压作用于调整管的发射结，造成调整管发射结击穿而损坏。图8-13b所示为以79××系列为核心组成的典型直流稳压电路。

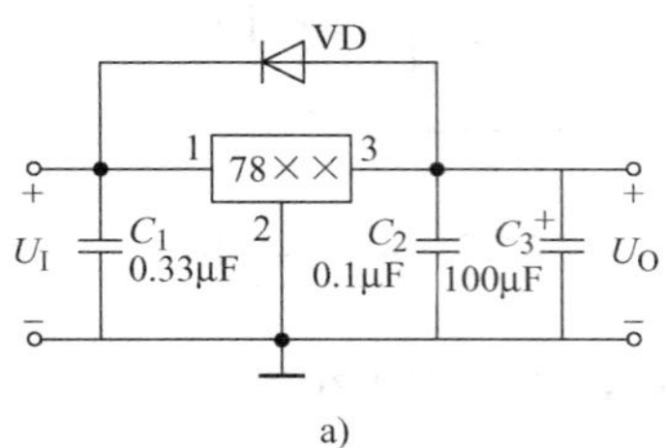

a)

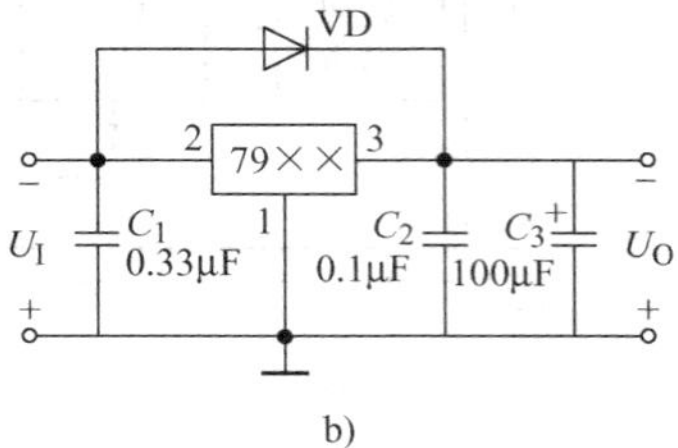

b)

图8-13　固定式气端稳压器组成的直流稳压电路

a）78××系列的直流稳压电路　b）79××系列的直流稳压电路

8.6.2　可调式三端集成稳压器

可调式三端稳压器的主要应用是要实现输出电压可调的稳压电路。本节主要介绍LM117系列可调式三端稳压器。LM117系列可调式三端稳压器包括LM117、LM217、LM317，它们具有相同的外形与引出端和相似的内部电路，只是参数有细小差别。但它们的工作温度范围不同，依次为（−55～150）℃、（−25～150）℃、（−0～150）℃。具体参数可以查手册得到。

可调式三端稳压器的典型应用电路如图8-14所示。

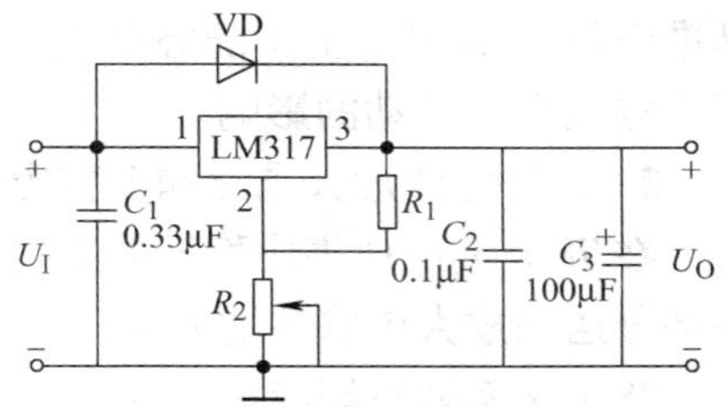

图8-14　可调式三端稳压器的典型应用电路

LM117系列三端稳压器的输出端和调整端之间（3—2脚之间）的电压为1.25V，称为基准电压。即电阻R_1两端电压为1.25V。输出电流最大可达1.5A。可得输出电压为：

$$U_o = \left(1 + \frac{R_2}{R_1}\right) \times 1.25$$

由上式可知，调节电阻R_2的大小，可以调节输出电压U_o的大小。

值得注意的是，在实际应用中，为了减小纹波电压，可在R_2两端并联一个10μF电容。为了保护稳压器，可加一个保护二极管VD，提供一个放电回路。

8.7　汽车电压调节电路

稳压电路在汽车发电机中也有着重要的应用，汽车交流发电机必须配置具有稳压性质的电压调节器与其联合工作。这是因为在结构一定、磁场强度不变的条件下，交流发电机的输出电压与其转速成正比，而发电机由发动机带动，其转速是由发动机转速决定的。汽车行驶时发动机的转速变化范围很大，这对发电机的输出电压大小有很大影响。为使发电机电压在不同的转速下均能保持一定（即随发电机的转速变化而自动调节），使其电压保持在某一允许的范围内，就必须装置电压调节器。

汽车电压调节器可分为触点式电压调节器和电子电压调节器两种，电子电压调节器性能优于触点式电压调节器。电子电压调节器又包括晶体管调节器和集成电路调节器两种类型。下面就介绍下晶体管调节器。

8.7.1 晶体管调节器的电路组成

目前国内所生产的晶体管调节器一般由 2 ~ 3 个晶体管、一个稳压管或二极管以及一些电阻、电容等组成，按功能可分成信号检出电路、开关控制电路和电子开关 3 个部分。

信号检出电路也称为电压敏感电路，其作用是检出高于规定的供电电压，并将其变换为另一信号电压；开关控制电路的作用是把这一信号电压变换为控制电子开关通断的控制电压；而电子开关可以按照控制电压的变化改变发电机励磁绕组的通断时间比例。

晶体管调节器的基本工作原理：当发电机电压高于规定的供电电压时，电子开关立即切断励磁电流，使发电机输出电压迅速下降，当其降至规定电压之后，电子开关又接通励磁电流，如此反复控制发电机的输出电压，使之稳定不变。

8.7.2 晶体管调节器的电路实例

JFT126、JTF246 型晶体管调节器的原理电路如图 8-15 所示。图中，右虚线框为调节器，调节器由左至右依次为信号检出部分、开关控制部分和电子开关部分。大功率晶体管 VT_3 接在发电机的磁场电路中，VT_3 导通则磁场绕组中有电流通过，使发电机电压升高；当发电机电压高于规定值时，VT_3 截止，磁场电路断开使发电机电压下降。当电压下降到规定值后，VT_3 重新导通，磁场电路再次接通，使发电机电压重新升高。依次往复，发电机电压便被稳定在规定值。

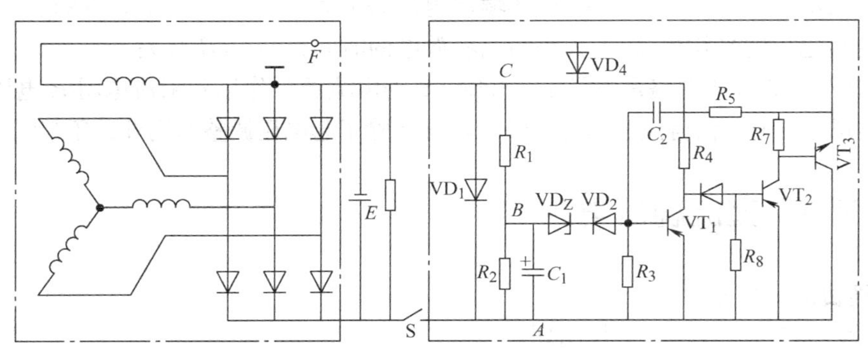

图 8-15　JFT126、JTF246 型晶体管调节器的原理电路

工作过程如下：

① 合上点火开关 S。蓄电池电压加在 R_1、R_2 组成的分压器 A、C 两端，电阻 R_2 分得的电压 U_{AB} 为：

$$U_{AB} = \frac{R_2}{R_1 + R_2} U_{AC}$$

U_{AB} 通过 VT_1 管的发射结和二极管 VD_2 加到稳压管 VD_Z 上，稳压管承受反向电压。由于该反向电压小于稳压管的击穿电压，所以稳压管截止，VT_1由于无基极电流而处于截止状态。VT_2在R_4的偏置作用下，有基极电流通过，所以VT_2导通，由于VT_2和VT_3是复合管，因此VT_3也导通，于是蓄电池通过VT_3供给励磁绕组电流，其电路为：蓄电池正极→S→调节器正极→VT_3（c，e）→调节器磁场接线柱（F）→励磁绕组→搭铁。于是，发电机产生电压。

② 当发电机电压随转速升高而超过规定值时，分压器加在稳压管（VD_Z）上的反向电压达到其击穿电压，稳压管导通。于是VT_1由于有基极电流通过而导通，VT_2被短路而截止，同时VT_3也截止，励磁电路被切断，使发电机电压下降。

③ 当发电机电压下降到低于规定值时，由于加在稳压管（VD_Z）上的反向电压低于其击穿电压，于是稳压管（VD_Z）又重新截止，VT_1截止，VT_2导通，励磁电路被接通，发电机电压上升。如此反复，把发电机的电压稳定在规定值。

8.8 本章小结

1）单相半波整流电路输出电压的平均值与变压器二次线圈电压有效值之间的关系是$U_o=0.45U_2$，二极管的最大反向电压$U_{DRM}=\sqrt{2}U_2$，通过二极管的电流等于负载电流$I_D=I_L$。

2）单相桥式整流电路输出电压的平均值与变压器二次线圈电压有效值之间的关系是$U_o=0.9U_2$，二极管的最大反向电压$U_{DRM}=\sqrt{2}U_2$，通过二极管的电流等于负载电流$I_D=\frac{1}{2}I_o$。

3）电容滤波电路中，由于电容器的容量较大，所以一般采用电解质电容器。电容滤波电路的特点：①二极管的导通角减小；②二极管所承受的最大反向电压增高，二极管两端可能出现的最高电压为$U_{DRM}\approx2\sqrt{2}U_2$；③输出电压易受负载变动的影响，外特性不好。电容滤波电路输出电压的平均值u_o的大小与电容放电的时间常数R_LC有关。

4）稳压二极管稳压电路是由稳压二极管VS的电流调节作用和限流电阻R电压调节作用互相配合实现稳压的，值得注意的是，限流电阻R除了起电压调整作用外，还起限流作用。

8.9 实训9 直流稳压电源

1. 实训目的和要求

1）了解直流稳压电路的工作原理。

2）掌握直流稳压电路的设计和调试方法。

3）记录实训数据，写出实训报告。

2. 实训设备、工具和材料

1）焊锡、电烙铁。

2）万用板、排线。

3）万用表、示波器各一台。

4）相关电子元器件。

3. 实训内容及步骤

1）根据图 8-16 制作直流稳压电路。

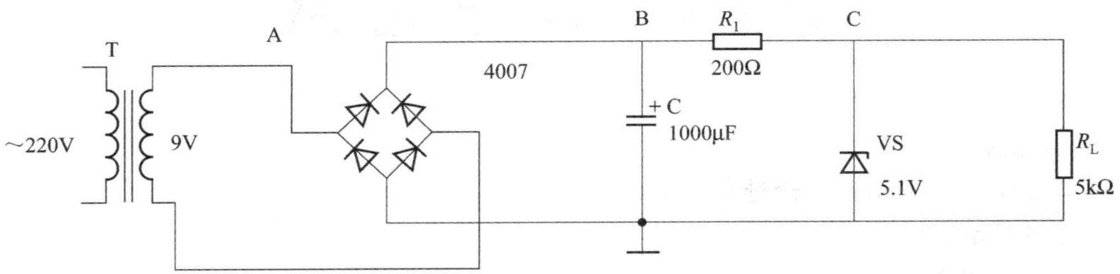

图 8-16　直流稳压电路

2）用示波器观察 A、B、C 点的波形。

3）用万用表测量 C 点的电压。

4）去掉电容 C 后，用示波器观察 B、C 点的波形。

5）去掉稳压二极管 VD_Z 后，用示波器观察 C 点的波形，并用万用表测量 C 点的电压。

8.10　习题

1. 简述直流稳压电路的组成和各个部分的作用。

2. 单相半波整流电路如图 8-17 所示。已知负载电阻 $R_L=500\Omega$，变压器二次侧电压 $U_2=25V$。试求输出电压、电流的平均值 U_o、I_o 及二极管截止时承受的最大反向电压 U_{DRM}，并画出 U_o、I_o 的波形。

3. 电路如图 8-18 所示，变压器二次侧电压有效值为 72V，负载电阻 R_L 为 360Ω，试求负载电阻两端的电压、流过负载电阻的电流及二极管截止时承受的最大反向电压 U_{DRM}。

4. 整流二极管的反向电阻不够大，而正向电阻较大时，对整流效果会产生什么影响？

5. 在单相桥式整流电路中，若有一只整流管接反，将会出现什么现象？

6. 电容滤波电路的特点是什么？

7. 在稳压电路中稳压二极管工作在什么状态？

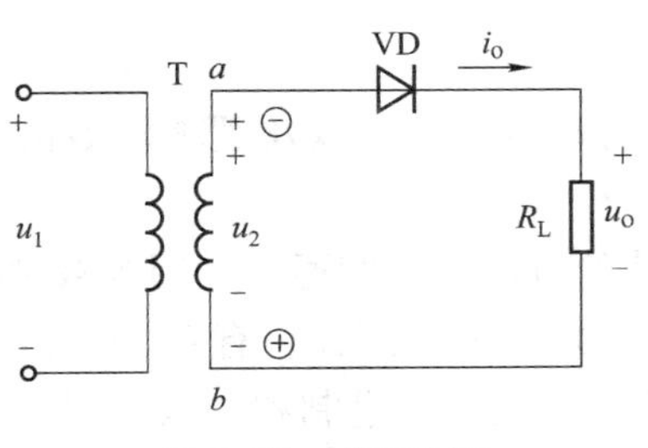

图 8-17　习题 2 图

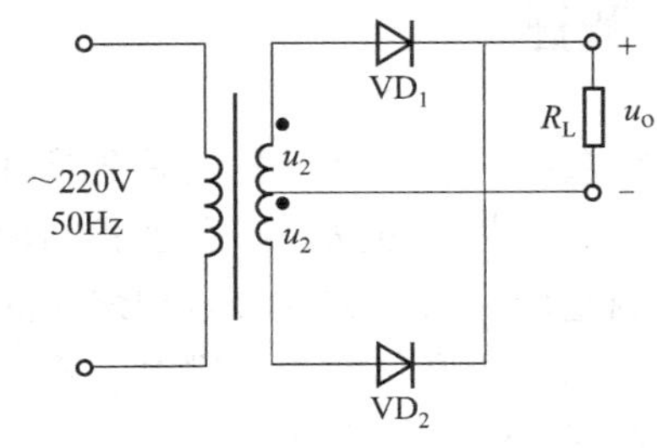

图 8-18　习题 3 图

第9章 数字电路

【本章要点】

- 二进制，十进制和十六进制之间的转化
- 逻辑代数的计算
- 组合逻辑电路的分析与设计方法
- 可控RS触发器，JK触发器，数码寄存器

数字电路传输的信号是持续时间极为短暂、跃变的电压或电流信号，称为脉冲信号。脉冲信号的波形种类很多，如矩形波、尖顶波、锯齿波及梯形波等。数字电路的任务是分析、研究输出信号与输入信号之间的逻辑关系。对数字电路中的脉冲信号通常用最简单的数字“1”与“0”来表示脉冲的有与无，电平的高与低。本书用“H”来代表高电平，“L”来代表低电平。这在电子电路中很容易得到，例如二极管加上正向电压时，工作在导通状态，其两端电压为0V，相当于开关接通；二极管加上反向电压时，工作在截止状态，其两端电压为电源电压，相当于开关断开。当晶体管基极与发射极之间加上正向电压时，如使晶体管工作在饱和状态，则其 $U_{CE}\approx 0V$，相当于接通开关；当晶体管基极与发射极之间加上反向电压时，使晶体管工作在截止状态，则其 $U_{CE}=U_{CC}$，相当于断开开关。所以数字电路有时称为开关电路。

由于数字电路中的信号是脉冲形式的，它反映了一些离散的、不连续的量，称为数字量或数字数据，通常称为数字信号。处理这些信号的电路称为数字电子电路，而在放大电路中处理的是交、直流信号，它反映了连续的量，称为模拟量或模拟数据。处理这些信号的电路称为模拟电子电路。

随着汽车工业的发展，数字电路在汽车上运用越来越多。小到汽车灯光控制，大到汽车发动机控制，可以说数字电路无处不在。

9.1 概述

研究数字电路之前，我们首先要了解数制和编码的基本概念，以及逻辑代数的运算法则。掌握这些基本概念，有利于我们学习后面的相关知识。

数制是用一组固定的符号和统一的规则来表示数值的方法。人们通常采用的数制有十进制、二进制、八进制和十六进制。在日常生活中最常用的是十进制，它有0、1、2、3、4、5、6、7、8、9十个数码，用来组成不同的数。下面介绍常用的二进制和十六进制。

9.1.1 二进制

二进制有两个数码0和1，它们与电路的两个状态（开关的开和关、电路的高电平和低电平等）直接对应，所以在数字电路中我们通常采用二进制。二进制数注有下标2或B。

二进制与十进制的进位规则不同。十进制是“逢十进一”，即 $1+9=10$，可写成 $10=1\times10^1+0\times10^0$，10 为基数。如 255 可写成：

$$255=2\times10^2+5\times10^1+5\times10^0$$

二进制是“逢二进一”，即 $1+1=10$，可写成 $10=1\times2^1+0\times2^0$ 也就是说，二进制以 2 为基数，如：

$(101101)_2=1\times2^5+0\times2^4+1\times2^3+1\times2^2+0\times2^1+1\times2^0$

那么如何将二进制数转化为十进制数了，只需将上式乘开，即：

$$(101101)_2=45$$

若要将十进制数转化为二进制数该怎么办呢？下面举例说明。

【例 9-1】　将十进制数 35 转化为二进制数。

解：

```
2 |35  ………………余1  ↑
2 |17  ………………余1  |
2 |8   ………………余0  |
2 |4   ………………余0  |
2 |2   ………………余0  |
2 |1   ………………余1  |
   0
```

由上可以得到：　$(35)_{10}=(100011)_2$

9.1.2　十六进制

十六进制包含的数码有：0、1、2、3、4、5、6、7、8、9、A、B、C、D、E、F，共 16 个数码。其中 A、B、C、D、E、F 分别代表十进制的 10、11、12、13、14、15 。为与十进制区别，规定十六进制数注有下标 16 或 H。十六进制是“逢十六进一”，即 F（代表 15）+ 1 = 10，可写成 $10=1\times16^1+0\times16^0$，其基数为 16，如：

$$(7F9)_{16}=7\times16^2+15\times16^1+9\times16^0=(2041)_{10}$$

这就是十六进制数转换为十进制数的方法。反过来，要将十进制数转换为十六进制数，可先转换为二进制数，再由二进制数转换为十六进制数。因为每一个十六进制数码都可以用 4 位二进制数来表示，如 $(1011)_2=(11)_{10}$，表示十六进制的 B，$(0111)_2=(7)_{10}$ 表示十六进制的 7 等。故可将二进制数从低位开始，每 4 位为一组写出其值，从高位到低位读写，就是十六进制数。

9.1.3　逻辑代数及其基本运算

逻辑代数也称为布尔代数，它是分析和设计逻辑电路的一种数学工具，用来描述数字电路和数字系统的结构和特性。逻辑代数有 1 和 0 两种逻辑值，它们并不表示数的大小，而是表示两种对立的逻辑状态，例如电平的高低、晶体管的导通和截止，脉冲信号的有无，事物的是非等。

在逻辑代数中，输出逻辑变量和输入逻辑变量的关系，称为逻辑函数，可表示为

$$F=f(A,B,C\cdots)$$

其中，A，B，$C\cdots$ 为输入逻辑变量；F 为输出逻辑变量。下面介绍基本逻辑运算。

1. 逻辑乘

逻辑乘是描述“与”逻辑关系的，又称“与”运算。逻辑表达式为：

$$F=A\cdot B$$

其意义是仅当决定事件发生的所有条件A、B均具备时，事件才能发生。例如把两个开关和一盏电灯串联接到电源上，只有当两个开关均闭合时，灯才能亮。两个开关中有一个不闭合灯就不能亮。在此例中，两个开关相当于A和B，而灯相当于F，开关闭合为1、断开为0，灯亮为1，灭为0。在A和B分别取0或1值时，F的逻辑状态列于表9-1中，表9-1称为真值表。

2. 逻辑加

逻辑加是描述“或”逻辑关系的，也称为“或”运算。逻辑表达式为：

$$F=A+B$$

其意义是当决定事件发生的各种条件A、B中，只要有一个或一个以上的条件具备，事件F就发生。仍以上述灯的情况为例，把两个开关并联与一盏电灯串联接到电源上，当两个开关中有一个或一个以上闭合时灯均能亮。只有两个开关全断开灯才不亮。F的逻辑状态列于表9-2。

3. 逻辑非

逻辑非是对一个逻辑变量的否定，也称“非”运算。逻辑表达式为：

$$F=\overline{A}$$

其意义是当条件A为真，事件发生出现的结果必然是这种条件相反的结果。仍以灯的情况为例，一个在面板上标有“开”和“关”字样的开关与一盏电灯串联接到电源上，但由于安装这只开关的电工粗心，把开关接反了，当开关打向“开”时灯灭，而打向“关”时灯亮。F的逻辑状态表见表9-3。

表9-1 真值表（一）

A	B	F
0	0	0
0	1	0
1	0	0
1	1	1

表9-2 真值表（二）

A	B	F
0	0	0
0	1	1
1	0	1
1	1	1

表9-3 真值表（三）

A	F
0	1
1	0

9.1.4 逻辑代数的运算法则

逻辑代数的运算法则见表9-4。

表9-4 逻辑代数的运算法则

名　　称	公式1	公式2
0-1律	$A\cdot 1=A$ $A\cdot 0=0$	$A+0=A$ $A+1=1$
互补律	$A\overline{A}=0$	$A+\overline{A}=1$
重叠律	$AA=A$	$A+A=A$
交换律	$AB=BA$	$A+B=B+A$

（续）

名　称	公式1	公式2
结合律	$A(BC)=(AB)C$	$A+(B+C)=(A+B)+C$
分配律	$A(B+C)=AB+AC$	$A+BC=(A+B)(A+C)$
反演律	$\overline{AB}=\overline{A}+\overline{B}$	$\overline{A+B}=\overline{A}\ \overline{B}$
吸收律	$A(A+B)=A$ $A(\overline{A}+B)=AB$ $(A+B)(\overline{A}+C)(B+C)=(A+B)(\overline{A}+C)$	$A+AB=A$ $A+\overline{A}B=A+B$ $AB+\overline{A}C+BC=AB+\overline{A}C$
对合律	$\overline{\overline{A}}=A$	

【例 9-2】 证明吸收律 $A+\overline{A}B=A+B$

证明:$A+\overline{A}B=A(B+\overline{B})+\overline{A}B=AB+A\overline{B}+\overline{A}B=AB+AB+A\overline{B}+\overline{A}B$

$=A(B+\overline{B})+B(A+\overline{A})=A+B$

【例 9-3】 化简逻辑函数 $F=A\overline{C}+\overline{A}B+BC$

解:$F=A\overline{C}+\overline{A}B+BC(1+A)$

$=A\overline{C}+\overline{A}B+BC+ABC$

$=A(BC+\overline{C})+\overline{A}B+BC$

$=A(B+\overline{C})+\overline{A}B+BC$

$=AB+A\overline{C}+\overline{A}B+BC$

$=A\overline{C}+B$

9.2 基本逻辑门电路

门电路是数字电路中的最基本的单元电路，它的输入信号和输出信号之间存在着一定的逻辑关系。当电路满足一定条件时，允许信号通过，否则就不能通过，和门开关的作用相似。

9.2.1 基本门电路

基本门电路有与门、或门和非门。

1. 二极管与门

在输入 A，B 中只要有一个为低电平，则与输入端相连的二极管必然因获得正偏电压而导通，使输出 F 为低电平。只有所有输入 A，B 同时为高电平，输出 F 才是高电平。可见，输入对输出呈现与逻辑关系，即 $F=A\cdot B$，二极管与门电路如图 9-1 所示，与门的真值表如表 9-5 所示。输入端的个数当然可以多于两个，有几个输入端就有几个对应的二极管。

2. 二极管或门

二极管或门电路如图 9-2 所示，只要输入 A，B 中有一个为高电平，相应的二极管就会导通，输出 F 就是高电平；只有输入 A，B 同时为低电平，F 才是低电平。显然 F 和 A，B 间呈现或的逻辑关系，逻辑式为 $F=A+B$。电路图和图形符号见图 9-2，或门的真值表见表 9-6。

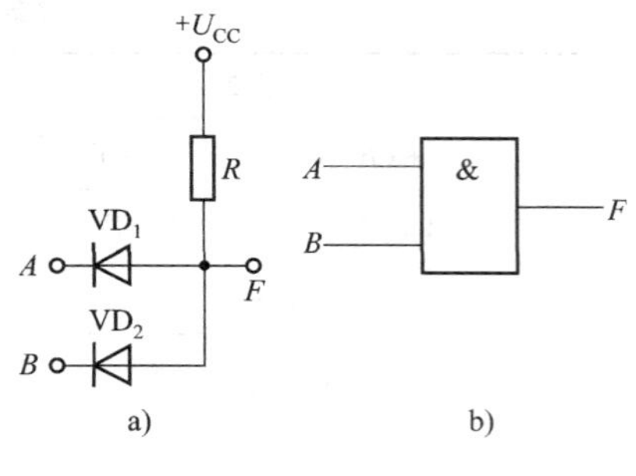

图 9-1　二极管与门
a）电路图　b）逻辑符号

表 9-5　与门的真值表

A	B	F
0	0	0
0	1	0
1	0	0
1	1	1

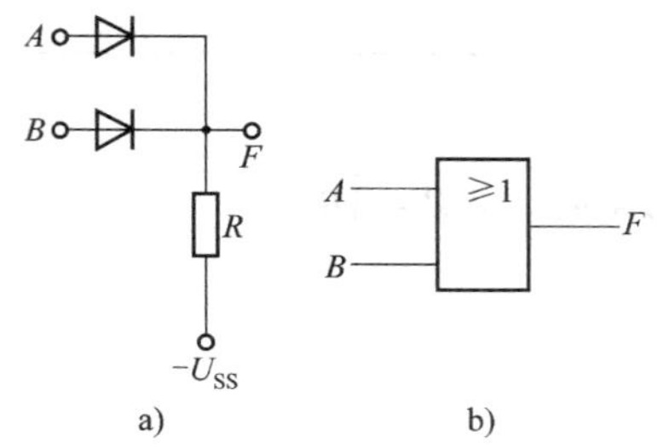

图 9-2　二极管或门
a）电路图　b）逻辑符号

表 9-6　或门的真值表

A	B	F
0	0	0
0	1	1
1	0	1
1	1	1

3. 晶体管非门

与门、或门是由二极管构成，而非门不同，它是由晶体管构成的。当输入为高电平时，输出为低电平；当输入为低电平时，输出为高平，所以输出与输入之间呈现非逻辑关系，是一个非门，也称为反相器。电路图和图形符号见图 9-3，非门的真值表见表 9-7。

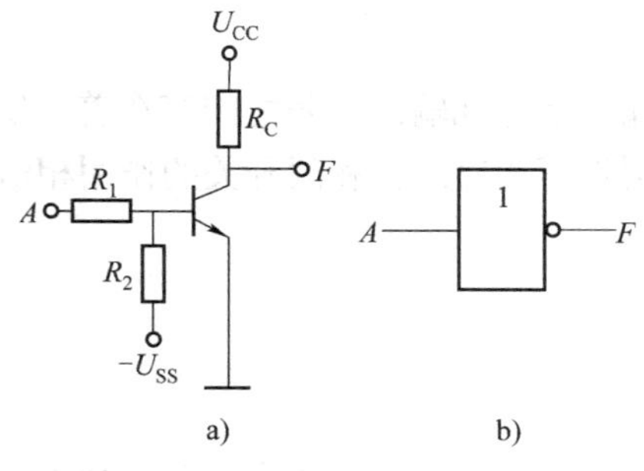

图 9-3　晶体管
a）电路图　b）逻辑符号

表 9-7　非门的真值表

A	F
0	1
1	0

9.2.2　复合门电路

在数字电路中，除了使用基本门电路以外，还经常会用到由基本门电路所组成的复合门电路。

1. 与非门

将与门和非门连接起来就形成了与非门，其逻辑式为 $F=\overline{AB}$。电路图和逻辑符号见图 9-4，与非门的真值表见表 9-8。

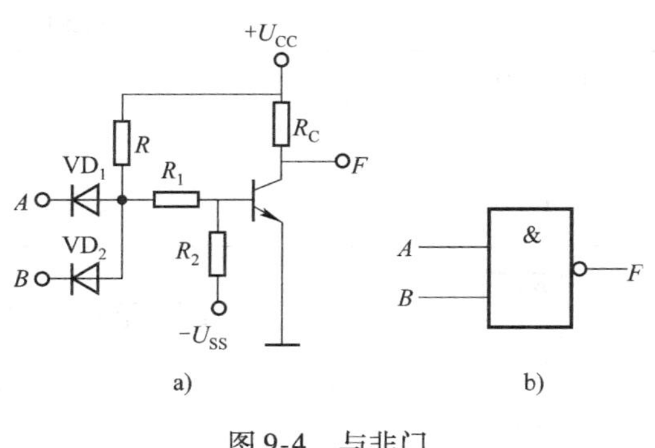

图 9-4 与非门

a）电路图 b）逻辑符号

表 9-8 与非门的真值表

A	B	F
0	0	1
0	1	1
1	0	1
1	1	0

2. 或非门

将或门和非门连接起来就形成了或非门，逻辑式为 $F=\overline{A+B}$。电路图和图形符号见图 9-5，或非门的真值表见表 9-9。

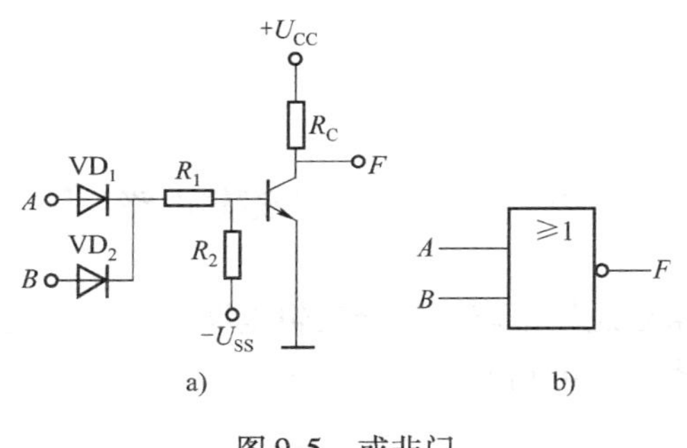

图 9-5 或非门

a）电路图 b）逻辑符号

表 9-9 或非门的真值表

A	B	F
0	0	1
0	1	0
1	0	0
1	1	0

除了与非门，或非门以外还用其他的复合门电路，比如同或门，异或门等等。表 9-10 为常用门电路的逻辑符号及逻辑函数表达式。

表 9-10 常用门电路的逻辑符号及逻辑函数表达式

名 称	逻 辑 功 能	图 形 符 号	逻辑表达式
“与”门	“与”运算	A, B — & — Y	$Y=AB$
“或”门	“或”运算	A, B — ≥1 — Y	$Y=A+B$
“非”门	“非”运算	A — 1 —o Y	$Y=\overline{A}$
“与非”门	“与非”运算	A, B — & —o Y	$Y=\overline{AB}$

（续）

名　　称	逻 辑 功 能	图 形 符 号	逻辑表达式
“或非”门	“或非”运算	A, B → [≥1]o → Y	$Y=\overline{A+B}$
“与或非”门	“与或非”运算	A, B, C, D → [& | ≥1]o → Y	$Y=\overline{AB+CD}$
“异或”门	“异或”运算	A, B → [=1] → Y	$Y=A\overline{B}+\overline{A}B$
“同或”门	“同或”运算	A, B → [=] → Y	$Y=AB+\overline{A}\,\overline{B}$

9.3　组合逻辑电路

数字电路根据逻辑功能的不同特点，可以分成两大类，一类称为组合逻辑电路，另一类称为做时序逻辑电路。

由基本逻辑门电路组成的电路，我们称之为组合逻辑电路。组合逻辑电路在逻辑功能上的特点是任意时刻的输出仅仅取决于该时刻的输入，与电路原来的状态无关。常见的有编码器，译码器，加法器及数据变换器等。

9.3.1　编码器

用文字、符号或数码来表示特定对象或信号的过程，称为编码。如电话号码，邮政编码，或者身份证号等等。能够实现编码功能的电路称为编码器。

数字电路中一般采用二进制编码。二进制只有 0 和 1 两个数码，要表示很多的信息时，只需将 0 和 1 按照一定的规律组合排列，组成不同的代码表示不同的信息。例如，0 和 1 在一起有 4 种排列方式（00，01，10，11），可以表示四种信息。n 位二进制数有 2^n 个排列方式，可以表示 2^n 个信息。常用的编码器有二进制编码器，二-十进制编码器等，在这里我们就不做详细介绍了。

9.3.2　译码器

将给定的二级制代码翻译成编码时赋予的原意，完成这种功能的电路称为译码器。译码器是多输入，多输出的组合逻辑电路。

按照功能，译码器可以分为通用译码器和显示译码器。

1. 二进制译码器

N 位二进制译码器有 N 个输入端和 2^N 个输出端，即将 N 位二进制代码的组合状态翻译成对应的 2^N 个最小项，一般称为 N 线 -2^N 线译码器。2 线 -4 线译码器的逻辑图如图 9-6

所示。

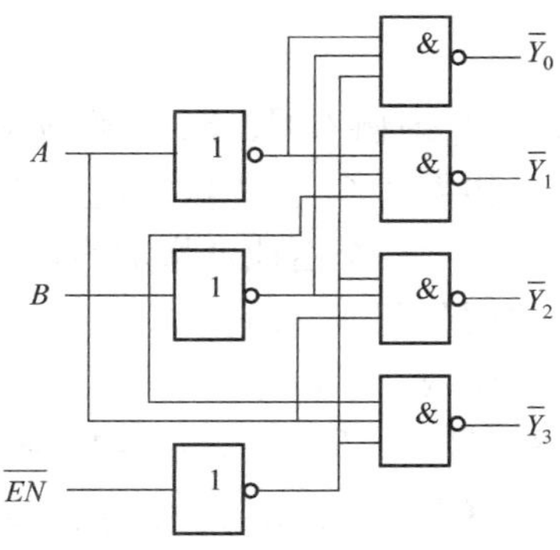

图 9-6　2 线-4 线译码器的逻辑图

电路有两个输入端 A、B，4 个输出端$\overline{Y_3}$ ~ $\overline{Y_0}$，在任何时刻最多只有一个输出端为有效电平（此处为低电平），2 线-4 线译码器的真值表见表 9-11。$\overline{EN}$是使能控制端（也称为选通信号），当$\overline{EN}=0$（有效）时，译码器处于工作状态；当$\overline{EN}=1$（无效）时，译码器处于禁止工作状态，此时，全部输出端都输出高电平（无效状态）。

常用的中规模集成电路译码器有双 2 线-4 线译码器 74139，3 线-8 线译码器 74138，4 线-16 线译码器 74154 和 4 线-10 线译码器 7442 等。

74138 是 TTL 系列中的 3 线-8 线译码器，它的逻辑符号见图 9-7，其中 A、B 和 C 是输入端，$\overline{Y_0}$，$\overline{Y_1}$，$\overline{Y_2}$，$\overline{Y_3}$，$\overline{Y_4}$，$\overline{Y_5}$，$\overline{Y_6}$，$\overline{Y_7}$是输出端，G_1，$\overline{G}_{2A}$，$\overline{G}_{2B}$是控制端。3 线-8 线译码器的真值表见表 9-12。在真值表中 $G_2=\overline{G}_{2A}+\overline{G}_{2B}$，从真值表可以看出当 $G_1=1$、$G_2=0$ 时该译码器处于工作状态，否则输出被禁止，输出高电平。这 3 个控制端又称为片选端，利用它们可以将多片连接起来扩展译码器的功能。

表 9-11　2 线-4 线译码器真值表

$\overline{EN}$	A	B	$\overline{Y_3}$	$\overline{Y_2}$	$\overline{Y_1}$	$\overline{Y_0}$
1	×	×	1	1	1	1
0	0	0	1	1	1	0
0	0	1	1	1	0	1
0	1	0	1	0	1	1
0	1	1	0	1	1	1

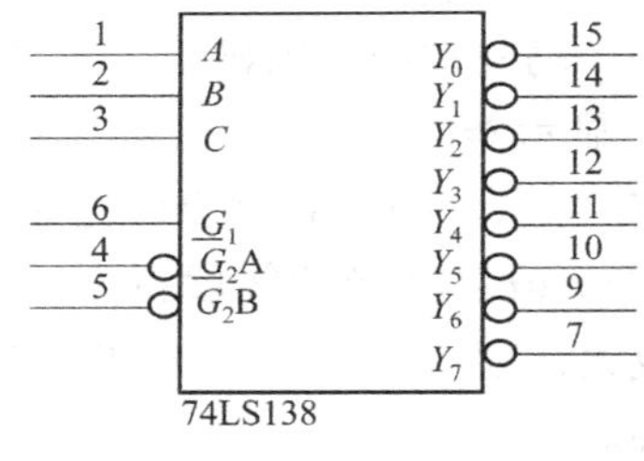

图 9-7　3-8 译码器的逻辑符号

表 9-12　3 线-8 线译码器的真值表

Inputs					Outputs							
Enable		Select										
G1	$\overline{G2}$*	C	B	A	Y0	Y1	Y2	Y3	Y4	Y5	Y6	Y7
×	H	×	×	×	H	H	H	H	H	H	H	H
L	×	×	×	×	H	H	H	H	H	H	H	H
H	L	L	L	L	L	H	H	H	H	H	H	H
H	L	L	L	H	H	L	H	H	H	H	H	H
H	L	L	H	L	H	H	L	H	H	H	H	H
H	L	L	H	H	H	H	H	L	H	H	H	H
H	L	H	L	L	H	H	H	H	L	H	H	H
H	L	H	L	H	H	H	H	H	H	L	H	H
H	L	H	H	L	H	H	H	H	H	H	L	H
H	L	H	H	H	H	H	H	H	H	H	H	L

* $\overline{G2}$ = G2A + G2B

H = high level，L = low level，X = don't care

从真值表可知每一个输出端的函数为：

$$Y_{\mathrm{i}}=\overline{m_{\mathrm{i}}\left(G_1\overline{\overline{G}}_{2\mathrm{A}}\overline{\overline{G}}_{2\mathrm{B}}\right)}$$

其中 m_{i} 为输入 C、B、A 的最小项。

如果把 G_1 作为数据输入端（同时使$\overline{G}_{2\mathrm{A}}+\overline{G}_{2\mathrm{B}}=0$），把 CBA 作为地址端，则可以把 G_1 信号送到一个由地址指定的输出端，例如，$CBA=101$，则 Y_5 等于 G_1 的反码。这种使用称为数据分配器使用。

用两个 3-8 译码器可组成 4-16 线译码器，见图 9-8，将 C、B、A 信号连接到 U_1 和 U_2 的 C、B、A 端，将 U_1 的控制$\overline{G}_{2\mathrm{A}}$和 U_2 的 G_1 端连接到 D，当 $D=0$ 时，选中 U_1，否则选中 U_2，将 U_1 的$\overline{G}_{2\mathrm{B}}$和 U_2 的$\overline{G}_{2\mathrm{A}}$端连接到使能信号 EN，当 $EN=0$ 时，译码器正常工作，当 $EN=1$ 时，译码器被禁止。

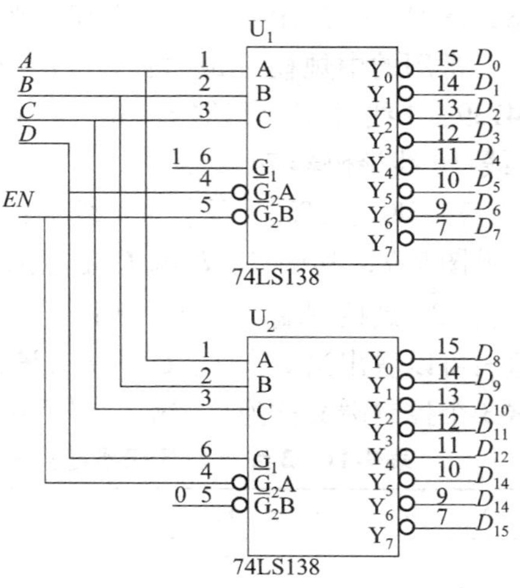

图 9-8　用 74138 实现 4-16 线译码器

2. 显示译码器

在一些数字系统中，不仅需要译码，而且需要把译码的结果显示出来。所以显示译码器是对 4 位二进制数码译码并推动数码显示器的电路。

（1）显示器件

目前广泛使用的显示器件是七段数码显示器，由 a ~ g 等 7 段可发光的线段拼合而成，通过控制各段的亮或灭，就可以显示不同的字符或数字。七段数码显示器有半导体数码显示器和液晶显示器两种。

半导体数码管（或称 LED 数码管）由发光二极管组成，有一般亮和超亮等不同之分，也有 0.5 寸、1 寸等不同的尺寸。小尺寸数码管的显示笔画常用一个发光二极管组成，而大尺寸的数码管由二个或多个发光二极管组成，一般情况下，单个发光二极管的管压降为 1.8V 左右，电流不超过 30mA。发光二极管的阳极连在一起连接到电源正极的称为共阳数码管，阴极接低电平的二极管发光；发光二极管的阴极连在一起连接到电源负极的称为共阴数码管，阳极接高电平的二极管发光。图 9-9 所示是七段数码管的外形图及共阴、共阳等效电路。有的数码管在右下角还增设了一个小数点，形成八段显示。

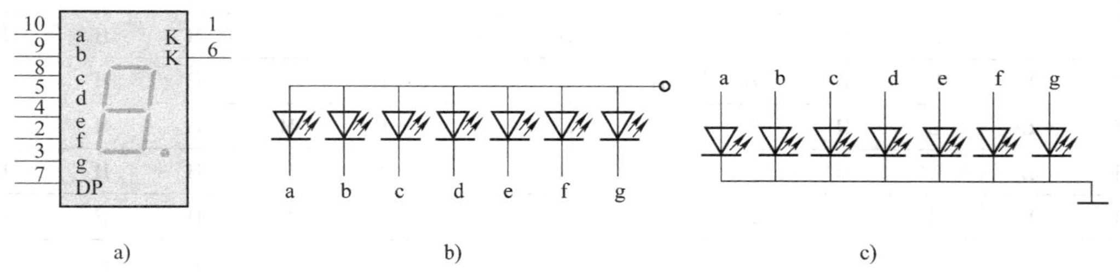

图 9-9　七段数码管的外形图及共阴、共阳等效电路

a）七段数码管的外形图　b）共阳等效电路　c）共阴等效电路

常用 LED 数码管显示的数字和字符是 0、1、2、3、4、5、6、7、8、9、A、B、C、D、E、F。

液晶显示器（LCD）是另一种数码显示器。液晶显示器中的液态晶体材料是一种有机化合物，在常温下既有液体特性，又有晶体特性。利用液晶在电场作用下产生光的散射或偏光作用原理，便可实现数字显示。一般对 LCD 的驱动采用正负对称的交流信号。

（2）七段显示译码器

七段显示译码器的功能是把“8421”二-十进制代码译成对应于数码管的 7 个字段信号，驱动数码管，显示出相应的十进制代码。

显示译码器有很多集成产品，如用于共阳数码管的译码电路 7446/47 和用于共阴数码管的译码电路 7448 等，下面分别加以介绍。

1）用于共阳数码管的译码电路 7446/47。该电路采用集电极开路输出，具有试灯输入、前/后沿灭灯控制、灯光调节能力和有效低电平输出，驱动输出最大电压：46A、L46 为 30V，47A、L47、LS47 为 15V，吸收电流：46A、L46 为 40mA，47A、L47 为 30mA，LS47 为 24mA，7446 与 74246，7447 与 74247 分别字型不同，其他相同，可以互换。共阳数码管的译码电路的符号图见图 9-10，7446 真值表见表 9-13。

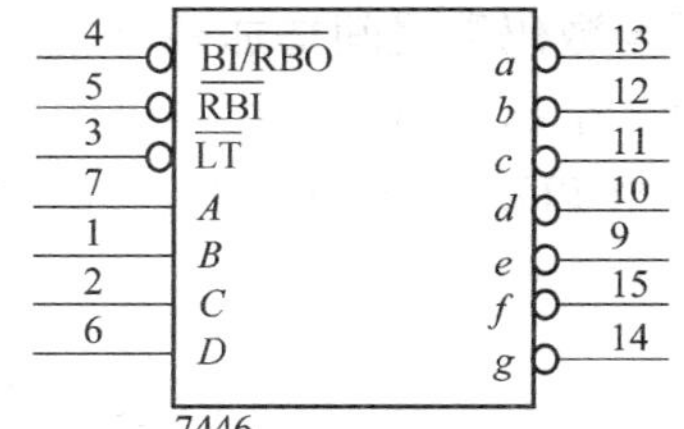

图 9-10　共阳数码管的译码电路 7446 的符号图

表 9-13　7446 真值表

Truth　Table

Decimal or Function	Inputs							Outputs						
	$\overline{LT}$	$\overline{RBI}$	A3	A2	A1	A0	$\overline{BI}/\overline{RBO}$	$\overline{a}$	$\overline{b}$	$\overline{c}$	$\overline{d}$	$\overline{e}$	$\overline{f}$	$\overline{g}$
0	H	H	L	L	L	L	H	L	L	L	L	L	L	H
1	H	×	L	L	L	H	H	H	L	L	H	H	H	H
2	H	×	L	L	H	L	H	L	L	H	L	L	H	L
3	H	×	L	L	H	H	H	L	L	L	L	H	H	L
4	H	×	L	H	L	L	H	H	L	L	H	H	L	L
5	H	×	L	H	L	H	H	L	H	L	L	H	L	L
6	H	×	L	H	H	L	H	H	H	L	L	L	L	L
7	H	×	L	H	H	H	H	L	L	L	H	H	H	H
8	H	×	H	L	L	L	H	L	L	L	L	L	L	L
9	H	×	H	L	L	H	H	L	L	L	H	H	L	L
10	H	×	H	L	H	L	H	H	H	H	L	L	H	L
11	H	×	H	L	H	H	H	H	H	L	L	H	H	L
12	H	×	H	H	L	L	H	H	L	H	H	H	L	L
13	H	×	H	H	L	H	H	L	H	H	L	H	L	L
14	H	×	H	H	H	L	H	H	H	H	L	L	L	L
15	H	×	H	H	H	H	H	H	H	H	H	H	H	H
$\overline{BI}$	×	×	×	×	×	×	L	H	H	H	H	H	H	H
$\overline{RBI}$	H	L	L	L	L	L	L	H	H	H	H	H	H	H
$\overline{LI}$	L	×	×	×	×	×	H	L	L	L	L	L	L	L

该译码器有 4 个控制信号：

灯测试端$\overline{LT}$，$\overline{LT}=0$ 数码管各段都亮，除试灯外$\overline{LT}=1$。

动态灭零输入端$\overline{RBI}$，当$\overline{RBI}=0$，同时 ABCD 信号为 0，而$\overline{LT}=1$时，所有各段都灭，同时$\overline{RBO}$输出 0，该功能是灭 0。

灭灯输入/动态灭灯输出端$\overline{BI}/\overline{RBO}$，当$\overline{BI}/\overline{RBO}$作为输入端使用时，若$\overline{BI}=0$，则不管其他输入信号，输出各段都灭。当$\overline{BI}/\overline{RBO}$作为输出端使用时，若$\overline{RBO}$输出 0，表示各段已经熄灭。

7446 与共阳数码管的连接见图 9-11。图中电阻 RP 为限流电阻，具体阻值视数码管的电流大小而定。7446 是 OC 输出，电源电压可以达到 30V，吸收电流 40mA，对于一般的驱动是可以满足需求的，但是若数码管太大，就需要更高的电压和更大的电流，这就需要在译码器与数码管之间增加高电压、高电流驱动器。例如达林顿驱动电路 DS2001/2/3/4，该电路由 7 个高增益的达林顿管组成，集电极-发射极间电压可达到 50V，集电极电流 350mA，输入与 TTL、CMOS 兼容，输出高电压 50V，输出低电压 1.6V。

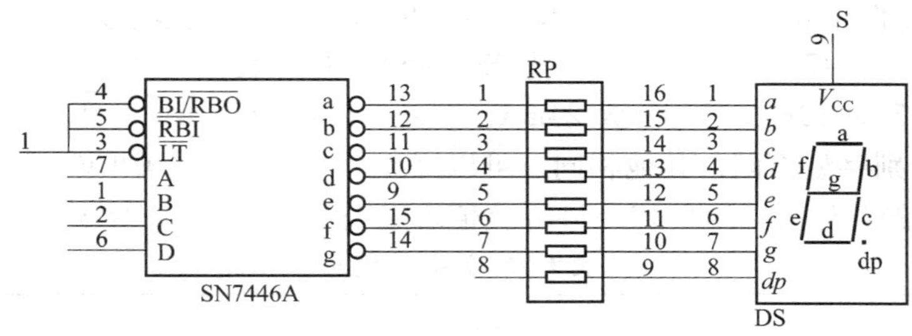

图 9-11　7446 与共阳数码管的连接

2）用于共阴数码管电路 7448。本电路采用有效高电平输出，具有试灯输入、前/后沿灭灯控制、输出最大电压 5.5V，吸收电流 7448 为 6.4mA，74LS48 为 6mA。7448 的电路符号图见图 9-12。7448 除输出高电平有效外，其他功能与 7446 相同。

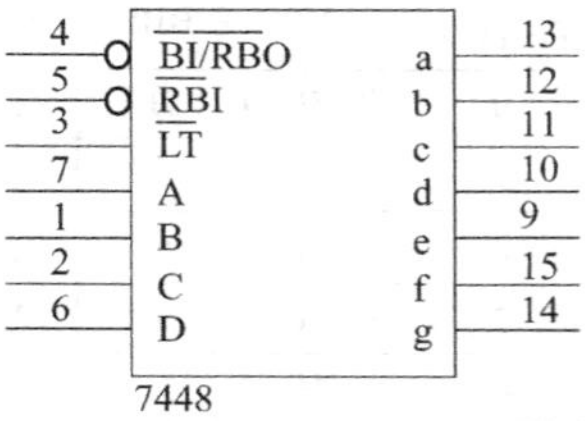

图 9-12　7448 的电路符号图

由于共阴数码管的译码电路 7448 内部有限流电阻，故后接数码管时不需外接限流电阻。由于 7448 拉电流能力小（2mA），灌电流能力大（6.4mA），所以一般都要外接电阻推动数码管，7448 译码器的典型使用电路见图 9-13。

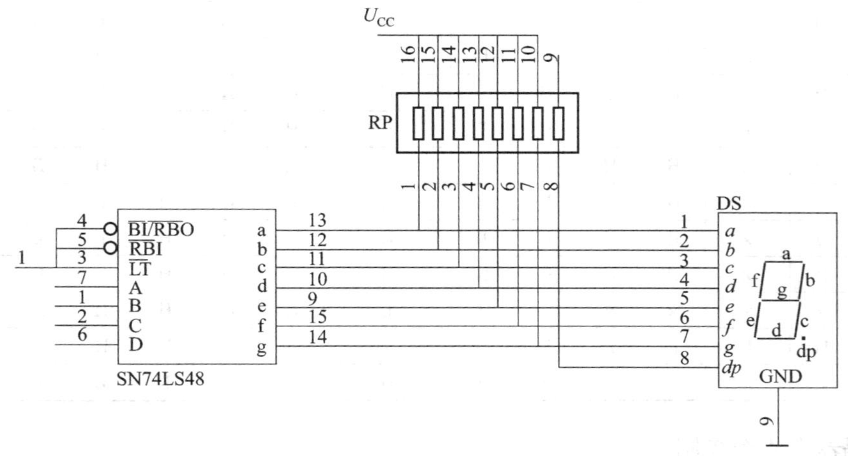

图 9-13　7448 与共阴极数码管连接

9.3.3 组合逻辑电路的分析与设计

1. 组合逻辑电路的分析

对组合逻辑电路进行分析的时候，我们要分析它的输出变量和输入变量之间的关系，这种关系我们称为逻辑函数关系。逻辑函数有 3 种表示方式，分别为逻辑表达式，逻辑状态表（真值表）和逻辑图。

组合逻辑电路分析的目的：找出逻辑电路输入和输出之间的逻辑关系，并用最简单的逻辑函数表达式进行表示。

组合逻辑电路分析的步骤如图 9-14 所示。

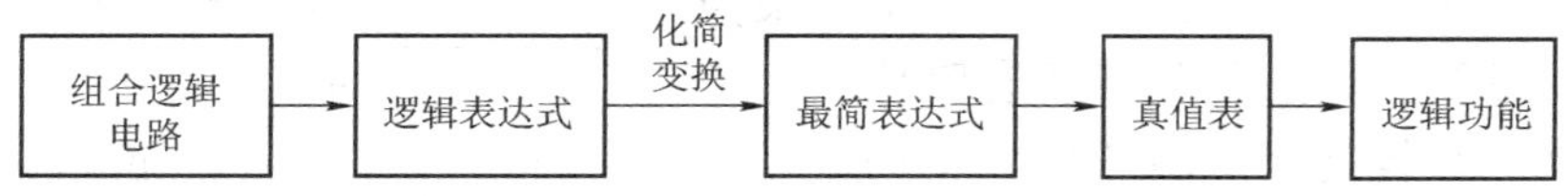

图 9-14 组合逻辑电路分析的步骤

【例 9-4】 组合电路如图 9-15 所示，分析该电路的逻辑功能。

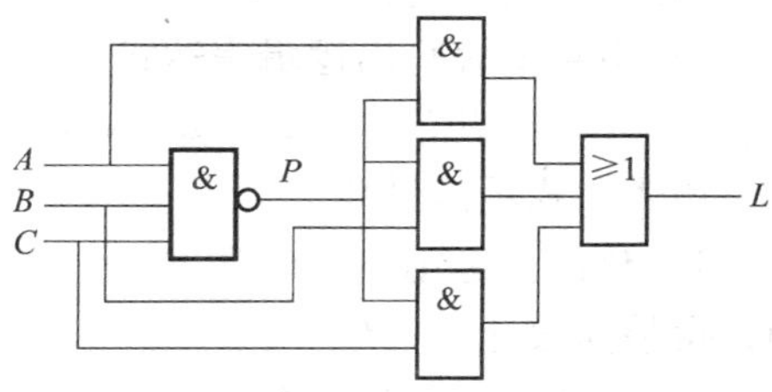

图 9-15 例 9-4 电路图

解： 1）由逻辑图逐级写出逻辑表达式。为了写表达式方便，借助中间变量 P：

$$P=\overline{ABC}$$

$$L=AP+BP+CP=A\ \overline{ABC}+B\ \overline{ABC}+C\ \overline{ABC}$$

2）化简与变换：

因为下一步要列真值表，所以要通过化简与变换，使表达式有利于列真值表，一般应变换成与-或式或最小项表达式。

$$L=\overline{ABC}(A+B+C)=\overline{ABC+\overline{A+B+C}}=\overline{ABC+\overline{A}\ \overline{B}\ \overline{C}}$$

3）由表达式列出真值表

由表达式列出真值表，见表 9-14。经过化简与变换的表达式为两个最小项之和的非，所以很容易列出真值表。

表 9-14 真值表

A	B	C	L	A	B	C	L
0	0	0	0	1	0	0	1
0	0	1	1	1	0	1	1
0	1	0	1	1	1	0	1
0	1	1	1	1	1	1	0

4）分析逻辑功能：

由真值表可知，当 A、B、C 3 个变量不一致时，电路输出为“1”，所以这个电路称为“不一致电路”。

上例中输出变量只有一个，对于多输出变量的组合逻辑电路，分析方法完全相同。

2. 组合逻辑电路的设计方法

组合逻辑电路的设计一般应以电路简单、所用器件最少为目标。组合电路的设计步骤和分析步骤正好相反。组合电路的设计步骤如图 9-16 所示。

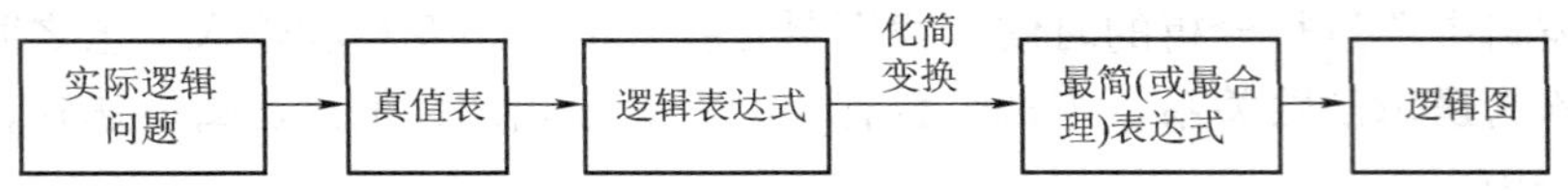

图 9-16　组合电路的设计步骤

【例 9-5】 设计一个 3 人表决电路，结果按“少数服从多数”的原则决定。

解： 1）根据设计要求建立该逻辑函数的真值表。

设 3 人的意见为变量 A、B、C，表决结果为函数 L。对变量及函数进行如下状态赋值：对于变量 A、B、C，设同意为逻辑“1”；不同意为逻辑“0”。对于函数 L，设事情通过为逻辑“1”；没通过为逻辑“0”。

列出真值表如表 9-15 所示。

表 9-15　真值表

A	B	C	L
0	0	0	0
0	0	1	0
0	1	0	0
0	1	1	1
1	0	0	0
1	0	1	1
1	1	0	1
1	1	1	1

2）由真值表写出逻辑表达式：

$$L=\overline{A}BC+A\,\overline{B}C+AB\,\overline{C}+ABC$$

该逻辑式不是最简。

3）化简。运用布尔代数进行化简，合并最小项，得最简表达式：$L=AB+BC+AC$

4）例 9-5 与或门逻辑电路图如图 9-17 所示。

如果要求用与非门实现该逻辑电路，就应将表达式转换成与非-与非表达式：

$$L=AB+BC+AC=\overline{\overline{AB}\cdot\overline{BC}\cdot\overline{AC}}$$

例 9-5 与非门逻辑电路图如图 9-18 所示。

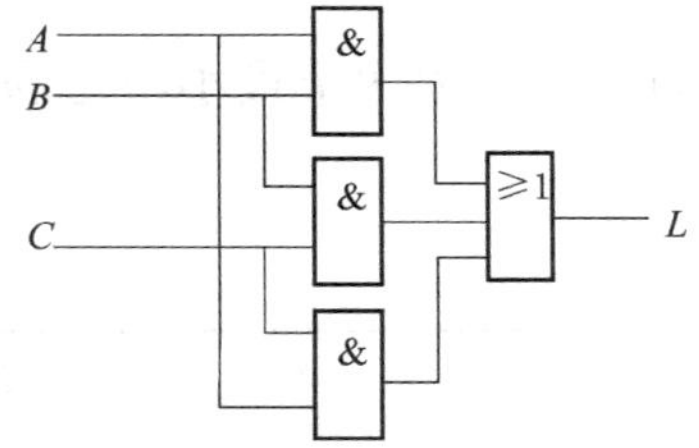

图 9-17　例 9-5 与或门逻辑电路图

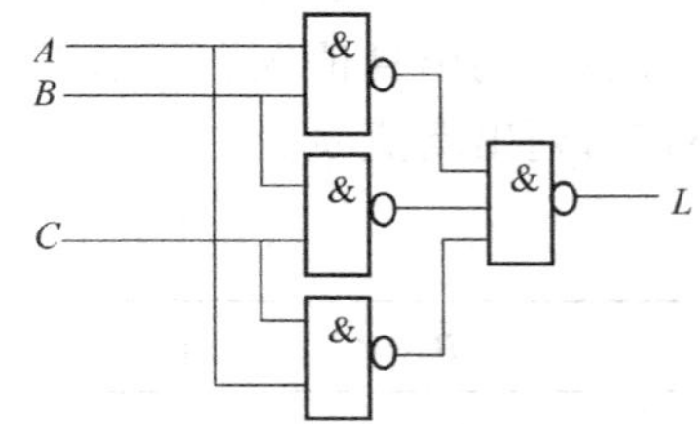

图 9-18　例 9-5 与非门逻辑电路图

9.4 触发器

时序逻辑电路其任一时刻的输出不仅取决于该时刻的输入，而且还与过去各时刻的输出有关。常见的时序逻辑电路有触发器、计数器及寄存器等。

9.4.1 基本 RS 触发器

RS 触发器是构成其他各种功能触发器的基本组成部分，故又称为基本 RS 触发器。它是一种直接置位的复位的触发器。

1. 基本 RS 触发器的组成

主要是由两个与非门交叉耦合构成的基本 RS 触发器，如图 9-19a 所示，图 9-19b 为逻辑符号。

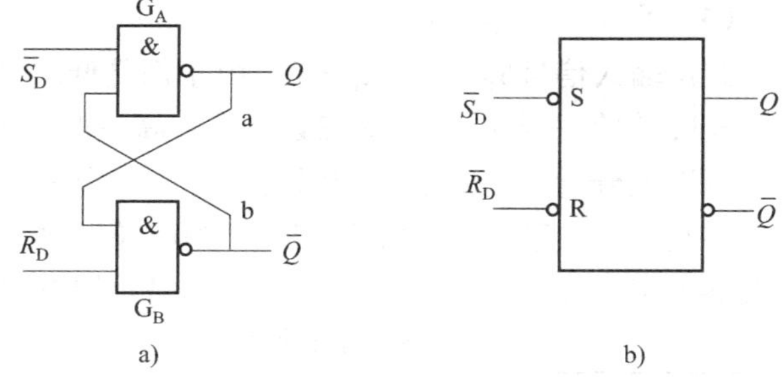

图 9-19　两个与非门交叉耦合构成的基本 RS 触发器电路及逻辑符号

a）电路图　b）逻辑符号

$\overline{S}_D$ 和 $\overline{R}_D$ 是两个输入端，$\overline{S}_D$ 表示置 1 端（置位端），$\overline{R}_D$ 表示置 0 端（复位端），$\overline{S}_D$ 与 $\overline{R}_D$ 上有逻辑非符号表示这种触发器必须用低电平加到输入端才能使它翻转，这种情况称为低电平触发。

Q 和 $\overline{Q}$ 是两个输出端，触发器处于稳定状态时，他们的状态相反。这种触发器在工作的时候有两种工作状态：一种状态是 $Q=1$，$\overline{Q}=0$，称为置位状态（1 态）：另一种状态是 $Q=0$，$\overline{Q}=1$，称为复位状态（0 态）。逻辑符号中的小圆圈表示输入低电平有效。

2. 与非门组成的基本 RS 触发器工作原理

在根据“与非”门的逻辑关系，只要有一个输入端为低电平，输出就是高电平（即见 0 得 1），只有所有输入端均为高电平时，输出才是低电平（即全 1 得 0）。依据这一逻辑关系分析基本 RS 触发器的工作原理如下：

（1）$\overline{S}_D=1$，$\overline{R}_D=0$

1）触发器原来处于 1 状态。

假定触发器原来处于 1 状态（规定 Q 端的状态为触发器状态），即 $Q=1$，按照与非门“有低出高”的功能，会使 G_B 门输出 $\overline{Q}=1$（即 G_A 门输入 $b=1$），此时 G_A 门两输入端均为高电平，按“全高出低”的功能，（即 $a=0$），于是触发器由原来的 1 状态翻转为 0 状态，即使撤除输入信号，因 $a=0$，所以触发器仍会保持 G_B 门输出 $Q=1$ 和 G_A 门输出 $Q=0$，即触发器可稳定地保持 0 状态不变。

2）触发器原来处于 0 状态。

假定触发器原来处于 0 状态（即 $Q=0$），这时相应的输入端 $a=0$，$b=1$，即使输入信号 $\overline{S}_D=1$，$\overline{R}_D=0$，触发器仍会保持 0 状态不变。

（2）$\overline{S}_D=0$、$\overline{R}_D=1$

1）触发器原来处于 1 状态。

假定触发器原来处于 1 状态（即 $Q=1$），这时 G_B 门翻转输出低电平（即 $b=0$），G_A 门因“有低出高”，即 $a=1$，因 $b=0$，由与非门功能得知：无论输入什么信号都不会改变，$Q=1$ 的状态。

2）触发器原来处于 0 状态。

假定触发器原来处于 0 状态（即 $Q=0$），因交叉相连会使 $b=1$，当输入信号 $\overline{S}_D=0$、$\overline{R}_D=1$ 到来后，G_A 门翻转，同时 a 从 0 变为 1，于是 G_B 门翻转 $\overline{Q}=0$，触发器从 0 状态变为 1 状态。

（3）$\overline{S}_D=1$、$\overline{R}_D=1$

不难看出，它不能改变与非门的输出状态，所以触发器仍保持原来状态不变。这就是它所具有存储或记忆的功能。

（4）$\overline{S}_D=0$、$\overline{R}_D=0$

假定输入信号$\overline{S}_D=0$、$\overline{R}_D=0$，由于都是低电平，故两个与非门输出必须定都是高电平，即 $Q=1$，但触发器的输出状态必须是一高一低，故这种情况是禁止的。

将以上分析结论归纳整理以后，即可得到基本 RS 触发器的真值表如表 9-16 所示。由该表可清楚看出：基本 RS 触发器具有置0、置1 和维持原来状态 3 种功能。图 9-20 是基本 RS 触发器的工作波形，表 9-16 是基本 RS 触发器真值表。

表 9-16　基本 RS 触发器真值表

$\overline{S}_D$	$\overline{R}_D$	Q	$\overline{Q}$
1	0	0	1
0	1	1	0
1	1	不变	不变
0	0	不定	不定

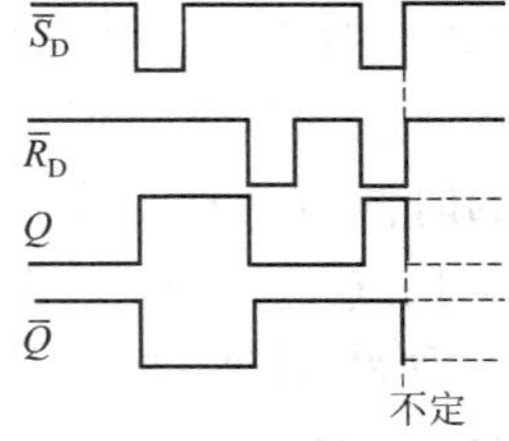

图 9-20　基本 RS 触发器的工作波形

9.4.2　可控 RS 触发器

在基本触发器的基础上，增加一个导引电路就得到图 9-21a 所示的可控 RS 触发器。与非门 G_A 和 G_B 构成了基本 RS 触发器，与非门 G_C 和 G_D 构成导引线路，$\overline{S}_D$ 和$\overline{R}_D$ 分别为直接置位端和直接复位端。*CP* 是时钟脉冲输入端，在脉冲数字电路中所使用的触发器往往用一种正脉冲来控制触发器的翻转时刻，这种正脉冲称为时钟脉冲，它也是一种控制命令。通过导引电路来实现时钟脉冲对输入端 *R* 和 *S* 的控制，故称为可控 RS 触发器。当时钟脉冲来到之前，即 $CP=0$ 时，无论 *R* 端和 *S* 端的电平如何变化，G_C 门和 G_D 门的输出均为 1，基本触发器保持原状态不变。只有时钟脉冲来到之后，即 $CP=1$ 时，触发器才按 *R*、*S* 端的输入状态来决定其输出状态。时钟脉冲过去后，输出状态保持时钟脉冲为高电平时的状态不变。图形符号如图 9-21b 所示。

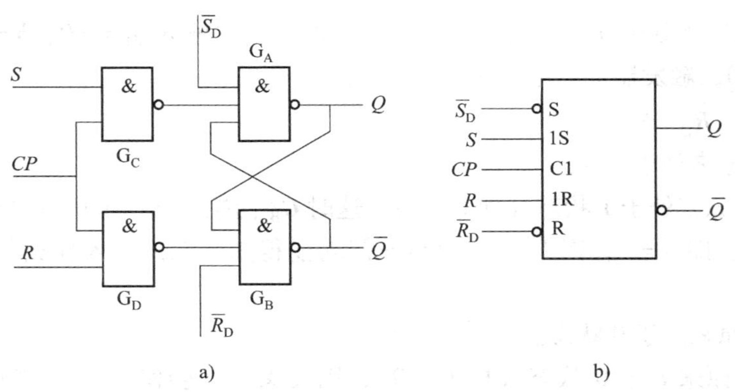

图 9-21　可控 RS 触发器的电路图和图形符号

a）电路图　b）逻辑符号

$\overline{S}_D$ 和$\overline{R}_D$ 是直接复位和直接置位端，也就是不受时钟脉冲 CP 的控制，可以对本触发器的输出端置 0 或置 1。主要用于在工作之初，预先使触发器处于某一给定状态，在工作过程中不使用它们，让它们处于 1 态（高电平）。

下面分析它的工作原理，说明具有置“0”、置“1”“保持”功能。

当时钟脉冲（正脉冲）来到之后，CP 变为 1，R 和 S 的状态开始起作用。

1）如果 $S=1$，$R=0$，则 G_D 门输出仍保持 1，G_C 门输出将变为 0，而向 G_A 门送一个置 1 的负脉冲，触发器的输出端无论原来是什么状态都将变为 1 态，即 $Q=1$。

2）如果 $S=0$，$R=1$，则 G_C 门输出仍保持 1，G_D 将向 G_B 门送置 0 的信号，输出将变为 0 态。即 $Q=0$。

3）如果 $S=0$，$R=0$，则 G_C 门和 G_B 门均保持 1 态，均不会向基本触发器送负脉冲，所以输出将保持原来的状态。

4）上述几种情况，当时钟脉冲过去后输出端的状态将保持时钟脉冲为高电平时的状态。

5）如果时钟脉冲为高电平时 $R=S=1$，则 G_C 和 G_D 均向基本触发器的相应与非门送置 1 的信号，使 G_A 和 G_B 输出端都为 1，这就会使 Q 与 $\overline{Q}$都为 1。当时钟脉冲过去以后，G_A 和 G_B 门的输出端哪一个将处于 1 态是由偶然因素确定的，所以输出也就没有固定的状态。这种不正常的情况应避免出现。

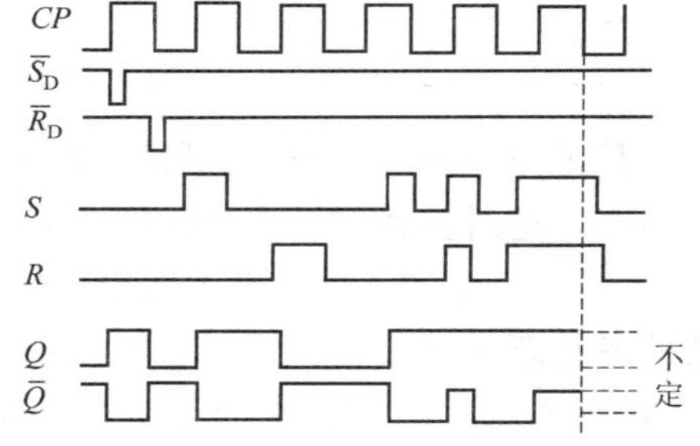

图 9-22　可控 RS 触发器的工作波形图

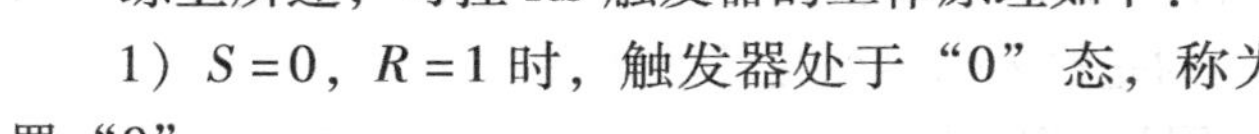

图 9-22 所示为可控 RS 触发器的工作波形图。

综上所述，可控 RS 触发器的工作原理如下：

1）$S=0$，$R=1$ 时，触发器处于“0”态，称为置“0”。

2）$S=1$，$R=0$ 时，触发器处于“1”态，称为置“1”。

3）$S=0$，$R=0$ 时，触发器状态保持不变，称为保持。

如果将可控 RS 触发器的$\overline{Q}$端连到 S，Q 端连到 R，在时钟脉冲端 CP 加计数脉冲，这样的触发器具有计数的功能，来一个时钟脉冲它能翻转一次，翻转的次数等于脉冲的数目，所以可以构成计数器。

但是由可控 RS 触发器构成的计数器会产生“空翻”的现象。

所谓空翻转现象是指在同一时钟脉冲 CP 的作用下，触发器产生两次或两次以上的翻转，这就造成触发器的动作混乱。（读者可以自行分析）

为了保证触发器的稳定可靠的工作，采用主从工作方式的触发器和维持阻塞工作方式的触发器可以克服空翻现象。

9.4.3　JK 触发器

图 9-23a 所示的是主从型 JK 触发器的逻辑图，图 9-23b 所示为它的图形符号。它由两个可控 RS 触发器组成，A 称为主触发器，B 称为从触发器。此外，还通过一个非门 C 将两个触发器的时钟脉冲端连接起来。这就是触发器的主从型结构。时钟脉冲的前沿使主触发器翻转，而时钟脉冲的后沿使从触发器翻转，主从之名由此而来。JK 触发器的真值表见表 9-17。

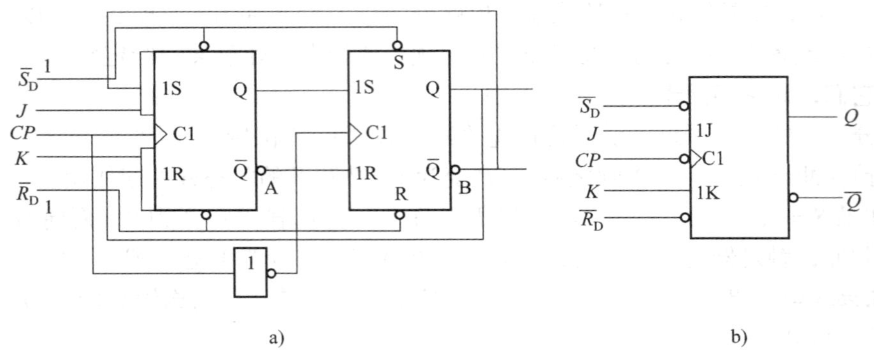

a)　　　　b)

图 9-23　JK 触发器的电路图和图形符号

a）电路图　b）逻辑符号

表 9-17　JK 触发器的真值表

J	K	Q^{n+1}	J	K	Q^{n+1}
0	0	Q^n	1	0	1
0	1	0	1	1	$\overline{Q}^n$

其工作原理是：当时钟脉冲来后，即 $CP=1$，与非门的输出为 0，故从触发器的状态保持不变，这时主触发器是否翻转，要由它在时钟脉冲为低电平时的状态（图中 $S=\overline{Q}$，$R=Q$）以及 J、K 输入端的状态而定。把 CP 从 1 跳变为 0 前一瞬间的输出状态送到从触发器，使两者状态保持一致。例如主触发器为 1 态，当非门的输出跳变为 1 时，由于从触发器的 $S=1$ 和 $R=0$，故使它也处于 1 态。表 9-17 中，Q^{n+1}表示触发器的次态，指的是输入信号变化后的状态。Q^n 表示触发器的现态，指的是输入信号变化前的状态。

这种触发器不会出现“空翻”现象，因为 $CP=1$ 期间，从触发器的状态不会改变；而等到 CP 跳变为 0 时，从触发器或翻转或保持原态，但主触发器的状态又不会改变，所以不会出现“空翻”的情况。

下面从真值表中的 4 种情况来分析主从型 JK 触发器的逻辑功能。

（1）$J=1$、$K=1$

设时钟脉冲到来之前，即 $CP=0$ 时，触发器的初始状态为 0 态，这时主触发器的 $S=\overline{Q}=1$、$R=Q=0$，当时钟脉冲到来后，即 $CP=1$ 时，由于主触发器的 $J=1$、$K=1$、$S=1$、$R=0$，故主触发器翻转为 1 态；当 CP 从 1 跳变为 0 时，由子这时从触发器的 $S=1$ 和 $R=0$，从触发器翻转为 1 态。反之设主触发器的 $S=0$、$R=1$，主触发器翻转为 0 态，当 CP 跳变为 0 时，从触发器也翻转为 0 态。

可见 JK 触发器在 $J=1$、$K=1$ 的情况下，来一个时钟脉冲就使它翻转一次。这表明，在这种情况下，触发器具有计数功能。

（2）$J=0$、$K=0$

设触发器的初始状态为 0 态。这时主触发器当 $CP=1$ 时，由于主触发器的 $J=0$、$K=0$，所以主触发器的状态保持不变；当 CP 跳变为 0 时，由于主触发器的输出状态不变所以从触发器的输出也保持原状态不变。同理，初始状态为 1 也有同样的结果。

（3）$J=1$、$K=0$

设触发器的初始状态为 0 态，这时当 $CP=1$ 时，由于主触发器的 $J=1$、$K=0$、$S=1$、$R=0$，故主触发器翻转为 1 态；当 CP 向负跳变时，由于从触发器的 $S=1$、$R=0$，故从触发器也翻转为 1 态。如果初始状态为 1 态，主触发器由于 $S=0$、$R=1$，当 $CP=1$ 时保持原状态不变；从触发器由于 $S=1$、$R=0$，当 CP 向负跳变时也保持 1 态不变。

（4）$J=0$、$K=1$

无论触发器原来处于什么状态，下一个状态一定是 0 态。请读者自行分析。

由上述可知，主从型触发器在 $CP=1$ 时，把输入信号暂时存储在主触发器中，为从触发器的翻转或保持原状态做好准备；到 CP 跳变为 0 时，存储的信号起作用，或者触发从触发器使之翻转，或者使之保持原状态。此外，主从型触发器具有在 CP 从 1 跳变为 0 时翻转的特点，也就是具有时钟脉冲后沿触发的特点。后沿触发在图形符号表示中是在 CP 输入端靠近方框处加一小圆圈，如图 9-23b 所示。

9.4.4 D 触发器

图 9-24 所示为维持-阻塞型 D 触发器的图形符号。维持-阻塞型 D 触发器真值表见表 9-18。它的逻辑功能是：当 $D=0$ 时，在时钟脉冲 CP 上升沿到来后，使输出端的状态变成 0 态；而当 $D=1$ 时，则在 CP 上升沿到来后，使输出端状态变成 1 态。可见，D 触发器的输出端状态仅决定于 CP 到达前 D 输入端的状态，而与触发器现在的状态无关，即：

$$Q^{n+1}=D$$

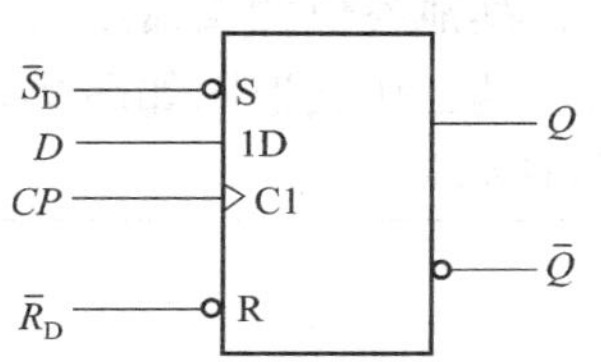

图 9-24 维持-阻塞型 D 触发器的图形符号

表 9-18 维持-阻塞型 D 触发器真值表

D	Q^{n+1}
0	0
1	1

当把 D 触发器的 D 输入端与输出端连接在一起时，就构成了计数器。当在其时钟输入端加计数脉冲时，它的作用就与 JK 触发器在 $J=1$、$K=1$ 时能够计数的功能相同，所不同的是它是由时钟脉冲的前沿触发。

9.5 计数器

计数器是数字系统中用得较多的基本逻辑器件。它不仅能记录输入时钟脉冲的个数，还可以实现分频、定时、产生节拍脉冲和脉冲序列等。例如，计算机中的时序发生器、分频器、指令计数器等都要使用计数器。计数器的种类很多。按时钟脉冲输入方式的不同，可分为同步计数器和异步计数器；按进位体制的不同，可分为二进制计数器和非二进制计数器

二进制数只有 0 和 1 两个数码。所谓二进制加法，就是“逢二进一”，即 0+1=1，1+1=10。也就是每当本位是 1，再加 1 时，本位就变为 0，而向高位进位。如果要表示 n 位二进制数，就得用 n 个触发器。常用的二进制计数器是把 4 个触发器集成在一块芯片中的集成 4 位二进制计数器，如 74LS191。

下面通过结构简单的异步二进制加法计数器来说明计数器的工作原理。异步二进制计数器可以由主从型 JK 触发器或维持-阻塞型 D 触发器组成，常用的都是集成计数器。由主从型 JK 触发器构成的 4 位二进制计数器如图 9-25 所示。其工作原理是：每来一个计数脉冲，最低位触发器就翻转一次，而高一位的触发器是在低一位的触发器的输出端从 1 变为 0 时翻转。即以低一位的输出作为高一位的计数脉冲输入。由于是由主从型 JK 触发器构成，所以是输入脉冲后沿触发。

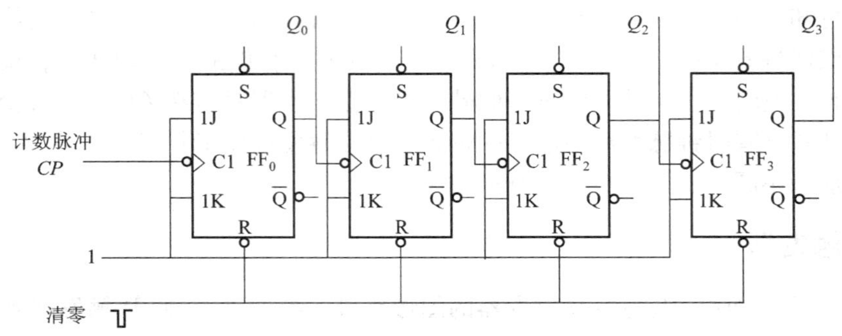

图 9-25　由主从型 JK 触发器构成的 4 位二进制计数器

表 9-19 给出了计数脉冲和输出状态之间的关系，还表示出了二进制数与十进制数之间的关系。这种加法计数器称为“异步”加法计数器，由于计数脉冲不是同时加到各位触发器的时钟脉冲端，而只是加到最低位触发器的时钟脉冲端，其他各位触发器则由相邻低位触发器输出来触发，因此它们状态的变换有先有后是异步的。其工作波形图如图 9-26 所示。

表 9-19　计数脉冲和输出状态之间的关系

计数脉冲数	二 进 制 数				十 进 制 数
	Q_3	Q_2	Q_1	Q_0	
0	0	0	0	0	0
1	0	0	0	1	1
2	0	0	1	0	2
3	0	0	1	1	3
4	0	1	0	0	4
5	0	1	0	1	5
6	0	1	1	0	6
7	0	1	1	1	7
8	1	0	0	0	8
9	1	0	0	1	9
10	1	0	1	0	10
11	1	0	1	1	11
12	1	1	0	0	12
13	1	1	0	1	13
14	1	1	1	0	14
15	1	1	1	1	15
16	0	0	0	0	0

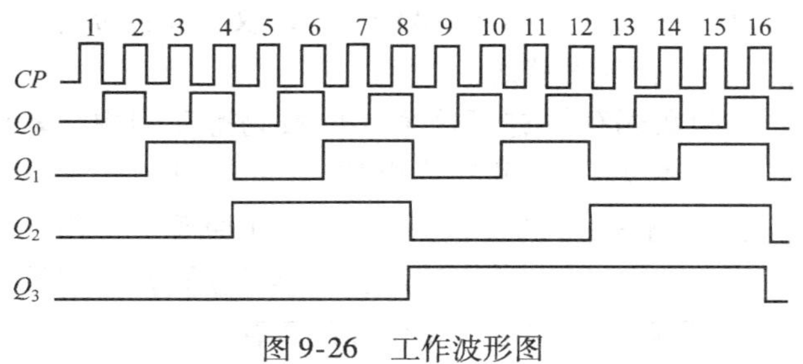

图 9-26 工作波形图

9.6 寄存器

触发器具有时序逻辑特征，可以由它组成各种时序逻辑电路，下面主要介绍由触发器构成的寄存器和计数器。寄存器用来暂时存放参与运算的数据和运算结果。一个触发器只能寄存 1 位二进制数，要存多少位二进制数，就得用多少个触发器。常用的有 4 位、8 位、16 位等寄存器。寄存器存放数码的方式有并行和串行两种。并行方式就是数码各位从各对应位输入端同时输入到寄存器中；串行方式就是数码从一个输入端逐位输入到寄存器中。

取出数码的方式也有并行和串行两种。在并行方式中，被取出的数码各位在对应于各位的输出端上同时出现；而在串行方式中，被取出的数码在一个输出端上逐位出现。寄存器常分为数码寄存器和移位寄存器两种，其区别在于有无移位的功能。

9.6.1 数码寄存器

这种寄存器只有寄存数码和清除原有数码的功能。图 9-27 所示是采用基本 RS 触发器构成的 4 位数码寄存器的原理图，设输入的二进制数为 1011。在“寄存指令”（正脉冲）来到之前，$G_1 \sim G_4$4 个与非门的输出全为 1。由于经过清零（复位），$FF_0 \sim FF_3$4 个由与非门构成的基本 RS 触发器全处于 0 态。当“寄存指令”来到时，由于第 1、2、4 位数码输入为 1，与非门 G_4，G_2，G_1 的输出均为 0，即输出一负脉冲，使触发器 FF_3，FF_1，FF_0 置 1，而

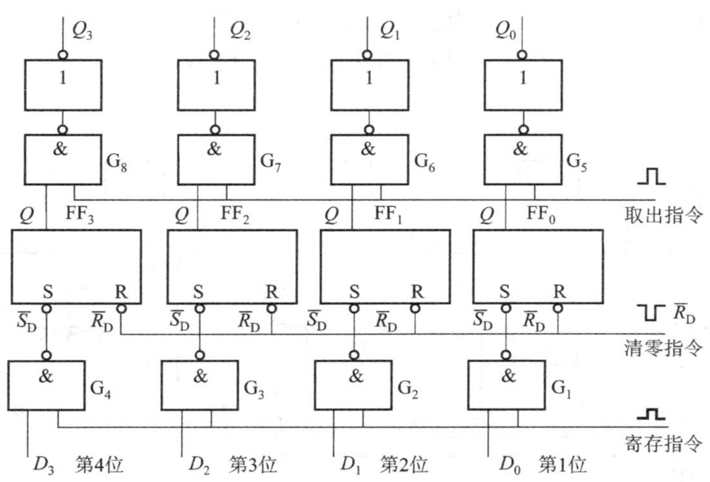

图 9-27 采用基本 RS 触发器构成的 4 位数码寄存器原理图

由于第 3 位数码输入为 0，与非门 G_3 的输出仍为 1，故 FF_2 的状态不变，当“寄存指令”（正脉冲）变为低电平后就保持这种状态。

这样，就把 4 位二进制数码存放进了这个 4 位数码寄存器内，若要取出，可给与非门 $G_5 \sim G_8$ 加“取出指令”，各位数码就可从输出端 $Q_0 \sim Q_3$ 取出，在未给“取出指令”前，$Q_0 \sim Q_3$ 均为 0。上述是并行输入并行输出寄存器的工作原理。但需要注意的是每次存数前必须清零，否则会出现错误，为了防止错误出现，通常使用 JK 触发器或 D 触发器构成数码寄存器。图 9-28 所示是用 D 触发器构成的 4 位数码寄存器的原理图。

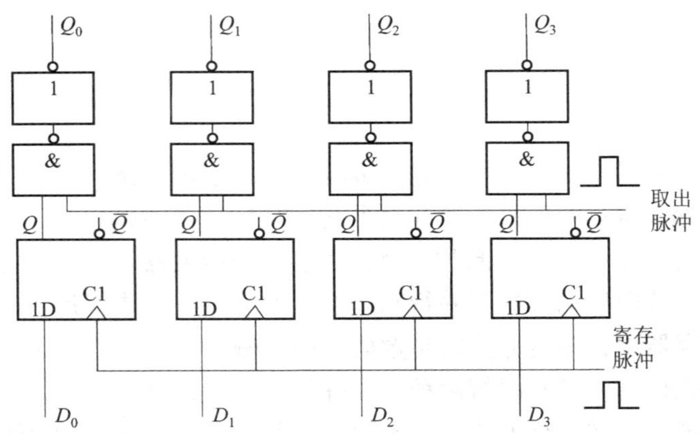

图 9-28　D 触发器构成的 4 位数码寄存器的原理图

9.6.2　移位寄存器

移位寄存器具有存储数码和移位的功能。所谓移位，就是每当移位脉冲到来时，触发器的状态便向右或向左移动，也就是说寄存的数码可以在移位脉冲的控制下依次进行移位。

图 9-29 所示是由 JK 触发器组成的 4 位移位寄存器，FF_0 接成 D 触发器形式，数码由 D 端输入。设要寄存的二进制数为 1011，按移位脉冲（即时钟脉冲）的工作节拍从高位到低位依次串行送到 D 端。工作之前先清零。首先 $D=1$，第一个移位脉冲的后沿到来时，触发器 FF_0 翻转，$Q_0=1$，其他仍保持 0 态。接着 $D=0$，第二个移位脉冲的后沿来到时，由于 FF_0 和 FF_1 同时翻转，FF_1 的 J 为 1，FF_0 的 J 为 0，所以 $Q_1=1$，$Q_0=0$，Q_2 和 Q_3 仍为 0。

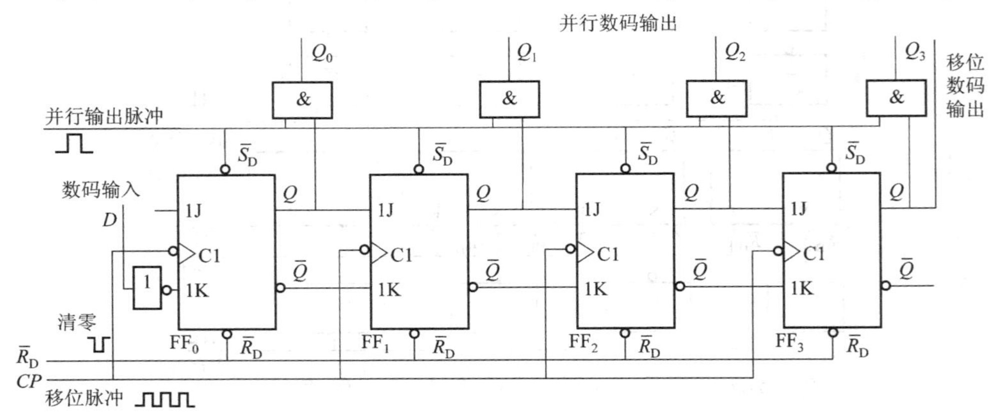

图 9-29　由 JK 触发器组成的 4 位移位寄存器

移位寄存器真值表如表 9-20 所示。移位一次存入一个数码，直到第 4 个脉冲的后峰到时，存数结束。这时，从 4 个 Q 输出端并行输出控制取得存入的 4 位二进制数码。也可以再输入 4 个移位脉冲，从位移数码输出端得到存入的二进制数码。即再经过 4 个移位脉冲，所存的 1011 将逐位从 Q_3 端串行输出。

表 9-20　移位寄存器真值表

移位脉冲数	寄存器中的数码				移位过程
	Q_3	Q_2	Q_1	Q_0	
0	0	0	0	0	清零
1	0	0	0	1	右移一位
2	0	0	1	0	右移二位
3	0	1	0	1	右移三位
4	1	0	1	1	右移四位

9.7　555 定时器

在数字系统中，常常需要各种脉冲波形，如时钟信号等。获取脉冲信号的方法通常有两种：一种是利用脉冲振荡器直接产生；另一种是对已有的信号进行整形处理，使之符合电路的要求。本节主要介绍用于脉冲产生、整形的集成 555 定时器及其应用。

9.7.1　电路的组成

555 定时器是一种模拟电路和数字电路相结合的中规模集成电路，555 定时器内部结构及引脚排列图如图 9-30 所示。它由分压器、比较器、基本 RS 触发器和放电晶体管等部分组成。单极型定时器一般接有输出缓冲级，以提高驱动负载的能力。分压器由 3 个 5kΩ 的等值电阻串联而成，“555” 由此而得名。分压器为比较器 C_1、C_2 提供参考电，比较器 C_1 的参考电压为 $\frac{2}{3}U_{CC}$，加在同相输入端，比较器 C_2 的参考电压为 $\frac{1}{3}U_{CC}$，加在反相输入端。比较器由两个结构相同的集成运算放大器 C_1 和 C_2 组成。高电平触发信号加在 C_1 的反相输入端，与同相输入端的参考电压比较后，其结果作为基本 RS 触发器 $\overline{R_D}$ 端的输入信号；低电平触发信号加在 C_2 的同相输入端，与反相输入端的参考电压比较后，其结果作为基本 RS 触发器 $\overline{S_D}$ 端的输入信号。基本 RS 触发器的输出状态受比较器 C_1、C_2 的输出端控制。

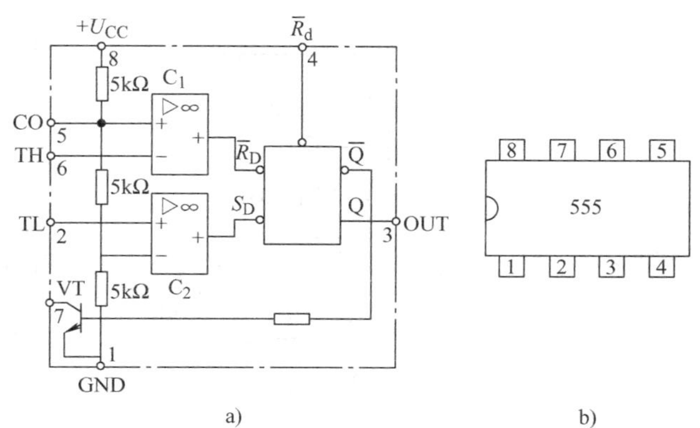

图 9-30　555 定时器内部结构及引脚排列图
a）电路图　b）引脚排列图

9.7.2 工作原理

555 定时器是一种多用途的单片集成电路。若在其外部配上一些电阻和电容元件，便能构成单稳态触发器、多谐振荡器和施密特触发器等各种不同用途的脉冲电路。由于它性能优良，使用灵活方便，所以在汽车电子电路中得到广泛地应用。

1. 555 时基电路构成的单稳态触发器

图 9-31a 是用 555 时基电路构成的单稳态触发器，内部的 555 定时器可参照图 9-30。电阻 R 和电容 C 是定时元件；u_1 是输入触发信号，下降沿有效，接到 555 时基电路的引脚 2；引脚 3 是输出信号端。

在没有触发信号时电路工作在稳定状态，即 u_1 是高电平时 $u_0=0$，VT 饱和导通。接通电源后，电路会自动达到稳定状态。当 u_1 下降沿到来时，电路被触发，$u_0=1$，VT 截止，这时电容 C 开始充电，在电容电压 U_c 上升到 $\frac{2}{3}U_{CC}$ 以前，电路保持暂态不变。随着电容 C 的充电，当 U_c 上升到 $\frac{2}{3}U_{CC}$ 时，触发器翻转，$u_0=0$，VT 饱和导通，暂态结束。电容 C 通过晶体管 VT 放电，C 放电结束后，电路回到稳定状态，等待下一个触发脉冲。

图 9-31b 是 555 时基电路构成的单稳态触发器工作波形图。

由此可知单稳态触发器具有下列特点：

① 它有一个稳定状态和暂稳状态。

② 在外来触发脉冲的作用下，能够由稳定状态翻转到暂稳状态。

③ 暂稳状态维持一段时间后，将自动返回到稳定状态，而暂稳状态时间的长短与触发脉冲无关，仅决定于电路本身的参数。单稳态触发器一般用于定时、整形以及延时电路。

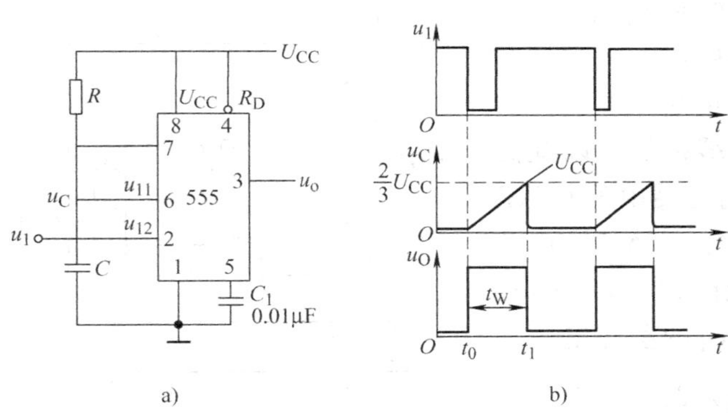

图 9-31 用 555 时基电路构成的单稳态触发器及工作波形图

a）单稳态振荡器 b）工作波形图

2. 555 时基电路构成的多谐振荡器

图 9-32a 所示为 555 时基电路构成的多谐振荡器。

电阻 R_1、电阻 R_2 和电容 C 是外接定时元件，引脚 2 和 6 连接起来（其电势为 u_c）对地接电容 C，晶体管 VT 集电极引脚 7 接到电阻 R_1 和 R_2 的连接点 P。

接通电源前电容 C 上无电荷，所以接通电源瞬间，C 来不及充电，故 $u_c=0$、$u_0=1$，

555 时基电路内部的 VT 截止。随着电容 C 充电，u_c缓慢上升；当 u_c 上升到$\frac{2}{3}U_{CC}$时，555 时基电路内部的触发器翻转，$u_0=0$，VT 饱和导通；VT 饱和导通使电容 C 通过 R_2放电。随着电容 C 放电，u_C不断下降。当 u_C下降到$\frac{1}{3}U_{CC}$时，触发器翻转，$u_0=1$，VT 截止。随后电容 C 又开始充电，进入下一个循环。如此反复便在输出端引脚 3 产生了矩形脉冲。电路的工作波形如图 9-32b 所示。

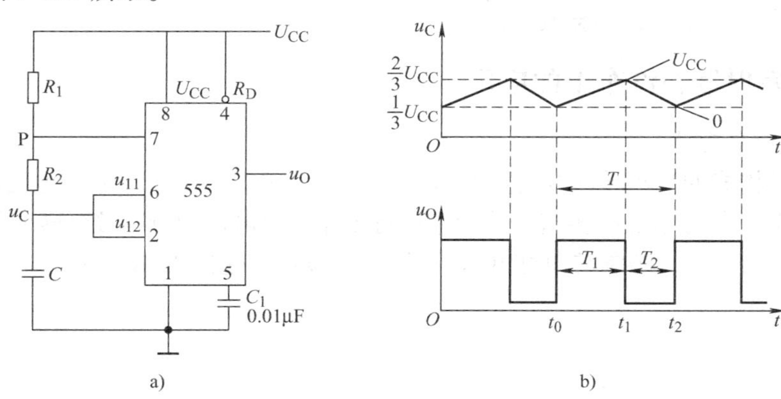

图 9-32　用 555 时基电路构成的多谐振荡器及工作波形图
a）多谐振荡器　b）工作波形图

3. 555 时基电路构成的施密特触发器

施密特触发器一个最重要的特点，就是能够把变化非常缓慢的输入脉冲波形，整形称为适合于数字电路需要的矩形脉冲。图 9-33a 所示为 555 构成的施密特触发器。

将 555 时基电路的引脚 2 和 6 连接来作为信号输入端 u_1，引脚 7 通过电阻 R 接电源 $+U_{DD}$，称为输出端 u_{01}，输出电平可以通过改变 U_{DD}进行调制，引脚 3 是信号输出端 u_{02}。

图 9-33b 所示为输入信号 u_1为三角波时施密特触发器的工作波形。

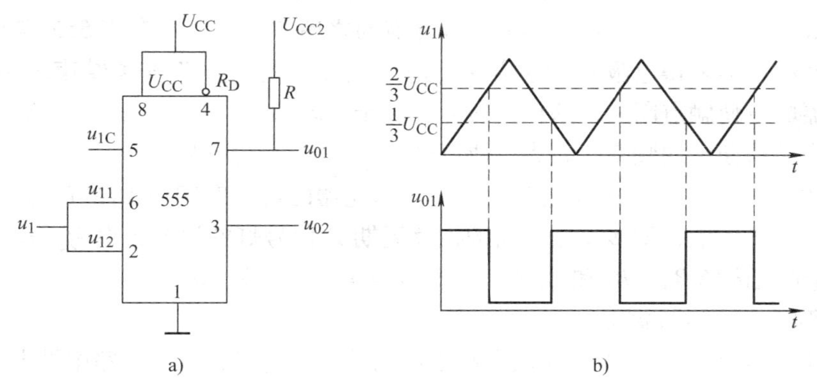

图 9-33　用 555 时基电路构成的施密特振荡器及工作波形图
a）施密特振荡器　b）工作波形图

在开始时，$u_1=0$V，555 时基电路内部 RS 触发器工作在 1 状态，晶体管 VT 截止，引脚 3 输出高电平，u_{01}、u_{02}均为高电平。随着 u_1的升高，只要不达到$\frac{2}{3}U_{CC}$，电路保持状态不变；当 u_1 升高到 $\frac{2}{3}U_{CC}$，555 时基电路内部 RS 触发器翻转，引脚 3 输出低电平，晶体管 VT 导通，u_{01}、u_{02} 均为低电平。此后 u_1 在上升到 U_{CC} 后又下降，但是没有下降到 $\frac{1}{3}U_{CC}$ 以前，555 时基电路保持输出低电平状态不变；当 u_1 下降到 $\frac{1}{3}U_{CC}$ 时，555 时基电路内部 RS 触发器翻转，晶体管 VT 截止，引脚 3 输出高电平，u_{01}、u_{02} 均由低电平跃变到高电平，直到 u_1 下降到零时电路的状态也不会改变。

9.7.3 555 定时器在汽车上的应用

1. 转向灯控制电路

555 定时器构成的汽车转向灯闪光电路如图 9-34 所示，利用 555 时基电路的输出端 3 接继电器 J 的线圈，使继电器按多谐振荡频率进行工作，继电器的触点接到转向灯的电源回路中（如图中虚线所示），控制转向灯电源的通断，使转向灯按一定频率闪烁。

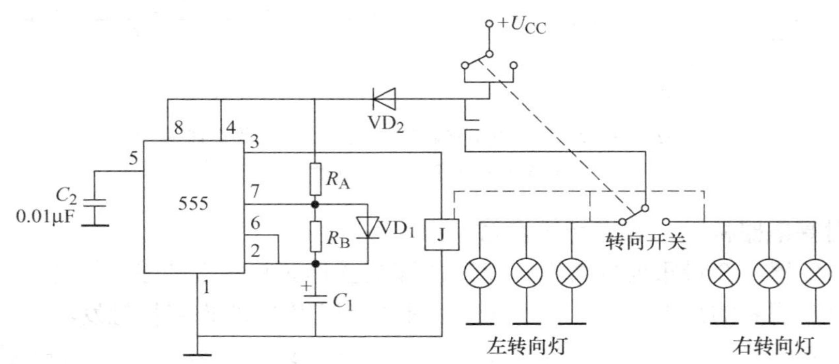

图 9-34 555 定时器构成的汽车转向灯闪光电路

如果驾驶员拨下左转向指示灯开关电路如图 9-34 所示，此时左转向指示灯与蓄电池以及搭铁便构成一回路。但由于继电器的常开触点与之串联，所以只有当 555 定时器的引脚 3 显示高电位时继电器才得电吸合，这样左转向灯就被点亮，当 C_1 充电结束时引脚 3 便显低电平，继电器断电使触点断开，这样左转向灯由于不能形成一闭合回路而熄灭。如此重复进行，由于继电器得断电的频率比较大，所以就能够感觉灯在闪烁。

闪光器的灯亮时间由 C_1 的充电时间决定。闪光器的灯灭时间由 C_1 的放电时间决定。闪光器的灯亮、灯灭周期，即多谐振荡器的振荡周期 T_0 信号灯的闪烁频率为 $f=1/T\times 60$（次/分钟）。通过适当选择 R_A、R_B 和 C_1 的值，即可取得一定的闪烁频率。

2. 汽车刮雨器间歇控制器

图 9-35 所示为 555 定时器用作汽车刮水器间歇控制电路，在该电路中继电器线圈由 555 定时器的引脚 3 控制是否得电，而继电器的触点与刮雨器电动机串联接入电路。这样通过控制继电器线圈的得电和断电就可以使刮雨器电动机断续刮雨。

由于刮雨器电动机起动电流较大，因此在线路上增加电容 C_1 与继电器 J 并联，以保护触点。因一次刮水的间歇时间为 9 ~ 11s（电动机运转 1 ~ 2s，停 7 ~ 9s），而刮水器电动机的辅助滑动触点 P 脱离电源正极到接地这一过程大约需 0.15s，如果考虑 P 点电位不准，则最长约为 0.27s。即继电器的常开触点 J_1 吸合时间可按最大 0.3s 考虑，因此选择 R_A 和 C_1 时，使其充电时间不小于 0.3s 即可。这样就保证了电动机一旦起动，运行时间（1～2s）由电动机的触点 P 进行控制，间歇时间（7～9s）则通过所选 R_B 的大小来控制 C_1 的放电时间来实现。C_1 不断充、放电就实现了刮水器电动机按一定间歇周期运行。

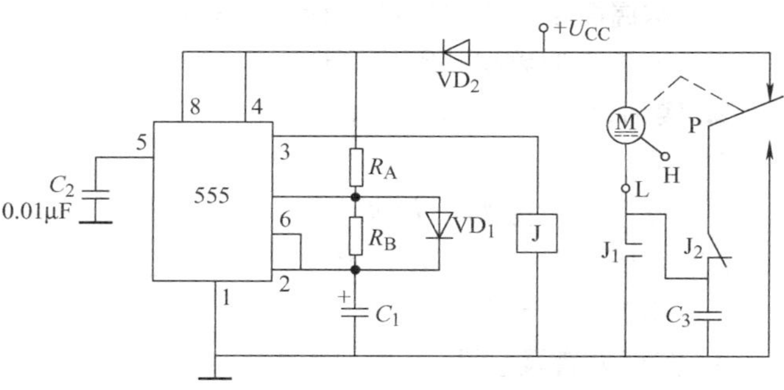

图 9-35　555 定时器用作的汽车刮水器间歇控制电路

9.8　本章小结

1）数制是用一组固定的符号和统一的规则来表示数值的方法。数字电路中通常采用二进制。二进制，十进制，十六进制三者之间都能进行转化。

2）逻辑代数也称布尔代数，它是分析和设计逻辑电路的一种数学工具，用来描述数字电路和数字系统的结构和特性。逻辑代数有 1 和 0 两种逻辑值，它们并不表示数的大小，而是表示两种对立的逻辑状态，例如电平的高低、晶体管的导通和截止，脉冲信号的有无，事物的是非等。3 种基本逻辑运算为逻辑乘、逻辑加和逻辑非。

3）基本门电路有二极管与门、二极管或门和晶体管非门。除了使用基本门电路以外，还经常会用到由基本门电路所组成的复合门电路。如与非门、或非门、同或门等。

4）对组合逻辑电路进行分析的时候，我们要分析它的输出变量和输入变量之间的关系，这种关系称为逻辑函数关系。组合逻辑电路分析的目的：找出逻辑电路输入和输出之间的逻辑关系，并用最简单的逻辑函数表达式进行表示。组合逻辑电路的设计一般应以电路简单、所用器件最少为目标。组合电路的设计步骤和分析步骤正好相反。

5）基本 RS 触发器的输出状态取决输入端 $\overline{R_D}$ 和 $\overline{S_D}$ 的状态，只有当 $\overline{R_D}$ 和 $\overline{S_D}$ 均从低电平而同时变为高电平时，电路的输出状态不定。

6）可控 RS 触发器的输出状态取决于输入端 R、S 和时钟脉冲的状态，当 R、S 端和时钟脉冲均为高电平时，电路的输出状态不定。其他情况输出均有固定的状态。可控 RS 触发器具有计数功能，但存在空翻现象。

7）JK 和 D 触发器均具有计数功能且不会产生空翻。主从型触发器为时钟脉冲后沿触发，维持阻塞型触发器为时钟脉冲前沿触发。

8）寄存器分为数码寄存器和移位寄存器两类，数码寄存器速度快但必须有较多的输入和输出端，而移位寄存器速度较慢但仅需要很少的输入和输出端。

9）计数器分为加法和减法计数器；二进制和非二进制计数器；同步和异步计数器。

9.9　实训 10　3 路表决器

1. 实训目的和要求

1）了解简单数字电路的工作原理。

2）掌握简单数字电路的设计和调试方法。

3）记录实训数据，写出实训报告。

2. 实训设备、工具和材料

1）焊锡、电烙铁。

2）万用板、排线、按键。

3）稳压电源、万用表、示波器各一台。

4）相关电子元器件

3. 实训内容及步骤

（1）实训内容

设计一个表决器，供 A、B、C 3 人使用，3 人对某一提案进行表决。如多数赞成，则提案被通过，表决器以指示灯亮来显示；反之，指示灯则不亮。

1）根据要求列真值表如表 9-21 所示。A、B、C 表示输入变量，F 表示输出变量，“1”为真，“0”为假。

2）由真值表可得逻辑表达式如下：

$$
\begin{aligned}
F &= \overline{A}BC + A\overline{B}C + AB\overline{C} + ABC \\
&= BC(\overline{A} + A) + A\overline{B}C + AB\overline{C} \\
&= BC + A\overline{B}C + AB\overline{C} \\
&= C(B + A\overline{B}) + AB\overline{C} \\
&= C(B + A) + AB\overline{C} \\
&= BC + AC + AB\overline{C} \\
&= BC + A(C + B\overline{C}) \\
&= BC + A(C + B) \\
&= BC + AC + AB
\end{aligned}
$$

表 9-21 真 值 表

A	B	C	F
0	0	0	0
0	0	1	0
0	1	0	0
0	1	1	1
1	0	0	0
1	0	1	1
1	1	0	1
1	1	1	1

3）根据逻辑表达式可得电路原理图，如图 9-36 所示。

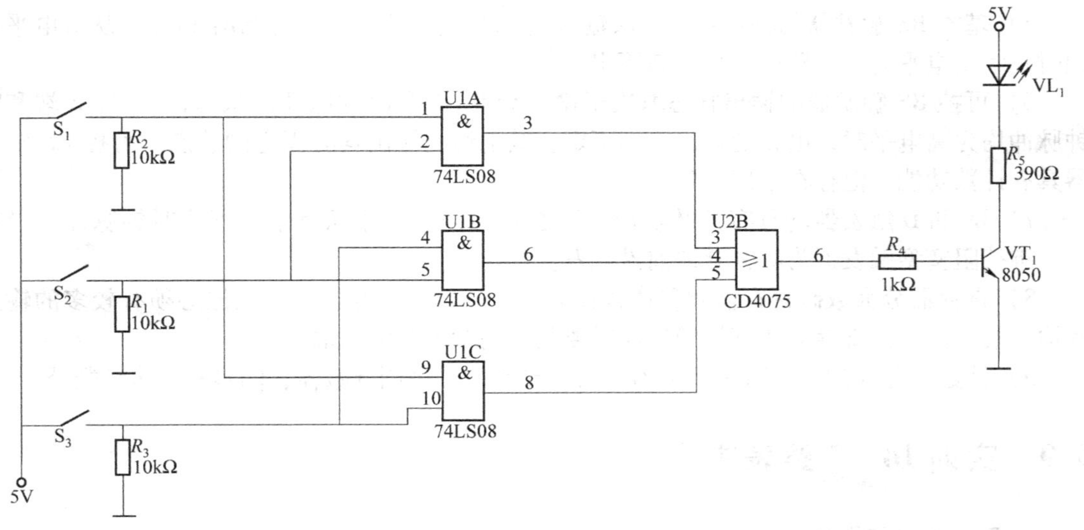

图 9-36 电路原理图

4）74LS08 引脚图如图 9-37 所示，CD4075 引脚图如图 9-38 所示。

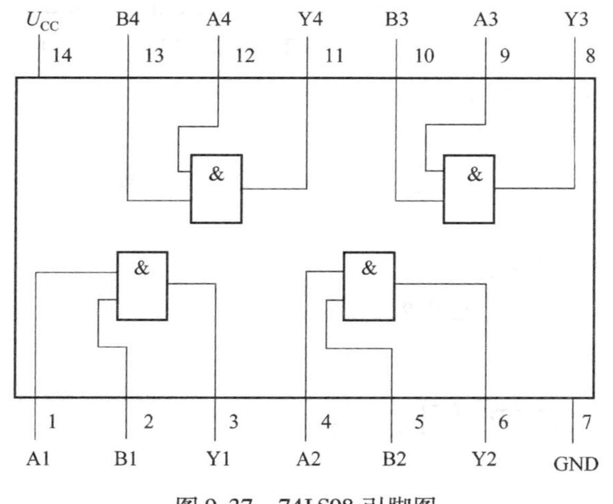

图 9-37　74LS08 引脚图

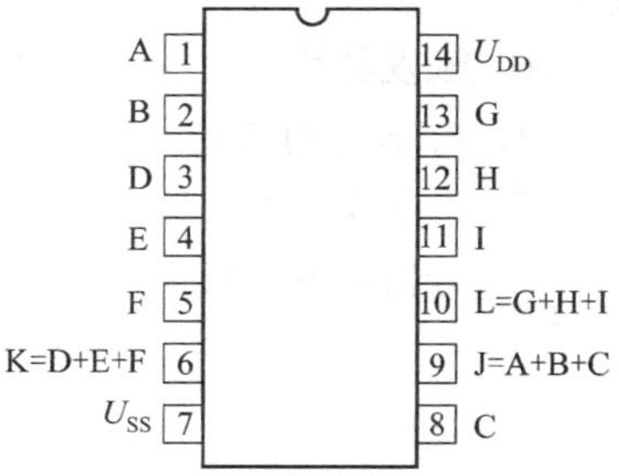

图 9-38　CD4075 引脚图

（2）实训步骤

1）根据要求列真值表。

2）由真值表可得逻辑表达式并化简。

3）根据逻辑表达式设计电路图。

4）根据电路图进行电路焊接并调试。

9.10　习题

1. 请将下列数转换为十进制数。

（1）$(11.01)_2$　　（2）$(101.1)_2$

（3）$(1F.0C)_{16}$　　（4）$(A01.9)_{16}$

2. 请将下列数转换为二进制数。

（1）$(124.05)_{10}$　　（2）$(91.5)_{10}$

（3）$(F1.7C)_{16}$　　（4）$(1A0.5)_{16}$

3. 请将下列数转换为十六进制数。

（1）$(1101.101)_2$　　（2）$(11.0111)_2$

（3）$(16.75)_{10}$　　（4）$(12.55)_{10}$

4. 化简下列逻辑表达式。

（1）$F=\overline{B+CD}+\overline{B}\,\overline{C}+\overline{C}$

（2）$F=BC+A(\overline{B}+\overline{C})+\overline{A}C$

（3）$F=\overline{A}\,\overline{B}C+\overline{A}BC+A\overline{B}C+ABC+\overline{C}$

（4）$F=A\overline{B}+B\overline{C}+\overline{B}C+\overline{A}B$

5. 已知逻辑表达式 $F=A\overline{B}+\overline{A}B$，列出其真值表、画出电路图并根据以下输入波形画出输出 F 波形。输入信号如图 9-39 所示。

6. 已知一个灯受光和声音的控制，仅当光线暗且有声音的时候灯亮，其他情况下等均不亮，根据上述要求设计电路画出电路图。

7. 组合逻辑电路的特点是什么？

8. 时序逻辑电路的特点是什么？

9. 一个D触发器具有几个稳态？其可以记录几位二进制编码？存储10位二进制信息需要几个D触发器？

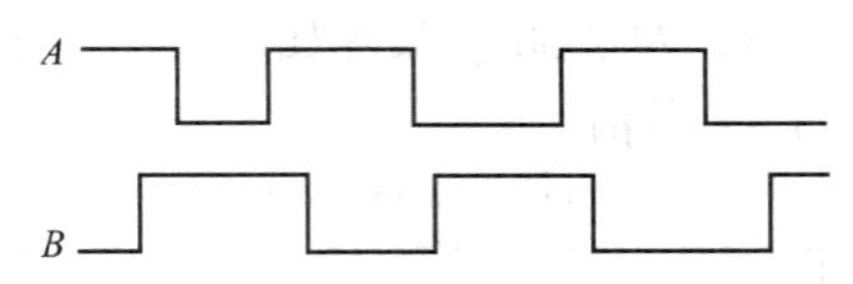

图9-39 习题5图

10. 触发器引入时钟脉冲的目的是什么？

11. 与非门构成的基本RS触发器的约束条件是什么？

12. 主从JK触发器在什么时候采样？在什么时候输出？

13. 分析图9-40所示时序逻辑电路的逻辑功能。

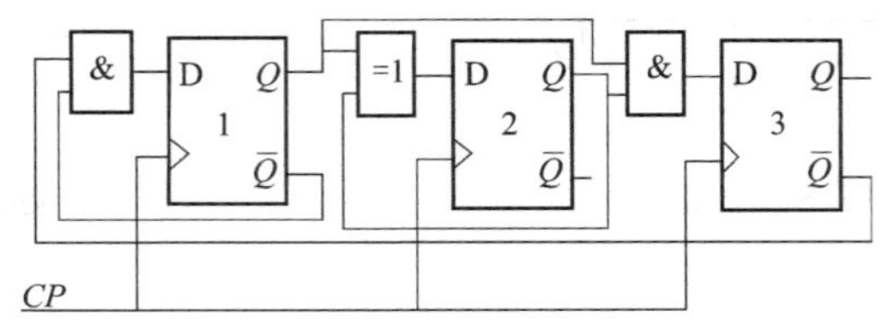

图9-40 习题13图

参 考 文 献

[1] 刘鸿健. 汽车电工电子技术 [M]. 北京: 化学工业出版社, 2009.
[2] 林平勇, 高嵩. 电工电子技术 [M]. 北京: 高等教育出版社, 2008.
[3] 曹建林. 电工学 [M]. 北京: 高等教育出版社, 2008.
[4] 秦曾煌. 电工学 [M]. 5版. 北京: 高等教育出版社, 1999.
[5] 石小法, 邓红. 电子技术 [M]. 北京: 高等教育出版社, 2001.
[6] 阎石. 数字电子技术基础 [M]. 4版. 北京: 高等教育出版社, 1998.
[7] 付值桐. 电子技术 [M]. 北京: 高等教育出版社, 2000.
[8] 郑风翼, 方明. 维修电工实用读本 [M]. 北京: 人民邮电出版社, 1998.
[9] 符磊, 王久华. 电工技术与电子技术基础 [M]. 北京: 清华大学出版社, 1998.
[10] 廖常初. 可编程序控制器应用技术 [M]. 重庆: 重庆大学出版社, 1997.
[11] 董传岱. 电工与电子技术基础 [M]. 北京: 机械工业出版社, 2001.
[12] 周元兴. 电工与电子技术基础 [M]. 北京: 机械工业出版社, 2003.
[13] 姚道如. 汽车电工与电子技术 [M]. 武汉: 武汉理工大学出版社, 2009.
[14] 张志良. 单片机原理与控制技术 [M]. 北京: 机械工业出版社, 2009.
[15] 曹家喆. 汽车电子控制基础 [M]. 北京: 机械工业出版社, 2009.
[16] 康华光. 电子技术基础 [M]. 4版. 北京: 高等教育出版社, 1999.
[17] 金发庆. 传感器技术与应用 [M]. 2版. 北京: 机械工业出版社, 2009.
[18] 罗富坤. 汽车故障诊断技术 [M]. 北京: 中国劳动社会保障出版社, 2008.
[19] 安相壁. 汽车检测工精通 [M]. 北京: 电子工业出版社, 2003.
[20] 邱关源. 电路 [M]. 4版. 北京: 高等教育出版社, 1999.
[21] 路勇. 汽车电工电子基础及电路分析 [M]. 北京: 中央广播电视大学出版社, 2005.
[22] 陈昌建, 王忠良. 汽车电工电子技术 [M]. 大连: 大连理工大学出版社, 2009.
[23] 吕玫. 汽车电工电子 [M]. 2版. 北京: 人民邮电出版社, 2013.
[24] 贾宝会, 张文. 汽车电工电子技术 [M]. 北京: 机械工业出版社, 2012.
[25] 耿连发, 郑胜利, 黎仕增. 汽车电工电子基础 [M]. 武汉: 中国地质大学出版社, 2012.
[26] 于宝明. 电子技术基础 [M]. 大连: 大连理工大学出版社, 2009.